Direito da Saúde
ESTUDOS EM HOMENAGEM AO
PROF. DOUTOR GUILHERME DE OLIVEIRA

Direito da Saúde

ESTUDOS EM HOMENAGEM AO
PROF. DOUTOR GUILHERME DE OLIVEIRA

VOLUME II
PROFISSIONAIS DE SAÚDE E PACIENTES – RESPONSABILIDADES

2016

Coordenadores
**João Loureiro
André Dias Pereira
Carla Barbosa**

DIREITO DA SAÚDE
ESTUDOS EM HOMENAGEM AO
PROF. DOUTOR GUILHERME DE OLIVEIRA
VOLUME II – PROFISSIONAIS DE SAÚDE E PACIENTES
– RESPONSABILIDADES

COORDENADORES
João Loureiro
André Dias Pereira
Carla Barbosa

EDITOR
EDIÇÕES ALMEDINA, S.A.
Rua Fernandes Tomás, nºs 76-80
3000-167 Coimbra
Tel.: 239 851 904 · Fax: 239 851 901
www.almedina.net · editora@almedina.net

DESIGN DE CAPA
FBA.

PRÉ-IMPRESSÃO
EDIÇÕES ALMEDINA, SA

IMPRESSÃO E ACABAMENTO
ARTIPOL - ARTES TIPOGRÁFICAS, LDA
Julho, 2016

DEPÓSITO LEGAL
410899/16

Apesar do cuidado e rigor colocados na elaboração da presente obra, devem os diplomas legais dela constantes ser sempre objeto de confirmação com as publicações oficiais.
Toda a reprodução desta obra, por fotocópia ou outro qualquer processo, sem prévia autorização escrita do Editor, é ilícita e passível de procedimento judicial contra o infrator.

BIBLIOTECA NACIONAL DE PORTUGAL – CATALOGAÇÃO NA PUBLICAÇÃO
DIREITO DA SAÚDE
Direito da saúde : estudos em homenagem ao
Prof. Doutor Guilherme de Oliveira / coord. João
Loureiro, André Dias Pereira, Carla Barbosa
V. 2: Profissionais de saúde e pacientes : res-
ponsabilidades. - p.- ISBN 978-972-40-6549-6

I - LOUREIRO, João
II - PEREIRA, André Pereira
III- BARBOSA, Carla
CDU   347

VOLUME II
PROFISSIONAIS DE SAÚDE E PACIENTES – RESPONSABILIDADES

Responsabilidade civil médica e relação de comissão*

Filipe de Albuquerque Matos**

Considerações iniciais

Particularmente relevante no universo da responsabilidade civil médica se afigura a imputação a alguém de danos causados pelo comportamento de outra pessoa, uma vez que a actividade dos médicos se realiza cada vez mais em clínicas ou hospitais, e o trabalho em equipa constitui uma realidade incontornável, criando necessariamente teias de colaboração ou interdependência.

Desta feita, encontramo-nos colocados perante o delicado problema que tem obtido respostas distintas em diversos ordenamentos jurídicos e sobre o qual o direito positivo português também dedicou uma particular atenção, consubstanciado basicamente na seguinte interrogação: fará sentido responsabilizar alguém "pelo comportamento de outra pessoa quando esta pessoa seja imputável e possa, ao menos em abstracto, ser ela mesma responsabilizada?"[1].

---

* Agradecemos penhoradamente aos Senhores. Doutores Francisco Manuel Brito Pereira Coelho e Ana Raquel Gonçalves Moniz a gentil e prestimosa cedência de artigos ainda não publicados.
Doravante, os preceitos legais citados sem indicação da respectiva fonte pertencem ao Código Civil
** Professor da Faculdade de Direito de Coimbra
[1] Estamos a colocar a dúvida nuclear subjacente à disciplina jurídica fixada no art. 500º e no artº 800º do Código Civil, e que foi expressamente levantada por Maria da Graça Trigo

A resposta afirmativa a esta questão não pode ignorar uma evolução registada no direito civil, decorrente de uma mudança de mentalidade em que paulatinamente se regista uma superação dos paradigmas do individualismo em nome de uma crescente afirmação de exigências de socializar.

Para um tal percurso contribuíram de modo significativo a experiência da revolução industrial, que despertou as consciências para as cifras negras da sinistralidade ocasionadas pelas inovações tecnológicas. Registou-se desde então no direito civil uma preocupação cada vez mais acrescida pela posição da vítima, em termos simétricos com a afirmação registada no plano político-económico de um Estado de Direito Social[2], a quem os cidadãos pedem protecção, segurança e bem estar. Não admira assim que o princípio da culpa constituído à imagem do "homo-economicus, – o cidadão economicamente emancipado e responsável, cuja capacidade de criação e desenvolvimento não deveria ser travada por um direito delitual que o onerasse excessivamente"[3], que continua a constituir a pedra angular do nosso regime da responsabilidade delitual (art. 483º, nº 2, do Código Civil) venha cedendo algum espaço à afirmação de uma responsabilidade objectiva, cujo fundamento se encontra na maioria das situações numa ideia de risco.

Em homenagem a esta preocupação crescente com a vítima, na doutrina francesa avança-se com a sugestiva teoria do risco, passando a admitir-se a responsabilização do agente com fundamento nos *risques profit, activité ou autorité*[4]. Para além de fazer recair a responsabilidade sobre

---

ao enunciar o tema da sua dissertação de doutoramento "Responsabilidade Civil Delitual por Facto de Terceiro", cfr. TRIGO, Maria da Graça, *Responsabilidade Civil Delitual por Facto de Terceiro*, Coimbra, 2009, p. 16.

[2] Cfr. MONTEIRO, J. Sinde, *Rudimentos da Responsabilidade Civil,* in Revista da Faculdade de Direito da Universidade do Porto, ano II, 2005, p. 355.

[3] Cfr. MONTEIRO, J. Sinde, *Rudimentos...,* ob. cit., p. 355. Por seu turno, Calvão da Silva afirma a este propósito que a regra da responsabilidade por culpa provada é recolhida pelas legislações por ser conforme ao ideário da Revolução Francesa: à liberdade, pois só a acção nociva é proibida; à igualdade, pois age com culpa quem não se conforma com a lei comum; à fraternidade, pois é moral elementar não prejudicar outrem (*alterum non laedere*) por culpa sua. Daí o seu valor quase universal. Vide, SILVA, J. Calvão, *Responsabilidade Civil do Produtor*, Coimbra, 1990, p. 365.

[4] Acerca da teoria do risco, Sinde Monteiro inspirado nos ensinamentos de Carbonnier, procede à distinção entre os três tipos de riscos mencionados no texto, cfr. MONTEIRO, J. Sinde, *Rudimentos...,* ob. cit., p. 356.

quem detém uma fonte de riscos da qual retira um particular proveito (*risque profit*), ou de uma qualquer outra a que não estejam associadas especificas vantagens económicas (*risque activité*), como é o caso da condução automóvel, também se firmou a ideia de assacar responsabilidade sobre quem tiver proveito da actuação de outras pessoas (*risque autorité*).

Ora, é precisamente este último tipo de risco – o *risque autorité*, – que é apontado na doutrina tradicional como a *ratio* de compreensão do regime contido no art. 500º, apesar de um tal entendimento não ter hoje um acolhimento unânime, assistindo-se antes a uma progressiva afirmação da ideia de garantia[5]. No fundo, o grande objectivo da estatuição de um tal tipo de responsabilidade reside na necessidade de protecção dos lesados, retirando-lhes assim o pesado fardo da prova da culpa e permitindo-lhes obter o ressarcimento dos seus prejuízos de quem tem maior solvabilidade. Também pensamos que o fundamento do art. 500º não se encontra na ideia de *risque autorité*, mas antes na aludida ideia de garantia, não nos suscitando porém, quaisquer dúvidas que o regime consagrado no Código de 66 consubstancia uma hipótese de responsabilidade objectiva, ou seja, de responsabilidade independente de culpa.

Sem podermos afirmar categoricamente que um tal regime constitui uma inovação, certo é que este não suscita as dúvidas interpretativas outrora lançadas pelo modo como o art. 2380º do Código de Seabra[6] regulava a responsabilidade dos amos ou comitentes pelos prejuízos causados pelos criados de servir, ou por quaisquer pessoas encarregadas de certos serviços ou comissões. Com efeito, apesar de profundamente inspirado pelo regime do art. 1384º do *Code Civil*, cuja autoria se deve basicamente a

---

[5] Cfr., a este propósito, MONTEIRO, J. Sinde, *Rudimentos...*, ob. cit.,, pp. 356-357. Como sugestivamente sustenta o civilista, a teoria do *risque autorité* é intelectualmente simpática, mas talvez "nunca tenha correspondido inteiramente aos dados do direito positivo, como melhor veremos ao analisar a nossa disposição caseira sobre o tema (art. 500º)", ob. loc. cit., p. 356. Porém, na doutrina tradicional o *risque autorité* era, de facto, invocado como fundamento para a responsabilização do comitente: "Quem emprega determinadas pessoas para vantagem própria deve suportar os riscos da sua actividade", vide, PINTO, C. Mota, *Teoria Geral do Direito Civil*, 4ª ed., Coimbra, 2005, p. 322.

[6] Particularmente conexionado com este preceito se encontra o art. 2398º da mesma legislação, no qual se prevê a responsabilidade dos "empreendedores ou executores de edificações, proprietários, empreiteiros da obra, donos de estabelecimentos industriais ou agrícolas..." pelos danos dos seus agentes à pessoa de alguém.

Pothier, a verdade é que apenas implicitamente se pode considerar adoptado o modelo da responsabilidade objectiva[7-8].

Um breve relance comparativo permite-nos concluir pela existência de hesitações em diversos ordenamentos jurídicos quanto ao figurino a adoptar em matéria de responsabilidade indirecta por facto de outrem. Basta ter em conta nesta sede a longa e conturbada história legislativa espanhola, para nos apercebermos da consagração de um modelo baseado na culpa presumida dos donos ou directores de um estabelecimento ou

---

[7] Dúvidas não se colocam relativamente à exigibilidade da existência de uma relação de comissão, e do facto desencadeador da responsabilidade do "amo ou comitente" ser praticado no exercício das funções dos "criados de servir" ou de "quaisquer pessoas encarregadas de certos serviços ou comissões", uma vez que tais pressupostos ou requisitos se encontram expressamente previstos no art. 2380º do velho Código Civil. Para uma melhor caracterização da conexão funcional do facto danoso com a actividade exercida pelo comissário como requisito de aplicabilidade do artº 500º, cumpre destacar que a doutrina e a jurisprudência propendem a aceitar a resposabilização do comitente por actos praticados no quadro geral da sua competência, cfr., Acórdão do S.T.J. de 15-12-2011 (disponível in www.dgsi.pt) – "A circunstância de, nas atribuições conferidas pela instituição de crédito ao seu gestor, não figurar o aconselhamento e realização de operações de compra e venda de títulos, em bolsa, actividade prosseguida por essa instituição, não afasta o entendimento de que o gestor actuou no exercício da função que lhe foi confiada (art. 500º, nº 2 do CC) uma vez constatada a especial e adequada conexão entre os actos ilícitoz (burla e falsificação de extractos banários tendo em vista levar a vítima a libertar depósitos para supostas aplicações financeiras e a posição do Comissário no quadro funcional dessa instituição bancária. Particular relevo é ainda atribuído às ordens ou instruções dadas pelos amos aos criados de servir. Neste contexto, o Código de Seabra, considerava como causa de exercício do direito de regresso dos comitentes toda e qualquer actuação de pessoas encarregadas de comissões na qual se possa constatar um desvio assinalável face às ordens e instruções recebidas. Procedendo a um confronto com o actual regime contido no art. 500º, podemos verificar, que à semelhança de quanto hoje se passa, o comitente é obrigado no plano das relações externas a indemnizar o lesado, mesmo que o comissário actue contra as instruções do comitente. Porém, a desobediência face às ordens e instruções recebidas do comitente não está prevista como causa autónoma de direito de regresso, apenas podendo uma tal conduta do comissário ser avaliada dentro dos cânones da culpa, a qual representa a única condição legalmente prevista para balizar no âmbito das relações internas os termos do exercício do direito ao reembolso (art. 500º, nº 3).

[8] No panorama doutrinal português revelou-se atribulado o enquadramento dogmático da natureza jurídica da responsabilidade por facto de outrem, havendo quem, por um lado, propendesse para uma responsabilidade civil baseada na culpa (Guilherme Moreira e Pinto Coelho) e por outro, quem advogasse a existência de responsabilidade objectiva (José Tavares e Cunha Gonçalves).

empresa pelos prejuízos causados pelos seus dependentes no cumprimento das suas funções, ou até por ocasião das mesmas[9].

Apesar da previsão de uma presunção de culpa ter ido de encontro aos objectivos de tutela ou de garantia da posição dos lesados, certo é que tratando-se de uma presunção *tantum iuris* permite-se o seu afastamento mediante prova em contrário dos comitentes. No fundo, registam-se neste contexto particular da responsabilidade delitual por facto de terceiro as mesmas hesitações que se fizeram sentir no trajecto trilhado a partir de finais do séc. XIX em ordem a reforçar a posição jurídica do lesado, percurso esse designado por fenómeno de socialização do risco[10]. Tais hesitações são suscitas pelas reticências colocadas ao abandono progressivo do dogma da culpa, o qual se encontra eivado de preocupações liberalistas, conduzindo assim à defesa de soluções sustentadas ainda neste pressuposto da responsabilidade civil, contemporizadas, contudo, com a estatuição de presunções destinadas a aliviar o encargo probatório que recai, de acordo com as regras gerais da repartição do ónus da prova, sobre o lesado. Importa ainda sublinhar que a opção pelo modelo de responsabilidade subjectiva presumida comporta algumas cambiantes, entre as quais se destaca a relevância negativa atribuída à causa virtual. Quando se consagra a possibilidade de quem se encontre onerado com a presunção de culpa proceder ao respectivo afastamento mediante invocação de uma causa hipotética[11] estão-se a criar condições para o aligeiramento da

---

[9] O anteprojecto 1882-1888 passou a admitir a responsabilidade do comitente por actos praticados pelos respectivos comissários por ocasião do exercício das suas funções, tendo uma tal fórmula sido acolhida pelo art. 1903º do Código Espanhol de 1889, ainda hoje em vigor. Neste aspecto, a formulação da lei civil espanhola revela-se mais ampla que a acolhida pelo Código de 66. Porém, não podemos ignorar que essa maior amplitude acaba por encontrar justificação na circunstância do Código Civil Espanhol ter consagrado um regime de responsabilidade por facto de outrem baseado na culpa do comitente, conquanto de uma culpa presumida se trate. Para uma análise mais desenvolvida em torno da história legislativa do art. 1903º do Código Civil Espanhol, cfr. TRIGO, Maria da Graça, *Responsabilidade Civil Delitual...*, ob. cit., p. 58 e ss.

[10] Acerca deste processo de socialização do risco, cfr. SILVA, J. Calvão, *Responsabilidade Civil do Produtor*, Coimbra, 1990, p. 387 e ss. (a propósito da erosão do princípio da culpa no universo da responsabilidade civil do produtor), e o nosso estudo, "O contrato de seguro obrigatório de responsabilidade civil automóvel", in *Boletim da Faculdade de Direito da Universidade de Coimbra*, Coimbra, 2001, p. 407 e ss.

[11] Na verdade assim sucede, e a título excepcional, na disciplina fixada nos arts. 491º, 492º e 493º, nº 1. Já não encontramos consagrado no art. 493º, nº 2, a faculdade do onerado com a

posição do agente em termos probatórios, o que, por seu turno, não representa uma medida favorável para o lesado.

Optando-se por tais vias, deparamo-nos com um espaço ocupado por zonas híbridas, situadas entre a culpa e o risco, que legitimou a dúvida de saber se nos encontramos perante hipóteses de responsabilidade civil subjectiva agravada ou de responsabilidade civil objectiva atenuada.

A responsabilidade civil das pessoas colectivas por actos dos seus presentados, agentes ou mandatários

Após as considerações iniciais expendidas em torno do regime jurídico positivo mobilizável para as situações em que ocorrem danos na sequência da prática de factos praticados no âmbito de uma relação de comissão, torna-se mister referir que, por força do art. 165º, se remete, *expressis verbis*, para a disciplina constante do art. 500º.

Desta feita, e como deixámos mencionado no início do trabalho, importa questionar se o regime da responsabilidade do comitente ali definido se pode revelar uma referência importante para enquadrar as pretensões ressarcitórias de terceiros lesados por actos praticados por médicos ou outros profissionais de saúde, quando se encontrem a exercer a respectiva actividade em instituições de saúde privadas (hospitais, clínicas, consultórios e gabinetes médicos...), bem como, com as devidas adaptações[12], para quem exerce a actividade clínica em estabelecimentos de saúde públicos.

Cumpre neste momento estabelecer uma conexão entre a questão da responsabilidade civil das pessoas colectivas que encontra resposta no atrás referenciado art. 165º com o universo das preocupações que estão subjacentes à problemática que temos vindo a abordar: a responsabilidade por facto de outrem. Reconduzindo-nos a delicada temática da res-

---

presunção de culpa a poder elidir mediante a invocação de que os *danos se teriam igualmente produzido ainda que não houvesse culpa sua*. A maior perigosidade ligada às situações previstas nesta disposição legislativa constituirá uma razão justificativa para dificultar a tarefa probatória do agente. A este propósito, cfr. VARELA, J. Antunes, *Das Obrigações em Geral, I*, 10ª ed., Coimbra, 2005, pp. 594-595.

[12] Como teremos ocasião de analisar mais aprofundadamente ao longo do trabalho, a responsabilidade dos estabelecimentos públicos de saúde reveste natureza extracontratual, por força do regime estatuído na lei 67/2007. Teremos a esse propósito ocasião de discutir se a aplicabilidade do regime previsto nesta lei depende da existência de uma relação de comissão entre os profissionais de saúde e as instituições públicas.

ponsabilidade civil das pessoas colectivas, onde se discute com particular veemência se é possível identificar existência de uma verdadeira relação de identificação entre os órgãos e o próprio ente colectivo, a afirmação da responsabilidade indirecta por facto de terceiro quanto às pessoas colectivas apenas se revelará admissível quando nos depararmos perante condutas de alguém distinto dos membros que integram os seus órgãos[13]. Na verdade, não se pode estabelecer um paralelo entre quanto se passa no âmbito de uma relação de comissão e a posição dos órgãos das pessoas colectivas, pois enquanto a subordinação se traduz numa característica essencial da relação entretecida entre o comitente e o comissário, o mesmo não ocorre quanto aos órgãos das pessoas colectivas, sobretudo em relação aos mais influentes na condução da vida dos entes colectivos, tal como sucede com a Assembleia Geral[14] na hipótese das Associações.

Desta feita, se integrássemos o vínculo que intercede entre o ente colectivo e os seus órgãos nos cânones da representação, não poderíamos admitir a responsabilidade dos representados pelos actos dos representantes. Ora, o legislador no âmbito das relações de comissão admite uma derrogação à regra geral que pontifica no âmbito de representação voluntária, e uma tal derrogação resulta precisamente da circunstância da classificação da relação que se estabelece entre o comitente e o comissário como vínculo de organicidade.

Em conformidade com este entendimento que determina uma resposta positiva ao problema de responsabilidade extracontratual ou contratual[15] das pessoas colectivas, podemos concluir ainda pela existência de capacidade de exercício das pessoas colectivas.

Ao considerar-se que existe uma verdadeira identificação entre a pessoa colectiva e os seus órgãos, então quando estes actuam é o próprio

---

[13] Neste sentido se pronuncia Maria Graça Trigo, ao considerar como questão distinta da responsabilidade civil das pessoas colectivas "a de apurar se as pessoas colectivas também podem estar sujeitas ao verdadeiro regime de responsabilidade por facto de terceiro, terceiro que naturalmente terá de ser alguém distinto dos membros que integram os seus órgãos enquanto actuam nessa qualidade", cfr. TRIGO, Maria da Graça, *Responsabilidade Civil Delitual...*, ob. cit., p. 27.
[14] Cfr., a este propósito, PINTO, Carlos Mota, *Teoria Geral...*, ob. cit., pp. 316-317.
[15] Como sugestivamente sufraga Mota Pinto, constituiria uma situação de favor injustificável o afastamento da responsabilidade das pessoas colectivas que, de resto, não as beneficiaria, pois dificilmente encontrariam quem com elas entabulassem relações negociais. Cfr. PINTO, C. Mota, *Teoria Geral...*, ob.cit., p. 321.

ente colectivo que intervém. Assim sendo, não restam dúvidas quanto à capacidade de exercício das pessoas colectivas[16].

Distinguidos que foram os planos da afirmação da existência da responsabilidade civil das pessoas colectivas cuja consagração positiva se encontra no art. 165º e o regime jurídico da responsabilidade indirecta, ou da responsabilização por facto de outrem (art. 500º), importa agora debruçarmo-nos sobre algumas questões suscitadas num universo cuja admissibilidade não é posta em causa – a responsabilização nos termos do art. 500º das pessoas colectivas, reportando-nos, de um modo particular, à situação daquelas que operam na órbita da medicina.

A relação de comissão enquanto vínculo de dependência ou subordinação

Importa neste sede questionar em que medida a necessária afirmação de nota de dependência ou subordinação[17] coenvolvida na comissão, não

---

[16] A capacidade de exercício das pessoas colectivas encontra-se, por seu turno, indelevelmente condicionada pela respectiva capacidade jurídica de gozo, porquanto apenas podem ser exercitados os poderes, prerrogativas ou faculdades cuja titularidade lhes é conferida. Ora, para efeitos de delimitação do âmbito da capacidade de gozo revela-se fundamental a referência ao princípio da especialidade do fim consagrado no art. 160º, nº 1. Por seu turno, no art. 160º, nº 2, o legislador enuncia critérios que auxiliam o intérprete, por via negativa, a delimitar o âmbito da capacidade de gozo, afastando desta as relações jurídicas vedadas por lei, ou aqueloutras inseparáveis da personalidade singular. A propósito desta última categoria de limitações tem-se discutido se as pessoas colectivas são susceptíveis de assumir a titularidade de direitos de personalidade, ou se até será viável admitir a existência de um direito geral de personalidade das mesmas. Sobre esta matéria, cfr. SOUSA, Rabindranath Capelo de, *O Direito Geral de Personalidade*, Coimbra, 1995, p. 601. Na nossa perspectiva, as pessoas colectivas podem gozar dos direitos especiais de personalidade e de concretas manifestações do direito geral compatíveis com a prossecução dos seus fins, mas não nos parece viável admitir a existência de um direito geral da personalidade das pessoas colectivas. Este princípio da especialidade do fim encontra, de resto, paralelo no art. 12º, nº 2, da Constituição da República Portuguesa, onde à semelhança de quanto ocorre na lei civil, se estabelecem limitações à capacidade de gozo de direitos das pessoas colectivas. Sobre um tal preceito da lei fundamental, cfr., CANOTILHO, J. Gomes e MOREIRA, Vital, *Constituição da República Portuguesa Anotada (art. 1º a 107º)*, Coimbra, 2007, pp. 330-331.

[17] A existência de uma inequívoca relação de dependência ou subordinação constitui um traço nuclearmente constitutivo da comissão aceite, por unanimidade na doutrina e na Jurisprudência. Assim, e a propósito da aplicação da presunção de culpa do art. 503º, nº 3 aos acidentes de viação, a jurisprudência tem clarificado que se impõe ao lesado a demonstração, sem quaisquer dúvidas, de "uma relação de dependência (de m???) entre o comitente e o

representará um obstáculo para admitir a existência de responsabilidade das clínicas privadas pelos actos dos profissionais da medicina que nela exercem a sua actividade.

A inelutável independência profissional do médico constitui um dado incontornável, uma vez que estes profissionais devem tão somente obediência às *legis artis*, conquanto a actuação dos mesmos se desenrole num estabelecimento privado, na sequência da celebração de um contrato de trabalho[18] concluído com uma tal entidade.

Impossível se torna ao médico invocar o estrito cumprimento das instruções e regras definidas pelo estabelecimento hospitalar para justificar a ilicitude que tenha cometido no exercício das suas atribuições profissionais. A sua prática clínica, além de representar um ilícito civil, fará emergir também uma infracção disciplinar[19]. Não apenas o pendor eminentemente técnico-científico, mas ainda a falta de liberdade de escolha por parte do empregador dos respectivos comissários constituem factores, por norma, para o afastamento da existência de comissão no âmbito das relações entre a entidade hospitalar e o médico.

Cumpre então questionar em que termos se pode afirmar uma directa relação de exclusão entre a falta de liberdade de escolha do comitente e a existência de uma relação de dependência ou de comissão. Não podemos deixar de constatar uma natural associação entre este tipo de vínculo e a

comissário, aquele dando ou podendo dar ordens a este...." cfr., Acórdão do S.T.J. de 9/02/2012 (dosponível in www.dgsi.pt).

[18] Com muita frequência, as relações de dependência ou subordinação decorrem de contratos de trabalho. Porém, não podemos estabelecer uma conexão necessária entre tais categorias. Por um lado, e como referimos em texto, suscitam-se muitas dúvidas em conceber uma relação de comissão entre uma clínica privada e o médico, não obstante a respectiva base contratual. Por outro lado, a comissão pode resultar de outro tipo de relações contratuais (ex.: mandato, prestação de serviços...). Neste sentido, cfr. BAR, Christian von, *Vicarious liability*, in "Towards a European Civil Code", 2ª ed., The Hague, 1998, p. 437 e ss., ou até de um "contrato nulo, desde que seja executado" (art. 1º, nº 5, do Anteprojecto Vaz Serra), cfr. SERRA, A. Vaz, *Responsabilidade Contratual e Responsabilidade Extracontratual*, in Boletim do Ministério da Justiça, nº 85, 1958, p. 158 e ss.

[19] Como resulta do disposto no nº 1 do art. 155º do Código Deontológico da Ordem dos Médicos, as infracções aos deveres prescritos no Estatuto da Ordem dos Médicos ou das normas constantes deste Código constituem estes profissionais de saúde em responsabilidade disciplinar. Por seu turno, o exercício da jurisdição disciplinar da Ordem dos Médicos, o enquadramento do procedimento tendente à aplicação das sanções é disciplinado, por remissão feita neste preceito, pelo Estatuto Disciplinar dos Médicos.

discricionariedade na escolha do proposto por parte de quem assume a posição de comando na relação. Em correspondência com o princípio da liberdade contratual, mormente na sua vertente de escolha do co-contratante[20], aquele que encarrega outrem do exercício de determinadas tarefas ou serviços para alcançar a satisfação de interesses ou objectivos próprios, gozará de discricionariedade na escolha da pessoa a quem tenha sido atribuído o encargo de efectivar tal comissão. Uma tal solução revela-se, de resto, a mais viável para se alcançarem os objectivos visados com esta representação indirecta.

Harmoniosa se manifesta ainda esta regra com a relevância atribuída à culpa *in eligendo* no âmbito das relações internas, para efeitos da efectivação do direito de regresso do comitente[21].

Com particular atinência se poderá aqui afirmar que o juízo de culpa pela escolha do comissário representa o reverso, ou o corolário lógico da liberdade concedida ao comitente para eleger os seus prepostos, de harmonia, de resto, com os pressupostos liberalistas que guindaram a culpa a regime regra da responsabilidade civil.

Importa, no entanto, contemporizar uma tal regra com exigências advindas da realidade, mormente as decorrentes da especialização técnico-profissional. Impondo-se para o exercício de determinadas actividades profissionais um particular rigor e conhecimentos muito pormenorizados, o legislador tem condicionado o acesso às mesmas à posse de certas habilitações académicas e à inscrição nas ordens profissionais correspectivas.

Ora, tais exigências ou requisitos representam inequívocas restrições à liberdade de escolha de quem se socorre da actuação de outras pessoas para prosseguir determinadas finalidades. Torna-se então mister saber se

---

[20] Apesar de uma tal dimensão do princípio da liberdade contratual não se encontrar explicitada no art. 405º, certo é que a mesma se encontre subjacente à respectiva disciplina jurídica. Na verdade, o legislador apenas se reporta à liberdade de fixação do conteúdo contratual, sendo que não pode deixar de constituir dimensão natural deste princípio reitor do direito civil o poder ou a faculdade das partes escolherem as pessoas reputadas como mais idóneas ou adequadas para assumirem a qualidade de parceiros contratuais. Cfr., neste sentido, VARELA, J. Antunes, *Das Obrigações I...*, ob. cit., p. 232.

[21] O entendimento tradicional, de acordo com a qual a relação de comissão tinha na base a escolha e a vigilância do comissário por parte do comitente implicava "naturalmente a adopção de um regime de responsabilidade baseado na culpa do principal ou comitente nessa escolha ou vigilância, cfr. TRIGO, Maria da Graça, *Responsabilidade Civil Delitual...*, ob. cit., p. 103-104.

tais limitações na liberdade de escolha representam um obstáculo ao surgimento da relação de comissão.

Na senda de Antunes Varela[22], pensamos que as limitações ao poder de escolha do comitente não contendem com a emergência de um vínculo, do qual decorrem prerrogativas de direcção a favor daquele e deveres de obediência sobre quem exerce a actividade por conta e no interesse desse outrem.

Desta feita, não é na circunstância de um estabelecimento de saúde se encontrar de algum modo limitado na contratação do médico que resulta o afastamento da relação de comissão, mas antes do tipo de actuação técnico-cientifico que aquele exerce implicar uma autonomia inconciliável com uma ideia de subordinação ou independência[23].

Porém, a complexidade assumida pelas actividades empresariais tem constituído um mote para a reflexão em torno do grau de exigência requerido para aferir da existência de um nexo de dependência ou de subordinação. Nesta sede, e já desde a década de sessenta do século passado têm sido avançados na doutrina critérios para enfrentar os desafios suscitados pela complexificação crescente da orgânica das empresas, registando-se uma tendência para suavizar o rigor na verificação do critério da dependência ou da subordinação. Reportamo-nos, desde logo, ao

---

[22] Cfr., VARELA, J. Antunes, *Das Obrigações... I*, ob. cit., p. 640. "Há, porém, muitos casos em que não existe inteira liberdade de escolha quanto à pessoa que realiza a incumbência (porque esta só possa ser exercida por pessoa munida de diploma, inscrita em determinado organismo, pertencendo a certa organização, etc.) ou em que o interessado delega noutra pessoa o encargo de escolha e, todavia, se não pode duvidar da existência de comissão".

[23] Como sugestivamente afirma Carlos Ferreira de Almeida a este propósito, "A qualificação técnico-jurídica como «auxiliares do cumprimento» em nada afecta a independência técnico-profissional própria do exercício da medicina", cfr. ALMEIDA, Carlos Ferreira de, *Os Contratos de prestação de serviço...*, ob. cit., p. 11. No mesmo sentido, COELHO, F. Pereira, *Contrato total e contrato dividido e responsabilidade da instituição e do médico*, p. 5 (texto em publicação, gentilmente cedido pelo autor). Um pouco diversa se apresenta a posição de Antunes Varela ao considerar, seguindo Savatier, que o médico que trata o doente "não é comissário deste, mas já pode funcionar como tal, relativamente ao dono da casa de saúde em que preste serviços". Porém, o modo como são formuladas estas observações não contradizem aquilo que afirmámos em texto, porquanto a subordinação do médico à clínica pode afirmar-se apenas relativamente a questões de ordem administrativa, ou a assuntos burocráticos. No entanto, relativamente à prática da actividade médica, onde prevalece a regra da autonomia e independência, não nos parece que Antunes Varela admitisse a existência de uma relação de dependência face ao dono da casa de saúde onde presta serviços.

critério do risco da empresa avançado por Pietro Trimerchi[24], de acordo com o qual o poder de dar ordens ou instruções do comitente poderá ficar circunscrito ao local e ao momento de exercício das funções.

De acordo com uma tal orientação poderá visualizar-se a existência de uma relação de dependência ou de comissão nas hipóteses em que alguém por conta de outrem, goze de uma margem, maior ou menor, de manobra ou autonomia no exercício das suas atribuições. Com efeito, estes critérios mais flexíveis não se mostram reféns de ideias como a estrita dependência económica, o carácter duradouro[25] da relação, admitindo antes como indícios reveladores de subordinação ou dependência a utilização de capital ou créditos alheios, bem como ainda aqueloutro relativo à propriedade dos factores ou meios de produção utilizados, concluindo, a este propósito, pela existência de uma relação de comissão quando tais meios sejam propriedade do principal.

Todavia, mesmo no quadro de uma ampla maleabilidade facultada por tais enquadramentos dogmáticos[26], suscitam-se-nos duvidas se será possível conceber uma responsabilização de uma clínica privada pelo exer-

---

[24] Para a análise mais desenvolvida deste critério, cfr. TRIMARCHI, Pietro, *La responsabilitá pel il fatto dei dependenti (contributo ad una teoria del rischio d'impresa)*, in RDC, ano V, 1959, Iª parte, pg. 618 e ss..

[25] Constitui premissa pacífica que a relação de comissão não tem de revestir uma natureza duradoura, podendo admitir-se a sua existência nas hipóteses em que a mesma se traduza na prática de actos isolados ou ocasionais. Neste sentido, cfr. SERRA, A. Vaz, *Responsabilidade contratual e responsabilidade extracontratual...*, ob. cit., p. 158 ss. No art. 1º, nº 5, do Anteprojecto Vaz Serra propunha-se, com efeito, uma concepção particularmente ampla de comissão. A mesma perspectiva é perfilhada pela recente jurisprudência dos tribunais superiores, cfr. Acórdão de uniformização de jurisprudência de 30-4-1996, in B.M.J., nº 456, pg. 19, Acórdão da Relação de Lisboa de 15-11-2012 (disponível in www.dgsi.pt), Acórdão do S.T.J. de 20-9--1990 (disponível in www.dgsi.pt). No Acórdão do S.T.J. de 8 de Março de 2007 faz-se expressa menção ao acolhimento pelos art.ºˢ 500º, nº 1 e 503º, nº 1 e 3 de um "sentido amplo de serviço ou actividade realizados por conta e sob ordem de outrem..." (disponível in www.dgsi.pt).

[26] Neste contexto, na *Common Law* levantavam-se particulares hesitações quanto à responsabilização por actos praticados pelos agentes. Na categoria dos agentes integram-se as pessoas autorizadas a estabelecer relações contratuais com terceiros por conta do principal. Em causa está uma figura com contornos híbridos que não se identifica nem com os *servants* nem com os *independent contractors*. Importa sublinhar que nos encontramos colocados no universo contratual, não obstante a tendência para se procederem a extrapolações ou generalizações para o universo delitual. Em certas hipóteses excepcionais neste último contexto, poderá admitir-se a responsabilização do proprietário quando alguém que não

cício da actividade clínica dos médicos com base no regime prescrito no art. 500º. Atenta a intrínseca autonomia[27] da actividade do médico fundada em razões de ordem técnico-cientifica, apenas se nos revela viável a convocação do disposto no art. 800º, onde a responsabilidade do devedor não se encontra condicionada pela existência de uma relação de dependência ou de subordinação.

Apenas parece admissível desencadear a tutela delitual de natureza objectiva, quando os danos causados pelos médicos aos pacientes decorrerem única e exclusivamente de razões de ordem administrativa ou burocrática.

Natureza contratual da responsabilidade civil médica

A ponderação em torno da relevância assumida pelas relações de comissão no universo do direito médico determinou uma tomada de posição acerca da natureza ou do tipo de vinculo entretecido entre o médico e o estabelecimento em que exerce funções, matéria sobre a qual nos debruçámos no capítulo anterior, mas implica ainda uma abordagem em torno do contacto entre a clínica e o paciente, tomando em consideração os serviços médicos propiciados por aquela a este último.

Importa assim começar por fazer uma breve distinção entre a natureza jurídica do vínculo estabelecido entre o médico e o paciente quando o mesmo seja directamente firmado entre ambos, e os contratos entabulados entre a clínica e o paciente quando a prestação de serviços médicos se efectue na sequência de um acordo celebrado com a clínica. Nas hipóteses indicadas em último lugar, estamos, desde já, a considerar que a actividade médica será prestada na sequência de um contrato que o paciente celebrou com a clínica e assim sendo devemos associar a uma

---

seja *servant* conduz um veículo com autorização e por conta daquele, cfr., a este propósito, TRIGO, Maria da Graça, *Responsabilidade Civil Delitual...*, ob. cit., p. 113.

[27] Idênticas considerações podem ser convocadas ainda que, com as devidas especificidades, a propósito da posição do empreiteiro face ao dono da casa. Como a este propósito sublinha Antunes Varela, por falta de uma relação de dependência "não podem considerar-se comissários do dono da obra as pessoas que o empreiteiro contrata para a execução desta, nem o empreiteiro em face do proprietário". Cfr., VARELA, J. Antunes, *Código Civil Anotado*, vol. I, Coimbra, 1987, p. 508. Também, como já atrás deixámos sublinhado, não se verifica uma relação de subordinação entre as pessoas colectivas e os respectivos órgãos, sobretudo daqueles mais influentes na vida das associações, como é o caso das assembleias gerais, cfr., a este propósito, PINTO, C. Mota, *Teoria Geral...*, ob. cit., pp. 316-317.

tal entidade a qualidade do devedor principal, figurando o médico como auxiliar no cumprimento da obrigação por aquela assumida.

Uma tal conclusão afigura-se-nos clara quando a clínica celebra com o paciente ou um contrato total ou um contrato cujo objecto exclusivo se traduza na prestação de serviços médicos[28-29].

Relativamente aos contratos divididos, ou seja, aqueles em que a clínica se obriga apenas a garantir o internamento, embora se registe uma coligação[30] entre este convénio e aqueloutro entabulado directa e autonomamente entre o médico e o paciente, a responsabilidade objectiva da clínica por actos dos seus auxiliares apenas se afirma quanto aos praticados em execução do contrato de internamento[31-32].

---

[28] Nestas últimas situações – contrato cujo objecto exclusivo se traduza na prestação de serviços médicos –, o serviço médico não é acompanhado do internamento no estabelecimento de saúde, razão por que o mesmo é prestado em regime ambulatório. Estão normalmente em causa "cuidados de saúde simples e/ou exames complementares de diagnóstico, como sugestivamente refere Carlos Ferreira de Almeida, cfr. ALMEIDA, Carlos Ferreira de, *Os contratos de prestação de serviço médico no direito português*, in Direito do Consumidor, nº 16, Outubro-Dezembro, 1995, p. 10.

[29] No sentido de sufragar em tais hipóteses a responsabilidade da clínica nos termos do art. 800º, cfr. DIAS, J. Figueiredo e MONTEIRO, J. Sinde, *Responsabilidade Civil Médica em Portugal*, in Boletim do Ministério da Justiça, nº 322, p. 51, ALMEIDA, J. Moitinho de, *A responsabilidade civil do médico e o seu seguro*, in Scientia Ivridica, XXI, 1972, p. 344, ALMEIDA, Carlos Ferreira de, *Os contratos de prestação...*, ob. cit., p. 10-11.

[30] Para maiores desenvolvimentos acerca da categoria dogmática de coligação no âmbito dos contratos divididos, sobre a coligação em geral, veja-se o minucioso estudo de Francisco Brito Pereira Coelho, *Contratos Complexos e Complexos Contratuais*, Coimbra, 2014, p. 161 e ss.

[31] Cfr., a este propósito, ALMEIDA, Carlos Ferreira de, *Os contratos de prestação de serviço...*, ob cit., p. 11, O autor dá conta, porém, das dificuldades de destrinçar os actos relativos ao internamento dos actos médicos propriamente ditos.

[32] No universo dos contratos divididos assume uma particular relevância a questão da responsabilidade pelos danos causados pelo pessoal da clínica (paramédicos, técnicos auxiliares...) que colaborou na prática dos actos médicos. Apesar de se encontrarem numa relação de dependência com a clínica, certo é que se poderá concluir, em face das circunstâncias concretas, pela existência de uma mais estreita subordinação dos auxiliares face ao médico, porquanto em relação à prática do acto médico a clínica não exerce uma particular superintendência, cfr. a este propósito, ALMEIDA, Carlos Ferreira de, *Os contratos de prestação de serviço médico...*, ob. cit., pp. 11 e 12. Assim sendo, poderá, em certas situações ser de sufragar uma responsabilização dos médicos por condutas adoptadas pelo pessoal da clínica que consigo colaboraram na prática dos actos médicos. De igual modo, poderá concluir-se que na definição do elenco de deveres de tais profissionais, a influência exercida pelo médico é superior à da clínica.

Com o objectivo de apurar devidamente o tipo de responsabilidade a assacar à clínica relativamente aos actos médicos, revela-se oportuno questionar qual o tipo de vínculo que liga o médico ao paciente: tratar--se-á de uma relação marcada única e simplesmente pelas exigências do *neminem laedere*, ou ao invés, devemos qualificar um tal contacto como uma relação contratual?

Esta questão conduz-nos, na verdade, à alternativa de saber se a responsabilidade civil médica se deve situar no universo delitual ou antes no terreno contratual?

Não se revela possível alcançar uma resposta adequada para tais dúvidas, se não se levar em linha de conta a evolução registada no âmbito do direito médico a propósito do paradigma a partir do qual deve ser perspectivada a relação entre o médico e o paciente. Cumpre nesta sede fazer alusão ao trânsito gradualmente registado do modelo do paternalismo clínico para aqueloutro do consentimento informado.

Em lugar de se conceber o médico como uma entidade superior a quem compete velar pelo bem estar e saúde dos doentes como se de uma causa própria se tratasse[33], foi ganhando paulatinamente foros de cidade um outro perfil que o concebe como um simples prestador de serviços[34], devendo, por conseguinte, a relação entre este profissional de saúde e o

---

[33] Neste contexto poder-se-ia legitimamente convocar a figura dos poderes-deveres para enquadrar a posição do médico, tal como surge delineada de acordo com o paradigma do paternalismo clínico. Importa então recordar que se torna difícil integrar harmónicamente os poderes-deveres na concepção estrutural de direito subjectivo, isto porque esta categoria é concebida como um poder de exigir livremente de outrem uma prestação. Ora, em relação à figura a cuja apreciação estamos a proceder sobressai uma nota funcional, porquanto o poder do titular do direito não é livremente exercível. Na verdade, um tal poder encontra-se ao serviço do interesse de outrem. Para uma melhor caracterização dos poderes-deveres, cfr., Carvalho Orlando de, Teoria Geral do Direiti Civil, 3ª ed., Coimbra, 2012, pg. 131-135, Pinto, Carlos da Mota, Teoria Geral do Direito Civil, 4ª ed., Coimbra, 2005, pg. 179 e ss.

[34] A doutrina nacional propende para integrar a relação entre o médico e o doente na categoria ampla de contratos de prestação de serviços, os quais abrangem prestações de trabalho intelectual, cfr., a este propósito, Almeida, Moitinho de "A responsabilidade civil do médico e o seu seguro", in Scientia Jurídica, 1972 (ano 21), pg. 327 ss., Almeida, C. Ferreira de, "Os Contratos Civis de Prestação de Serviço Médico.", in Direito da Saúde e Bioética, Lisboa, (AAFDL), 1996, pg. 88 (o autor defende a tipificação dos contratos de prestação de serviços médicos.

paciente ser perspectivada dentro do cânones dominantes na actual sociedade de consumo[35].

Bem vistas as coisas, um modelo filiado numa concepção paternalista não era muito propício à defesa da natureza contratual da responsabilidade civil médica, ao invés daqueloutro paradigma alternativo que veio pôr termo a uma "Arte Silenciosa"[36].

Para uma tal mudança de mentalidade que se foi operando não é possível olvidar a paradigmática decisão da *Cour de Cassation* de 20-05-36, em que de uma forma inédita se reconheceu o carácter contratual da responsabilidade civil dos médicos. Não se pense, na verdade, que a afirmação da natureza contratual deste tipo de responsabilidade corresponde apenas a uma alteração dogmático-conceptual, uma vez que o regime jurídico-positivo correspondente ao ilícito contratual é susceptível de fazer claudicar algumas prerrogativas dos médicos que lhe asseguravam uma manifesta posição de supremacia face ao paciente. Estamos, desde logo, a pensar na questão nevrálgica ligada ao ónus da prova da culpa, porquanto a convocação da presunção prevista no art. 799º, nº 1, implica naturalmente um alívio para o paciente, o qual se via confrontado, se assim não sucedesse, com a hercúlea tarefa[37] de demonstrar a censurabilidade da conduta do médico[38]. Sufragando, tal como é a posição por nós susten-

---

[35] Uma tal perspectiva começou sobretudo a afirmar-se nos Estados Unidos da América a partir da década de sessenta do séc. passado, cfr. PEDRO, Rute Teixeira, *A Responsabilidade Civil do Médico. Reflexões Sobre a Noção da Perda de Chance e a Tutela do Doente Lesado*, Coimbra, 2008, pp. 40-41 (especialmente nota 66).

[36] Socorremo-nos da expressão sugestiva de Guilherme de Oliveira – o fim da "arte silenciosa" –, ao reflectir sobre esta mudança de paradigmas, cfr. OLIVEIRA, Guilherme, *O fim da "arte silênciosa"*, in Revista de Legislação e de Jurisprudência, ano 128º, nº 3852, p. 70 e ss.

[37] Acerca das dificuldades probatórias a cargo do paciente se sufragarmos a natureza delitual da responsabilidade civil médica, cfr. FARIA, J. Ribeiro de, "*Da prova na responsabilidade civil médica*", in Revista da Faculdade de Direito do Porto, ano I, 2004, p. 119 (nota 8).

[38] Estamos obviamente a tr em conta os aspectos caracterizadores da responsabilidade médica em ordenamentos jurídicos como o nosso, em que a obrigação de indemnizar destes profissionais radica basicamente na culpa. Importa, no entanto, dar conta de certas experiências de direito positivo em que o paradigma da culpa a propósito do dano médico foi superado (Suécia, Finlândia, Dinamarca, Nóruega) e outras ainda onde o instituto da responsabilidade civil foi mesmo eliminado, mormente quanto à avaliação do dano corporal (Nova Zelândia). A propósitodestes novos sistemas de ressarcimento dos danos médicos, alguns dos quais baseados, em modelos securitários, cfr. a análise mais céptica quanto à bondade dos mesmos, Barbosa, Mafalda Miranda, Responsabilidade subjectiva, responsabilidade objectiva e

tada, a aplicabilidade da presunção de culpa prevista naquele preceito do Código Civil, apesar da obrigação dos médicos ser comummente classificada como uma obrigação de meios[39], então passa a competir a este profissional de saúde demonstrar que o incumprimento ou o cumprimento defeituoso não procede de culpa sua. Na verdade, se a opção acerca da natureza da responsabilidade médica se orientar pela via contratual, seria um contra-senso afastar um dos traços essenciais do respectivo regime jurídico, a pretexto do devedor ter assumido neste contexto uma obrigação de meios.

Não obstante todas estas dificuldades, bem como aqueloutras decorrentes da circunstância do conteúdo das relações entre o médico e o paciente ser fundamentalmente modelado a partir de exigências heterónomas – lei e diplomas auto-reguladores, tais como o Estatuto da Ordem dos Médicos e o Código Deontológico dos Médicos –, a doutrina e a jurisprudência dominantes propendem claramente para identificar uma proximidade inter-subjectiva susceptível de acantonar estes contactos no domínio contratual.

Ora, classificando-se como contratual a relação directamente estabelecida entre o médico e o paciente, algumas perplexidades se podem colocar quanto à admissibilidade da convocação do art. 500º para responsabilizar a clínica pelos actos dos médicos nas situações que neste momento constituem o alvo das nossas preocupações: os contratos totais. Para além das dificuldades já mencionadas no capítulo anterior, conexionadas com a existência de um nexo de subordinação nas relações entre o estabelecimento de saúde privado e o médico, acresce ainda a circunstância deste preceito pressupor a prática de factos ilícitos do comissário causadores de danos a terceiros. Bem vistas as coisas, o contacto entre o médico e o paciente ao revestir natureza contratual, faz suscitar um dever

---

sistemas securitários de compensação de danos: Brevíssimas notas a propósito das lesões causadas pelo Profissional de Saúde, in Boletim da Faculdade de Direito, vol. LXXXVII, Coimbra, 2011, pg. 559 ss., e uma apreciação mais entusiástica quanto às soluções oferecidas por estes modelos, cfr., Cascão, Rui Miguel, "1972: Para Além da Culpa no Ressarcimento do Dano Médico", in Boletim da Faculdade de Direito, vol. LXXXVII, Coimbra, 2011, 691 e ss.

[39] Cfr., a propósito da qualificação da obrigação do médico como obrigação de meios, Acórdão do Supremo Tribunal de Justiça de 17-1-2013, in www.dgsi.pt. Todavia, tem feito percurso na doutrina uma orientação que sufraga a inaplicabilidade da presunção de culpa do art. 799º, nº 1, aos médicos pela circunstância da obrigação por estes assumida ter uma tal natureza, cfr. PEDRO, Rute Teixeira, A responsabilidade civil..., ob. cit., p. 90 ss.

de prestação principal para o comissário, registando-se aqui um obstáculo à afirmação da responsabilidade do comitente consubstanciado na inexistência de um ilícito extracontratual perpetrado pelo médico[40]. Com efeito, atenta a natureza negocial da relação estabelecida directamente entre este profissional de saúde e o paciente, os danos causados ao paciente caem no universo do ilícito contratual.

Constituirá tal dificuldade um dado intransponível que inviabiliza a aplicabilidade do art. 500º? Se tivermos em conta que certas das hipóteses das situações de responsabilidade médica geram um concurso de ilícitos (contratual/extracontratual), então quando tal suceder, poderemos ponderar a mobilização deste preceito do Código Civil. Porém, a doutrina dominante restringe claramente a aplicabilidade do regime da responsabilidade objectiva do comitente às hipóteses de prática de um ilícito extracontratual pelo comissário.

Este entendimento que deixámos exposto acerca da responsabilidade extracontratual do comitente por factos ilícitos do comissário não é, no entanto, unanimemente partilhado na doutrina nacional, havendo quem sustente a sobreposição do âmbito de aplicação da disciplina jurídica dos arts. 500º e 800º[41], sufragando, de uma perspectiva unitária acerca do instituto da responsabilidade civil, a qual não é sensível à dualidade contratual e extracontratual.

Em coerência com o que acabámos de expor, o comitente deverá indemnizar o lesado, não constituindo qualquer obstáculo a circunstância da responsabilidade do comissário revestir natureza contratual. Basta então para afirmar a obrigação de indemnizar do comitente que se tenha concluído pela existência da obrigação de reparar os danos a cargo do comissário. Havendo uma relação de subordinação e sendo o comissário responsável pelos danos causados a terceiros, o comitente deve indemnizar, pois se um perfeito estranho, quer ao comitente, quer ao comissário é tutelado pela disciplina do art. 500º, seria absurdo que o lesado, por ter mais um factor de protecção pelo facto de ser contraparte do comissário, deixasse de "ter a protecção de que já dispunha"[42].

---

[40] Cfr., a este propósito, Trigo, Maria da Graça, *Responsabilidade Civil Delitual...*, ob. cit., p. 233.
[41] Neste sentido se inclina Ferreira Múrias, cfr. Múrias, Ferreira, *A responsabilidade por actos de auxiliares e o entendimento dualista da responsabilidade civil*, in Revista da Faculdade de Direito da Universidade de Lisboa, 1996, nº 1, p. 171 e ss.
[42] Cfr., a este propósito, Múrias, P. Ferreira, *A responsabilidade por actos...*, ob. cit., p. 193.

De igual modo, se propugna a aplicabilidade do art. 800º a situações características do universo delitual, tendo-se em mente, de um modo particular os casos em que esteja em jogo o acatamento de deveres de segurança no tráfico por parte do terceiro introduzido pelo devedor. Uma tal orientação de inspiração germânica, parte fundamentalmente da análise de hipóteses equacionadas na doutrina[43] e jurisprudência alemã.

Tendo em conta as razões comummente avançadas para distinguir os campos de aplicação dos arts. 500º e 800º, aponta-se precisamente a circunstância deste último preceito estar direccionado para o cumprimento de deveres de prestação, aos quais corresponde uma obrigação de resultado. Ora, estando em causa deveres de segurança no tráfico, ou até mesmo obrigações gerais filiadas no *neminem laedere*[44] não haverá lugar à convocação do regime do art. 800º.

Relativamente aos deveres de segurança no tráfico, sustenta, porém, quem sufraga a convocação da disciplina deste preceito legal ao campo delitual, que se tem de admitir uma maior densidade destes deveres face às simples obrigações decorrentes de normas de comportamento, como sejam as exigências coenvolvidas naquele brocardo romano que constitui a pedra angular do universo extracontratual.

Mas para além disso, e como argumento fundamental mobilizado para não retirar da alçada da responsabilidade por actos de auxiliares as hipó-

---

[43] Neste particular contexto, Ferreira Murias enuncia uma hipótese indicada por Vaz Serra nos trabalhos preparatórios sobre responsabilidade contratual, como sendo da autoria de Heck: "admita-se que os proprietários de certos edifícios têm o dever de limpar todas as manhãs a neve gelada e escorregada que se forma na zona fronteira a esses edifícios, de modo a evitar possíveis acidentes. Daniel, dono de um prédio nessas condições, acorda com Edmundo que este tratará de limpar a neve do referido prédio, devendo fazê-lo da maneira que achar preferível desde que o serviço fique pronto a determinada hora. Edmundo era um sujeito de confiança que já tinha feito aquele trabalho outras vezes, mas, desta feita, desleixou-se, ficando o serviço por acabar, o que levou a que um terceiro escorregasse e se magoasse, pretendendo agora ser indemnizado por Daniel, já que Edmundo é uma pessoa sem recursos", cfr. Múrias, P. Ferreira, *A Responsabilidade por Actos...*, ob. cit., p. 195.

[44] Com efeito, os deveres de segurança no tráfico assumiram um relevo decisivo na delimitação do âmbito do ilícito por omissão. Como a este propósito sugestivamente afirma Sinde Monteiro "o preceito geral de que outras pessoas não devem ser postas em perigo mais do que o inevitável, necessita de uma concretização, que a jurisprudência alemã operou através da via construtiva, dos delitos de omissão. Segundo Schaefer, trata-se de, ao lado do *neminem laedere*, utilizar também o princípio de justiça do *suum cuique tribuere* para estabelecer a destrinça entre o lícito e o ilícito", cfr. Monteiro, J. Sinde, *Responsabilidade por Conselhos, recomendações ou informações*, Coimbra, 1990, p. 311.

teses que constituem alvo das nossas atenções, sustenta-se que não faz qualquer sentido alijar a responsabilidade do devedor pela circunstância deste se socorrer de auxiliares para acatar as exigências de segurança do tráfico que lhe são impostas, pois tal levaria a fazer recair sobre o lesado encargos que oneram a esfera do devedor[45].

No tocante ao núcleo de situações em que se verifica uma violação das exigências genéricas do *neminem laedere* por parte do auxiliar, mantendo-se um tal dever inalterado pelo contacto negocial entre o devedor e o credor, o fundamento para defender uma tutela obrigacional para uma problemática tipicamente delitual encontra-se na circunstância de ter sido a relação pré-existente entre o devedor e o terceiro que deu a possibilidade deste último perpetrar o ilícito extracontratual[46]. Importa, no entanto, sublinhar que a defesa de uma tal solução se encontra particularmente condicionada pelas peculiaridades do ordenamento jurídico germânico, no âmbito do qual uma tal questão foi suscitada por Heck. Ora, em face do direito positivo alemão, a responsabilização do comitente revelar-se-ia mais difícil, uma vez que a este seria possível ilidir a presunção de culpa, atento o regime do §831 do BGB. Desta feita, revela-se importante a remissão efectuada para o §278 do Código Civil alemão, onde está consagrada a responsabilidade objectiva pelos auxiliares do cumprimento.

Concordamos assim com Graça Trigo quando afirma: "Contudo, como diversamente do direito alemão, no direito português a responsabilidade delitual do art. 500º é igualmente objectiva, este caso encontraria aqui a sua solução por aplicação deste último preceito"[47].

Especialização do saber médico e relações de comissão

A especialização do saber médico, à semelhança de quanto ocorre em outros domínios científicos, determina cada vez mais um maior aprofundamento dos conhecimentos dentro de determinada área, assistindo-se

---

[45] Neste sentido se pronuncia Ferreira Múrias, ao considerar que "não pode resultar nenhum prejuízo para os sujeitos tutelados por esses deveres da livre introdução de terceiros no respectivo plano de cumprimento por quem deles está onerado. Seria um fugir à responsabilidade agravado pela facilidade com que daria azo a fraudes incontroláveis", cfr. Múrias, P. Ferreira, *A responsabilidade por actos...*, ob. cit., p. 197.
[46] Cfr., a este propósito, Múrias, P. Ferreira, *A responsabilidade por actos...*, ob. cit., p. 203.
[47] Cfr. Trigo, Maria da Graça, *Responsabilidade Civil Delitual...*, ob. cit., p. 235.

assim a uma fragmentação ou sectorialização da ciência médica e à emergência de um corpo de funcionários com experiências muito intensas em universos cada vez mais limitados. Uma tal realidade constitui marca indelével do actual paradigma norteador da actividade médica, fomentando, por seu turno, um clima de maior partilha de saberes e experiências.

Não admira então que o trabalho em equipa represente um dado incontornável, tanto na prestação de cuidados médicos desenvolvida no âmbito da medicina privada, quanto naqueloutros desenvolvidos nas instituições públicas de saúde. Um outro corolário necessário de todo este cenário é a relevância atribuída ao dever de reencaminhamento consagrado no art. 138º do Código Deontológico da Ordem dos Médicos, o qual representa expressão bem visível da necessária interajuda e colaboração entre os diversos especialistas.

Todo este cenário forjado pela especialização da actividade médica traz consigo alguma complexidade, mormente a necessidade de definir o status de cada membro da equipa médica, ou seja, o círculo de direitos e deveres aos mesmos respeitantes.

Entre as dificuldades mais relevantes neste contexto suscitadas contam-se, desde logo, as dúvidas a propósito da definição da existência da ilicitude, uma vez que pode verificar-se a ocorrência de círculos concêntricos de *leges artis*: a um profissional podem impor-se exigências técnicas não estritamente ligadas à sua área de especialidade. Não admira assim que nos deparemos na jurisprudência nacional com algumas hipóteses, nas quais se discute a questão de saber se os sintomas de uma patologia de determinada especialidade distinta da do médico assistente deverão por este ser detectadas, atenta alguma proximidade com a sua área do saber, determinando assim ou a realização pelo clínico de um concreto diagnóstico ou antes um reencaminhamento do doente para um médico especializado num tal tipo de matérias[48].

Para além de tais perplexidades, sentidas a nível da própria determinação da existência da ilicitude do comportamento médico, importa destacar que os maiores problemas colocados pelo exercício da medicina quanto ao tema por nós abordado registam-se no plano da identificação de nexos ou vínculos de dependência entre os profissionais.

---

[48] Veja-se, a este propósito, o Acórdão da Relação do Porto de 11 de Setembro de 2012 por nós anotado nos Cadernos de Direito Privado, nº 43 – Julho – Setembro 2013, pg. 66 e ss..

Neste contexto, cumpre dedicar uma particular atenção à situação dos internos da especialidade, bem como ainda à posição ocupada pelos anestesistas nas equipas cirúrgicas.

Em relação aos primeiros – os internos da especialidade – cumpre sublinhar a falta de legitimidade dos mesmos para praticar autonomamente um conjunto de actos médicos, razão pela qual não é possível afirmar a sua responsabilidade civil por danos causados aos pacientes. Com efeito, encontramo-nos em face de pessoas cuja caracterização do respectivo *status* implica necessariamente uma subordinação ou dependência face aos superiores hierárquicos. Mesmo na eventualidade de terem actuado intencionalmente ou contra as indicações dos respectivos comitentes, a obrigação de indemnizar recairá sobre estes (art. 500º, n. 2) não obstante lhes ser facultado o posterior exercício do direito de regresso (art. 500º, n. 3).

A falta de independência dos médicos durante o período de formação, manifesta-se, com toda a clareza, na disciplina estatuída no art. 136º do Código Deontológico da Ordem dos Médicos. Para além da obrigação de controlo pelo formador do trabalho dos médicos seus subordinados, é-lhe ainda imposto o dever de actuar perante condutas incorrectas dos profissionais em período de aprendizagem. Um tal dever de actuar face a actuações erróneas dos formandos pode consubstanciar-se, de acordo com a disciplina fixada neste diploma, quer numa advertência ao subordinado (al. a) do nº 1 do art. 136º) quer numa correcção do erro pelo próprio superior hierárquico.

Com a consagração deste último tipo de dever não restam dúvidas que a responsabilidade por actos dos médicos em formação susceptíveis de contender com a vida ou saúde do doente será atribuída ao médico formador, o qual assume durante um tal período a posição de autêntico superior hierárquico. Estando em causa um tipo de aprendizagem orientada para a aquisição de conhecimentos científicos, e revelando-se um tal percurso necessariamente atravessado por dúvidas e erros, não admira que a auto-regulação da actividade médica se preocupe com o modo de relacionamento entre os profissionais de saúde, quando esteja em causa o acatamento dos deveres de advertência e de correcção a cargo do superior hierárquico.

Com o objectivo de fomentar um relacionamento entre os médicos orientado por elevados padrões éticos, o código deontológico exige do superior hierárquico discrição na advertência, apesar de o compelir a actuar "prontamente" para confrontar o formando com o erro cometido (al. a) do nº 1 do art. 136º), impondo ainda um dever de informar este último dos erros quando estiver em causa uma hipótese de "pronta" correcção dos mesmos (al. b) do nº 1 do art. 136º).

Esta imposição de exigências de urbanidade no trato reflectem não apenas uma preocupação por acautelar dimensões éticas fundamentais, como visam ainda evidenciar que o formando assumirá em breve a qualidade de futuro colega, ou seja, de alguém que passará também a constituir um centro autónomo de decisões médicas, e a reclamar, por conseguinte, uma igualdade de tratamento com os demais profissionais.

No tocante ao segundo núcleo problemático, algumas perplexidades nos suscita uma orientação que durante muito tempo pontificou a propósito da posição ocupada pelos anestesistas nas equipas cirúrgicas onde se integram. De acordo com uma tal perspectiva, estes profissionais de saúde configuravam-se como dependentes ou subordinados do cirurgião, fundamentando-se uma tal posição em alguns diplomas normativos reguladores da actividade médica, destacando-se, a este propósito, o disposto no nº 1 do art. 108º do Código Deontológico da Ordem dos Médicos. Ao atribuir-se ao cirurgião "o direito a escolher os ajudantes e o anestesista", parece admitir-se uma equiparação entre os ajudantes e o anestesista, tendo, desde logo, em conta a liberdade de escolha reconhecida ao cirurgião.

Como já atrás deixámos mencionado, a liberdade de escolha de pessoas para o exercício de funções relativamente às quais aquele que tem o poder de eleger, constitui um indício para admitir a existência de uma relação de comissão. Porém, de acordo com a posição por nós sufragada, mesmo quando o poder de escolha de quem dirige a actuação de outrem conheça limitações, tal não inviabiliza que se atribua a uma tal relação o epíteto de comissão[49].

Um outro argumento recolhido do Código Deontológico a favor da identificação de uma relação de dependência do anestesista face ao cirur-

---

[49] Apesar de um certo núcleo de relações laborais onde tais limitações na escolha dos funcionários se afirmam se encontrarem excluídas do âmbito regulativo da comissão, entre as quais se contam os contratos de trabalho entre a clínica e o médico, o proprietário da farmácia e o farmacêutico, o atelier de arquitectura e o arquitecto..., a verdade é que uma tal circunstância, por si só, não inviabiliza a afirmação do contrário.

gião deriva da possibilidade naquele diploma conferida ao cirurgião (art. 108º, nº 4) de emitir uma nota colectiva e discriminada de honorários.

Pela circunstância da nota de honorários ser emitida pelo cirurgião, ao qual, como atrás mencionámos, se confere a faculdade de escolher o anestesista, considera-se então que este especialista não possui autonomia face ao chefe da equipa. Importa antes de tudo esclarecer que na mesma disposição se prevê a possibilidade dos honorários dos médicos assistentes numa intervenção cirúrgica serem apresentados através de uma nota autónoma, conferindo-se claramente prioridade a este modo de exigir a remuneração correspondente ao trabalho prestado. Porém, não podemos deixar de ter em conta que o art. 108º, nº 4, do Código Deontológico da Ordem dos Médicos tem como pressuposto apenas as hipóteses da participação do médico assistente ser solicitada pelo doente ou pelos seus representantes. A regra geral relativa à exigibilidade dos honorários por equipa médica ou multiprofissional recolhe-se antes do nº 5 do art. 108º do mesmo diploma normativo, e aí é igualmente estabelecido um modelo alternativo: reclamação autónoma por cada um dos intervenientes, ou reclamação através de nota colectiva e discriminada.

Desta feita, quer nas hipóteses da intervenção do médico assistente ser solicitada pelo doente quer naqueloutras em que a escolha[50] do clínico caiba exclusivamente ao cirurgião, prevê-se a possibilidade dos honorários serem pedidos autonomamente por cada um dos intervenientes na equipa médica, razão por que a possibilidade alternativa do cirurgião apresentar uma nota colectiva e discriminada não retira a autonomia ao médico anestesista.

Todavia, mesmo que assim não sucedesse e se conferisse apenas ao cirurgião, como chefe de equipa, o poder de exigir a remuneração dos serviços prestados pelos vários membros da mesma, não se pode retirar daí a conclusão de falta de autonomia de tais profissionais. Na verdade, em causa está apenas a regulamentação de um aspecto particular da actividade médica exercida em equipa: a questão remuneratória respeitante aos honorários.

Desta feita, não se revelam legítimas extrapolações genéricas que permitam afirmar a inexistência de autonomia técnico-científica dos médi-

---

[50] Estamos aqui a considerar a hipótese do médico assistente ser um anestesista. Importa, no entanto, sublinhar que o direito de escolha do médico assistente compete ao cirurgião, podendo este não estar de acordo com a solicitação do doente.

cos anestesistas cuja actividade seja coordenada por um cirurgião. Uma tal conclusão parece-nos não levantar dificuldades se tivermos em conta quanto se encontra prescrito no art. 135º, artigo especificamente dedicado ao exercício da medicina em equipa. Na parte final do nº 1 desta norma afirma-se *expressis verbis* a manutenção da responsabilidade técnica e deontológica dos médicos, quando estes integrem uma equipa, reforçando-se assim claramente a ideia da incolumidade da respectiva autonomia técnico-científica.

Apesar de na norma em análise se fazer menção a categorias capazes de nos induzirem a uma conclusão diversa, a saber: "hierarquia na equipa assistencial" (art. 135º, nº 2), "a direcção da equipa" (art. 135º, nº 3), certo é que tal não faz beliscar a independência dos médicos, cuja actuação é chefiada por um outro profissional. Relativamente à prática do acto médico, não temos dúvidas em afirmar a sua exclusiva submissão às *leges artis* do respectivo sector de actividade. A obediência hierárquica não faz assim exonerar o médico que trabalhe em equipa quando as directrizes e comandos ditados pelo coordenador se manifestem, do ponto de vista técnico, infundadas e potenciadoras de consequências danosas.

Dever de reencaminhamento e relações de subordinação

Na teia das múltiplas relações suscitadas por esta incontornável nota da especialização do saber médico contam-se precisamente aquelas que são determinadas pela circunstância do doente necessitar de exames ou terapêuticas para os quais o médico assistente não seja competente. Em tais situações, este médico deverá reencaminhar o doente para um outro clínico com conhecimentos especializados para efectuar os ditos exames e terapêuticas. Este dever encontra-se, de resto, expressamente consagrado no art. 138º do Código Deontológico da Ordem dos Médicos sob a denominação de dever de recomendação, e não deixa de levantar algumas questões quanto ao tipo de relacionamento entre o médico que reencaminhe o paciente – médico assistente – e aqueloutro para o qual o doente é remetido – médico consultor.

No tocante ao enquadramento das relações entre estes dois médicos, o diploma mencionado preocupa-se em assegurar nos arts. 138º a 140º a continuidade da prestação de serviços médicos ao doente, procurando, desse modo, evitar que a falta de omnisciência do médico assistente possa prejudicar o paciente. Para alcançar um tal desiderato, assumem particular relevância os deveres de informação de sentido contrário, impostos ora ao médico assistente (art. 138º, nº 1 *in fine* e art. 140º, nº 1), ora ao médico consultor[51] (art. 138º, nº 2 e art. 140º, nº 2) bem como ainda a celeridade no cumprimento dos mesmos imposta por este diploma regulador da actividade médica.

Este reencaminhamento do paciente para especialistas e consequente reenvio daquele para o médico assistente podem, na verdade, colocar problemas delicados que nos levam a equacionar se o tipo de relacionamento entretanto emergente não fará suscitar uma relação de dependência do médico assistente perante o consultor especialista. A título meramente exemplificativo, pense-se na hipótese do médico para o qual o paciente foi reencaminhado, no relatório enviado ao médico assistente prescrever determinados fármacos por os considerar particularmente adequados ao diagnóstico entretanto realizado. Importa então questionar se não será dever de quem reencaminhou o paciente para um especialista atender às instruções por este fornecidas? Pensamos que a resposta à questão deve ser afirmativa, sendo que daí não se possa necessariamente concluir pela existência de uma relação de comissão entre os mencionados profissionais de saúde.

Na verdade, o clínico que normalmente acompanha o doente, não fica com a sua independência e autonomia científica manietadas, podendo desviar-se de tais directivas, conquanto o faça fundamentadamente. Basta pensar na hipótese de se considerar excessiva a dosagem ou o número de vezes que o medicamento deva ser ministrado, para já não falar da possível interacção de prescrição feita pelo especialista com outras patologias do doente reencaminhado, que apesar de serem deste conhecidas, não foram, todavia, devidamente valoradas. Na eventualidade de ocorrerem tais situações, o médico assistente terá o direito de se desviar das instruções do especialista mas deverá fundamentar a respectiva decisão.

---

[51] O dever de informação consubstanciado no envio, por escrito, dos resultados e das conclusões dos exames ou terapêuticas realizados, pode recair sobre um médico diferente daquele que o clínico assistente tinha recomendado. Com efeito, nas hipóteses do paciente consultar por sua iniciativa um outro médico, este clínico, seja por considerar útil, seja mesmo para responder a uma solicitação do paciente, deverá enviar um relatório com as conclusões dos exames, tal como consta no disposto no art. 139º do Código Deontológico da Ordem dos Médicos.

Porém, na eventualidade de seguir as instruções do médico especialista, que, de resto, deve corresponder à maioria das situações, porquanto o clínico assistente não se sentia habilitado para avaliar devidamente o caso, não podemos afirmar que uma tal atitude resulte do cumprimento de um dever de obediência perante quem se encontre numa posição hierárquica superior.

Partindo destas considerações, importa questionar se poderá ser assacada alguma responsabilidade ao médico assistente quando se verificarem danos na integridade física do paciente, por ter seguido a terapêutica indicada pelo clínico especialista. Pensamos que à partida quem terá de responder perante o lesado será este último, não pela circunstância de ser considerado comitente, mas pelo facto do médico assistente se poder exonerar mediante a alegação de ter respeitado as indicações de um terceiro especialmente qualificado em tais patologias e terapêutica, a quem, de resto, solicitou previamente a colaboração.

Interessa, porém, questionar que tipo de responsabilidade recai sobre o médico consultor, porquanto entre este profissional e o lesado não foi entabulado nenhum acordo contratual. Devemos então convocar as regras delituais para determinar a existência da dita obrigação de indemnizar, pois em virtude do reencaminhamento passa a ser-lhe exigível por força do seu status de especialista, emitir uma opinião insusceptível de contender com os direitos de terceiros, ou seja do paciente. Dever-se-á então falar a este propósito das exigências de *neminem laedere*.

Serviços médicos em estabelecimentos de saúde públicos e relação de comissão

No âmbito da prestação de serviços médicos em estabelecimentos públicos de saúde, a questão da natureza da responsabilidade de tais instituições encontra-se resolvida pela lei 67/2007, tendo-se aí acolhido o modelo extracontratual. Uma tal opção legislativa não acalmou, porém, os ânimos doutrinais, continuando-se a discutir se haverá razões para um distanciamento face ao paradigma contratual, maioritariamente acolhido quanto à caracterização da actividade médica privada.

A favor da natureza contratual da prestação de cuidados médicos em instituições públicas invoca-se o argumento da profunda identidade do exercício material da actividade médica nos sectores público e privado. Para além disso, a intersubjectividade própria das relações contratuais é uma nota que põe em destaque o *intuitus personae* e a confiança, omnipresentes nos contactos entre o médico e o paciente, conquanto os mesmos se estabeleçam em hospitais públicos. Com efeito, a standardização dos contactos sociais estendeu-se também aos hospitais públicos, sendo que tal circunstância não é, por si só, excludente da natureza contratual das relações entre o médico e o paciente aí entabuladas, porquanto as mesmas não deixam de ser caracterizadas pelos atributos atrás mencionados.

A este propósito e para afastar dificuldades decorrentes dos esquemas clássicos de formação dos contratos, a dogmática tem-se socorrido dos hodiernos modelos de contratação para enquadrar os vínculos entertecidos com os pacientes em tais instituições[52]. Reportamo-nos, desde logo, às designadas relações contratuais de facto, e à técnica tão vulgarizada das cláusulas contratuais gerais.

Um tal entendimento está, no entanto, longe de ser o prevalecente, propendendo a maioria dos estudiosos sobre a matéria para qualificar o contacto entre o médico e o paciente como uma relação especial de serviço público, conferindo a este último o *status* de *utente*, ao qual estão associados, por força da Constituição e da Lei, um conjunto de direitos e de deveres. No fundo, a tutela conferida nesta relação especial de direito administrativo ao utente não se funda num evento contratual previamente celebrado, mas antes em exigências legais, no essencial, dirigidas[53] a garantir um *alterum non laedere*.

Para além desta questão fundamental costumam ainda aduzir-se outras razões, tais como a falta de liberdade contratual, quer dos médicos para escolher os doentes, quer dos doentes para escolher os médicos, bem como a circunstância do utente não estar obrigado ao pagamento de uma contraprestação, mas tão somente de uma taxa[54].

---

[52] Cfr, a este propósito, DIAS, J. Figueiredo e MONTEIRO, J. Sinde, *Responsabilidade civil médica*, separata do Boletim do Ministério da Justiça, 1984, p. 35.

[53] Cfr., neste sentido, OLIVEIRA, Guilherme de, *Estrutura jurídica do acto médico, consentimento informado e responsabilidade médica*, in Temas da Medicina, Coimbra, 1999, p. 61, SOUSA, Marcelo Rebelo, *Responsabilidade dos estabelecimentos públicos de saúde: culpa do agente ou culpa da organização*, in Direito da Saúde e Bioética, AAFDL, Lisboa, 1996, p. 183.

[54] Veja-se, a este propósito, a síntese levada a cabo por André Dias Pereira quanto aos argumentos comummente invocados pela doutrina nacional contra a natureza contratual dos serviços médicos de saúde prestados em hospitais públicos, cfr. PEREIRA, André Dias, *Direito dos Pacientes...*, ob. cit., pp. 801 e 802.

Razão por que a maioria dos autores propende para aceitar a qualificação constante da lei 67/2007, ou seja, a natureza extracontratual para a responsabilidade dos estabelecimentos públicos de saúde por actos praticados pelos profissionais de saúde neles integrados.

Importa neste contexto sublinhar que a disciplina da Lei 67/2007 centra-se na categoria da relação de serviço público[55] e já não no conceito paralelo outrora dominante na vigência do Dec.-Lei nº 48051 de acto de gestão pública[56], sendo que através de qualquer destas duas categorias o fundamental para desencadear o regime jurídico-positivo da responsabilidade delitual previsto em ambos os diplomas reside na existência de uma relação de direito público entre a administração e os cidadãos. Ancorando-nos numa tal premissa, cumpre questionar acerca da relevância ou da essencialidade do figurino da comissão para efeitos da mobilização do regime da responsabilidade civil extracontratual.

Uma resposta ponderada a uma tal interrogação não pode deixar de levar em linha de conta a estrutura hierarquizada da administração esta-

---

[55] Constitui entendimento pacífico que o regime da responsabilidade extracontratual do Estado no âmbito da prestação de cuidados médicos nos serviços públicos de saúde tanto é convocado quando os ditos serviços sejam prestados em estabelecimento do Estado, como quando os mesmos se realizem em estabelecimentos privados convencionados. Na senda de Ana Raquel Moniz deve considerar-se que "não obstante a respectiva natureza (privada) integram a rede nacional de prestação de cuidados de saúde, e, como tal, encontram-se à disposição dos utentes do SNS, mas também decorre, em especial, v.g., da implementação do programa de redução das listas de espera em cirurgia (o sistema integrado de gestão de inscritos para a cirurgia – SIGIC) ou da rede nacional de cuidados continuados integrados – RNCCI (que inclui pessoas colectivas públicas, bem como entidades privadas e entidades do sector social). Deverá entender-se que, independentemente da natureza da entidade na qual são prestados os cuidados de saúde públicos, prevalecem considerações de natureza substancial que submetem às disposições da RRCEE as actividades colectivas de direito privado...", cfr., MONIZ, Ana Raquel, *A responsabilidade médica no contexto do alargamento da responsabilidade extracontratual administrativa*, p. 9 e 10 (artigo a publicar neste livro de homenagem, gentilmente cedido pela autora).

[56] Neste sentido, cfr. PEREIRA, André Dias, *Direitos dos Pacientes e Responsabilidade Médica*, Coimbra, 2015, p. 799. Como o autor aí refere "já na vigência do DL nº 48051, a doutrina e a jurisprudência dominantes entendiam que a medicina pública faz parte das funções do Estado Social prestador, consistindo num acto de gestão pública. A nova lei não recorre a esse conceito, subordinando o seu critério de aplicação à natureza jurídica (pública) da entidade ou a situações de subordinação a normas de direito público, assumindo especial significado o conceito de função administrativa", Responsabilidade Civil: O Médico entre o Público e o Privado, in Boletim da Faculdade de Direito, vol. LXXXIX, Coimbra, 2013, pg. 292-293.

dual indirecta, no âmbito do qual são prestados os cuidados públicos de saúde. Assim sendo, quem detenha funções de direcção num estabelecimento de saúde público (invocando-se a título meramente exemplificativo o director de serviços de um hospital), goza, por consequência, do poder de controlar a actividade de quem se encontre abaixo na cadeira hierárquica, dispondo inclusivamente de prerrogativas disciplinares.

Prima facie, seríamos então levados a afirmar a estrita dependência da responsabilidade extracontratual dos estabelecimentos públicos de saúde face à categoria da comissão, podendo assim sustentar-se a existência de responsabilidade de um director de serviços por acto médico negligente de um membro da equipa por si chefiada.

Uma tal conclusão manifestar-se-ia leviana e precipitada, porquanto a hierarquia típica das relações no âmbito da administração pública não pode, de modo algum, aniquilar a autonomia e independência técnico-científica dos médicos. Com efeito, a natureza pública do vínculo entre o hospital e o profissional de saúde não belisca em nada o enquadramento da posição deste último quanto à prática dos actos médicos. Tal como se deixou sublinhado a propósito da medicina privada no âmbito da contratação levada a cabo pelas clínicas, os profissionais de saúde relativamente ao exercício das suas competências técnicas, apenas estão subjugados às exigências das *leges artis* do respectivo sector de actividade.

Desta feita, a relevância do poder disciplinar exercido neste contexto apenas se reporta a questões atinentes à organização administrativa dos serviços, podendo o mesmo ser desencadeado quando estiverem em causa comportamentos violadores de tal tipo de regras, tais como o não cumprimento do horário de trabalho, e o desrespeito de regras básicas de urbanidade no trato, o furto de material hospitalar. Se na sequência de tais condutas forem causados danos a terceiros, a administração da unidade pública de saúde será responsável civilmente, sendo que em tal tipo de hipóteses, o Estado poderá obter o reembolso de quanto despendeu às vítimas, porquanto tal faculdade lhe é concedida, quando forem praticados actos dolosos pelos funcionários da administração (art. 8º, nº 3 da Lei nº 67/2007).

Voltando então ao ponto crucial do nosso trabalho – a relação de comissão no âmbito da actividade médica –, importa sublinhar que a pedra angular de todo o regime da Lei 67/2007 aplicável aos cuidados médicos em estabelecimentos públicos reside na relação de serviço público e não no conceito de comissão, que se encontra necessariamente arredado das relações hierárquicas existentes entre médicos no serviço nacional de saúde.

Não podemos deixar nesta sede de fazer alusão a uma novidade legislativa introduzida pela mencionada lei de 2007, consubstanciada na responsabilização da administração por falta anormal do serviço (art. 7º, nº 3). Estando em causa uma solução manifestamente inspirada por exigências de tutela dos lesados pela actividade administrativa, cumpre questionar em que termos esta disciplina não reflecte o peso assumido pela hierarquização das relações na administração pública, e, assim sendo, do destaque da essencialidade assumida neste contexto pela relação de comissão.

De acordo com o regime estatuído em tal preceito, não temos dúvidas em afirmar a responsabilidade da administração hospitalar ou de um director de serviços por falta anormal ocorrida num certo departamento, quando não se consiga apurar individualmente a quem deva ser imputada a falta.

Assim sendo, não podemos deixar de encontrar neste regime um ponto de conexão com o disposto no art. 500º, na medida em que ao mesmo se encontre subjacente a máxima de acordo com a qual, os *comoda* e *incomoda* da organização dos serviços deve recair sobre quem os coordena. Porém, um ponto fundamental acaba por distanciar o instituto da falta anormal do serviço do regime da comissão: enquanto neste apenas se pode afirmar a responsabilidade do comitente quando se verificar a prática de um facto ilícito por parte do comissário, já no contexto do art. 7º, nº 3 da Lei 67/2007, a sua aplicabilidade depende precisamente da circunstância de não se conseguir identificar quem praticou o concreto facto lesivo.

Distintas das hipóteses de falta anormal do serviço são aqueloutras em que um médico de uma determinada equipa comete alguma falha ou erro pela circunstância do director de serviços não os coordenar devidamente. Quando assim suceder a responsabilidade deve ser imputada a este último, à semelhança das faltas anormais de serviço. Simplesmente nas situações agora em análise consegue-se individualizar o sujeito a quem se deveu a falha ou o erro.

Relevância da comissão e danos causados pelos médicos no âmbito do contrato de trabalho

Tivémos ocasião de sublinhar ao longo do trabalho a irrelevância da relação de comissão no âmbito da prestação de serviços médicos, sejam os mesmos realizados no contexto da clínica privada, ou em estabelecimentos públicos de saúde. A causa do escasso interesse do regime jurídico da comissão para o âmbito da actividade médica exercida por conta de outrem resulta da circunstância do poder de direcção e de controlo não se estender ao âmago da prática clínica.

Não obstante o médico se possa encontrar ligado à instituição onde exerce a sua actividade por um contrato de trabalho, resultando daí um conjunto de obrigações: cumprimento de horários, exigências burocráticas ligadas ao exercício da actividade médica como seja o preenchimento de relatórios, deveres de respeito, lealdade e sigilo... , certo é que relativamente aos danos resultantes do exercício da medicina – os prejuízos causados à integridade física ou ao bem da vida –, a clínica não responde delitualmente, em virtude desta não assumir a qualidade de comitente.

Como fomos sublinhando, a independência inquestionável do exercício da medicina impede a atribuição aos médicos do *status* de comissário. Desta feita, e como já referimos, a influência regulativa do art. 500º faz-se sentir apenas quanto a aspectos tipicamente laborais da actividade do médico. Exemplificando um pouco quanto acabámos de dizer, se um médico ao consultar o paciente se desentende com este e exaltando-se lhe provoca danos na integridade física, a instituição de saúde por conta de quem trabalha terá de ser responsabilizada nos termos do art. 500º. De igual modo, tendo sido facultado ao médico para o exercício da suas funções um automóvel, e vier a ocorrer um acidente no percurso que efectua para se deslocar para o seu local de trabalho, então poderá convocar-se a disciplina fixada nos arts. 503º, nº 3, e no art. 500º[57].

Tudo, porém, o que ultrapassa o quadro funcional estritamente conexionado com a sua posição de trabalhador dependente, e que na verdade

---

[57] Com efeito, se o médico que preenche simultaneamente a posição de comissário não conseguir ilidir a presunção de culpa do art. 503º, nº 3, então será o mesmo considerado responsável e também o comitente na qualidade de garante, nos termos do art. 500º. Cfr., por todos, Varela, J. ANTUNES, *Das Obrigações...*, I, da Cit., pgs. 662-663.

acaba por constituir o âmago da actividade médica, a responsabilidade delitual recairá sobre este enquanto profissional de saúde.

Relativamente à responsabilidade delitual do médico, cumpre sublinhar que, não obstante cada vez mais se propender para qualificar de contratual[58] o contacto entre o médico e o paciente, certo é, no entanto, que ainda subsiste espaço para a emergência de ilícitos extracontratuais destes profissionais de saúde. Assim, se o médico profere afirmações caluniosas e difamatórias contra o paciente, ou efectua falsas declarações, suscita-se um problema de responsabilidade delitual médica[59].

Não podemos ainda deixar de fazer uma alusão, conquanto muito breve, às hipóteses talvez mais frequentes, que são aquelas onde se regista, por força da actividade médica, um concurso de responsabilidades contratual e extracontratual, que nos remete para *vexata quaestio* do concurso de responsabilidades.

---

[58] Cfr., PEDRO, Rute Teixeira, *A Responsabilidade Civil do Médico. Reflexões sobre a noção de Perda e Chance e a Tutela do doente lesado*. Coimbra 2008, pg. 62 e ss. DIAS, João Álvaro, Procriação Assistida e Responsabilidade Médica, Coimbra, 1996, pg. 226. e ss.

[59] Tal como sublinha Ferreira de Almeida a propósito do contrato total ou daqueloutros destinados à prestação exclusiva de serviços médicos, o médico "pode, porém, ser responsável, *ex delictu*, se se verificarem os requisitos respectivos, apurados de modo autónomo em relação aos da eventual responsabilidade contratual da clínica". Cfr., ALMEIDA, C. Ferreira de, *Os Contratos de Prestação de Serviço Médico...*, ob. cit., p. 11. Ainda a este propósito, CATTANEO, Giovanni, *La Responsabilitá del Professionista*, Milano, 1958, p. 313.

Algumas considerações acerca da causalidade e da imputação objectiva ao nível da responsabilidade médica

MAFALDA MIRANDA BARBOSA[*]

1. Circunscrição temática

Se vários são os sintomas de mudança ao nível da dogmática da responsabilidade civil, é também verdade que muitos aspectos dos quadros tradicionais continuam tão operantes hoje como outrora: assim, por exemplo, e sem embargo do reconhecimento da existência quer de uma posição monista que recusa a repartição entre modalidades responsabilizatórias, quer da lição de todos os autores que defendem a existência de uma terceira (e mesmo quarta) via de responsabilidade civil, continuamos fiéis à dicotomia que separa a responsabilidade extracontratual da responsabilidade contratual. O alerta serve para, na abertura desta exposição, restringirmos o âmbito de análise dos problemas que temos em mãos ao mundo delitual ou aquiliano[1]. E nesta circunscrição temática

---

[*] Doutorada em Direito pela Faculdade de Direito da Universidade de Coimbra; Professora Auxiliar da Faculdade de Direito da Universidade de Coimbra; Investigadora do Instituto Jurídico da Faculdade de Direito da Universidade de Coimbra.
[1] Trata-se de uma opção dialógica e não de uma qualquer tomada de posição na questão de saber se a responsabilidade médica pode ou não ser uma responsabilidade contratual.

levamos ínsitas outras especificações. Assim, e porque o médico pode exercer a sua profissão no seio do serviço nacional de saúde, colocando-se a questão de saber se estamos aí diante de um acto de gestão pública ou privada, importa, em primeiro lugar, deixar claro que nos restringiremos ao âmbito do direito civil, pondo de lado as especiais idiossincrasias da Responsabilidade do Estado. Acresce que, porque trataremos do que tradicionalmente é designado por nexo de causalidade, a preocupação com o traçar de fronteiras mostra que, longe de considerarmos que o pressuposto só releva ao nível do cálculo da indemnização, o mobilizamos já no quadro da fundamentação da responsabilidade, posto que, se assim não fosse, pouco sentido teriam estas nossas palavras inaugurais. Quer isto dizer que será ao nível do que na Alemanha é conhecido por *haftungsbegründende Kausalität* que centraremos a nossa atenção.

Esta caracteriza-se por tratar da ligação entre o acto do agente e a lesão do direito da vítima, afastando-se assim da *haftungsausfüllende Kausalität*, no seio da qual se indaga pela concatenação entre a lesão do direito da vítima e as consequências que daí advêm. A distinção, sendo corrente em muitos ordenamentos jurídicos, não deixa de concitar fortes críticas. Baseiam-se estas na dificuldade de operacionalização prática da dicotomia (suscitando-se, as mais das vezes, dúvidas acerca da integração da questão num ou noutro âmbito) e na pretensa falta de relevância dogmática do tratamento do primeiro segmento indagatório, especialmente quando a responsabilidade se baseie na culpa. Noutros sistemas jurídicos, serão puras razões dogmáticas – atinentes ao modo como se constrói o delito civil – a depor contra a bifurcação. Não cremos, contudo, que sejam procedentes as críticas apontadas. Pelo contrário, cingindo o nosso âmbito de análise à primeira modalidade de ilicitude extracontratual – a violação de direitos dotados de uma eficácia erga *omnes* –, teremos de concluir que a separação entre os dois problemas causais é reclamada pela estrutura do ilícito com que lidamos[2].

Alertamos, na verdade, que em muitas situações é possível mobilizar essa concreta modalidade ressarcitória para tratar do problema.

[2] Cf., quando ao ponto, Paulo Mota Pinto, *Interesse contratual negativo e interesse contratual positivo*, Coimbra Editora, Coimbra, 2008, p. 640 e ss.; p. 924 e ss., nota 1834. Na literatura estrangeira, *vide*, *inter alia*, Larenz, *Lehrbuch des Schuldrechts* I, *Allgemeiner Teil*, 14 Auflage, Verlag C. H. Beck, München, 1987, p. 432; Ulrich Magnus, "Causation in german tort law", *Unification of Tort Law: causation*, J. Spier (ed.), *Principles of European Tort Law*, vol. 4,

Na ausência de uma protecção geral do património, o artigo 483º CC desenha como centro nevrálgico da responsabilidade a violação de direitos. Ademais, a ilicitude é – para salvaguarda da separação entre o ilícito e a culpa – desvelada por via do resultado. Isto faz com que, do ponto de vista dogmático, seja imperioso saber se a lesão do direito pode ou não ser reconduzida ao comportamento do pretenso lesante. Em determinadas situações, será, aliás, esta a única via para se extrair uma conclusão acerca da própria ilicitude. É que, como bem se compreenderá, não é possível dizer que há ilicitude quando a morte, podendo estar relacionada com o comportamento do sujeito x, é o resultado das forças da natureza. Não obstante, a eleição destas forças como "autoras" da lesão não deriva, exclusiva ou parcialmente, do apego a um pensamento naturalista, de tipo determinista ou não. Só os critérios forjados com base na intencionalidade predicativa da juridicidade serão aptos a encontrar uma resposta que se pretende normativamente justa e materialmente adequada. Na verdade, e no nicho temático em que nos encontramos, não poderemos, em face de um determinado caso concreto, assentir na existência de ilicitude se restarem dúvidas acerca da causa da morte do paciente durante o internamento hospitalar: deveu-se a uma causa natural ou foi gerada pelo comportamento negligente do médico?

Já não seria assim no quadro da segunda modalidade de ilicitude delitual e não nos podemos esquecer que, ao nível da responsabilidade médica, somos muitas vezes chamados a operar com ela: esta não se desvelaria já por força da lesão de direitos absolutos, mas pela violação de disposições legais de protecção de interesses alheios. Simplesmente, também aí há, atendendo a certas estruturas normativas, um resultado que importa ligar à preterição normativa e, *in casu*, ele vem a identificar-se com a lesão dos bens jurídicos vida ou integridade física do paciente. Donde, mesmo que as soluções sejam outras – por meio da flexibilização de certos

---

European Centre of Tort and Insurance Law, Kluwer Law International, London, Boston, 2000, p. 63; Fikentscher/Heinemann, *Schuldrecht*, 10 Aufl., De Gruyter, Berlin, 2006, p. 299 e ss.; Erwin Deutsch, *Allgemeines Haftungsrecht*, 2. völlig neugestaltete end erw. Aufl., Carl Heymanns Köln, Berlin, Bonn, München, 1996, p. 84; Hermann Lange, Gottffried Schiemann, *Handbuch des Schuldrechts. Schadenersatz*, 3 Aufl., Mohr, Tübingen, 2003, p. 77 e ss. Para outras referências bibliográficas, cf. Mafalda Miranda Barbosa, *Do nexo de causalidade ao nexo de imputação*, Contributo para a compreensão da natureza binária e personalística do requisito causal ao nível da responsabilidade civil extracontratual, Princípia, 2013, p. 11 e ss.

requisitos de procedência da pretensão indemnizatória e da sua prova – as nervuras problemáticas mantêm-se constantes: foi ou não a morte, foi ou não a lesão da integridade física causada pelo comportamento do profissional de saúde?

2. O papel da causalidade ao nível da responsabilidade civil

Com a causalidade procura-se, por um lado, garantir a pertinência ao real, numa lógica explicativa que permita a reconstituição do *iter* que conduziu ao dano, e, por outro lado, resolver uma questão imputacional, a partir da qual já não se indaga o que lhe deu causa, em sentido naturalístico, mas sim quem o deve suportar. Ademais, do ponto de vista teleonomológico, ela cumpre dois desideratos: garantir que o dano seja imputado àquele que juridicamente é tido como o seu autor; e salvaguardar o desenho comutativo do instituto ressarcitório. Em última instância, será a própria determinação do carácter ilícito do comportamento que se ajuíza que está em debate.

Um simples exemplo retirado da Jurisprudência italiana permite ilustrar o que assim fica dito[3]: uma pessoa é submetida a uma intervenção cirúrgica de urgência, em virtude de uma infecção, e a operação é bem-sucedida, mas não se descobre qual a origem do problema infeccioso. O paciente é tratado com antibióticos e dez dias depois, uma vez que não tinha febre, teve alta. Três dias mais tarde, no entanto, foi novamente hospitalizado, queixando-se de fortes dores abdominais. Descobriu-se que a infecção tinha alastrado e, não obstante ter sido intervencionado uma segunda vez, o paciente morreu devido a uma septicémia. O médico responsável pelo serviço tinha mandado o doente para casa sem acautelar todos os exames que permitissem descobrir a causa da infecção. Deve ou não ser responsabilizado pelo resultado morte? Está-se aqui diante de uma omissão, dado que aumenta a dificuldade inerente à determinação da causalidade. A problematicidade que se enfrenta não é, contudo, exclusiva dos delitos omissivos, patenteando-se igualmente por referência à comissão.

---

[3] Cf. *Corte di Cassazione, sezione unite penali*, 10 Julho 2002, in *Digest of European Tort Law, vol. 1, Essential Cases on Natural Causation* (B. WINIGER/H. KOZIOL/B.A. KOCH/R. ZIMMERMANN eds), Springer, Wien, New York, 2007.

3. As dificuldades experimentadas em face de alguns circunstancialismos práticos

Fala-se de problematicidade e, na verdade, muitas são as dificuldades experimentadas a este nível. Além de muitas, elas são de variado tipo.

Algumas podem explicar-se pela adopção do critério da *conditio sine qua non* como resposta a um primeiro patamar de indagação causal. Não falamos, sequer, das aporias reveladas pelo arrimo criteriológico quando se trata de conter a indemnização dentro de determinados limites, já que, em muitos casos, conduz a teoria a um alargamento desmedido da responsabilidade. Consideramos, antes, as situações em que, pela insuperável presença da multicondicionalidade, somos incapazes de determinar, quer com recurso ao método da substituição, quer com recurso ao método da eliminação, se uma vez adoptado outro comportamento, ou se uma vez apagada a conduta que se valora, o dano teria existido da mesma forma ou não. A solução passa, então, pelo proferimento de um juízo de tipo probabilístico ou estatístico que nos aproxima, em certa medida, da doutrina da causalidade adequada[4], pelo menos em algumas das suas formulações e versões[5]. Ora, não só isso parece condenar-nos a uma tecnicização que soa estranha no quadro da intencionalidade especificamente jurídica, como, porque os juízos de tipo estatístico são falíveis, acaba por poder resvalar em soluções que não sejam materialmente justas. Na verdade, não só nada garante, ainda que a probabilidade de produção do dano seja de 90%, que ele não se integre nos 10% restantes, como a transição entre a área de ressarcibilidade e a de não ressarcibilidade se pode mostrar problemática[6].

---

[4] Cf., a este propósito, FLORENCE G'SELL-MACREZ, *Recherches sur la notion de causalité*, Université Paris I – Pantheon – Sorbonne, 2005, p. 163 e p. 171.

[5] Cf., a este ensejo, RANIERO BORDON, *Il nesso di causalità*, Utet Giuridica, Torino, 2006, p. 50 e ss.

[6] Curiosamente, foi a consciência dessa dificuldade que suscitou, por parte de alguns pensadores, um forte entusiasmo relativamente ao dano da perda de chance, viabilizando a defesa de ressarcimentos parciais, proporcionais à chance que se perdeu. Não se pense, contudo, estarmos, aqui, a lidar com um magma uniforme de soluções. Se têm a uni-las a redução da indemnização a que se aludiu, bipartem-se numa dupla perspectivação a que aludiremos. Na verdade, a par das posições que, centrando-se no dano, autonomizam um novo pólo de referência da responsabilidade – a chance – e arbitram uma responsabilidade correspondente à perda gerada, encontramos outras que graduam o requisito causal, fazendo-

Estando em causa um problema referente à responsabilidade médica, as dificuldades agigantam-se. Se nas relações da vida corrente é já complexo reconstituir o *iter* que conduziu à produção do dano, no plano científico, afastada que seja a configuração da medicina como uma ciência exacta, a nota da incerteza torna-se dominante. No caso concretamente relatado, o que é que efectivamente provocou o alastramento da infecção? E poderia ou não tal cenário ter sido evitado se, uma vez percepcionado o agente etiológico, se tivessem adoptado medidas correspondentes ao estado da arte? Quem garante que o organismo do paciente teria reagido como é expectável de acordo com estudos efectuados na área[7]? HONORÉ, a propósito da questão da causalidade no seio da actuação médica, salienta que o conceito de causalidade pressupõe que o mundo em que vivemos tem limites objectivos, é regular e compreensível pelo conhecimento. Simplesmente, os seres humanos não reagem sempre uniformemente, pelo que no campo social os problemas patenteiam-se outros. Do mesmo modo, o organismo humano, biologicamente considerado, reage de múltiplas formas. A inexistência de doenças, mas de doentes, postulada pela ciência médica actual, é disso expressão bastante, tornando por si só dubitativa uma ancoragem tendencialmente determinista da *quaestio*[8]. A, tendo necessidade de efectuar uma operação cirúrgica considerada pela comunidade científica rotineira, contrai, durante o internamento, uma infecção, vindo a falecer por virtude dela. Ainda que, através da peritagem, se possa concluir qual a concreta causa da morte (e casos haverá em que tal pode ser dubitativo), sempre ficará por esclarecer se

---

-lhe corresponder, porque não certo, mas apenas possível, uma responsabilidade diminuída em termos proporcionais.

Sobre o ponto, *vide* PAULO MOTA PINTO, *Interesse contratual negativo* ... cit., p. 1104, considerando que "em termos matemáticos é igualmente arbitrário conceder a indemnização quando a probabilidade é de 90% ou de 10%".

[7] Cf., a este propósito, HANS STOLL, *Haftungsfolgen im bürgerlichen Recht. Eine Darstellung auf rechtsvergleichender Grundlage*, Freiburger Rechts-und Staatswissenschaftliche Abhandlung, Band 58, C.F. Müller, Heidelberg, 1993, p. 406; e CARNEIRO DA FRADA, *Direito civil. Responsabilidade civil. O método do caso*, Almedina, Coimbra, 2006, p. 100 e ss.

[8] Cf. HONORÉ, "Principles and values underlying the concept of causation in law", *Causation in Law and Medicine*, IAN FRECKELTON and DANUTA MENDELSON (ed.), Ashgate, Darthmouth, 2002, p. 3-13, p. 6.

Vide, igualmente, BASIL MARKESINIS, ANGUS JOHNSTON e SIMON DEAKIN, *Markesinis and Deakin's Tort Law*, 5th edition, Clarendon Press, Oxford, 2003, p. 250.

foram condições endógenas ou exógenas que motivaram o contágio. Mais do que isso, debate a doutrina e a jurisprudência aspectos particulares como a inevitabilidade ou não do resultado morte, consoante a infecção tivesse sido atempadamente diagnosticada e tratada ou nada tivesse sido feito. Repare-se como, mesmo chegando à conclusão que a perda da vida avulta como uma dimensão inexorável da condição humana concretizada em face da factualidade em apreço, dúvidas restarão quanto a dilucidar se a doença foi contraída por debilidade da vítima ou por falhas detectáveis no serviço hospitalar demandado. Por outro lado, de nada adianta, contra o que parece fazer parte da nossa jurisprudência, alicerçarmo-nos cegamente num eventual relatório pericial para, com base nos dados percentuais por ele fornecidos, concluirmos se se firma ou não o exigível nexo de causalidade entre o comportamento do agente (amplamente compreendido como acção ou omissão) e o resultado lesivo sobrevindo ou agravado. Conclui-se que, uma vez contraída uma determinada bactéria, a possibilidade de morte avulta provável em 30% dos casos. Como decidir se ela foi ou não causa da morte? Pode o juiz basear-se num dado científico para ajuizar uma questão valorativa? Não corremos o risco de, presos a uma racionalidade espúria à intencionalidade especificamente jurídica, proferirmos decisões que só formalmente são justas, não o sendo na sua materialidade?

Particularmente interessantes são também as situações em que o paciente foi reconduzido ao hospital, não por uma doença naturalmente contraída ou originada, mas em virtude de uma lesão induzida por um terceiro. Relativamente a situações com uma estrutura valorativa análoga, STOLL oferece uma solução inovadora. Contrapõe à impostação tradicional do BGH na matéria, a fazer apelo à doutrina da causalidade adequada, o critério do paralelismo entre a resolução deste problema e aquele atinente às despesas com o dano. O cerne da questão passa, portanto, por saber que específicos riscos devem ser suportados pelo lesante e pelo lesado. Fará parte da esfera de riscos que irradia a partir da primeira lesão a responsabilidade pelos danos materialmente causados pelas medidas necessárias e apropriadas ao restabelecimento do lesado? A resposta, que leva ínsito o recorte do problema *sub iudice* – *v.g.* caso da pessoa que morre por ter contraído, no hospital onde foi internado depois de sofrer um violento ataque por parte do seu inimigo, uma gripe fatal –, implica, aos olhos do autor germânico, que se conclua pelo incremento ou não do risco a partir da primeira conduta danosa[9].

Repare-se, por esta via, que os problemas patenteados não dizem unicamente respeito à dificuldade de comprovação da condicionalidade *sine qua non*, mas também à verificação da adequação causal. Isso mesmo é também denotado pela doutrina fixada pelo *Bundesgerichtshof* em 30 de Junho de 1987[10]. Em virtude de um erro médico, uma criança tem necessidade de receber um novo rim através de um transplante, tendo a sua mãe actuado como dadora do órgão. Mais tarde questiona-se se, a par da indemnização devida ao lesado directo, a progenitora pode ou não vir a ser ressarcida pelos danos suportados, entrando em cena, uma vez mais, a problemática do estabelecimento do nexo de causalidade. Entendeu-se, então, que esse nexo existe entre a remoção do rim do autor do processo, relativamente ao qual não se pode duvidar da responsabilidade, e a doação de um substituto pela mãe. Mais se considerou se tal acto voluntário e meritório era uma probabilidade a ter em conta no momento da operação cirúrgica da qual resultou, incorrectamente, a remoção do único rim funcional do menor. Ou seja, e continuando a acompanhar a fundamentação aduzida, não se quebra o nexo de causalidade pela voluntariedade do comportamento materno, até porque a sua atitude foi induzida pela situação de perigo, pela qual o réu era responsável. Igualmente dilemáticas afiguram-se as pretensões indemnizatórias que se alicerçam na violação do dever de esclarecimento do médico e, portanto, na inexistência de consentimento informado por parte do paciente[11].

Repare-se que se desenham aqui contornos ligeiramente diferentes daqueles que se apresentam no primeiro caso citado. Na verdade, e ainda que entendamos que a causalidade se traduz sempre numa questão imputacional, o que aqui se torna problemático não é a causa real da lesão, mas a justeza de fazer impender o custo do dano sobre um sujeito diverso daquele que o sofreu. Não obstante, não deixa de haver pontos de contacto entre elas. Em primeiro lugar, sendo incerta a génese da lesão, nem por isso se deixa de questionar se é ou não justo imputar o risco de dano a um sujeito diverso daquele que o suportou; em segundo lugar, mostra-

---

[9] Hans Stoll, *Haftungsfolgen im bürgerlichen Recht...* cit., p. 411.
[10] O caso surge no *Juristenzeitung* de 1988, p. 150.
[11] Cf. *Arrêt du 20 juin 2000 1ere chambre civile*, colocando um problema relativo ao prejuízo subsequente à falha de cumprimento do dever de informação por parte do médico.

-se por estes casos concretos que o que verdadeiramente importa não é a causa natural, mas a causa jurídica. Ou seja, também nos primeiros circunstancialismos práticos a que fazemos referência o verdadeiro busílis da questão não é a incerteza fáctica, mas a incerteza judicativa, que apenas pode ser agravada por aquela[12].

No que aqui fica dito vai pressuposta uma visão normativa de tratamento da causalidade que nos distancia da tradicional perspectiva que cinde a causalidade dita de facto da causalidade dita de direito. Para quem abrace esse entendimento, o traçar de fronteiras entre âmbitos de relevância tornar-se-ia mais nítido.

4. Tentativas de solução do problema da causalidade ao nível da responsabilidade médica

Várias são as tendências que podemos observar na doutrina e jurisprudência, nacionais e estrangeiras. Descontada que seja a consagração de uma hipótese de responsabilidade objectiva[13], dir-se-á que há três grandes grupos de soluções: a) uma centrada nos aspectos processuais atinentes ao ónus da prova; b) uma segunda orientada pela noção de dano; c) uma terceira perspectivada sob a óptica da causalidade.

Antes de atentarmos sobre cada uma delas, importa salientar que nenhuma exclui as demais. Pelo contrário, elas coexistem e condicionam-se dialecticamente, podendo uma solução encontrada por via do que se entender ser a causalidade interferir na definição dos contornos respeitantes ao ónus probatório, por exemplo. Simplesmente, o maior peso relativo que se concede a um ou outro aspecto viabiliza, em termos meramente sistemáticos e expositivos, a arrumação que aqui se oferece. A exposição feita nestes moldes permite, não só perceber mais claramente cada uma das soluções experimentadas no contexto quer do direito continental, quer da *Common Law*, como evidenciar a índole do pensamento jurídico que subjaz a cada uma delas.

---

[12] LORD DENNING considera que nos casos de responsabilidade médica as questões do *duty*, da *causation* e da *remoteness* são três formas diferentes de se olhar para o mesmo problema. Cf. a este propósito DIETER GIESEN, *International Medical Malpractice Law: a comparative study of civil liability arising from medical care*, Mohr Siebeck, Tübingen, 1988, p. 174.

[13] Cf., a este propósito, ELENA BURGOA, "A cabeça de Jano e a negligência médica. O caso português", *Sub judice, Justiça e Sociedade*, nº 13, 1998, p. 75 e ss., em especial p. 82.

a) A perspectiva processualista: probabilidade e prova da causalidade

Discute-se, amiúde, se o requisito causal deve ser entendido como uma questão-de-facto ou como uma questão-de-direito. A este propósito, ou continuamos presos a uma cisão entre a matéria de facto e a matéria de direito ancorada em pré-conceitos positivistas, ou pelo menos normativistas, e inserimos o requisito no segundo grupo; ou abraçamos, em consonância com a pressuposição metodológica de que partimos, o jogo dialéctico entre uma questão-de-facto e uma questão-de-direito, enquanto pólos radicais do esquema metódico, para sopesarmos de outro modo os termos em confronto. Naquela primeira hipótese, ao juízo normativo remetido para a competência do julgador, há-de associar-se um juízo de facto, para o qual se oferecem provas bastantes, a identificar-se, macroscopicamente, com a questão da condicionalidade. Na derradeira, o antes condicional a que acresce o depois causalista são substituídos por uma também dialéctica conformação do nexo de imputação à luz das exigências de sentido comunicadas pela concretude dos acontecimentos, aos quais, por sua vez, só poderemos aceder na intelecção da intencionalidade do sistema já constituído e a constituir. No fundo, o que se enfrenta é um dos pontos mais dilemáticos com que o pensamento jurídico se confronta ao longo dos tempos: a ligação entre o plano do dever ser e o do ser, ou dito de outro modo, a ligação entre a juridicidade e a realidade. E a resposta que se encontre para ele não pode deixar de beber influência nos critérios predispostos para a delimitação dos contornos da causalidade. É neste contexto que assume particular importância a questão da prova dos requisitos de procedência de uma pretensão indemnizatória. E é nele que se assiste, há longo tempo, e mesmo no seio de um pensamento mais ortodoxo, a tentativas várias de desoneração da posição do lesado a quem, primacialmente, se imputa o encargo de provar os diversos pressupostos de procedência da pretensão indemnizatória.

Aos diversos elementos ou pressupostos da responsabilidade civil há--de ligar-se um determinado facto que funciona como o seu correlato na realidade. Ao autor da lide, o lesado, caberia a prova de cada um deles. Provando o facto, comprovava também o requisito, quedando-se a tarefa do juiz decidente num juízo subsuntivo que, tendo ou não em conta as particularidades do caso concreto, acabava por enublar as suas coordenadas específicas.

A imposição do encargo era consentânea com a estrutura cogitada, pois que, se todos os pressupostos referidos estribavam a procedência da pretensão formulada, seriam vistos como elementos constitutivos do seu direito à indemnização. Em sintonia se encontra, portanto, a solução pensada em sede aquiliana a propósito da culpa. Ao estabelecer que compete ao lesado a prova da culpa do autor da lesão, não se afasta o artigo 487º CC da regra a que se chegaria em geral. A norma revestiria um figurino declarativo, confirmando o que já se sabia. E reforçaria um pensamento análogo em matéria de causalidade.

A este propósito, embora de forma não unânime, tendo em atenção a formulação negativa da doutrina da causalidade adequada e as potencialidades que ela encerrava, era verbo corrente a afirmação doutrinal e jurisprudencial de que caberia ao autor a prova de que o dano tinha sido causado pelo pretenso lesante ou, melhor dizendo e porque a maioria dos juristas se afastou da busca de uma causa real, de que era normal e adequado que um dano daquele tipo tivesse resultado de um comportamento como o levado a cabo. Foi, pois, a regra que motivou preocupações acrescidas com a posição do lesado que, *maxime* por referência a determinados nichos problemáticos, se via diante ou de uma conspiração de silêncio impeditiva da lograda consecução da sua missão ou diante da diabólica incerteza agigantadora das dificuldades em matéria probatória. Exemplo paradigmático disso é a responsabilidade médica[14].

---

[14] Acerca do cumprimento do ónus da prova na responsabilidade médica, vide, ainda, *inter alia*, UTE GRAF, *Die Beweislast bei Behandlungsfehlern im Arzthaftungsprozess*, VVF, München, 2001; EUGENIO LLAMAS POMBO, *Prueba de la culpa medica en derecho español*, Salamanca, 2001 (polic.). Cf., igualmente, HONORÉ, "Causation and disclosure of medical risks", *Law Quarterly Review*, n.114, 1998, p. 52 e ss., e, entre nós, MIGUEL TEIXEIRA DE SOUSA, "Sobre o ónus da prova nas acções de responsabilidade civil médica", *Direito da Saúde e Bioética*, Lisboa, 1996, p. 121 e ss., em especial p. 140 e ss. [segundo o autor, nas situações em que, de acordo com um critério de normalidade, o dano seja imputável à conduta negligente do médico, este deverá provar que a sua conduta não foi causa adequada dele]; MANUEL ROSÁRIO NUNES, *O ónus da prova nas acções de responsabilidade civil por actos médicos*, 2ª edição, Almedina, Coimbra, 2007, em especial p. 23 e ss., referindo-se às "propostas doutrinais que facilitam o ónus probatório a cargo do paciente"; GENNARO GIANNINI, "Onere della prova e responsabilità professionale medica", *Responsabilità civile e Previdenza*, LVII, 1992, p. 177 e ss.; RANIERO BORDON, "Una nuova causalità...", ... cit ;GREGOR CHRISTANDL, „BHG, 12 febbraio 2008, VI ZR 221/06 (OLG Saarbrücken) – Responsabilità medica causalità e onere della prova nel diritto tedesco", *Persona e danno*, www.personaedanno.it/cms/data/articoli/010849.aspx;; BERNHARD ALEXANDER KOCH, „Alternatives to full proof of causation. An overview for the biomedical

Um dos caminhos trilhados passou pela busca e descoberta de presunções de causalidade que atenuassem as dificuldades probatórias com que o paciente lesado se confrontava.

E nessa direcção, advogou-se a possibilidade de se lançar mão das chamadas presunções *prima facie, Anscheisbeweis,* no direito alemão[15], que corresponderiam, *grosso modo*, às presunções judiciais de que se fala comummente no nosso ordenamento jurídico[16-17-18-19-20].

---

research scenario", *Liability for and Insurability of Biomedical Research with Human Subjects in a Comparative Perspective* (Jos Dute/M. Faure/H. Koziol, ed.), Wien/New York, 2004, p. 360 e ss.; José Ribeiro de Faria, "Da prova na responsabilidade civil médica. Reflexões em torno do direito alemão", *Revista da Faculdade de Direito da Universidade do Porto*, ano 1, Coimbra Editora, Coimbra, 2004, p. 115-195. Do autor, *v.*, ainda, "Novamente a questão da prova na responsabilidade civil médica", *Estudos de Direito das Obrigações e Discursos Académicos*, (Maria Paula Ribeiro de Faria/Luís Miguel Pestana de Vasconcelos, coord.) U. Porto Editora, 2009, p. 201 e ss.

[15] Cf., sobre o ponto, Gert Brüggemeier, *Haftungsrecht. Struktur, Prinzipen, Schutzbereich zur Europäisierung des Privatrechts*, Springer, Berlin, Heidelberg, New York, 2006 p. 615 e ss. Veja-se, ainda, Hermann Lange/Gottfried Schiemann, *Handbuch des Schuldrechts...* cit., p. 161 e ss., em especial p. 173 e ss. e, em geral, Pawlowsky, *Der prima-facie-Beweis bei Schadensersatzansprüchen aus Delikt und Vertrag*, 1966.

[16] Cf. Ribeiro de Faria, "Da prova na responsabilidade civil médica...", ... cit., p. 125.

[17] Cf. Weber, *Der Kausalitätsbeweis im Zivilprozess*, Mohr, München, 1997, p. 240. Em sentido contrário, considerando que não se pode extrair da violação do dever de conduta a causalidade fundamentadora da responsabilidade, *vide*, Joachim P. Knoche, *Arzthaftung, Produkthaftung, Umwelthaftung, Kausalitätsbeweis und Pflichtverletzung*, Schriften zum Versicherung-, Haftungs- und Schadensersatz, Band 6, Verlag Dr. Kovac, Hamburg, 2005, p. 31 (*Pflichtverletzung ist nicht gleich Pflichtverletzung*).

[18] Sobre o ponto, cf., igualmente, Florence G'Sell-Macrez, *Recherches...* cit., p. 590.

[19] Refira-se que as soluções pensadas ao longo dos tempos pela doutrina e pela jurisprudência para fazer face aos problemas de incerteza probatória que a causalidade arrasta não se esgotam na mobilização de presunções, independentemente da natureza que as mesmas assumam. Na verdade, não são poucos os remédios cogitados. Desde a edificação de teorias matizadas por uma racionalidade de índole funcionalista até à normativamente fundada defesa de uma causalidade potencial, vários são os expedientes que tentam dar resposta a casos eivados por um grau de problematicidade acrescida. É também neste contexto que emergem posições que vêm questionar o grau de probabilidade exigido para se estabelecer a causalidade. Não se trataria tão só de saber sobre quem fazer impender a falta de cumprimento do ónus probatório, mas de determinar em que medida um facto pode ser considerado provado ainda que não haja certeza absoluta da sua ocorrência (ou da relação entretecida entre dois eventos).
Cf. Cees van Dam, *European Tort Law*, Oxford University Press, 2006, p. 281.

[20] A este propósito, cf., também, S. Patti, "La responsabilità degli amministratori: il nesso causale", *Responsabilità civile e previdenza*, nº 3, 2002, p. 601 a 697, aqui p. 604.

Partindo-se da assunção de normalidade e de probabilidade, considerava-se que a partir do momento em que o lesado provasse a ilicitude do acto, a envolver a prova da culpa, poder-se-ia legitimar a ligação causa-efeito entre ela e o dano[21]. Só que, como bem nota, entre nós, RIBEIRO DE FARIA, não deixa esta de estar contaminada com a fragilidade que a enforma, tanto mais que ao médico bastaria, para a afastar, "provar que em concreto existe a possibilidade de um outro encadeamento factual substitutivo ou alternativo daquele que é comum", ainda que, e como o autor esclarece, "o BGH exij[a] hoje, dado o rigor com que rodeia a *Anscheisbeweis* (a existência de um encadeamento típico de factos ou acontecimentos), uma contraprova dotada de toda a seriedade (*ernsthaft*) de que afinal houvera um curso de acontecimentos atípicos"[22].

Não se detete, porém, aqui a jurisprudência alemã. O que se colhe, pelo contrário, do exaustivo trabalho que entre nós foi trazido à estampa por RIBEIRO DE FARIA é a abertura da judicatura à consagração de verdadeiras presunções judiciais de causalidade, sem que tal implique a elevação a regra, donde se intuirá claramente a imperiosa presença de requisitos mais ou menos apertados que viabilizem a sua chamada à liça[23]. O traçado das fronteiras dentro das quais a jurisprudência tudesca aceita a inversão do ónus da prova implica, sem que nos detenhamos em grandes aprofundamentos, a gravidade objectiva do erro médico[24], exigindo-se, outro tanto, que a lesão se insira nas consequências ou efeitos abstractamente considerados pela norma de cuidado violada[25].

Para afastá-la, urgiria que o médico efectuasse a contraprova exigível, debatendo os autores – e os julgadores diante dos casos concretos – a bondade de ver na invocação comprovada de uma causa virtual a satisfação do ónus assim invertido[26].

---

[21] Para o acompanhamento de algumas decisões do BGH na matéria, veja-se uma vez mais RIBEIRO DE FARIA, "Da prova na responsabilidade civil médica...", .., cit., p. 127.
Conexionado com o ponto, veja-se a interessante reflexão de RICARDO DE ÁNGEL YÁGÜEZ, *Responsabilidad civil por actos médicos. Problemas de prueba*, Civitas, Madrid, 1999, p. 130 e ss.
[22] Cf. RIBEIRO DE FARIA, "Da prova na responsabilidade civil médica...", ... cit., p. 128, nota 17.
[23] Cf. RIBEIRO DE FARIA, "Da prova na responsabilidade civil médica...", ... cit., p. 129, nota 18.
[24] Cf. RIBEIRO DE FARIA, "Da prova na responsabilidade civil médica...", ... cit., p. 130, em especial nota 21.
[25] Cf. RIBEIRO DE FARIA, "Da prova na responsabilidade civil médica...", ... cit., p. 133 e nota 29.
[26] Sobre as presunções *prima facie*, mostrando a sua fragilidade, cf. CALVÃO DA SILVA, *Responsabilidade Civil do Produtor*, Almedina, Coimbra, 1990, p. 394.

No fundo, embora com um fundamento diverso, a fazer aflorar uma ideia imputacional, uma vez que a presunção de que se lança mão entronca agora directa e imediatamente na desvelação da ilicitude e dos contornos com que ela assoma, nem por isso se afasta por completo o dubitativo carácter do grau de certeza que deve ser oferecido ao decidente.

Donde, em menor grau, são as mesmas dúvidas que afligem o jurista. Com uma diferença, de não pequena monta, que urge sublinhar. É que, como ficou implícito, se ali o que escorava a presunção era a factualidade que apresentava contornos de probabilidade suficiente, aqui é a dimensão normativa que se refracte em sede processual. O que, se devidamente assumido pela intelecção do sentido ético-axiológico fundamentante da responsabilidade, obviará algumas das dúvidas expostas, não obstante não elimine de imediato todas as nervuras problemáticas.

Tradicionalmente, a discussão gira em torno da probabilidade. Uma probabilidade que cumpre, ali, duas funções. Em primeiro lugar, ela é critério da própria causalidade. Em segundo lugar, é aproveitada como índice de cumprimento ou não do exigível encargo probatório.

b) *A perspectiva orientada pelo dano*

A este propósito MICHAEL FAURE fala de dois grupos: um integrado por aqueles que sustentam que a causalidade só se afirma quando se puder dizer que "é mais provável do que não" (*more probable than not*) que o comportamento ilícito tenha causado o dano (51%), desembocando numa regra de *tudo ou nada*, segundo a qual, ou se prova a causalidade e o lesado é ressarcido, ou não se consegue produzi-la e a indenização fica excluída; um outro composto por aqueles que vêem na probabilidade uma forma de repartição do dano, entre as quais se integra a perda de chance gaulesa[27].

---

[27] Cf. MICHAEL FAURE, "Comparative analysis", *Cases on medical malpractice in a comparative perspective*, Springer, Wien/New York, 2001, p. 292.
Considerando que a reparação da perda de chance em França constitui uma figura próxima à responsabilização assente na doutrina da elevação do risco, cf. SINDE MONTEIRO, *Responsabilidade por conselhos, recomendações ou informações*, Almedina, Coimbra, 1989, p. 300. Veja-se, ainda, sobre este ponto concreto, JORGE LEITE AREIAS RIBEIRO DE FARIA, "Novamente a questão da prova na responsabilidade civil médica", ... cit., p. 287; e PAULO MOTA PINTO, *Interesse contratual...* cit., p. 1103 e ss. Os autores aproximam a doutrina alemã da *Gefahrerhöhung* da perda de chance francesa e italiana.

No tocante ao erro médico, tinha-se em consideração que ele elevava o risco para o paciente e nesse aumento do risco ancorava-se uma presunção de causalidade. Com recurso a estatísticas e probabilidades matemáticas, estimava-se uma determinada percentagem de cura do doente caso o erro não tivesse ocorrido, restando o resultado verificado no diferencial percentual apurado.

Basil Markesinis, Angus Johnston e Simon Deakin, a propósito do cumprimento do *but-for test*, no quadro do ordenamento jurídico estadunidense, evidenciam, chamando à colação casos de responsabilidade médica, as injustiças a que o mesmo pode conduzir[28]. No fundo, o que está em jogo é a impossibilidade de, em muitas situações, o lesado vir provar a causalidade de facto, optando-se, então, por uma de duas vias: uma radical, segundo a qual se considera o médico responsável quando se mostre que a sua conduta ilícita causou uma diminuição, ainda que em menos de 50%, de possibilidades de evitar o dano (*probabilistic causation*); outra menos radical, a identificar-se com a doutrina da perda de chance, que vem admitir a responsabilidade parcial de um lesante que provavelmente não causou a lesão, mas cuja conduta ilícita diminui as chances da vítima de a evitar, tratando-se, então, a *oportunidade* como um interesse valioso em si mesmo[29-30].

[28] Basil Markesinis, Angus Johnston e Simon Deakin, *Markesinis and Deakin's Tort Law*, ... cit., p. 250.
[29] Sobre o problema da perda de chance na doutrina norte-americana, cf., ainda, a síntese de Júlio Gomes, "Sobre o dano da perda de chance", *Direito e Justiça*, vol. XIX, tomo II, 2005, p. 11 e p. 14, nota 18 e David P.T. Price, "Causation – The Lords' Lost Chance?", *International and Comparative Law Quarterly*, vol. 38, Part 4, 1989, p. 735 e ss., em especial p. 737 e ss.
[30] Para maiores desenvolvimentos, *vide*, *inter alia*, Vicenzo Zeno-Zencovich, "Il danno per la perdita della possibilià di una utilità futura", *Rivista del Diritto Commerciale*, ano LXXXIV, 1986, p. 213 e ss. ; Maurizio Bocchiola, "Perdita di una chance e certezza del danno", *Rivista Trimestrale di Diritto e Procedura Civile*, anno XXX, 1976, p. 55 e ss.; Francesco Donato Busnelli, "Perdita di una chance e risarcimento del danno", *Il Foro Italiano*, vol. LXXXVIII, 1965, IV, 46 e ss.; Maria Feola, "Nesso di causalità e perdita di chances nella responsabilità civile del professionista forense", *Rivista Critica del Diritto Privato*, anno XXII, 2004, p. 151 e ss.; Guido Alpa, *Trattato di Diritto Civile*, IV, *La Responsabilità Civile*, Giuffrè Editore, Milano, 1999, p. 514 e ss. ; Cristina Severi, "Perdita di chance e danno patrimoniale risarcibile", *Responsabilitá civile e previdenza*, 2003, p. 296 e ss.; V. J. Boré, "L'indemnisation pour les chances perdues: une forme d'appréciation quantitative de la causalité d'un fait dommageable", *Juris-classeur Périodique (La semaine juridique)*, 1974, I, 2620; I. Vacarie, "La perte d'une chance", *Revue Recherche Juridique*, 1987, p. 903 e ss.; R. Savatier, "Une faute peut-elle engendrer la responsabilité d'un dommage sans l'avoir causé?", *Recueil Dalloz*,

1970, chr., p. 123 e ss.; Yves Chartier, *La réparation du préjudice dans la responsabilité civile*, Dalloz, Paris, 1983, p. 31 e ss.; Chabas, "Vers un changement de nature de la responsabilité médicale", *Juris-classeur Périodique (La semaine juridique)*, 1973, I, 2737; Id., "La perte d'une chance en droit français", *Développements récents du droit de la responsabilité civile*, Centre d'Études Européennes, Zurigo, 1991, p. 131 e ss.; Id., "La perdita di chance nel diritto francese della responsabilità civile", *Responsabilità civile e previdenza*, vol. LXI, nº 2, 1996, p. 227 e ss.; Jean Penneau, "La Réforme de la Responsabilidé Médicale: Responsabilité ou Assurance", *Revue Internationale de Droit Comparé*, vol. 2, 1990, p. 525 e ss., em especial 537 e ss.; Id., "Cour de Cassation, 1re Ch. Civ. 8 janvier et 27 mars 1985", *Recueil Dalloz*, année 1986, p. 390 e ss.; Id., "Cour de Cassation 1re Ch. Civ., 27 mars 1973", *Recueil Dalloz*, année 1973, p. 595 e ss.; F. Descorps Declère, "La cohérence de la jurisprudence de la Cour de Cassation sur la perte d'une chance consécutive à une faute du médecin", *Recueil Dalloz*, 2005, chr., p. 742 e ss.; Geneviève Viney/Patrice Jourdain, *Traité. Les conditions de la responsabilité*...cit., p. 229 e ss.; Álvaro Dias, *Dano Corporal*... cit., p. 250 e ss.; Patrice Jourdain, "Responsabilité civile", *Revue Trimestrielle de Droit Civil*, 88e année, nº 1, 1989, p. 81 e ss.; Annick Dorsner-Dolivet, "Cour de Cassation, 1re Chambre Civile, 17 novembre 1982, note", *Recueil Dalloz*, année 1984, p. 305 e ss.; Bernhard Koch, „Der Verlust einer Heilungschance in Österreich", *European Review of Private Law*, 2008, p. 1051 e ss.; Christian Lapoyde Deschamps, "La réparation du préjudice économique pur en droit français", *Revue Internationale de Droit Comparé*, 50e année, nº 2, 1998, p. 367 e ss., em especial p. 372 e ss.; Sinde Monteiro, *Responsabilidade por conselhos*... cit., p. 291 e ss.; Id., "Aspectos particulares da responsabilidade médica", *Direito da Saúde e da Bioética*, 1991, p. 133 e ss.; M. Penneau, "La perte de chance. Dommage aléatoire, un préjudice aléatoire d'un dommage certain", *Revue Française du Dommage Corporel*, 1997, p. 11 e ss.; Isabelle Souplet, *La perte de chances dans le droit de la responsabilité médicale*, 2002, policopiado, http://edoctorale74.univ-lille2.fr/fileadmin/master_recherche/T_1_chargement/memoires/medical/soupleti02.pdf; Rute Teixeira Pedro, *A responsabilidade civil do médico. Reflexões sobre a noção de perda de chance e a tutela do doente lesado*, Coimbra Editora, Coimbra, 2008, p. 179 e ss.; Gerald Mäsch, *Chancen und Schaden. Zur Dienstleisterhaftung bei unaufklärbaren Kausalverläufen*, Mohr Siebeck, Tübingen, 2004; Holger Fleischer, "Schadensersatz für verlorene Chancen im Vertrags- und Deliktsrecht", *Juristenzeitung*, 54, Heft 15/16, 1999, p. 766 e ss.; Hans Stoll, "Schadensersatz für verlorene Heilungschancen vor englischen Gerichten in rechtsvergleichender Sicht", *Festschrift für Erich Steffen zum 65. Geburtstag*, De Gruyter, Berlin, 1995, p. 465-478 e ss.; Id., *Haftungsfolgen im bürgerlichen Recht*, ... cit., p. 41-42; Nils Jansen, "The idea of a lost chance", *Oxford Journal of Legal Studies*, nº 19, 1999, p. 271-296; Koziol, "Schadensersatz für den Verlust einer Chance?", *Festschrift für Hans Stoll zum 75. Geburtstag*, Mohr Siebeck, Tübingen, p. 233-250; Annamaria Princigalli, "Quando é più si che no: perdita di chance como danno risarcibile", *Il Foro Italiano*, 1986, p. 384 e ss.; Júlio Gomes, "Sobre o dano da perda de chance", ... cit., p. 9 e ss.; Id., "Em torno do dano da perda de chance – algumas reflexões", *Studia Iuridica, Ars Iudicandi, Estudos em Homenagem ao Prof. Doutor António Castanheira Neves*, vol. II, Coimbra Editora, Coimbra, 2008, p. 291 e ss.; Carneiro da Frada, *Direito civil*... cit., p. 103 e ss.; Paulo Mota Pinto, *Interesse contratual negativo*...cit., p. 1103 e ss., nota 3103; Maria Luísa Arcos Vieira, "La pérdida de oportunidad como daño indemnizable", *Estudos de Direito do Consumidor*, nº 7,

Os contornos da figura continuam, entre nós e além fronteiras, pouco definidos. Nas suas reflexões sobre o tema, CHABAS aduz que a perda de chance se pode aplicar unicamente naquelas hipóteses em que a situação clínica do paciente já estava comprometida, mas não naqueloutras em que o doente morre, na sequência de um erro médico, sem que se conheça a causa da perda de vida[31]. Por seu turno, GENEVIÈVE VINEY/PATRICE JOURDAIN[32] explicam que parte da doutrina distingue as situações em que existe uma *alea* no momento da intervenção do terceiro daqueloutras em que inexiste. No primeiro caso, o paciente perde as chances por *faute* do médico, havendo indemnização; na segunda hipótese, "o médico tem todas as chances de evitar o dano", não se colocando o problema da indemnização da perda de chance, mas a de saber em que medida a *faute* do médico é causa do dano". Em sentido contrário, as autoras não se mostram chocadas com a indemnização da perda de chance de *guérison ou de survie*, em qualquer das constelações. Mostra-nos isto como a valoração derramada sobre o instituto pelo primeiro autor citado se orienta mais pela consideração do dano do que pela consideração do nexo causal pro-

2005, p. 137 e ss.; ÁLVARO LUNA YERGA, "Oportunidades perdidas – La doctrina de la pérdida de oportunidad en la responsabilidad civil médico-sanitária", *Indret* nº 288, www.indret. com; ENZO RONCHI, "Perdita di chances, nesso causale e danno alla persona risarcibile nella responsabilità per colpa professionale sanitaria: aspetti medico-legali", *Responsabilità civile e previdenza*, vol. LXV, nº 3, 2000, p. 840 e ss.; FLORENCE G'SELL-MACREZ, *Recherches...* cit., p. 493 e ss.; MARIANO YZQUIERDO TOLSADA, "La perdita de oportunidades como concepto autónomo en el derecho de daños", *Cuadernos Civitas de Jurisprudencia Civil*, nº 50, 1999, p. 537 e ss.; LUIS MEDINA ALCOZ, *La Teoría de la Pérdida de oportunidad – Estudio doctrinal y jurisprudencial de derecho de dano público y privado*, Thomson-Civitas, Editorial Aranzadi, 2007; CAROLINE RUELLAN, "La perte de chance en droit privé", *Revue de La Recherche Juridique*, Droit Prospectif, 1999-3, n.XXIV, p. 840 e ss.; MASSIMILIANO FRANCO, "Tutella da professionalità e perdita di una chance", *Giustizia Civile*, 1993, p. 2441 e ss.; GIACOMO FAZIO, "Responsabilità del legale e perdita della chance di vincere il processo", *Responsabilità civile e previdenza*, vol. LXII, ano 1997, p. 1174 e ss.; ANNA DASSI, "Sulla lesione da perdita di chance di un corridore automobilistico", *Responsabilità civile e previdenza*, 1993, p. 862 e ss.; GIUSEPPE CITARELLA, "Errore diagnostico e perdita di chance in Cassazione", *Responsabilità civile e previdenza*, 2004, p. 1045 e ss.; ENRICO CAPPAGLI, "Perdita di una chance e risarcibilità del danno per ritardo nella procedura di assunzione", *Giustizia Civile*, 1994, p. 1843 e ss.; PATRÍCIA HELENA LEAL CORDEIRO DA COSTA, *O dano da perda de chance e a sua perspectiva no direito português*, Coimbra, 2010, policopiado.

[31] Cf. CHABAS, "La perdita di chance...", ... cit., p. 230 e ss., em especial, dando exemplos, p. 238 (cf., também, "La perte d'une chance en droit français...", ... cit., p. 13 e ss.

[32] GÉNEVIÈVE VINEY/PATRICE JOURDAIN, *Traité. Les conditions...* cit., p. 231.

blemático. Já Viney e Jourdain colocam o acento tónico na virtualidade de a figura cumprir o desiderato para que foi pensada e expõem as suas dúvidas a esse propósito. Na verdade, é bom recordar que, ao abraçar a figura da perda de chance, o jurista está a legitimar apenas uma indemnização parcial do dano. E as civilistas francesas, ao debruçarem-se sobre a problemática nas situações em que não existe uma *alea* prévia, embora aceitem a mobilização da perda de chance como expediente de orientação da solução a dispensar ao caso concreto, advertem que, e porque assim se introduz a arbitrariedade, "seria melhor permitir às vítimas uma indemnização integral do seu dano, pelo alívio do ónus da prova, sempre que as circunstâncias permitam presumir razoavelmente um nexo de causalidade entre a *faute* médica e o dano", sem que isto implique a adesão a uma concepção laxista de causalidade. Significa isto que o dado relevante para a tomada de posição na controvérsia não é a existência de uma *chance*, que se perde com a actuação do terceiro, traduzindo-se num dano, mas a dificuldade probatória que determina, num assomo protector da vítima, a tomada em consideração das hipóteses perdidas na sequência da conduta culposa do lesante[33]. Por isso, em alternativa à flexibilização

---

[33] *Vide*, na última obra citada, p. 236, onde questionam se, na presença da *faute*, não é preferível fazer pesar o risco de incerteza sobre o seu autor em vez de sobre a vítima? Advertem, ainda, que esta tendência não é exclusiva da responsabilidade médica. Entre nós, mostrando dúvidas quanto ao acerto da posição de Chabas, cf. Júlio Gomes, "Sobre o dano da perda de chance", ... cit., p. 33, nota 79. Veja-se, igualmente, sobre o ponto, David P. T. Price, "Causation...", ... cit., p. 735 ess., afirmando que, "tradicionalmente, o conceito de *loss of a chance* foi empregue na situação em que a possibilidade de um resultado mais favorável foi negado pela negligência do lesante, mas onde já existia – da parte do lesado – o perigo de lesão em virtude das circunstâncias existentes ao tempo". Distinguir-se-ia, por isso, das situações de incremento do risco em que não há uma prévia condição. Como exemplos, o autor ilustra a divisão de águas com duas situações: o caso do paciente que morre de cancro por causa de um negligente adiamento do diagnóstico e tratamento, a corresponder a uma hipótese de perda de chance; o caso da exposição a um tóxico capaz de causar uma doença oncológica, a implicar a solução do problema por via do incremento do risco. Simplesmente, o autor aduz que "se pode empregar a expressão *loss of a chance* para incluir também os casos de *increased risk of harm*". E adianta que "nos casos de loss of a chance, o pressuposto problemático é a causalidade (...)", uma vez que o lesado apenas pode apresentar evidências estatísticas, não sendo possível estabelecer o grau de incremento do risco ou da chance perdida. Nessa medida, a cisão entre as duas realidades postas em confronto seria mais terminológica do que substancial. Relativamente à posição de Chabas, cf., igualmente, Patrice Jourdain, "Responsabilité civile", *Revue Trimestrielle de Droit Civil*, 91ᵉ année, nº 1, 1992, p. 107 e ss., p. 111, considerando que a distinção proposta é difícil de concretizar, já que, "em matéria médica,

probatória assente na perda de chance, que apenas autoriza uma indemnização parcial, as autoras advogam a condenação com base na ideia de criação de um risco injustificado, a permitir o ressarcimento integral[34].

qualquer intervenção apresenta uma certa dose de aleatoriedade". Acresce que a autora se interroga sobre "porque distinguir entre o aumento do risco pré-existente à intervenção de um terceiro – perda de chance – e a criação de riscos novos a uma pessoa que não estava exposta? Não há também no segundo caso um prejuízo indemnizável? O simples facto de se encontrar exposto aos riscos de danos que não existiam é em si um dano distinto do prejuízo final. Se a *faute* do terceiro não é a causa certa dele, ela certamente desempenhou um determinado papel no sentido que favoreceu o aparecimento do dano: não se pode dizer que fez perder as chances de evitar um dano que jamais se produziria?".

[34] A propósito da chamada à colação da perda de chance no âmbito da responsabilidade médica, cf. RUTE TEIXEIRA PEDRO, olhando para as situações de violação do dever de esclarecimento por parte do médico, com vista ao consentimento informado, sustenta que "o que está em causa não é a perda de chance, mas a frustração do exercício de uma escolha esclarecida", considerando, por isso, duvidosa a aplicação da figura a estas constelações – cf. *A responsabilidade civil do médico...* cit., p. 314 e 318 [Sobre o ponto, cf., igualmente, *Chester v. Afshar* (2004) UKH L 41, (2005) 1 AC 134, *in Digest...* cit., p. 225. O caso aí decidido relata-se em breves palavras: A sofria de severas dores nas costas. O médico, neuro-cirurgião, recomendou a remoção cirúrgica de três discos intravertebrais, mas não informou adequadamente A do pequeno risco – na ordem de 1 ou 2% – de sérios danos neurológicos. A cirurgia teve lugar e o risco materializou-se, passando A a sofrer de uma paralisia permanente parcial. Apesar de não ter sido negligente durante a operação, o médico violou negligentemente o dever de informar o paciente acerca dos risco que a cirurgia envolvia. Causou, assim, a lesão porque A não teria consentido na operação, tendo antes procurado outros pareceres. O Tribunal considerou que o *but-for test* estaria cumprido, mas não os outros requisitos da causalidade, já que o risco a que A ficou submetido com a violação do dever de informação não era superior àquele a que, de todo o modo, estaria sujeito. Há, no entanto, que ter em conta a diferença entre as diversas situações, designadamente há que ponderar as circunstâncias consoante a cirurgia fosse ou não inevitável. Em comentário à decisão, K. OLIPHANT diz-nos que "não deve importar saber se num cenário hipotético alternativo os danos teriam ou não ocorrido", pelo menos do prisma do estabelecimento da responsabilidade. A *House of Lords* terá considerado que o comportamento do médico não incrementou os riscos inerentes ao procedimento cirúrgico. Segundo o autor, o fundamento de tal solução encontrar-se-á numa ideia de escopo do dever violado – o dever do cirurgião era o de informar o paciente dos riscos conhecidos do tratamento e adoptar as medidas de cuidado na realização dele, mas não tinha o dever de salvaguardar o lesado de riscos inevitáveis associados ao procedimento que o lesado teria levado a cabo mais tarde. Cf., também, a distinção proposta por PENNEAU, *La responsabilité du médecin*, Dalloz, Paris, 1992, p. 34 e ss (defendendo diferentes soluções consoante o acto médico tenha natureza imprescindível ou não) e, entre nós acolhida por SINDE MONTEIRO E MARIA MANUEL VELOSO (*in Cases on Medical Malpractice in a Comparative Perspective, Tort and Insurance Law*, vol. I, Springer, Wien, New York, 2001, (MICHAEL FAURE e HELMUT KOZIOL, eds.), p. 173 e ss., em especial 178 e ss.). V., ainda, KOZIOL, *Österreichisches*

Haftpflichtrecht, Band I, *Allgemeiner Teil*, 3. Neubearbeitete Auflage, Manz Verlag, Wien, 1997, p. 278, distinguindo as violações graves e leves do dever de informação por parte do médico. Acerca do precedente *Chester v. Afshar*, cf. ainda, BANAKAS, "Causalité juridique et imputation. Réflexions sur quelques développements récents en droit anglais", *Les distorsions du lien de causalité en droit de la responsabilité civile, actes du colloque des 15 et 16 décembre 2006, Faculté de droit et de science politiques de Rennes, Revue Lamy Droit Civil*, 2007/40, nº 2641, p. 94 e ss. (cf., também, « Causalité juridique et imputation : réflexions sur quelques développements récents en droit anglais », www.grerca.univ-rennes1.fr/digitalAssets/267/267949_banakas.pdf) , p. 10 (olhando, a este propósito, para a causalidade como um instrumento de defesa dos direitos fundamentais no domínio do direito médico. Em causa está a imputação de uma paralisia a um médico, quando não se detecta nenhuma negligência da parte dele, só porque, antes da operação cirúrgica, omitiu o risco de tal acontecer. O autor entende, porém, que esta solução tem de ser ponderada com cautela nos países onde o Estado oferece gratuitamente o serviço de saúde aos cidadãos. Não cremos, porém, que esta ressalva, que apela necessariamente a uma lógica consequencialista de consideração dos resultados da decisão, possa ser sufragada).
No fundo, a doutrina da perda de chance seria chamada a depor quando estivesse em causa um dano que resulte da violação do dever de informação por parte do profissional de saúde. *V*., igualmente, GUILHERME DE OLIVEIRA, "O fim da arte silenciosa", *Revista de Legislação e de Jurisprudência*, nº 3854, p. 103 (cf., também, do autor, a propósito do dever de informação do médico, "Estrutura jurídica do acto médico, consentimento informado e responsabilidade médica", *Revista de Legislação e de Jurisprudência*, ano 125º, nº 3815, p. 33-34; nº 3816, p. 72-73; nº3819, p. 167 a 170) e ANDRÉ PEREIRA, *O consentimento informado na relação médico-paciente*, Coimbra, 2004, p. 487, nota 132; STÉPHANIE PORCHY, "Lien causal, préjudices réparables et non-respect de la volonté du patient", *Recueil Dalloz*, année 1998, p. 379 e ss. (evidencia a autora que a omissão do clínico nunca pode ser tida como causa do dano corporal. Acresce que persistirá sempre uma incerteza, já que nunca se poderá dizer com absoluta certeza qual teria sido a opção do paciente diante das informações completas fornecidas pelo especialidade [a este propósito, questiona-se, nos Estados Unidos, se se deve privilegiar uma posição subjectiva – considera-se que há nexo de causalidade se o doente provar que, se ele tivesse toda a informação, não teria consentido na intervenção; ou uma posição objectiva – que nos manda olhar não para o que aquele doente teria feito, mas para o que um paciente razoável teria ou não permitido. À mesma discussão se assiste na Alemanha a propósito da prova do comportamento lícito alternativo em casos de violação do dever de esclarecimento por parte do médico, ou seja, problematiza-se se o padrão de valoração, que nos indica se o paciente, portador de toda a informação, teria ou não recusado a intervenção, se deve basear na razoabilidade do não consentimento ou nas idiossincrasias daquele doente em concreto. Segundo EISNER – *apud* ANDRÉ DIAS PEREIRA, "Responsabilidade médica e consentimento informado. O ónus da prova e o nexo de causalidade", *Conferência apresentada no Centro de Estudos Jurídicos e Judiciários da Região Administrativa Especial de Macau*, p. 28 – exige-se que haja a fundada presunção de que o paciente não teria recusado o tratamento, que a intervenção fosse medicamente indicada no sentido de conduzir a uma a uma melhoria do estado de saúde, e que a recusa do paciente não teria sido irrazoável, embora se olhe para o doente

A ambivalência é ainda uma característica do instituto da perda de chance, que ora é analisada do ponto de vista do nexo de causalidade, ora é inserida no campo temático atinente ao dano. Simplesmente, se o caso do advogado que deixa passar o prazo processual para interpor um recurso, determinando a hipotética assimilação da sua intencionalidade problemática pela intencionalidade problemática do regime contratual, pode ser pensado na óptica do dano, na hipótese do médico que retarda um diagnóstico, a recondução do dano à conduta do agente é, para quem, como nós, aceite a ideia de *causalidade fundamentadora da responsabilidade*, mediada pela prévia integração dele na esfera de protecção do bem jurídico preterido. Essa presença obrigatória da ilicitude implica que, na der-

concreto.]. O dano a que a demanda se refere é aqui outro e faz entrar em cena, por vezes, a ideia de perda de chance: "o paciente tinha uma chance para recusar a intervenção e escapar ao dano que foi por ela causado". Cf., também, p. 384, falando da doutrina da aceitação dos riscos, que não atenderia à causalidade, mas à natureza da *faute*, e teria sido aplicada pelo *Tribunal de Grande Instance de Bordeaux du 3 mars 1965*, e afirmando que a mesma, sendo uma construção habilidosa, acaba por levantar problemas de difícil resolução. Pese embora o consentimento implique a aceitação dos riscos e não a aceitação do dano, fazendo com que o médico não fique desonerado das suas obrigações técnicas, torna-se muito difícil justificar a proposta, uma vez que "o não respeito por uma obrigação ética implicaria uma alteração na qualificação da obrigação técnica médica". Não cremos, contudo, que a argumentação da autora proceda, porquanto em causa não esteja nenhuma obrigação ética, mas uma verdadeira obrigação legal, embora com alicerce axiológico inegável); Luis MEDINA ALCOZ, *La teoría...* cit., p. 104 e ss., nota 184 e 265 e ss.; PATRÍCIA HELENA LEAL CORDEIRO DA COSTA, *O dano da perda de c*hance... cit., p.35 (considerando que os elementos de incerteza, aí, não resultam da imprevisibilidade dos resultados da ciência médica, mas da imprevisibilidade da conduta do lesado. Refira-se que, no quadro da perda de oportunidade de cura e sobrevivência, a autora trata, ainda, das situações de atraso no diagnóstico oncológico ou outros) e, novamente, RUTE TEIXEIRA PEDRO, *op.cit.*
Repare-se que a solução não colhe unanimidade. Não raras são as tentativas de resolver o problema de modo a arbitrar uma indemnização que atenda à globalidade do dano corporal sofrido. *Vide*, entre nós, novamente, ANDRÉ DIAS PEREIRA, *O consentimento informado na relação médico-paciente.* ... cit., p. 73, considerando que o consentimento importa a transferência dos riscos para o lesado titular do direito, no que concerne ao acto médico levado a cabo sem violação das *leges artis*, pelo que, havendo omissão no tocante ao dever de informar, a distribuição daquele operaria de forma diversa, e p. 487, nota 132 (onde foca a questão da perda de chance). Para outras considerações, cf., do autor, "Responsabilidade médica e consentimento informado. O ónus da prova e o nexo de causalidade", *Conferência apresentada no Centro de Estudos Jurídicos e Judiciários da Região Administrativa Especial de Macau.*

radeira alternativa considerada, o dano não possa ser configurado como a perda de chance de cura ou de sobrevivência[35].

Na verdade, se, pese embora a negligência médica a impedir o diagnóstico precoce da doença, o paciente sobreviver, deixa de haver um bem jurídico lesado e, portanto, deixa de haver ilicitude, não fazendo sentido aventar-se a possibilidade do ressarcimento. A pretensa autonomização do dano, centrado na obliteração da chance, perde-se[36].

Donde se conclui que, aí, a perda de chance apenas pode ser encarada sob o prisma da causalidade[37]. Há uma elevação do risco de dano e nessa medida considera-se que o pretenso lesante efectivamente gerou a lesão[38]. Trata-se, diante de uma situação de insuperável incerteza, de saber quem deve suportar o risco de desconhecimento do que realmente aconteceu. Ao lesante permite-se que venha apresentar a exigível contraprova. A consciência de que um juízo jurídico assente em parâmetros probabilísticos acaba por se mostrar falho em sustentação, porque é tão arbitrário conceder uma indemnização quando a probabilidade de causação do dano se situa nos 90% como quando se insere nos 10%[39], suscitou, por parte de alguns pensadores, um forte entusiasmo relativamente ao dano da perda de chance, viabilizando a defesa de ressarcimentos parciais, proporcionais à chance que se perdeu. Não se pense, contudo, estarmos, aqui, a lidar com um magma uniforme de soluções. Se têm a uni-las a redução da indemnização a que se aludiu, bipartem-se na dupla perspectivação a que já aludimos. Na verdade, a par destas encontramos

---

[35] Veja-se, a este propósito, KOZIOL, "Schadensersatz für den Verlust einer Chance?",...cit., p. 245; HANS STOLL, "Schadensersatz für verlorene Heilungschancen...", ... cit., p. 475 e ss.; MAURIZIO BOCCHIOLA, "Perdita di una chance...", ... cit., p. 63; BUSNELLI, "Perdita di una chance e risarcimento del danno", ...cit., p. 47 e ss., em especial p. 49; CHRISTIAN LAPOYADE DESCHAMPS, "La réparation du préjudice économique pur en droit français", ... cit., p. 372; ADRIANO DE CUPIS, "Il risarcimento della perdita di chance", *Giurisprudenza italiana*, 1986, I, sez. I, cols. 1181 e ss.; NILS JANSEN, *Die Struktur des Haftungsrechts*, Mohr Siebeck, Tubingen, 2003, p. 129 e ss. (também citado por PAULO MOTA PINTO – *ob. cit., loc. cit.*) – considerando-se que não está em debate um novo objecto de tutela, mas o alargamento do âmbito de protecção. Simplesmente, essa antecipação da protecção não implica, necessariamente, a perspectivação do problema à luz do pressuposto dano; RUTE TEIXEIRA PEDRO, *A responsabilidade civil do médico*...cit., p. 377 e ss.

[36] Cf., a este propósito, JÚLIO GOMES, "Sobre o dano da perda de chance", ... cit., p. 31

[37] Cf. NILS JANSEN, "The idea of a lost chance...", ... cit, p. 283

[38] Cf. ANNICK DORSNER-DOLIVET, "Cour de Cassation...", ... cit., p. 306.

[39] Cf. PAULO MOTA PINTO, *Interesse contratual*... cit., p. 1104.

outras posições que, centrando-se no dano, autonomizam um novo pólo de referência da responsabilidade – a chance – e arbitram uma responsabilidade correspondente à perda gerada[40].

A este propósito, Júlio Gomes[41] interroga-se se "o recurso à perda de chance dissimula uma responsabilidade parcial por causalidade possível". Nesse sentido, aduz que "o problema da perda de chance só pode colocar-se se a chance pré-existe, sem qualquer certeza do resultado favorável ou desfavorável". Além disso, com a figura "confunde-se o dano com a violação do dever de diligência exigível ou parece utilizar-se a responsabilidade para prevenir e punir a criação de situações de perigo", ao que acresce a dificuldade de separar os planos da causalidade e do dano. Conclui, portanto, que a "doutrina da perda de chance constitui uma ruptura mais ou menos camuflada com a concepção clássica da causalidade" e "não se [nos] afigura adequado introduzir, de maneira tão dissimulada, um reconhecimento da causalidade probabilística", até porque, segundo o seu parecer, o artigo 563º CC consagra a doutrina da causalidade adequada[42-43].

Ao falarmos da perda de chance, temos de previamente fazer um esforço de qualificação normativa. Na verdade, segundo podemos apurar, é dupla a natureza da categoria e não é inócua a opção por cada um dos enfoques com que ela pode ser abordada. Do que ficou dito, podemos, no entanto, concluir que, situando-nos no quadro da responsabilidade médica, há-de ser o prisma da causalidade aquele que nos orienta. Só que, assim sendo, somos novamente remetidos para o raciocínio de

---

[40] Para uma crítica das posições gradualistas, cf. Paulo Mota Pinto, *Interesse contratual negativo...* cit., p. 1106. Veja-se, ainda, Sinde Monteiro, "Aspectos particulares da responsabilidade médica", *Direito da Saúde e da Bioética*, 1991, p. 133 e ss., p. 150 e ss.; Júlio Gomes, "Sobre o dano da perda de chance", ... cit., p. 46 e ss.; Geneviève Viney/Patrice Jourdain, *Traité. Les conditions...* cit., p. 202.

[41] Júlio Gomes, "Sobre o dano da perda de chance", ... cit., p. 36 e ss. Para ulteriores críticas que o autor dirige à doutrina, veja-se p. 44 e ss.

[42] Relembre-se, ainda, a lição de Jacques Boré, "L'indemnisation pour les chances perdues...", ... cit., 2620; entre nós, vide Júlio Gomes, "Sobre o dano da perda de chance", ... cit., p. 41; Rute Teixeira Pedro, *A responsabilidade civil do médico...* cit., p. 397 e ss.

[43] Entre nós, cf. Ac. STJ de 29 de Abril de 2010, in www.dgsi.pt; Ac. STJ de 22 de Outubro de 2009, in *Colectânea de Jurisprudência – Acórdãos do Supremo Tribunal de Justiça*, tomo III, 2009, p. 152 e ss. Cf., a este propósito, Patrícia Helena Leal Cordeiro da Costa, *O dano da perda de chance...* cit., p. 65.

índole probabilística que, ancorado unicamente nos conhecimentos da experiência, põe em causa a intencionalidade especificamente jurídica da decisão judicativa atinente à pretensão indemnizatória. Ao que se alia, como factor negativo para a adesão à doutrina em análise, o facto de ela – sem uma ancoragem axiológico-normativa de outro tipo – não conseguir apagar a ambivalência judicativa. Imputa, é certo, o risco de desconhecimento da génese lesiva ao lesante, sem que explique fundadamente e apenas por apego estatístico por que razão o faz.

Há que percorrer novos trilhos, passando-se com isso à última das perspectivas de captação do fenómeno que temos em mãos.

c) A perspectiva centrada na multicondicionalidade ou multicausalidade

A grande dificuldade que se enfrenta quando se lida com a causalidade ao nível da responsabilidade médica resulta, como vimos, da incerteza acerca do que aconteceu. Esta incerteza é, sabemos, agravada pela complexidade que caracteriza o saber médico, a qual, por seu turno, resulta da falta de determinismo do acontecer e da concorrência de inúmeros factores e condições causais. Torna-se, por isso, pertinente olhar para o fenómeno do ponto de vista do que tradicionalmente vem conhecido por multicausalidade.

Quid iuris se não se conseguir saber com certeza qual dos médicos que integra a equipa cirúrgica deixou um bisturi no interior do corpo do paciente? Deixando de lado a eventual responsabilização do grupo, a implicar a transposição para o nosso ordenamento jurídico da doutrina da *culpa da organização*, haveremos que tentar perceber em que medida o desconhecimento da autoria é ou não de molde a excluir a responsabilidade de todos.

Se ali, simplesmente, se desconhece quem é que actuou negligentemente, outras hipóteses há em que é notório quem protagonizou o comportamento negligente mas, porque outros concorrem com ele, ignora-se se aquele foi ou não causa da lesão. Do mesmo modo, pode concorrer com uma actuação culposa do pretenso lesante um facto natural ou outro que possa reconduzir-se à esfera de risco do próprio paciente.

Outros cenários são também cogitáveis. De facto, em muitos casos, não temos uma alternativa entre potenciais causas lesivas, mas uma conjunção de factores causais: duas causas, operando simultaneamente ou não, concorrem para a produção do dano, sendo que cada uma, por si mesma, seria suficiente para a emergência do evento lesivo. A causalidade já não se diz, aí, alternativa, mas cumulativa (não necessária). Noutras hipóteses, o dano resultará da conjugação de duas causas, sendo que isoladamente nenhuma seria suficiente para o produzir (causalidade concorrente, complementar ou cumulativa necessária)[44].

Estruturalmente distintas, as categorias causais a que nos referimos colocam, também, problemas diversos à tradicional dogmática civilística. Assim, e cingindo-nos, nesta análise, aos casos de causalidade cumulativa não necessária, de causalidade cumulativa necessária (causalidade concorrente) e de causalidade alternativa, dir-se-á que, se o primeiro e terceiro desafiam a condicionalidade *sine qua non*, a hipótese intermédia coloca entraves ao teste da adequação. Independentemente da convergência problemática a que aludimos naquelas duas situações, as soluções que se lhes dispensam são diversas.

Dependendo da situação concreta, a hipótese de causalidade múltipla pode não se mostrar dilemática. Basta, para tanto, que haja uma concertação entre as acções dos diferentes sujeitos, determinando, entre nós, a aplicação do regime da solidariedade por via do artigo 490º CC, combinado com o artigo 497º CC. Assim também sempre que dois médicos, actuando conjuntamente e negligentemente, lesem a integridade física ou a vida do paciente. Pense-se no caso de A e B, médicos especialistas, terem – com violação das *leges artis* e agindo em parceria – omitido um procedimento fundamental que redundou no agravamento do estado de saúde do doente.

Igualmente viável é pensar na hipótese em que A e B, médicos, actuando separadamente, ministraram uma dose superior de um certo medicamento a C, que, em virtude disso, vem a falecer. Não se pode falar aqui de co-autoria ou de cumplicidade, considerando-se, embora, que o

---

[44] Cf., *inter alia*, Brandão Proença, *Direito das Obrigações – Relatório sobre o programa, o conteúdo e os métodos de ensino da disciplina*, Publ. Universidade Católica, Porto, 2007, p. 193 e ss.; Deutsch, *Allgemeine Haftungsrecht...* cit., p. 101 e ss.; Fritz Lindenmaier, "Adäquate Ursache und nächste Ursache. Zur Kausalität im allgemeinen bürgerlichen Recht und in den Allgemeinen Deutschen Seeverischerungsbedingungen", *Festschrift für Wüstendörfer, Zeitschrift für das Gesamte Handelsrecht und Konkursrecht*, Hundertdreuzehnter Band (113), 3/4, 1950, p. 206 e ss., p. 255 e ss.; Mafalda Miranda Barbosa, *Do nexo de causalidade ao nexo de imputação...* cit., p. 1130 e ss.; Mafalda Miranda Barbosa, *Responsabilidade civil extracontratual: novas perspetivas em matéria de nexo de causalidade*, Princípia, 2014, p. 200 e ss.

âmbito de relevância concreto do problema é ainda assimilado pelo âmbito de relevância do artigo 497º CC. Entendem os autores que ambos exerceram um efeito causal sobre o resultado final. Embora não haja uma actuação concertada, a interpretação dispensada ao citado preceito prescinde dela em nome da protecção da vítima, contornando, assim, a um tempo, a imposição da verificação estrita da condição *sine qua non*.

Imagine-se, porém, que, diante de uma situação análoga, não se consegue dilucidar com clareza qual dos erros médicos vitima mortalmente o lesado ou o atinge na sua integridade física. Já não se estaria, aí, diante de uma situação de causalidade cumulativa, embora não necessária, mas outrossim de causalidade alternativa. Partindo-se da interpretação do artigo 497º CC para ver quais os casos que integram a sua previsão normativa, entende parte da doutrina que, porque aqui não há verdadeiramente cumulação de causas, mas incerteza relativamente ao nexo a apurar em termos fácticos, ele não pode ser aplicado[45-46].

Outra seria a solução disponibilizada pelo ordenamento jurídico alemão. Em face do § 830 I BGB, "se vários agentes tiverem causado o dano mediante uma acção ilícita praticada em conjunto, cada um é responsável pelo dano", o mesmo valendo para as situações em que "não se consegu[e] determinar qual dos vários agentes causou o dano com a sua acção"[47]. Quer isto dizer que o ordenamento jurídico alemão considera que, na impossibilidade de se determinar quem foi o autor do dano, todos de-

---

[45] Cf. MENEZES CORDEIRO, *Direito das Obrigações* II, AAFDUL, Lisboa, 2001, p. 416 e ss.; VAZ SERRA, "Obrigação de indemnização. Colocação. Fontes. Conceito e espécies de dano. Nexo causal. Extensão do dever de indemnizar. Espécies de indemnização. Direito de abstenção e de remoção", *Boletim do Ministério da Justiça*, nº 84, Março 1959, p. 5 a 301, p. 97 ss. (note-se que o autor, ponderando a possibilidade de acolhimento, entre nós, de uma solução como a do § 830 BGB, remete a questão para a análise do instituto da responsabilidade civil – assim, cf. nota 250 e VAZ SERRA, "Responsabilidade Contratual e Responsabilidade Extracontratual", *Boletim do Ministério da Justiça*, nº 85, 1959, p. 107 a 242, p. 107 e ss., negando a aplicação, entre nós, da solução prevista no § 830 BGB) e PEREIRA COELHO, *O problema da causa virtual...* cit., p. 24.

[46] Em sentido contrário, cf. CALVÃO DA SILVA, "Causalidade alternativa. L'arrêt DES", *European Review of Private Law*, 2, 1994, p. 465 e ss.; PAULO MOTA PINTO, *Interesse contratual...* cit., p. 654, nota 1859. Veja-se, ainda, CARNEIRO DA FRADA, *Direito civil...* cit., p. 107, nota 125.

[47] Cf., ainda, § 1301 e 1302 ABGB (CC Austríaco); o Projecto Austríaco de reforma do direito das obrigações, de 2005: §1294 e §1310; o Anteprojecto francês de reforma do direito das obrigações (2005), artigo 1347º; Principles of European Tort Law.

vem responder pela lesão perpetrada[48]. Para tanto, é necessário que se cumpram determinados requisitos: a) duas ou mais pessoas têm de ter criado, de um modo atribuível a si, um risco que pode ter causado o dano; b) qualquer das condutas pode ter causado o dano; c) não é possível saber qual das pessoas pode ter causado o dano[49]. Dubitativo entre a doutrina é saber quem pode, para este efeito, ser considerado participante. Ou, dito de outro modo, pergunta-se se o preceito é mobilizado apenas em face de dois comportamentos ilícitos e culposos, e potencialmente causadores do dano, ou se o seu âmbito de relevância pode ser alargado aos casos em que a concorrência alternativa opera entre um comportamento culposo e outro não culposo, entre um comportamento ilícito e culposo e outro que está a coberto de uma causa de justificação, ou entre um comportamento culposo e ilícito e um facto natural ou outro que se insira na esfera de risco do próprio lesado[50].

---

[48] Para uma análise dos requisitos da responsabilidade prevista no § 830 I/1 e II BGB, cf., *inter alia*, LARENZ/CANARIS, *Lehrbuch des Schuldrechts*, II, Halbband 2, *Besonder Teil*, 13 Auflage, Verlag C. H. Beck, München, 1994, p. 566 e ss.

[49] Cf. *Bundesgerichtshof*, 22 Junho 1976, *in Digest...* cit., p. 355, com comentário de R. ZIMMERMANN e J. KLEINSCHMIDT.

[50] Acompanhe-se, também, o ensinamento de JOACHIM GERNHUBER, „Haftung bei alternativer Kausalität", *Juristenzeitung*, 16, heft 5/6, 1961, p. 148 e ss. Falando de uma *möglicher Kausalität*, o autor procura oferecer uma interpretação do conceito de participante, com que se tem de lidar no âmbito do § 830 I/2 BGB. Relativamente aos seus limites, avultam três posições distintas: ao lado de autores que exigem a ilicitude do comportamento do participante (cf. TRAEGER, *Der Kausalbegriff im Straf und Zivilrecht*, Elwert, Malburg, 1904, p. 285 e ss.), surgem outros que se bastam com a culpa (cf. LARENZ/CANARIS, *op. cit., loc. cit.*). Para uma terceira via interpretativa, não seria requisito exigível a ilicitude e/ou a culpa do comportamento do participante. Assim, verificado o concurso alternativo incerto de uma acção que não fosse culposa e ilícita, isentar-se-ia de responsabilidade, excepcionalmente, aquele que se comportou justificadamente, aplicando-se aos restantes o citado preceito do BGB – cf. p.150. Posição contrária é defendida por quem nos alerta para o facto de, de forma adjacente a esta problemática, emergir outra, qual seja de saber se o § 830 I/2 BGB deve ou não aplicar-se quando em causa está uma possível auto-lesão do próprio lesado (exemplo disso é a situação em que, num jogo infantil, se atiravam pedras), sustentando a doutrina que neste caso se deve mobilizar o § 254 BGB (e não o § 830 I/2, encontrando-se aqui um argumento para negar a responsabilidade). Note-se que o "velho espírito" do preceito foi posto em causa numa decisão do OLG Celle, comentada pelo autor (cf. p. 151), nos termos da qual, apesar da possível auto-lesão do lesado, deu-se provimento a uma pretensão indemnizatória, reduzida segundo o § 254 BGB, contra os outros participantes numa luta de pedras. Como *ratio* da decisão, diz-nos GERNHUBER, que encontramos a entrada em cena, no quadro do direito privado, do pensamento do Estado Social (*Sozialstaatlichkeit*).

A dúvida que assim se apresenta pode ser percepcionada em termos mais densos se acompanharmos as tentativas de explicitação da intencionalidade normativa do preceito. Surgem a este ensejo diversas teorias, algumas das quais se mostram comuns a posicionamentos da doutrina em sede de causalidade alternativa incerta noutros ordenamentos jurídicos, nos quais inexiste um preceito como o contido no citado parágrafo do BGB.

Também a este nível podemos identificar, com todo o simplismo que as categorizações doutrinais envolvem, três grandes orientações. Se para alguns autores são ainda razões de índole processual, amparadas pelo fito de protecção do lesado, a depor no sentido de não exigir, em face da possível alternativa, a certeza de qual dos factos foi causa do dano; outros orientam-se pela estrutura das situações de base, exigindo, para que haja lugar à responsabilidade solidária de todos os envolvidos, que o facto tenha sido praticado no seio de um grupo determinado, sendo apenas indeterminado qual dos sujeitos foi o real autor do dano; e outros, ainda, relevam, sobretudo, a possibilidade causal como fundamento da indemnização, numa interpretação sistemática e teleológica do instituto da responsabilidade civil.

À primeira posição corresponderá, grosso modo, o entendimento de todos aqueles que lançam mão da categoria dos danos probatórios[51]. Estes podem resultar do mesmo acto ilícito que causou ou pode ter causado o dano; ou podem ser gerados por um distinto acto ilícito, que pode nem ser concomitante. Sempre que se verifique um dano probatório, o ónus da prova recairia sobre o lesante; numa outra perspectiva, o dano indemniza-se autonomamente. Sublinhe-se, contudo, que a primeira perspectiva não pode ser aplicada quando o dano probatório e o dano directo não são causados pela mesma pessoa ou quando a insusceptibilidade de prova é severa, por não serem as probabilidades causais superiores a 50%. Mais se refira que, se há casos em que o dano probatório é igual ao dano directo, devendo ser indemnizada a totalidade deste, noutras

---

[51] Sobre o ponto, cf. ARIEL PORAT/ALEX STEIN, *Tort liability under uncertainty*, Oxford University Press, New York, 2001, em especial p. 160 e ss.; ID., "Indeterminate causation and apportionment of damage: an essay on Holtby, Allen and Fairchild", *Oxford Journal of Legal Studies*, vol. 23, nº 4, 2003, p. 667-702; ID., „Liability for uncertainty: Making evidential damage actionable", *Cardozo Law Review*, nº 18, 1997, p. 1891 e ss. No âmbito em que nos inserimos, veja-se, ainda, RUTE TEIXEIRA PEDRO, *A responsabilidade civil do médico...* cit., p. 450

hipóteses, o dano probatório é inferior àquele, devendo, então, ser multiplicado pela probabilidade de o lesante ter, de facto, gerado aquele dano. Note-se que, se este dano probatório poderia ser relevante no seio da responsabilidade médica, não só nas hipóteses de causalidade alternativa incerta, mas também nas situações em que os médicos não mantêm os registos clínicos devidamente actualizados, muitas são as dúvidas relativas à possível aplicação da noção no nosso ordenamento jurídico, em face do disposto no artigo 344º/2 CC[52].

Já a segunda posição anunciada vem identificada pelo pensamento dos autores que se centram na edificação de uma base colectiva de imputação. Assim, em França, para se resolverem algumas destas situações complexas, faz-se apelo a uma ideia de que o facto foi realizado em comum, falando-se mesmo, de acordo com o ensinamento de alguns autores, de uma personalidade de facto. Tais grupos, aos quais seria imputado o evento lesivo, não acedendo ao estatuto de pessoas morais, devem levar ínsitas as ideias de concertação e de intencionalidade, não se podendo aplicar a figura quando o grupo em questão surgisse fortuitamente, não tendo o mínimo de estabilidade e coerência interna[53]. A exigência de uma colectividade mais ou menos definida, embora não definitiva, não andaria longe do chamamento à colação, na Alemanha, como expediente de interpretação do citado § 830 BGB, da ideia de participação em rixa[54], e aparece consagrada no Anteprojecto francês de reforma do direito das obrigações (2005), artigo 1348º: *quando um dano é causado por um membro indeterminado de um grupo, todos os membros identificados respondem solidariamente, excepto que um demonstre que não podia ser o autor.*

Situar-se-iam, portanto, estas soluções distantes daquela que, colocada sob a epígrafe da terceira perspectiva publicitada *supra*, faz rememorar incontornavelmente o nome de BYDLINSKI. Numa interpretação sistemática das diversas hipóteses de procedência de uma pretensão indemnizatória, o autor vem falar de uma causalidade possível, suficiente para fundar a imputação, desde que se verifiquem dois requisitos: a

---

[52] ARIEL PORAT/ALEX STEIN, *Tort liability under uncertainty*, ... cit. p. 166 e ss.
[53] Cf. HASSEN ABERKANE, "Du dommage causé par une personne indéterminée dans un groupe déterminé de personnes", *Revue Trimestrielle de Droit Civil*, 1958, p. 516 e ss. Veja-se, igualmente, GENEVIÈVE VINEY/PATRICE JOURDAIN, *Traité. Les conditions...* cit., p. 236 e ss.
[54] Cf. PETER GOTTWALD, *Schadenszurechnung und Schadensschätzung: zum Ermessen des Richters im Schadensrecht und im Schadensersatzprozeß*, Beck, München, 1979, p. 120.

perigosidade e a gravidade. Para BYDLINSKI, há casos de co-autoria em que o decurso causal para o dano não foi tornado claro. Por referência a eles, fala-se de uma causalidade possível. A responsabilidade não se apoia na causalidade provada, mas na incerteza da situação causal. Por isso, é possível defender que sobre cada participante recai uma suspeita de causalidade. Para tanto é necessário que o comportamento seja adequado ao dano[55].

Quid iuris, no nosso ordenamento jurídico?

A inexistência, entre nós, de uma norma como o § 830 I/2 BGB implica um esforço de fundamentação suplementar, que se cumpre na pressuposição metodologicamente fundada de uma esfera de responsabilidade erigida a montante, que se actualiza no momento da preterição dos deveres de conduta para com o nosso semelhante. A perspectiva por nós defendida, viabilizando a condenação solidária dos agentes na hipótese de causalidade alternativa incerta, comunga de uma índole sistemático-teleonomológica.

Partindo justificadamente de uma compreensão da acção assente na pessoalidade livre e responsável, o filão fundamentador da imputação objectiva não pode deixar de se encontrar numa esfera de risco que se assume. Esta não pode ser assumida pelo agente de uma forma atomística, desenraizada da tecitura antropológico-social e mundanal em que ele está inserido. E, porque o referencial de sentido de que partimos é a pessoa humana, matizada pelo dialéctico encontro entre o *eu*, componente da sua individualidade, e o *tu*, potenciador do desenvolvimento integral da sua personalidade, há que cotejá-la com a esfera de risco encabeçada pelo lesado, pelos terceiros que compõem teluricamente o horizonte de actuação daquele, e ainda com a esfera de risco geral da vida. É a partir deste jogo dialéctico, que faz apelo a uma ideia de *role responsibility*, que vai ser possível estabelecer o que tradicionalmente era conhecido por causalidade. Ora, esta mutação no modo como se compreendem os problemas vai ter repercussões no modo como solucionamos a questão probatória, bem como no modo como resolvemos o problema da causalidade múltipla. A esfera de responsabilidade existe concretamente e é com base nela – e não com base na causalidade própria das ciências

---

[55] FRANZ BYDLINSKI, *Probleme der Schadensverursachung nach deutschem und österreichischem Recht*, F. Enke, Estugarda, 1964, p. 32, 65, 66 e 89 e ss.

exactas – que se interpreta o critério previsto no artigo 497º CC. Nos termos do artigo 497º CC, prevê-se a responsabilidade solidária para o caso de pluralidade de responsáveis. Havendo duas acções e dois agentes que preencham os pressupostos delituais, não será difícil concluir pela assimilação do caso pela intencionalidade problemática do preceito. Hipóteses haverá, porém, em que a pluralidade dá lugar à unicidade. Aí, a aplicação da norma aos casos de co-autoria, instigação ou auxílio à prática do acto ilícito é determinada pelo artigo 490º do mesmo diploma. Para lá da força cogente do direito positivo, temos a justificar a solução o facto de existir uma concertação entre os agentes que determina a existência de um só (e conjunto) comportamento lesivo. Assumindo cada um o seu papel, mas todos sendo determinantes para a emergência do dano, não faria sentido que apenas um pudesse ser obrigado ao pagamento de uma indemnização. Donde, e sem embargo de ulteriores explicitações acerca da solidariedade ao nível da responsabilidade extracontratual, a pluralidade reclamada pelo artigo 497º CC harmoniza-se com a unicidade de comportamentos pressuposta pelo artigo 490º CC por via da desvelação de plúrimas esferas de responsabilidade, por meio das quais se vai edificar a imputação. Quer isto dizer que aquela norma deve ser interpretada não no sentido de exigir a pluralidade fisicamente comprovada de condutas ilícitas, mas no sentido de impor a existência de mais do que um responsável. Ou seja, abre-se a porta a que, nas hipóteses de causalidade alternativa incerta, porque dois ou mais sujeitos titulam uma esfera de responsabilidade, eles sejam considerados solidariamente responsáveis, excepto se, de acordo com o esquema imputacional por nós delineado, um deles vier provar qual a real causa do dano. E se assim nos questionarmos sobre o eventual sacrifício da comutatividade, a fazer anunciar uma responsabilidade pelo pôr em perigo, haveremos de concluir que ele é apenas aparente: na gestão de riscos faz-se impender sobre o pretenso lesante a dificuldade de prova do que tradicionalmente era entendido por nexo de causalidade[56].

---

[56] Para mais desenvolvimentos, cf. MAFALDA MIRANDA BARBOSA, *Do nexo de causalidade ao nexo de imputação...* cit., capítulo X.

A perda de chance de cura ou sobrevivência: um *remédio* necessário para o funcionamento da responsabilidade civil médica? – a revisitação de um tema

RUTE TEIXEIRA PEDRO*

I. A PRESENÇA IRREDUTÍVEL DE INCERTEZA NO APURAMENTO DO NEXO CAUSAL E A EMERGÊNCIA DA PERDA DE CHANCE NA AFIRMAÇÃO DA RESPONSABILIDADE CIVIL DO MÉDICO

I. A figura da perda de chance tem sido convocada para debelar um problema diagnosticado na aplicação do instituto da responsabilidade civil no âmbito da atividade do médico[1]. O recurso à referida noção aparece,

---

* Assistente da Faculdade de Direito da Universidade do Porto, investigadora do Centro de Investigação Jurídico-Económica (CIJE) e associada do Centro de Direito Biomédico da Faculdade de Direito da Universidade de Coimbra.
Quero expressar a honra que tenho em participar numa obra que homenageia o Senhor Professor Doutor Guilherme Oliveira, aproveitando a oportunidade que assim me é concedida para professar a admiração que lhe voto e para expressar o devido agradecimento pelo tanto que me tem ensinado e pelo apoio que generosamente me tem concedido. O convite para a publicação do meu estudo *"A Responsabilidade Civil do Médico. Reflexões sobre a noção da perda de chance e a tutela do doente lesado"* na Coleção do Centro de Direito Biomédico da Faculdade de Direito de Coimbra é apenas um dos muitos sinais desse apoio que, gratamente, reconheço.

nesse domínio[2], como um remédio para ultrapassar a dificuldade frequentemente constatada na afirmação do nexo causal entre um dado ato que se perspetiva como constitutivo da responsabilidade daquele profissional e os danos produzidos na esfera jurídica de um determinado doente que se equaciona terem sido causados pelo referido ato.

---

[1] À reflexão sobre a aplicação da figura da perda de chance no âmbito da responsabilidade civil do médico, dedicámos o nosso trabalho *A Responsabilidade Civil do Médico. Reflexões sobre a noção da perda de chance e a tutela do doente lesado*, Coleção do Centro de Direito Biomédico da Faculdade de Direito de Coimbra, nº 15, Novembro de 2008, Coimbra Editora. Revisitamos, por isso, um tema sobre que já nos debruçámos, considerando, agora, elementos adicionais que extraímos da vasta produção doutrinal que sobre ele tem surgido e do crescente caudal de decisões judiciais em que a sua aplicação tem sido equacionada e, em muitos casos, concretizada. Nesta nova incursão reflexiva sobre a problemática, como se verá, mantêm-se incólumes as conclusões a que havíamos chegado na primeira leitura do tema e que deixámos vertidas no trabalho *supra* referido.

[2] Destacamos, aqui, o acolhimento crescente do ressarcimento da perda de chance transversalmente em múltiplas áreas de atuação, e, em particular, no âmbito da responsabilidade civil do médico no ordenamento jurídico francês e no ordenamento jurídico italiano. Em França, a aceitação, com grande amplitude, da ressarcibilidade da perda de chance firmou-se ao longo do tempo, na doutrina e na jurisprudência, centrando-se a discussão, no momento presente, nas condições de tal ressarcibilidade. Para uma síntese sobre o estado da aceitação da figura no ordenamento francês, considerando a amplitude da sua aplicação desde o direito administrativo até à responsabilidade civil do médico, veja-se o número especial nº 218, do ano de 2013, da publicação Petite Affiches, em que se coligem as atas de um Colóquio ocorrido em Orléans em 12 de fevereiro de 2012 sobre o assunto. Sobre as condições gerais de ressarcimento do dano da perda de chance e os «*garde-fous*» que, na sua aplicação, não podem ser olvidados, considere-se GENEVIÈVE VINEY, PATRICE JOURDAIN e SUZANNE CARVAL, Les conditions de la responsabilité. Dommage, fait générateur, régimes spéciaux, causalité, da coleção Traité de Droit civil, sob a direção de Ghestin, J., LGDJ, 2013, pp. 127 a 149 e, ainda, ANNE GEGUAN-LECUYER, Les conditions de réparation de la perte chance, no número referido da Petite Affiches, pp. 15 ss. Quanto, em particular à sua aplicação na responsabilidade civil do médico, *vide* CRISTINA CORGAS-BERNARD, Perte de chance et responsabilité médicale, *in* Petite Affiches nº 218, do ano de 2013, pp. 38 e ss e VERÓNIQUE WESTER-OUISSE, Les méandres de la perte de chance en droit médical, *in* Revue Lamy, Droit Civil, nº 100, janeiro de 2013, pp. 17 e ss. No que respeita ao ordenamento italiano, veja-se sobre o dano da perda de chance, DOMENICO CHINDEMI, Il danno da perdita di chance, 2ª edição, Milão, Giuffrè Editore, 2010, em particular quanto à sua aplicação na responsabilidade civil do médico, pp. 156 e ss. Para uma visão panorâmica sobre o acolhimento da figura em vários ordenamentos, para além dos dois acabados de referir, *vide* os relatórios nacionais coligidos na obra Proportional Liability: Analytical and Comparative Perspectives, Berlim/Boston, De Gruyter, 2013.

II. Para ilustrar o que acabamos de enunciar, podemos apresentar duas situações paradigmáticas da aplicação da figura da "perda de chance de cura ou de sobrevivência". Pensemos, por um lado, na hipótese de uma pessoa padecer de uma doença de natureza oncológica que, apesar dos sintomas apresentados, por um erro ilícito e culposo do médico consultado, não é detetada. O diagnóstico correto faz-se decorridos alguns meses, num momento em que ao doente apenas podem ser oferecidos cuidados paliativos dada a inevitabilidade de um desfecho fatal que, pouco depois, ocorre. Os peritos chamados a pronunciar-se atestam que o estádio em que a doença se encontrava, no primeiro momento, permitiria a realização de uma intervenção cirúrgica que, em doentes com as características da pessoa da hipótese em estudo, proporciona a cura em 50% dos casos em que é realizada. Por outro lado, conjeturemos a hipótese de um determinado paciente que apresenta uma patologia e carece de uma intervenção cirúrgica urgente que lhe proporciona certas *possibilidades* de evitar a concretização de uma incapacidade parcial permanente. Por um ato (objetiva e subjetivamente) reprovável do médico que erra na terapia que deve ser implementada, a intervenção não é realizada de imediato e, quando é levada a cabo, as *possibilidades* de sucesso são menores. Apesar da cirurgia ser realizada de um modo tecnicamente irrepreensível, a recuperação não chega a concretizar-se e consuma-se a temida incapacidade física permanente. Nas situações descritas, quem pode ser responsabilizado pela não sobrevivência do doente, no primeiro caso, e pela falta de cura, no segundo? A natureza ou o médico? Será o dano atribuível ao provado comportamento desvalioso do profissional? Ou um elemento externo, por ele, não controlável, nomeadamente o próprio desenrolar das patologias que os doentes apresentavam ditaria, inevitavelmente, o desfecho ocorrido? Se retirássemos do encadeamento causal o ato[3] censurável do profissional, o primeiro doente teria sobre-

---

[3] Trata-se, em ambos os casos, de atos omissivos. A dificuldade do apuramento do nexo causal revela-se com mais acuidade quando o ato ilícito gerador de responsabilidade consubstancia uma omissão. Por consequência, é também aí que se encontram com mais frequência os esforços doutrinais e jurisprudenciais para ultrapassar a referida dificuldade. Por isso, MARCO CAPECCHI, referindo-se ao ordenamento jurídico italiano, nos diz que a "causalidade omissiva" é uma "espécie de «laboratório»" no qual a jurisprudência italiana tem ensaiado novas soluções na operação de aferição do nexo de causalidade. *In* Il nesso di causalità. Dalla condicio sine qua non alla responsabilità proporzionale, Lavis, CEDAM, 2012, p. 147. Para uma exposição de alguns instrumentos usados para ultrapassar as dificuldades sentidas

vivido e o segundo paciente teria evitado a incapacidade física? Perante os resultados da atividade probatória, nenhuma das perguntas formuladas merece uma resposta conclusiva. Aquilo que se pode afirmar é que, em ambas as hipóteses, se o médico tivesse atuado como lhe era exigível, havia *chances* de evitar o desfecho nefasto ocorrido e que, em virtude do comportamento indevido, essas chances se dissiparam total ou parcialmente.

III. As situações acabadas de descrever caracterizam-se por, nelas, se demonstrar a prática de um ato ilícito e culposo do profissional médico e a plausibilidade de o mesmo ser a causa do dano sofrido pelo doente, sem que, no entanto, se consiga afirmar que, em concreto, aquele ato o causou. Assim, apesar de, *in casu*, se reunirem os demais pressupostos da responsabilidade civil por factos ilícitos, ao abrigo do artº 483º ou do artº 798º do Código Civil[4-5], consoante se trate responsabilidade delitual ou obrigacional[6], inexiste a demonstração da verificação do nexo causal[7].

na operação de aferição do nexo causal, *vide* MAFALDA MIRANDA BARBOSA, Perspectivas de solução de problemas relativos a alguns aspectos do requisito causal no quadro da responsabilidade civil médica – Breves considerações a partir da ponderação da experiência judicativa, *in* Lex Medicine – Revista Portuguesa de Direito da Saúde, ano 10, nº 20, julho/dezembro 2013, pp. 45 e ss, para uma enunciação dos mecanismos alternativos ao recurso à perda de chance, o nosso A responsabilidade Civil do Médico *cit.*, pp. 327 e ss.

[4] Sempre que, no texto, sejam citados artigos sem referência expressa ao diploma a que pertencem, deve entender-se que integram o Código Civil Português de 1966.

[5] Sobre a aplicação destes pressupostos no âmbito da atividade do profissional médico, veja-se o que dissemos no nosso A Responsabilidade Civil do Médico *cit.*, pp. 83 e ss, bem como FILIPE ALBUQUERQUE MATOS, Responsabilidade civil médica: breves reflexões em torno dos respetivos pressupostos – Ac. Do TRP de 11.9.2012., Cadernos de Direito Privado, nº 43, julho/setembro de 2013, pp. 48 e ss e, ainda, VERA LÚCIA RAPOSO, Do ato médico ao problema jurídico, Coimbra Almedina, 2013, pp. 45 e ss.

[6] E, em muitos casos, como sabemos, a atuação do médico convoca as duas espécies de responsabilidade. Quanto à possibilidade de um mesmo comportamento consubstanciar simultaneamente um ilícito contratual e extracontratual, e para uma súmula das várias teses (do cúmulo e não cúmulo) sobre o regime jurídico que, nessas hipóteses, será aplicável, *vide* ALMEIDA COSTA, Direito das Obrigações, reimpressão da 12ª Edição, Coimbra, Almedina, 2014, pp. 546 e ss.

[7] Este pressuposto apresenta uma natureza especial face aos demais, na medida em que, cumpre uma dupla função. Por um lado, constitui um dos requisitos da responsabilidade civil por factos ilícitos, fundando, quando reunido com os demais requisitos, uma obrigação de indemnizar. Por outro lado, previamente assente a existência de responsabilidade civil, é um

Como se sabe, o apuramento deste requisito, nos termos dos artsº 562º e 563º, demanda a formulação com êxito de um duplo juízo: por um lado, deve concluir-se que o ato do agente foi, em concreto, uma condição necessária da produção do dano verificado, à luz da teoria da *conditio sine qua non*[8]; por outro lado, é indispensável que se possa afirmar, em abstrato, segundo a teoria da causalidade adequada[9], a aptidão de um ato da espécie do que foi praticado para engendrar danos da natureza dos que se verificaram[10].

Ora, nas hipóteses enunciadas, a dificuldade ao nível da demonstração do nexo causal situa-se na formulação do primeiro juízo e advém do facto

---

instrumento de medida do *quantum* reparatório devido. Sobre este requisito, *vide* ANTUNES VARELA, Das Obrigações em Geral, Vol. I, Reimpressão da 10ª Ed., Coimbra, Almedina, 2015, pp. 881 e ss, MENEZES CORDEIRO, Tratado de Direito Civil Português, Vol. VIII, Reimpressão da edição de 2010, Coimbra, Almedina, 2014, pp. 531 e ss, e MENEZES LEITÃO, Direito das Obrigações, I. Introdução da Constituição das Obrigações, 13ª Ed., Almedina, 2016, pp. 310 e ss.

[8] Assim, o julgador tem que reconstruir o encadeamento de acontecimentos que precederam a consumação do estado final em que o doente se encontra, retirando desse *iter* factual o ato desvalioso praticado pelo médico. Se, nesta operação intelectual, concluir que, em tal eventualidade, o doente não teria sofrido o dano que pretende que seja ressarcido, então, o ato médico constitui uma condição da sua verificação.

[9] Esta, segundo a doutrina maioritária, entre nós, é a teoria acolhida pelo legislador português nos artigos 562º e 563º. De entre as formulações que se perfilam para este segundo juízo (de adequação), e porque a responsabilidade (contratual ou extracontratual) do médico é uma responsabilidade por factos ilícitos culposos, deverá, segundo a melhor doutrina, aplicar-se a formulação (mais abrangente) enunciada por Enneccerus-Lehmann, segundo a qual: "o facto que atuou como condição do dano só deixará de ser considerado como causa adequada se, dada a sua natureza geral, se mostrar de *todo em todo indiferente (gleichgültig)* para a verificação do dano, tendo-o provocado só por virtude das circunstâncias *excecionais, anormais, extraordinárias* ou *anómalas*, que intercederam no caso concreto". *Vide* ANTUNES VARELA, *op. cit.*, pp. 890-891. Como é sublinhado por PEREIRA COELHO, a opção por esta formulação negativa tem implicações probatórias, já que o doente/lesado terá *apenas* que provar que o facto foi condição do dano, cabendo depois ao médico/lesante " a prova de que tal condição é, em geral, inidónea para determinar o prejuízo" e portanto, "que este foi uma consequência extraordinária dessa condição." O nexo de causalidade na responsabilidade civil, *in* Boletim da Faculdade de Direito da Universidade de Coimbra, Suplemento IX, Coimbra, 1951, p. 208, em nota.

[10] Através deste segundo juízo, opera-se uma distinção qualitativa entre os factos que naturalisticamente se apresentam como condições necessárias do dano, impregnando, deste modo, o requisito do nexo causal de uma ideia de promoção dos valores que o direito serve (entre eles, o da justiça), e de cumprimento da(s) função(ões) que à responsabilidade civil são acometidas.

de, mesmo que seja fornecido ao julgador o mais elevado nível de clarividência que a ciência médica proporciona, no que concerne à matéria factual, não ser possível formular um juízo positivo de condicionalidade entre o ato e o dano[11]. Tal fica a dever-se à álea presente na atividade médica e ao consequente desconhecimento da exata sequência de acontecimentos que se sucederão posteriormente à aplicação dos conhecimentos e técnicas da ciência médica, refletindo-se, no que à afirmação do nexo causal concerne, na impossibilidade de reconstrução do preciso encadeamento factual (hipotético) que se concretizaria no caso da não ocorrência do facto que, em concreto, se imputa ao profissional.

Por consequência, o nexo causal entre o ato do médico e o dano – a que chamaremos, por razões de facilidade e brevidade de expressão, final (a morte, a incapacidade) –, é rejeitado. A aplicação do teste da *conditio sine qua non* conduzirá, então, nestas situações, conjugada com as regras da distribuição do encargo probatório[12], à denegação do direito indemnizatório ao doente.

---

[11] A prova do nexo causal é a maior dificuldade colocada ao doente, constituindo a "autêntica pedra de toque da responsabilidade médica", como afirma RIBEIRO DE FARIA, Da prova na responsabilidade civil médica – Reflexões em torno do direito alemão, *in* Revista da Faculdade de Direito da Universidade do Porto, Ano I, 2004, p. 124. Também, no juízo abstrato que convoca a causalidade adequada, podem surgir embaraços, nomeadamente, quando se eleja a formulação positiva de LARENZ, que faz assentar o nexo de adequação na definição do que constitui um curso normal habitual ou típico de acontecimentos, e que onera o lesado com a respetiva demonstração. Pense-se em hipóteses em que estão em causa "novos danos" e "novos eventos danosos", o que não permitirá recurso a uma experiência anterior consistente que revele qual o curso regular de fenómenos. A simples multiplicidade de fatores, que influem de forma específica, em cada caso, e o tornam único, pelo carácter inédito da conjugação de elementos, prejudicará o reconhecimento de regularidade ínsito na ideia de adequação, à luz deste critério. Quanto à formulação a adotar, no âmbito da responsabilidade civil profissional médico, para o juízo de aferição da adequação, *vide* o que dissemos *supra* na nota 9.

[12] Segundo uma regra praticamente universal, e consagrada no direito português, no artº 342º do Código Civil, recai sobre o autor o ónus da prova dos factos constitutivos do direito que invoca e pretende que seja reconhecido judicialmente, e sobre o réu o encargo da demonstração dos factos impeditivos, modificativos ou extintivos desse direito e do seu correlativo dever. Assim, caberá, portanto, ao doente alegar e provar factos demonstrativos da verificação, *in casu*, do nexo causal como pressuposto de responsabilidade civil, seja aquiliana (artº 483º e ss), seja obrigacional (artº 798º). Confira-se, no entanto, o que se disse *supra*, na nota 9, quanto ao ónus da demonstração da adequação à luz da formulação negativa que se

IV. A dificuldade probatória do nexo causal converte-se, assim, num obstáculo quase inexpugnável para o doente num quadro em que a complexidade da aferição jurídica da causalidade deriva, pelo menos em parte, de um ato culposo praticado pelo médico[13]. É ele que, com o seu comportamento desvalioso, torna mais nebulosa a tarefa de descoberta da causa produtora do dano verificado: o ato censurável do profissional apresenta, paralelamente a outros fatores atuantes *in casu* uma potencialidade geradora do resultado ocorrido. Ora, apesar dessa conduta desvaliosa, cabe àquele que, na sua esfera jurídica, viu produzirem-se as consequências danosas – o doente – e não ao autor daquela conduta reprovável – o médico – convencer o julgador de que, de entre todos esses fatores, o comportamento censurável do profissional – que o doente, também, teve de provar – constituiu a condição necessária da produção do dano (não obstante a comprovada aptidão para o produzir).

Considerando este panorama, em que pode, aliás, estar a ser atraiçoado o fundamento legitimador nuclear da distribuição de danos pelas esferas do lesante e do lesado (a prática de um ato culposo[14]), o regime da responsabilidade civil não estará a proporcionar a tutela efetiva a interesses merecedores de proteção jurídica daquele que, no quadro da relação desnivelada em que os danos se produzem, se apresenta como o sujeito mais vulnerável, nomeadamente por ser leigo no domínio médico. Iden-

---

entende dever aplicar-se no âmbito da responsabilidade civil por factos ilícitos, modalidade a que se reconduz a responsabilidade civil imputável ao profissional médico.

[13] Diz-nos Vaz Serra, que "como foi ele [médico] quem culposamente deu lugar a uma situação tão embaraçosa [dificuldade de prova do nexo causal], afigura-se dever ser ele o onerado com a prova" do nexo causal. E será assim, segundo este autor, porque a culpa "torna menos digna de tutela a posição do médico que a do lesado". *In* Provas (Direito Probatório Material), *in* Boletim do Ministério da Justiça, nº 110, p. 166. Veja-se, também, Ribeiro de Faria, Da prova... *cit.*, pp. 121-122. Concluía este saudoso Autor que a irresponsabilização, por dificuldades probatórias, de um médico, que viola culposamente regras elementares de cuidado, revela-se uma solução mais injusta do que a responsabilização do médico, que atuou daquela forma, por danos que não foram causados por ele, mas que se presume terem sido. *Idem*, p. 181.

[14] A culpa é, como sabemos, "justificação originária da responsabilidade", constituindo o "fundamento ético decorrente da concepção do homem como um ser auto-responsável". Assim, Ewald Hörster, Esboço esquemático sobre a responsabilidade civil de acordo com as regras do Código Civil, *in* "Estudos em comemoração do 10º aniversário da Licenciatura em Direito", Janeiro de 2004, Coimbra, Coimbra Editora, p. 327.

tificam-se, por consequência boas razões para uma intervenção corretora que favoreça a posição do lesado[15].

Acresce que urge corrigir um quadro jurídico de aplicação da responsabilidade civil em que sistematicamente se desaproveita a informação – construída sob uma lógica probabilística – que a medicina nos proporciona e em que se desconsidera, positivamente[16], a pluralidade de segmentos causais que confluem nas situações fácticas em apreço e que fazem com que a "causalidade médica" apresente necessariamente uma natureza "relativa" ou "probabilística"[17]. Poderá o direito permanecer cego às especificidades do conhecimento médico e não acolher, adequadamente, no funcionamento do regime da responsabilidade civil, a carga aleatória inerente a esta área de atividade, alheando-se, assim, das *chances* provadas e permanecendo indiferente à bondade das razões que depõem contra os resultados denegatórios de ressarcimento nas hipóteses *supra descritas*?

A problemática que subjaz à interrogação acabada de formular manifesta-se noutros domínios, não se colocando apenas relativamente aos danos produzidos no âmbito do exercício da atividade médica. Na verdade, a evolução científica e técnica oferece-nos um conhecimento mais amplo e profundo da realidade, revelando-nos, consequentemente, uma imagem mais precisa e, por isso, mais complexa dos fenómenos. As conquistas da ciência e da técnica têm proporcionado a identificação de novos danos ou áreas de produção lesiva, pondo a nu o intrincado de (possíveis) causas que lhe subjazem. Paradoxalmente, à medida que o conhecimento acumulado aumenta, em extensão e profundidade, intensifica-se, em muitas áreas, a impotência para a formulação de afirmações de nexos causais dotados de precisão absoluta, proliferando aquelas que se reves-

---

[15] Para uma exposição mais desenvolvida dos fundamentos de uma intervenção *pro damnato*, veja-se o nosso A Responsabilidade Civil do Médico *cit.*, pp. 165 a 176.

[16] Existe uma relevância negativa no sentido de, do concurso de fatores potencialmente geradores do dano, se extrair a exclusão necessária da responsabilidade do profissional que praticou o ato ilícito e culposo que desaproveitou as possibilidades de êxito que a ciência médica proporciona.

[17] Zeno-Zencovich, La sorte del Paziente: La responsabilità del medico per L'errore diagnostico, Pádua, CEDAM, 1994, p. 70. Alain Bénabent põe em destaque a "infalibilidade" que caracteriza o pensamento jurídico: *"A une heure où les sciences exactes elles-mêmes, sous l'influence de la notion de probabilité, se départissent de leur dogmatisme"*. La chance et le droit, Paris, Librairie Générale de droit et de jurisprudence, 2013 (reimpressão de 1973), p. 200.

tem de um caráter meramente probabilístico[18]. A realidade *complexifica-se*, interpelando o direito.

Assim, perante o *funcionamento disfuncional* de determinados regimes jurídicos que não proporcionam a tutela adequada de certos interesses merecedores de proteção, a doutrina e a jurisprudência – precedendo em muitos casos uma intervenção legislativa – ensaiam novas soluções[19], que, no âmbito da responsabilidade civil, refletem uma lógica probabilística ou proporcional.

V. O recurso à noção da perda de chance inscreve-se, então, nessa linha de reflexão, e aparece, na nossa perspetiva, como um instrumento de préstimo *de iure constituto*, verificados que sejam certos requisitos, para corrigir as deficiências diagnosticadas na operação de afirmação do nexo causal no âmbito da responsabilidade civil do médico.

Na última década, a figura da perda de chance tem recebido atenção crescente da doutrina portuguesa[20]. Ademais, os julgadores têm equacionado a sua aplicação em constelações fácticas diversificadas, com resul-

---

[18] *"Causal uncertainty is a wide-spread phenomenon"*, nas palavras de nas palavras de Israel Gilead, Michael D. Green e Bernhard A. Koch. Estes Autores acrescentam: *"Medical, technological and scientific developments have significantly increased not only the scope of compensable harms, but also the identifiability of potentially causal links and consequently the extent of causal uncertainties with which tort law has to cope. The various shades of grey thereby made visible in an objective assessment of any given fact setting also prevent black-and-white solutions so far exclusively foreseen for most tort cases"*. In General Report, *in* Proportional Liability: Analytcal and Comparative Perspectives, De Gruyter, 2013, p. 4 e p. 58.

[19] A perda de chance é apenas uma das soluções em que a "ortodoxia" da responsabilidade civil é *desafiada*. Sandy Stell, Rationalising Loss of chance in Tort, *in* "Tort Law: challenging orthodoxy", Oxford, Portland, Oregon, Hart Publishing, 2013, pp. 235 e ss.

[20] Sem pretensão de esgotar o enunciado dos trabalhos doutrinais que refletem precipuamente sobre a figura, podemos citar Júlio Gomes, Ainda sobre a figura do dano da perda de oportunidade ou perda de chance, *in* Cadernos de Direito Privado, número especial 2, dezembro de 2012, pp. 17 e ss, Nuno Rocha, A "perda de chance" como uma nova espécie de dano, Reimpressão, Coimbra, Almedina, 2015, Rui Cardona Ferreira, A perda de chance revisitada (a propósito da responsabilidade do mandatário forense), *in* Revista da Ordem dos Advogados, Ano 73, 2013, Vol. IV, pp. 1301 e ss, e, do mesmo Autor, A perda de chance – análise comparativa e perspetivas de ordenação sistemática, *in* O direito, 144º, 2012, pp. 29 e ss. Considerem-se, ainda, as observações reflexivas de Carneiro da Frada, Responsabilidade Civil – O Método do Caso, 2ª reimpressão, Coimbra, Almedina, 2011, pp. 103 a 105, Menezes Leitão, Direito das Obrigações *cit.*, pp. 307 e ss, e Paulo Mota Pinto, Interesse Contratual Negativo e interesse contratual positivo, Vol. II, Coimbra, Coimbra Editora, 2008, pp. 1103 e ss.

tado desencontrados[21]. Divisa-se, no entanto, uma tendência crescente na jurisprudência dos Tribunais portugueses superiores para a afirmação da ressarcibilidade do dano da perda de chance em arestos em que se discute a responsabilidade civil do advogado, quando exerce indevidamente os deveres que o vinculam no exercício do seu mandato forense[22]. Destaca-se, aliás, aí, uma associação do recurso a esta noção à qualificação das obrigações incumpridas como obrigações de meios e à consequente aleatoriedade da consecução do resultado final pretendido (mas não garantido pelo profissional) com a constituição da obrigação. Apesar do paralelismo de raciocínio com o de idêntica problemática no âmbito da atividade médica, não há ainda uma aceitação clara da figura quanto ao profissional médico[23]. Consideremos, mais de perto, a questão.

[21] Rejeitando a figura, na jurisprudência do Supremo Tribunal de Justiça, nos anos mais recentes, vejam-se os Acórdãos de 9 de dezembro de 2014 (processo nº 1378/11.6TVLSB. L1.S1), e, quanto à responsabilidade do advogado (em que se assiste a uma tendência para a aceitação da figura, *vide* nota seguinte), de 18 de outubro de 2012 (Processo nº 5817/09.8TVLSB.L1.S1) e de 29 de maio de 2012 (Processo nº 8972/06.5TBBRG.G1.S1). Considere-se, ainda, no mesmo sentido, o Acórdão Tribunal da Relação de Coimbra de 20 de janeiro de 2015 (Processo nº 810/13.9TBCBR.C1).

[22] Assim, no que respeita ao Supremo Tribunal de Justiça podemos citar os Acórdão de 9 de julho de 2015 (Processo nº 5105/12.2TBXL.L1.S1), de 5 de maio de 2015 (Processo nº 614/06.5TVLSB.L1.S1) e de 30 de setembro de 2014 (Processo nº 739/09.5TVLSB. L2-A.DS1), de 1 de Julho de 2014 (Processo nº 824/06.5TVLSB.L2.S1), 6 de março de 2014 (Processo nº 23/05.3TBGRD.C1.S1), 14 de março de 2013 (Processo nº 78/09.1 TVLSB. L1.S1), 5 de fevereiro de 2013 (Processo nº 488/09.4TBESP.P1.S1), e de 4 de dezembro de 2012, (Processo nº 289/10.7TVLSB.L1.S1). Aceitando também a ressarcibilidade da perda de chance quanto à responsabilidade do advogado, considerem-se os Acórdãos da Relação do Porto de 28 de maio de 2013 (Processo nº 672/08.8 TVPRT.P) e de 27 de Outubro de 2009, (Processo nº 2622/07.0TBPNF.P1), os Acórdãos da Relação de Lisboa de 10 de março de 2015 (12.617/11.3T2SNT.L1-1), de 10 de fevereiro de 2015 (Processo nº 5105/12.2 TBSXL.L1-1) e de 18 de setembro de 2012 (2409/08.2TVLSB.L1-7) e o Acórdão do Tribunal da Relação de Coimbra de 21 de outubro de 2014 (Processo nº 623/12.5TBTMR.C1). Este último aceita a figura, embora, *in casu*, não considerasse preenchidos os requisitos. Todos os Acórdãos citados se encontram acessíveis no endereço www.dgsi.pt

[23] No Acórdão de 15 de outubro de 2009 (processo nº 08B1800), o Supremo Tribunal de Justiça pronunciou-se, quanto à figura da perda de chance, no sentido de que "A tese que advoga uma alteração das regras legais gerais do regime da efectivação da responsabilidade civil, designadamente, no segmento da repartição do ónus da prova, em caso de responsabilidade civil médica, para além de carência de apoio legal, de falta de suporte na realidade hodierna do exercício da medicina e no actual estado de elevação do estatuto do paciente tem, pelo menos, duas principais consequências negativas: um forte abalo na confiança e certeza do direito e uma sequente e quase inevitável prática de uma medicina

II. A Aplicação da Figura da Perda de Chance no Âmbito da Responsabilidade Civil do Médico

1. A autonomização da chance no âmbito da atividade médica

I. Uma prevenção que devemos imediatamente formular contra uma utilização abusiva da figura em análise é a de que a aceitação da ressarcibilidade da perda de chace não importa o reconhecimento, para efeitos ressarcitórios, da relevância da destruição de quaisquer possibilidades ou oportunidades que se conexionem, mais ou menos remotamente, com a situação jurídica em cujo contexto se produz um evento lesivo. Esse é, aliás, segundo pensamos, um dos mal-entendidos que criam uma objeção de princípio contra a figura e que conduzem à invocação do temor de uma multiplicação indevida de pretensões indemnizatórias ("o frequentemente citado argumento da abertura de *"floodgates"*)[24].

---

defensiva." (In www.dgsi.pt). Sublinhamos, no entanto, o voto de vencido do Senhor Juiz Conselheiro OLIVEIRA VASCONCELOS que, no mesmo Acórdão, se pronunciou no sentido da admissibilidade do ressarcimento do dano da perda de chance. Muito recentemente, na decisão 1ª Instância Tribunal Cível de Lisboa de 23 de julho de 2015 (Processo 1573/10.5TJLSB), deu-se o acolhimento pioneiro da figura da perda de chance num caso de negligência médica. Em juízo fica provada a omissão culposa de diagnóstico de uma pneumonia, na primeira deslocação da doente à urgência de uma instituição hospitalar privada. Apesar das dificuldades respiratórias, de um grave mal-estar generalizado, e de ter sido informado que a paciente estava a piorar não obstante ter tomado um forte antibiótico nos dias anteriores, o médico observa-a sem realizar qualquer exame complementar de diagnóstico, e conclui que a paciente sofre de uma amigdalite. Sete horas mais tarde, quando a doente retorna ao mesmo estabelecimento, e, perante o agravamento do seu estado de saúde, os médicos que, agora, a observam, considerando a gravidade do quadro clínico, entubam-na e realizam um eletrocardiograma, raios x e análises ao sangue. Detetam-lhe, então, uma infeção generalizada (sepse ou septicemia), diagnosticando-lhe uma pneumonia. Apesar da aplicação da terapia adequada, o seu estado foi-se agravando e a doente morre 16 dias depois, por choque séptico causado pela pneumonia. Considerando demonstrada a ilicitude e culpa do comportamento do médico que observou o doente no primeiro momento e atendendo a que os dados fornecidos pela ciência médica e carreados para o processo permitiam concluir que, perante um diagnóstico de sépsis grave, a probabilidade de sobrevivência é de quase 80% na primeira hora, de cerca de 40% decorridas 3 horas e de 20% passadas 12 horas, a juíza proferiu uma decisão condenatória no pagamento de uma indemnização pelo dano da perda de chance de sobrevivência.

[24] O argumento da abertura das barragens ressarcitórias aparece claro na decisão do *Court of Appeal* do Reino Unido, no caso *Hotson v Berkshire* "...*If the loss of a chance of getting better should be capable of being «damage» sufficient to found a cause of action based on medical negligence it will open too many actions*". Vide [1987], 1, All England Law Reports, p. 224.

Da aceitação da ressarcibilidade da perda de chance não se pode inferir que toda a chance é merecedora de proteção jurídica nem que, consequentemente, a sua perda é sempre geradora de um direito à correspondente reparação. A ordem lógica do raciocínio é, precisamente, a inversa. Deve, primeiramente, identificar-se a existência de uma chance como entidade merecedora de tutela jurídica para, depois, equacionar, no caso de verificação da sua lesão por ato de terceiro, a possibilidade de reparação do dano produzido pelo seu desaparecimento. Assim, a relevância da autonomização das chances (perdidas) para efeitos ressarcitórios é função da relevância jurídica que às mesmas é reconhecida independentemente da situação geradora da sua perda e fundadora do consequente pedido indemnizatório. Quer dizer, as entidades aleatórias (chances), cuja destruição vai merecer reparação, não ingressam na cidadela jurídica apenas com a produção do evento lesivo que as afeta, antes sendo dignas de um reconhecimento, pelo direito, a montante desse evento[25]. Imperioso é, portanto, que a chance, cuja perda se equaciona ressarcir, mereça proteção jurídica *qua tale*.

II. Ora, as chances ocupam, desde sempre um papel nuclear na definição do comportamento exigível ao médico. Como sabemos, em regra, este profissional compromete-se a empregar os seus esforços, a utilizar o seu saber e as técnicas que a ciência coloca à sua disposição, respeitando as *leges artis*, em ordem a alcançar a recuperação da saúde do doente. Mas a consecução desta finalidade não é garantida. O médico compromete-se, por isso, a aproveitar as chances de sucesso que o doente dispõe para atingir o resultado positivo almejado.

Esta constatação subjaz, aliás, à comum afirmação de que a obrigação assumida pelo médico consubstancia uma obrigação de diligência, de cuidado ou de meios e não de resultado[26]. À luz desta dicotomia tradicional, na distinção da natureza (de resultado ou de meios) das obrigações assu-

---

[25] Por isso, o que defendemos, nos exatos termos em que o fazemos, concerne ao âmbito da atividade médica em que, como iremos demonstrar, as chances têm relevância jurídica.
[26] Sobre esta distinção, *vide* na doutrina portuguesa, por todos, ANTUNES VARELA, *op. cit.*, I, p. 86, nota (2) e Vol. II, reimpressão da 7ª Ed., Coimbra, Almedina, 2013, pp. 73 e ss e pp. 101 e ss.

midas pelo médico[27-28], avulta, precisamente, a referência à grandeza das *chances* de sucesso (ou, o que é o mesmo por ser o reverso desta realidade, à grandeza do risco de insucesso) do ato praticado e, portanto, de obtenção do resultado pretendido[29]. Na verdade, nas obrigações de meios, a realização da prestação debitória constitui, apenas, um instrumento ou um meio para a satisfação daquele interesse final (nos exemplos apresentados acima, o de evitar a morte e o de impedir a consumação da incapacidade parcial permanente), e o cumprimento verifica-se com a adoção dessa conduta *encaminhada* para a obtenção do resultado pretendido pelo credor, ainda que este resultado não se venha a produzir (nos nossos exemplos, feito o diagnóstico correto e aplicada a terapia adequada, mesmo que o doente, viesse a sucumbir à doença ou a sofrer a concretização da incapacidade, o médico cumpriria a prestação a que se vinculara).[30] É a incerteza desta obtenção que torna, aliás, inviável que o resultado final (a sobrevivência, a cura) seja alçado a objeto da obrigação. Este será

---

[27] Segundo Luigi Mengoni, as obrigações podem ser obrigações de resultados ou de meios, consoante a maior ou menor proximidade do conteúdo da relação obrigacional com o fim último (o interesse final ou primário) que se visa alcançar através do seu cumprimento. *Obbligazioni «di risultato» e obbligazioni «di mezzi» (Studio Critico), in* Rivista di Diritto Commerciale, Ano LII (1954), pp. 187 e ss.

[28] Veja-se, a título de exemplo, e pela clareza na exposição do critério que permite identificar a natureza do acto médico praticado, qualificando-o como objecto de uma obrigação de meios ou de resultado, esta passagem do Acórdão do Supremo Tribunal de Justiça de 11 de Julho de 2006: "No caso de intervenções cirúrgicas, em que o estado da ciência não permite, sequer, a cura mas atenuar o sofrimento do doente é evidente que ao médico cirurgião está cometida uma obrigação de meios, mas se o acto médico não comporta, no estado actual da ciência, senão uma ínfima margem de risco, não podemos considerar que apenas está vinculado a actuar segundo as *leges artis*; aí, até por razões de justiça distributiva, haveremos de considerar que assumiu um compromisso que implica a obtenção de um resultado, aquele resultado que foi prometido ao paciente."

[29] Por isso, o reconhecimento de áreas crescentes, em que essas *chances* se aproximam, hoje, da certeza, conduz a que as obrigações do médico, num maior número de ocasiões, devam ser qualificadas como obrigações de resultado.

[30] Nas obrigações de meios, *"la tutela giuridica, che è la misura del «dover avere» del creditore, è circoscritta a un interesse strumentale, a un interesse di secondo grado che ha come scopo immediato un'attività del debitore capace di promuovere l'attuazione dell'interesse primario. In tale ipotesi, il fine tutelato, cioè appunto il risultato dovuto, non è che un mezzo nella serie teleologica che costituisce il contenuto dell'interesse primario del creditore"*. Mengoni, *op. cit.*, p. 189.

constituído pela diligência e competência dirigidas a essa obtenção[31], ou, por outras palavras, pelo comportamento cientificamente adequado ao aproveitamento das chances existentes que, *in casu*, potenciam essa obtenção.

As chances não são, então, uma novidade de descoberta recente neste domínio. Vejamos, agora, em que condições a consideração autonomizada destas chances pode relevar para efeitos ressarcitórios.

2. Pressupostos da ressarcibilidade da perda de chance de cura ou sobrevivência

As condições de ressarcibilidade da perda de chance de cura ou sobrevivência podem enunciar-se com o recurso a uma tríade de requisitos.

a) *A demonstração da existência da chance de cura ou de sobrevivência*

I. Em primeiro lugar, terá que existir uma chance juridicamente relevante. Assim, é imperioso que exista um determinado resultado positivo futuro que pode vir a verificar-se, mas cuja verificação não se apresenta certa, antes sendo de consecução aleatória[32]. Nos exemplos que demos *supra*, a sobrevivência do doente à doença oncológica e a não consumação da incapacidade parcial não se mostram garantidas.

Acresce que, apesar dessa incerteza, a pessoa encontrar-se-á numa situação de poder vir a alcançar esse resultado, porque reúne um conjunto de condições de que depende a sua verificação. A pessoa terá, portanto, de estar investida de uma *chance* real de consecução da finalidade esperada.

---

[31] Por outro lado, a atribuição de relevância jurídica às *chances* subjaz já ao funcionamento da disciplina vigente para a efetivação da responsabilidade civil, na sua aplicação ao profissional médico. Na verdade, por um lado, a aplicação do critério legal de aferição da culpa do médico previsto no nº 2 do artº 487º do Código Civil ("a culpa é apreciada, na falta de outro critério legal, pela diligência de um bom pai de família, em face das circunstâncias do caso"), na sua referência às "circunstâncias de cada caso", pressupõe, também, uma ponderação do quadro factual particular, em que pontificará a valoração das maiores ou menores dificuldades de execução do ato realizado, e, portanto, das superiores ou inferiores *chances* de êxito que estão em jogo. Assim, deverá atender-se à maior ou menor urgência da intervenção; à gravidade do estado de saúde do doente; ao grau de risco da intervenção e à existência, ou não, de perigo para a vida do paciente; à quantidade e qualidade dos utensílios e maquinismos disponíveis; à possibilidade de cooperação de outros profissionais – em suma, a todos os fatores que, em concreto, contendem com a consistência das *chances* de êxito da intervenção médica.

[32] FRANÇOIS CHABAS, *La perdita di chance nel diritto francese della responsabilità civile*, in Responsabilità Civile e Previdenza, 1996, p. 228.

Tem que se poder afirmar que a cura, em qualquer um dos exemplos apresentados, segundo os conhecimentos médicos disponíveis, é, em concreto, possível. É indispensável e suficiente que se demonstre a verificação *in casu* de uma situação em que a obtenção do resultado pretendido não se encontra definitivamente impedida ou excluída. Se for feita a prova de que a possibilidade de obter o resultado final inexiste em concreto, não se poderá falar de chance de consecução da finalidade pretendida. Se, pelo contrário, se demonstrar que a consumação da finalidade pretendida era certa, também não se falará de uma chance de obter o resultado final, mas antes de uma certeza à obtenção do mesmo.

II. Tem, então, que se provar em juízo a existência de uma chance. Acresce que para ser merecedora de tutela jurídica – o mesmo é dizer: para que o seu desaparecimento possa dar origem a uma reparação – a chance deverá ser séria[33]. O que deve entender-se por este atributo de seriedade?

Com esta exigência pretende acautelar-se, desde logo, a verificação de uma das notas caracterizadoras do dano reparável – a sua certeza. Questão discutida é a de saber quando é que se considera verificada essa seriedade, nomeadamente perguntando-se se deve ser fixado, em abstrato, um nível de consistência (por vezes identificado com mais de 50% de probabilidades de verificação do resultado pretendido e a que a chance se preordena) para que à mesma seja reconhecida relevância ressarcitória.

Ora, parece-nos que a ressarcibilidade da perda de chances deverá ficar dependente de uma consistência mínima das chances desapare-

---

[33] Assim, veja-se o Acórdão da Relação de Lisboa de 10 de fevereiro de 2015 (Processo nº 5105/12.2 TBSXL.L1-1), relativo à responsabilidade do advogado: "Essa perda [de chance] só poderá ser valorada se traduzir uma probabilidade consistente e real de êxito que se frustrou". No ordenamento francês, discute-se, hoje, a necessidade de afirmação de um patamar mínimo de probabilidade da chance para a sua destruição ser indemnizável, PHILIPPE BRUN e OLIVIER GOUT, Panorama: Responsabilité Civile, Recueil Dalloz, ano 191, nº 2/7627, 15 de janeiro de 2015, pp. 126 e ss. Veja-se, em França, a decisão do Tribunal da *Cour de Cassation*, 1ª. sala, de 30 de abril de 2014 (*Pourvoi* nº 13-16380) em que aquele Tribunal vem demandar que, para haver ressarcimento, haja a demonstração de *"une perte de chance raisonnable"*, recuando assim em relação ao entendimento que havia professado na decisão de 16 de janeiro de 2013, da 1ª sala (*Pourvoi* nº 12-14.439) em que defendia que a perda de uma chance *"même faible"* relevava para efeitos ressarcitórios. As decisões são acessíveis no endereço https://www.courdecassation.fr/jurisprudence_2/.

cidas, tendo em consideração o disposto no nº 1 do art. 496º que faz depender a compensação dos danos não patrimoniais[34] de uma gravidade mínima merecedora de tutela jurídica. Não julgamos, porém, acertado estabelecer um valor rígido aplicável, em geral, como limiar de ressarcibilidade. Só perante a hipótese concreta – à luz dos seus contornos e da natureza dos bens afetados, por exemplo – se poderá avaliar onde deve ser colocada, *in casu*, a fasquia delimitadora[35]. Assim, parece-nos, que, nas hipóteses ilustrativas apresentadas no início deste trabalho, assente a existência de uma chance em qualquer uma delas, a consistência mínima necessária para que a chance de sobreviver no primeiro exemplo releve será menor do que a consistência demandada, para idêntico fim, da chance de evitar a incapacidade parcial permanente do segundo doente.

III. Na tarefa de demonstração das chances, as informações, de natureza probabilística que a ciência médica fornece são de grande importância. Porém, o emprego de dados estatísticos coloca sempre o problema da relevância desses dados, no caso concreto. Será, então, suficiente no nosso primeiro exemplo, a demonstração de que o paciente, vítima de negligência, sofria de uma patologia oncológica e se encontrava num estado em que 50% dos afetados, quando submetidos à intervenção cirúrgica recomendada, apresentam possibilidade de cura, para se poder dizer que aquele concreto paciente detinha uma chance de cura no valor de 50%?

Ora, parece-nos que, se uma resposta afirmativa irrefletida e consequentemente uma atitude de aceitação automática dos dados fornecidos pela estatística (a denominada, pelos autores americanos, *"naked statistical evidence"*[36]) é criticável, também o será a atitude oposta de rejeição

---

[34] Convocamos esta norma em virtude de, atentos os bens atingidos pela prestação de cuidados médicos, as chances em causa se reportarem a bens insusceptíveis de avaliação pecuniária, apresentando, portanto, uma natureza não patrimonial.

[35] No mesmo sentido, ÁLVARO DIAS não aceita que "a linha de fronteira entre a abstracta possibilidade (...) de obtenção do que quer que seja ("chance") e a certeza de "aprisionar" tal desígnio (o resultado almejado) possa por alguma forma ser matematizada, fixando designadamente o *"break-even point"* nos 50% de possibilidades, fixação já *de per se* sobremaneira aleatória". *In* Dano Corporal. Quadro Epistemológico e aspectos ressarcitórios, Coimbra, Almedina, 2001, p. 253, nota 584.

[36] TARUFFO, Le prove scientifiche nella recente esperienza statunitense, *in* Rivista Trimestrale di Diritto e Procedura Civile, Ano L, nº 1, Março 1996, p. 229.

da informação assim obtida[37]. Aquando da utilização da mesma revela-se indispensável, uma indagação suplementar, na procura de uma representação o mais fiel possível da hipótese considerada[38]. Para tal, é necessário partir dos conhecimentos estatísticos disponíveis sobre a matéria controvertida, submetendo-os a testes de falsificação ou de verificação em concreto. Devem, portanto, averiguar-se as características pessoais do paciente, os elementos circunstanciais do contexto espacio-temporal em que ele se localize e todas as particularidades distintivas do caso singular[39]. Algumas daquelas características, alguns destes elementos ou algumas das últimas particularidades constituirão fatores potenciadores ou

---

[37] Fazemos, aqui, eco da observação de DAVID PRICE que, depois de constatar a utilidade das estatísticas epidemiológicas, em várias áreas do saber e da técnica (ciência médica, ciência e indústria farmacêutica, ...), questiona *"what justification is there for barring its entrance only through the courtroom door?"* Causation. – The Lord's lost chance?, *in* International and Comparative Law Quarterly, 1989, 38, I, p. 756.

[38] Para RENÉ SAVATIER, os dados estatísticos permitem, construir *"une moyenne théorique"* ou *"une moyenne générale des causalités"*. Porém, através da consideração acrítica daqueles dados *"l'essentiel du problème propre à la cause à juger n'est point éclairé"*, já que há *"les plus grandes «chances»"* de que aquela causalidade média não corresponda à *"cause particulière"* do dano sofrido pelo paciente. Observações à Decisão da *Cour Cassation* fancesa, *Chambre Criminal*, de 9 de Junho de 1977, *in* J.C.P., Ed. Geral, Ano 1978, II, *Jurispudence* 18839. Porém, o Autor considera que aqueles dados podem assumir relevância na decisão dos casos concretos. Para tal, aponta a necessidade de se proceder a um exame da especificidade do decurso dos factos, pois *"c'est seulement dans la logique du déroulement particulier des évènements de la cause par rapport aux lois biologiques que doit se former la conviction du juge sur la causalité du dommage."*. O Autor pronuncia-se, neste sentido, no comentário a uma decisão da *Cour Cassation* belga de 23 de Setembro de 1974. *In* JCP, Ed. G., Ano 50, 1976, II, Jurisprudence 18216. No caso, verificara-se uma omissão do cuidado, por parte do médico, que não implementou a terapia adequada ao estado da parturiente que viria a falecer. Em juízo, ficara assente, através dos relatórios dos peritos, que, a aplicação do tratamento omitido aumentaria, em termos estatísticos, as chances de sobrevivência, na ordem dos 90%. A *Cour de Cassation* belga considerou que tal não era suficiente para afirmar o nexo causal entre a *faute* do médico demandado e a morte daquela doente. O Autor concordou com o sentido da decisão, dada a condenação do emprego das informações estatísticas, sem uma demonstração adicional da sua atinência *in casu*.

[39] *"... i numeri di per sé non hanno senso. (...) i dati statistici forniscono la frequenza relativa di classi di eventi, ma non dicono nulla di significativo sul singolo caso paticolare. (...) l'utilità probatoria dei dati statistici non è scontata a priori, e dipende invece da vari fattori come l'ampieza delle informazioni disponibili, la loro rilevanza nel caso particolare, e soprattutto l'eventualità che il factfinder sai in grado di derivare inferenze significative e logicamente valide dai dati statistici. (...) il loro reale valore probatorio abbisogna di rigorosi controlli sul piano logico ed epistemologico."*, nas palavras de TARUFFO, *Le prove scientifiche... cit.*, pp. 229-230.

corroborantes, e outros redutores ou excludentes da presença *in casu* da chance abstrata e geral que se extrai dos dados estatísticos.[40] Assim se alcançará a *pessoalização* da chance estatística. Apesar de poder subsistir uma margem de dúvida, decisivo é que, no fim deste *iter*, o julgador se convença da existência, no caso concreto, de uma chance séria.

IV. Finalmente, importa referir que a entidade aleatória de que falamos tem que ter uma existência e consistência independente da vontade do respetivo titular. Assim, não pode entender-se que a possibilidade de o doente escapar a um determinado resultado lesivo, por força, de uma escolha sua, consubstancie uma chance para efeitos ressarcitórios, nos termos analisados. A figura torna-se, por isso, imprestável para a utilização em casos em que se discute o incumprimento do dever de informação que incumbe ao médico e que permitiria, em caso de cumprimento, a formulação esclarecida, pelo doente, do (necessário) consentimento para a prática do ato médico. Nestes casos, não se trata da frustração de uma chance de alcançar a cura ou sobrevivência (incertas e, por isso, não devidas), mas da dissipação de uma oportunidade de autodeterminação (que é devida pelo médico ao doente)[41]. Usando a terminologia inglesa, em virtude da expressividade que lhe reconhecemos, nestas hipóteses não há uma *"loss of chance"*, mas antes uma *"loss of choice"*.

b) *A destruição da chance de cura ou sobrevivência por um ato do médico*

I. Em segundo lugar, é necessário que exista um comportamento de alguém – do profissional médico, nos casos que estudamos – que importe

---

[40] O julgador tem de verificar a validade da lei estatística perante o caso concreto, *"sulla base delle cicostanze del fatto e dell'evidenza disponibile"*, diz-nos GIUSEPPE CITARELLA, Errore diagnostico e perdita di chance in Cassazione, *in* Responsabilità Civile e Previdenza, Vol. LXIX, Ano 2004, p. 1407. Assim, *"The existence of some particularistic evidence may render statistical evidence in the case redundant as the plaintiff's circumstances may then differ from the others in the group from whom the statistics are drawn."*, alerta DAVID PRICE, *op. cit.*, p. 756.

[41] No âmbito da atividade médica, a aceitação ampla da figura conduziu, aliás, a *"dérives abusives"* em que a mesma é aplicada sem que se verifiquem os requisitos de que a mesma deve depender. Considerem-se, a propósito da aplicação da noção aos casos em que há violação do dever de informação pelo médico, as observações de PIERRE SARGOS, Deux arrêts «historiques» en matière de responsabilité médicale générale et de responsabilité particulière liée au manquement d'un médecin à son devoir d'information, *in* Recueil Dalloz 2010, pp. 1522 e ss.

a destruição das chances, de que o doente estava investido, de evitar o resultado final.

O problema emerge, porque, de um só golpe, o facto (ativo ou omissivo) do agente destrói as expectativas existentes e inviabiliza (ou diminui[42]) a possibilidade de obtenção do resultado esperado. O desaparecimento do elemento intermédio traz, por arrastamento, o desaparecimento do resultado final que, eventualmente, se viria a verificar. No primeiro caso referido, o atraso no diagnóstico importou o desaproveitamento (total ou parcial) das chances existentes de sobrevivência do doente e a sua morte sobreveio; no segundo, a dilação na implementação da terapia adequada acarretou a delapidação das (ou algumas das) possibilidades de evitar a concretização da incapacidade e esta efetivou-se.

Ora, em virtude da aleatoriedade do resultado final, não se pode afirmar que o comportamento do médico seja a *conditio sine qua non* da frustração da concretização desse resultado e, portanto, da produção do dano que, *supra*, denominámos como dano final.[43] Como vimos, não se sabe se, retirado que fosse o facto reprovável que é imputável àquele profissional, o resultado seria alcançado (ou perdido). Então, dado o não estabelecimento deste nexo causal – um dos requisitos de que depende a responsabilidade civil – não se pode reconhecer ao paciente o direito a uma indemnização pela perda desse resultado (a sobrevivência, a cura). Porém, se se mudar o ângulo de visão e se tomar, como objeto de análise, não o resultado final, mas as possibilidades existentes de ele ser atingido, a resposta quanto ao nexo causal será distinta. O comportamento censurável do médico será a *conditio sine qua non* da perda (total ou parcial) das chances existentes e sendo, como é, em regra, apto, em função da sua natureza geral, a produzir aquela perda pode afirmar-se o liame causal necessário para desencadear o funcionamento da responsabilidade civil. Desta forma, através da noção perda de chance, resolve-se a problemática descrita nas hipóteses consideradas, mediante a inserção na *definição* do dano da "dúvida conexa ao juízo da causalidade"[44].

---

[42] Quando haja uma diminuição das chances, mas ainda assim o resultado pretendido e que elas proporcionavam se vier a produzir, não há lugar ao ressarcimento da perda de chance. Aqui se reflete a natureza da chance que, sendo uma realidade suscetível de autonomização, é instrumental da obtenção do resultado. A chance não se esgota, portanto, em si, demandado sempre um complemento determinativo: o resultado final (favorável) a que se preordena.

[43] *Vide* FRANÇOIS CHABAS, *op. cit.*, p. 228.

[44] *Idem*.

II. Na obrigação que o médico assume de prestar assistência a um determinado paciente sem lhe garantir o resultado final pretendido – a cura, a sobrevivência, a não consumação de uma deficiência ou incapacidade – o médico, como vimos, vincula-se a um resultado imediato que é, então, constituído pelo aproveitamento das reais possibilidades (*rectius*, *chances*) que o doente apresenta de alcançar a satisfação daquele resultado mediato de consecução incerta[45]. Tal aproveitamento verifica-se mediante a adoção de um comportamento atento, cuidadoso e conforme às *leges artis* – que constitui, em suma, a tradicional obrigação principal (de meios) assumida pelo profissional de saúde.[46] Ora, se o médico dissipa as *existentes* possibilidades (*chances*) de sucesso final estará a incumprir, pois, uma obrigação – a de não desperdiçar, por culpa sua, as *chances* de cura, de sobrevivência, ... – que condiciona, inviabilizando totalmente (se todas as *chances* se perdem) ou dificultando (se apenas algumas *chances* desaparecem), o cumprimento da obrigação principal – a de aproveitar essas possibilidades (que poderiam, ou não, vir a concretizar-se na produção do resultado final desejado). Através desta visão *decomposta* do vínculo obrigacional revelam-se, como entidades autónomas, as *chances* de consecução (contingente) do resultado pretendido com a prestação do médico (as *chances* de cura, de sobrevivência).

Assim, no âmbito obrigacional, não se duvidará, portanto, da relevância jurídica da violação das chances, dado que as mesmas constituem o objeto sobre que incide a prestação debitória, atendendo ao conteúdo da obrigação assumida pelo médico.

III. Por outro lado, fora do domínio obrigacional, pensamos que a atribuição de relevância indemnizatória à frustração das chances de cura ou sobrevivência não extravasará os limites definidos para a proteção aqui-

---

[45] Assim, "*le cure del medico appaiono utili in quanto sono atte a soddisfare l'interesse immediato (strumentale), suscitato dell'interesse primario alla guarigione, cioè l'interesse (bisogno) di essere curato, che è propriamente il punto di riferimento della tutela giuridica espressa nel rapporto obbligatorio.*" MENGONI, *op. cit.*, p. 190, nota 21.

[46] "*Ci`che si attende dal debitore, affinchè l'obbligazione possa dirsi adempiuta, è un comportamento idoneo a dare principio a un processo di mutamento (o di conservazione), l'esito del quale dipende peraltro da consizione ulteriori, estranee alla sfera del vincolo. Tipica l'obbligazione del medico. (...) Il medico può soltanto mettere in essere alcune condizioni necessarie o utili per promuovere il risanamento dell'infermo: ma riuscita della cura esige purtroppo la presenza di altri elementi, sui quali il medico non ha potere.*" MENGONI, *op. cit.*, p. 189.

liana, nos termos do artº 483º. No âmbito da responsabilidade médica, em geral, e das situações que suscitam a aplicação da perda de chance de cura ou sobrevivência, em particular, contende-se com o direito à vida, à saúde, à integridade pessoal (física e moral), tudo valores juridicamente protegidos, como direitos especiais de personalidade que são[47]. A autónoma tutela reparatória das chances (reconhecendo que a respetiva destruição é danosa) traduzirá, apenas, a extensão da proteção jurídico-civilística a outras *camadas* que densificam o conteúdo destes específicos bens jurídico-pessoais, protegidos por aqueles direitos e incluídos na proteção oferecida pelo direito geral de personalidade.[48] Desta forma, parece-nos que, entre nós, não se colocarão dificuldades, quanto à subsunção no artigo 483º, dos comportamentos frustradores daquelas espécies de chances[49], nem quanto à consideração da destruição das mesmas como um dano juridicamente reparável[50].

[47] *Vide* ANTUNES VARELA, *op. cit.*, I., p. 534.
[48] Nas palavras de CAPELO DE SOUSA, o bem jurídico da personalidade humana civilisticamente tutelado abrange "o real e o **potencial** físico e espiritual de cada homem em concreto..." (*O Direito Geral de personalidade*, Coimbra Editora, 1995, em especial, p. 117), pelo que o dano ressarcível é constituído pela perda *in natura* de utilidades ou **potencialidades** do bem geral ou dos bens especiais de personalidade juridicamente tutelados". *Idem*, p. 457. O mesmo Autor sublinha que "o direito ao desenvolvimento da personalidade implica para cada indivíduo humano, o poder juridicamente tutelado de gozar do **melhor estado de saúde física e mental que ele concretamente seja capaz de atingir**, *maxime* através do poder (...) de exigir (...) dos médicos assistentes (...) deveres de acção curativos, v.g. de obstarem a que um defeito (...) corrigível, total ou parcialmente, mediante intervenção terapêutica ou uso de técnicas próprias se converta, por negligência dos devedores (...), em deficiência permanente, **redutora do desenvolvimento da personalidade**." *Idem*, p. 354. Os destaques são nossos. Esta última citação é particularmente pertinente, quanto à perda de chance de cura.
[49] Esta conclusão não se estende necessariamente ao atos destruidores de chances relativas à obtenção de resultados de natureza patrimonial, em virtude de inexistir entre nós, segundo o entendimento maioritário, um direito ao património e uma tutela geral dos danos patrimoniais puros.
[50] Representará uma defesa de segunda linha, que operará para garantir o funcionamento do instituto da responsabilidade civil – que, se reportado aos bens jurídicos vida ou saúde, se revela inoperativo. Por isso, em casos em que o nexo causal entre o ato do médico e o dano final (lesão a que a chance respeita e a cuja não concretização se preordena) se apresenta demonstrado, a noção da perda de chance é desnecessária. Consideremos a hipótese de um sujeito acometido de uma doença – que apresentava apenas 30% de probabilidades de não conduzir à morte – ser submetido a uma operação, no decurso da qual, devido a um manuseamento errado dos instrumentos de cirurgia, sofre uma lesão que lhe causa a morte. Neste caso, a noção da perda de chance não se apresenta empregável, na medida em que se

c) *A verificação dos pressupostos de responsabilidade civil relativamente ao ato do médico dissipador da chance de cura ou sobrevivência*

Finalmente, não basta também a identificação de uma chance merecedora de tutela jurídica para que todo e qualquer ato do profissional que importe a sua destruição constitua fundamento da respetiva responsabilização. É indispensável que se verifique um comportamento do médico, suscetível de gerar a sua responsabilidade, elimina de forma definitiva as (ou algumas das) existentes possibilidades de o resultado pretendido se vir a produzir e que esse resultado não chegue, de facto, produzir-se.

Sendo a responsabilidade civil em que o médico incorre uma responsabilidade civil por factos ilícitos e culposos (artº 483º, nº 2), a ressarcibilidade da perda de uma chance pressupõe, então, a prova da verificação cumulativa de um facto do profissional desvalioso objetiva e subjetivamente (ilicitude e culpa), que causalmente provocou (nexo causal) a destruição definitiva das chances, cuja existência e perda ficaram demonstradas (dano)[51].

3. A Avaliação do *quantum* reparatório do dano da perda de chance

I. Demonstrada a existência de uma chance, e provada a sua perda como decorrência de um facto do médico suscetível de fazer incorrer o seu autor em responsabilidade civil, surge uma obrigação de indemnizar. Segue-se, então, a operação de apuramento do montante indemnizatório.

No cálculo desse *quantum* não poderá ser esquecida nem a autonomia do dano a ressarcir, nem a sua íntima relação com a perda, em definitivo, do resultado que a chance podia propiciar. O mesmo é dizer que,

---

possa afirmar o nexo causal entre o erro censurável do médico e a morte do doente. O acto do médico é causa da morte – ainda que também seja do desaparecimento das possibilidades que o doente detinha de sobreviver à doença oncológica – e é por aquele dano que deverá responder. No cálculo da indemnização terá, no entanto, que ser considerada a debilidade do seu estado de saúde e, por consequência, a doença potencialmente fatal que o afetava. Um entendimento diverso, além de atraiçoar a natureza instrumental das chances, importaria um duplo ressarcimento e um consequente enriquecimento indevido do lesado (ou dos seus herdeiros).

[51] Quanto à responsabilidade civil do médico, podemos destacar, a reafirmação na decisão de 14 de outubro de 2010 da primeira *Chambre Civil* do Tribunal da *Cour de Cassation* da aceitação da ressarcibilidade da *"perte de chance de survie"* que apresenta *"un caractère direct et certain"*, uma vez demonstrada a *"faute"* do médico e a consequente *"disparition de la possibilité d'un événement favorable"* (publicada no Boletim do Tribunal, 2010, I, nº 200).

na consideração da chance em si mesma, se deve ter presente o seu carácter instrumental e intermédio em relação à obtenção do efeito final. Por consequência, parece mais correto fazer refletir a natureza do *quid* lesado na determinação do montante indemnizatório, o que se conseguirá, repercutindo nele o grau de seriedade da chance perdida. Para tal, torna-se necessária uma dupla avaliação – por um lado, da situação desfavorável em que o doente se encontra em virtude da concretização do desfecho final que se pretendia evitar e, por outro lado, das possibilidades existentes de o mesmo ser evitado[52]. O *quantum* da indemnização corresponderá àquele valor reduzido proporcionalmente à luz do grau desta probabilidade.

II. Daí resulta que a operação de liquidação do quantum reparatório pressupõe uma sucessão de passos que passamos a enunciar.

Em primeiro lugar, importa proceder à avaliação do prejuízo decorrente da consumação da desvantagem final produzida (o que, *supra*, denominámos dano final). Servindo-me dos dois exemplos atrás referidos: os danos traduzidos na perda da vida e na consumação da incapacidade física.

Em segundo lugar, deve apreciar-se a consistência da chance detida pelo doente, que se traduzirá num valor percentual significativo das probabilidades de êxito (nos exemplos referidos, de sobrevivência, no primeiro caso, e de cura, no segundo). Aqui se situarão as maiores dificuldades deste procedimento e que também estão presentes na apreciação da seriedade da chance, para efeitos de aferição da certeza do dano, e, portanto, do *an* da indemnização.

Por fim, cumpre aplicar este valor percentual ao valor encontrado no primeiro passo desta operação. Assim, se os danos decorrentes da perda da vida ou da consumação da incapacidade apresentavam o valor Y e W respetivamente e as chance do doente sobreviver e de se curar correspondiam a 50%, no primeiro caso, e a 30% no segundo, o montante reparatório deveria equivaler a 50% de Y ali e de 30% de W aqui.

---

[52] Esta avaliação das chances coloca muitas dificuldades aos julgadores. Tal apreciação far-se-á com recurso a todos os meios de prova admissíveis, assumindo a prova pericial, aqui, particular relevância.

Assim se obtém um valor que corresponderá ao dano que a perda de chance representa e será tanto mais próximo do valor do dano final quanto maiores forem as chances.

Face à inoperância de um tal critério, dadas as grandes dificuldades que se fazem sentir, em particular na tarefa de converter num valor numérico a quantidade de possibilidades existentes, os tribunais podem recorrer a um juízo equitativo à luz do disposto no nº 3 do artº 566º[53].

III. Observações Conclusivas

Concluímos, então, que a figura da perda de chance é um remédio que poderá ser utlizado, com sucesso, no âmbito das ações de responsabilidade civil do médico, viabilizando o tratamento da dificuldade frequentemente sentida na afirmação do nexo de condicionalidade entre o ato ilícito e culposo praticado por um profissional e o dano sofrido pelo doente.

É, ademais, um instrumento que possibilita a conformação dos efeitos ressarcitórios relativamente à especificidade do dano ocorrido e ao contexto em que ele ocorre – em que se verifica um concurso de múltiplos fatores idóneos a impedir o sucesso terapêutico. Através dele, nos quadros vigentes da responsabilidade civil, alcança-se um ponto de equilíbrio entre a incerteza acentuada pelo ato censurável do profissional médico e que o conhecimento científico não permite eliminar e a exigência de tutela dos direitos do doente lesado[54].

---

[53] Aplicando esta norma para apurar a responsabilidade por perda de chance do mandatário judicial, *vide* Acórdão da Relação de Lisboa de 10 de março de 2015 (Processo nº 12.617/11.3T2SNT.L1-1): "O quantum da indemnização corresponderá a um valor que considere aquela vantagem patrimonial, reduzida proporcionalmente em face do coeficiente correspondente ao grau de probabilidade de obtenção do resultado, sem prejuízo da ponderação de critérios de equidade e de eventuais danos morais".

[54] Satisfazendo, assim, mais adequadamente, os fins que o regime de responsabilidade civil visa servir: não só a "*justice and fairness*", mas também a promoção do "*aggregate well-being in society (efficiency)*", fomentando a adoção de "*appropriate behaviour when engaging in risk-taking conduct*". Neste sentido, Israel Gilead, Michael D. Green e Bernhard A. Koch, *op. cit.*, pp. 17 a 20. Julgamos, então, que a perda de chance potencia a concretização desses propósitos. Sobre a apreciação da figura, ponderando os seus méritos e deméritos e enunciando as dificuldades que se encontram na aplicação no concreto âmbito da responsabilidade civil do médico, *vide* o nosso *A Responsabilidade Civil do Médico cit.*, pp. 377 e ss.

A responsabilidade médica no contexto do alargamento da responsabilidade administrativa*

ANA RAQUEL GONÇALVES MONIZ**

1. Introdução

O exercício da atividade médica[1], na medida em que contende com a vida e a integridade física das pessoas, revela-se suscetível de, pela sua

---

* Centro de Direito Biomédico/ Instituto Jurídico da Faculdade de Direito da Universidade de Coimbra (Grupo 2 – Vulnerabilidade e Direito, *Desafios Sociais, Incerteza e Direito*: UID/DIR/04643/2013). Agradeço ao Senhor Professor Doutor Filipe de Albuquerque Matos a leitura crítica e atenta do texto original, assim como todas as sugestões.

** Professora da Faculdade de Direito da Universidade de Coimbra
Investigadora do Instituto Jurídico

[1] Sem prejuízo das dificuldades que o conceito encerra, utilizamo-lo (não numa acepção restrita, dirigida ao ato médico, mas antes) em sentido amplo para nos reportarmos à atividade de prestação de cuidados de saúde. É, aliás, sobejamente conhecida a dificuldade no recorte do conceito de ato médico, para o qual o legislador já ensaiou algumas tentativas (não logradas) de definição. Recordem-se, *v. g.*, as dificuldades suscitadas pelo artigo 1º do Projeto de Lei nº 91/VIII (in: *Diário da Assembleia da República*, II Série, nº 19, 03.02.1999, pp. 387 e s.), que identificava o ato médico com a "a actividade de avaliação diagnóstica, prognóstica, de prescrição e execução de medidas terapêuticas relativa à saúde das pessoas, grupos e comunidades", incluindo igualmente "os exames de perícia médico-legal e respectivos relatórios, bem como os actos de declaração do estado de saúde, de doença ou de óbito de uma pessoa".

própria natureza e pelos meios que emprega, causar danos. É neste momento que assume particular importância o instituto da responsabilidade civil, especialmente vocacionado, sobretudo quando encarado da perspetiva dos administrados face a atividades lesivas praticadas no âmbito da Administração Pública, para a defesa dos direitos fundamentais dos cidadãos.

O modo como se encontra concebida a atual disciplina jurídica da responsabilidade administrativa – que decorre do artigo 22º da Constituição e da sua concretização no *Regime da Responsabilidade Civil Extracontratual do Estado e demais Entidades Públicas*[2] (RRCEE) – parece conduzir a um alargamento significativo dos casos de responsabilização dos poderes públicos. A esta tendência não é alheia uma perspetiva garantística, relacionada com a concepção do instituto da responsabilidade civil como direito de natureza análoga aos direitos, liberdades e garantias e, sobretudo, como mecanismo de defesa de direitos fundamentais. Aliás, o legislador erige hoje o princípio da responsabilidade em «princípio geral da atividade administrativa» (cf. artigo 16º do *Código do Procedimento Administrativo*).

São vários os mecanismos que facilitam a afirmação da responsabilidade civil da Administração nos casos de danos resultantes da prestação de cuidados de saúde[3]:

Sobre esta matéria, cf., por todos, José de Faria Costa, «Em Redor da Noção de Acto Médico», in: *Revista de Legislação e de Jurisprudência*, n.º 3954, ano 138.º, janeiro/fevereiro 2009, pp. 126 e ss.; sob uma outra perspetiva (mais de índole predominantemente ético-axiológica, *v.* José de Faria Costa, «Um Olhar, Eticamente Comprometido, em Redor da Ética Médica», in: *Revista de Legislação e de Jurisprudência*, nº 3965, ano 140º, novembro/dezembro 2010, pp. 72 e s..

[2] Aprovado pela Lei nº 67/2007, de 31 de Dezembro, alterada pela Lei nº 31/2008, de 17 de Junho. Atente-se, porém, em que o nº 1 do artigo 2º da Lei nº 67/2007 salvaguarda os regimes especiais de responsabilidade civil por danos resultantes do exercício da função administrativa. Sem prejuízo de a aplicação do princípio *lex specialis generali derogat* conduzir já a este resultado, esta ressalva apresenta consequências decisivas no nosso âmbito problemático, em virtude da existência de normas especiais atinentes à responsabilidade civil por danos emergentes de certos tipos de prestação de cuidados de saúde. Daremos conta de algumas delas (cf. *infra* 6.3.), a propósito da responsabilidade pelo risco.

[3] No contexto geral da responsabilidade pública, existem ainda outros fatores a ponderar, em especial, quando a ilicitude decorra da prática de um ato jurídico inválido. Por um lado, o nº 2 do artigo 10º do RRCEE estabelece uma presunção de culpa leve na prática de atos jurídicos ilícitos. Por outro lado, e considerando as dificuldades que a disciplina nacional sobre a responsabilidade dos entes públicos enfrentou quanto à sua compatibilidade com o

a) A responsabilidade do Estado e demais entidades públicas assume a natureza de responsabilidade objetiva;
b) O Estado (*lato sensu*) responde por danos resultantes de qualquer atividade incluída no exercício da função administrativa (incluindo a «atividade técnica»), praticada por qualquer entidade, independentemente da sua natureza (pública ou privada);
c) O Estado (*lato sensu*) responde diretamente perante o lesado;
d) Em princípio, o Estado (*lato sensu*) só responde quando o respetivo funcionário, trabalhador ou agente tenha agido com culpa; todavia, e para além da previsão de hipóteses de responsabilidade pelo risco, verifica-se uma tendência para a objetivação da responsabilidade, resultante da previsão quer de presunções legais de culpa, quer do instituto do «funcionamento anormal do serviço».

2. O pressuposto: a responsabilidade civil extracontratual e a tutela dos direitos fundamentais

Se os *direitos dos indivíduos* nasceram essencialmente para defesa contra os arbítrios e abusos perpetrados pelos poderes públicos no âmbito de atuações de autoridade, a complexificação e o avolumar das tarefas a cargo do Estado (*lato sensu*) conduziu a que a vinculação pública aos *direitos das pessoas* ultrapassasse em muito a vertente autoritária, atingindo, da mesma forma, a atividade prestacional. Desde logo, esta vinculação exprime um fim e um dever cometido aos poderes públicos, pelo que já a *Declaração sobre o direito e a responsabilidade dos indivíduos, grupos e órgãos da sociedade de promover e proteger os direitos do homem e as liberdades fundamentais universalmente reconhecidas*[4] estabelece que compete ao Estado, em primeira linha, proteger, promover e tornar efetivos os direitos do homem e as liberdades fundamentais, adotando as medidas necessárias (legislativas, administrativas ou outras) para assegurar as condições

---

Direito da União Europeia, nas hipóteses em que a ilicitude decorra da ofensa de princípios ou normas deste ordenamento, o nº 2 do artigo 7º prevê a responsabilização objetiva (*i. e.*, independentemente de culpa do agente) por danos resultantes de violação de norma ocorrida no âmbito do procedimento de formação dos contratos, incluídos no contencioso pré-contratual urgente (artigo 100º do CPTA). Sobre este último ponto, cf. ainda as considerações que teceremos *infra*, 6.4..

[4] Declaração adotada pela Assembleia Geral das Nações Unidas, através da Resolução nº 53/144, de 9 de Dezembro de 1998.

políticas, económicas, sociais e, sobretudo, as garantias jurídicas que permitam a todas as pessoas gozar, na prática, desses direitos (cf. artigo 2º).

Um dos exemplos paradigmáticos da amplitude da vinculação estadual aos direitos humanos reside também na área da prestação de cuidados de saúde por entidades públicas, assumindo aqui especial relevância a subordinação ao direito à integridade pessoal (e à autodeterminação), se o quisermos dizer através da fórmula emergente do artigo 3º da *Declaração Universal dos Direitos do Homem*[5]. A tutela dos direitos fundamentais relativamente às aplicações da medicina constitui, aliás, uma preocupação hodierna dos instrumentos europeus e internacionais: ressalta-se, neste horizonte, o artigo 3º da *Carta dos Direitos Fundamentais da União Europeia* (que estabelece disposições particulares sobre o respeito do direito à integridade do ser humano nos domínios da medicina e da biologia), assim como a *Convenção dos Direitos do Homem e da Biomedicina* (cujo artigo 24º expressamente prevê o direito à reparação de dano injustificado[6]).

À proteção de direitos fundamentais nos termos apontados não é alheia a previsão do instituto da responsabilidade civil do Estado por danos decorrentes do exercício dos poderes públicos (*lato sensu*), e, em especial, por danos decorrentes da atividade administrativa. Neste sentido, o instituto da responsabilidade civil pública representa uma importante garantia ou mecanismo de tutela dos direitos fundamentais[7],

---

[5] Embora tal não suceda no horizonte da *Declaração Universal dos Direitos do Homem*, existem instrumentos internacionais que associam especificamente a proteção de cuidados médicos à violação de direitos humanos. Estabelecendo princípios específicos para a proteção dos pacientes que se encontrem detidos ou a cumprir penas privativas da liberdade, v. os *Princípios de ética médica aplicáveis aos profissionais de saúde, em particular aos médicos, na protecção dos presos e dos detidos contra a tortura e outras penas ou tratamentos cruéis, desumanos ou degradantes*, adotados pela Assembleia Geral das Nações Unidas, através da Resolução nº 37/194, de 18 de dezembro de 1982.

[6] Para uma compreensão do sentido do preceito, cf. o relatório *Biomedicine and Human Rights: The Oviedo Convention and its Additional Protocols*, Conselho da Europa, Strasbourg, 2009, pp. 46 e s. (note-se, em especial, que a referência ao caráter injustificado do dano se destina a afastar aquelas lesões próprias da atividade médica: considere-se, *v. g.*, a realização de uma amputação que é inerente à própria intervenção terapêutica). Sobre as dúvidas suscitadas pelo alcance deste preceito, cf., *v. g.*, FRAISSEIX, «La Protection de la Dignité de la Personne et de l'Espèce Humaine dans de Domaine de la Biomédecine: L'Exemple de la Convention d'Oviedo», in: *Revue Internationale de Droit Comparé*, nº 2, vol. 52, abril/junho 2000, pp. 400 e s..

[7] Cf., *v. g.*, Rui MEDEIROS, «Artigo 22º», in: Jorge MIRANDA/Rui MEDEIROS, *Constituição Portuguesa Anotada*, tomo I, 2ª ed., Coimbra Editora, Coimbra, 2010, p. 472, anotação I.

encontrando no artigo 22º o seu fundamento[8]. Trata-se de uma consideração que resulta já de instrumentos internacionais: considere-se, *v. g.*, a Recomendação do Comité de Ministros do Conselho da Europa, sobre responsabilidade pública[9], onde se invocam, em particular, as necessidades de proteção dos cidadãos quanto a atos da Administração.

A esta ideia de garantia institucional acresce o facto de a responsabilidade de entes públicos se dever compreender, ela própria, como um direito (subjetivo) fundamental de natureza análoga aos direitos, liberdades e garantias[10], consagrando o artigo 22º, como chegou a afirmar o

---

[8] M. Rebelo de SOUSA/A. Salgado de MATOS, *Direito Administrativo Geral*, tomo III, 2ª ed., D. Quixote, Alfragide, 2009, p. 484.

[9] Recomendação nº R (84) 15, do Comité de Ministros, sobre responsabilidade pública, de 18 de setembro de 1984. Sobre este documento, cf. Maria da Glória GARCIA, *A Responsabilidade Civil do Estado e Demais Pessoas Colectivas Públicas*, Conselho Económico e Social, Lisboa, 1997, pp. 78 e ss..

[10] Assim, Jorge MIRANDA, «Informática e Inconstitucionalidade por Omissão – Anotação ao Acórdão nº 182/89 do Tribunal Constitucional, Processo nº 298/87, in: *O Direito*, nº III, ano 121º, Julho/Setembro 1989, p. 576, «A Constituição e a Responsabilidade Civil do Estado», in: *Estudos em Homenagem ao Prof. Doutor Rogério Soares*, Studia Iuridica 61, Boletim da Faculdade de Direito/Coimbra Editora, Coimbra, 2001, p. 930, e *Manual de Direito Constitucional*, tomo IV, 5ª ed., Coimbra Editora, Coimbra, 2012, pp. 394 e s.; Rui MEDEIROS, *Ensaio...*, cit., p. 121, e «Artigo 22º», cit., pp. 477 e ss., anotações X e XI; Maria José Rangel de MESQUITA, «Da Responsabilidade Civil Extracontratual da Administração no Ordenamento Jurídico-Constitucional Vigente», in: Fausto de QUADROS (coord.), *Responsabilidade Civil Extracontratual da Administração Pública*, 2ª ed., Almedina, Coimbra, 2004, pp. 123 e s..
Gomes CANOTILHO/Vital MOREIRA (*Constituição da República Portuguesa Anotada*, 4ª ed., vol. I, Coimbra Editora, Coimbra, 2007, pp. 428 e 429, anotações VI e VII ao artigo 22º), ainda que não perspetivem a norma como prevendo um direito fundamental de natureza análoga aos direitos, liberdades e garantias (mas antes como princípio-garantia ou garantia institucional), não deixam de acentuar a existência de um direito de reparação de danos causados pelos agentes do Estado, bem como o caráter diretamente aplicável do artigo 22º (pelo menos em algumas dimensões), competindo aos tribunais, na ausência de legislação concretizadora, a criação de uma «norma de decisão» destinada a assegurar a reparação dos danos resultantes de atos lesivos de direitos, liberdades e garantias ou interesses juridicamente protegidos dos cidadãos; em sentido próximo, Marcelo Rebelo de SOUSA, «Responsabilidade dos Estabelecimentos Públicos de Saúde: Culpa do Agente ou Culpa da Organização?», in: *Direito da Saúde e Bioética*, AAFDL, Lisboa, 1996, p. 161; Maria da Glória GARCIA, *A Responsabilidade...*, cit., p. 58; José Luís Moreira da SILVA, «Da Responsabilidade Civil da Administração Pública por Actos Ilícitos», in: Fausto de QUADROS (coord.), *Responsabilidade...*, cit., p. 159.
Diferentemente, M. Afonso VAZ, *A Responsabilidade Civil do Estado. Considerações Breves sobre o seu Estatuto Constitucional*, Universidade Católica Portuguesa, Porto, 1995, p. 8 e p. 9, n. 14 [cf., porém, atualmente, M. Afonso VAZ/Catarina Santos BOTELHO, «Comentário às

Tribunal Constitucional[11], um *"direito do particular à reparação* indemnizatória e/ou compensatória no caso de lesão de direitos, liberdades e garantias". Eis uma consideração não despicienda, quando atentamos no regime específico de que gozam estes direitos, *maxime* no que tange à aplicabilidade direta – sem prejuízo de, na sua dimensão de jurisdicionalização, aqueles carecerem de uma atividade estadual para se tornar exequível[12].

3. A responsabilidade da Administração como responsabilidade objetiva

As questões atinentes à (expansão da) responsabilidade da Administração (e, em especial, à sua tendência para a objetivação) carecem de uma consideração prévia, tendente à explicitação do sentido daquela no contexto da *summa divisio* responsabilidade subjetiva (que tem como pressuposto a culpa) e responsabilidade objetiva (que prescinde da verificação da culpa).

Trata-se de um problema que depende, em primeira linha, de uma interpretação do artigo 22º da CRP. Atente-se, desde logo, em que a circunstância de o Estado e demais entidades públicas serem pessoas coletivas não impediria, sem mais, a afirmação de uma responsabilidade subjetiva; pelo contrário, afigurar-se-ia *dogmaticamente* viável a exigência de culpa da pessoa coletiva pública para a respetiva responsabilização

---

Disposições Introdutórias da Lei nº 67/2007, de 31 de Dezembro», in: Rui MEDEIROS (coord.), *Comentário ao Regime da Responsabilidade Civil Extracontratual do Estado e Demais Entidades Públicas*, Universidade Católica Editora, Lisboa, 2013, pp. 40 e ss.]. Entendendo que, embora se enquadre na matéria dos direitos fundamentais, o artigo 22º não consagra um direito subjetivo fundamental, mas uma garantia institucional, cf. Vieira de ANDRADE, «Panorama Geral do Direito da Responsabilidade Civil da Administração Pública em Portugal», in: *La Responsabilidad Patrimonial de los Poderes Públicos*, Marcial Pons, Madrid, 1999, p. 53, e *Os Direitos Fundamentais na Constituição Portuguesa de 1976*, 5ª ed., Almedina, Coimbra, 2012, p. 136; Maria Lúcia AMARAL, *Responsabilidade do Estado e Dever de Indemnizar do Legislador*, Coimbra Editora, Coimbra, 1998, pp. 439 e ss., *maxime* pp. 443 e s..

[11] Acórdão do Tribunal Constitucional nº 45/99, de 19 de janeiro, ponto 6. Abordando o problema numa perspetiva próxima, cf. também Acórdão nº 154/2007, de 2 de março, pontos 7 e 8.

[12] Sobre a jurisdicionalização deste direito no quadro da responsabilidade médica, cf. o nosso trabalho *Responsabilidade Civil Extracontratual por Danos Resultantes da Prestação de Cuidados de Saúde em Estabelecimentos Públicos: O Acesso à Justiça Administrativa*, Centro de Direito Biomédico/Coimbra Editora, Coimbra, 2003.

– o que sucederia, desde logo, no caso de a afirmação da responsabilidade depender das instruções dadas pela entidade pública aos respetivos agentes (*lato sensu*), da escolha destes ou da fiscalização da sua atividade (*culpa in instruendo, culpa in eligendo* e *culpa in vigilando*, respetivamente)[13].

No confronto entre a exigência dos pressupostos da responsabilidade subjetiva e dos pressupostos da responsabilidade objetiva (e mesmo admitindo que a diferença entre ambos os institutos radica apenas na exigência ou não da culpa[14]), a consagração desta última significa um aligeiramento dos ónus probatórios do lesado, que, pelo menos, fica dispensado de provar a culpa da pessoa coletiva. Na verdade, no trânsito da evolução do instituto da responsabilidade civil extracontratual, a consagração da responsabilidade objetiva destina-se justamente a promover a proteção do lesado[15].

Ora, se transplantarmos estas considerações para o plano da responsabilidade do Estado, compreendemos que a respetiva configuração como mecanismo de (efetiva) tutela de direitos fundamentais sempre demandaria a adoção de uma solução que facilitasse a indemnização dos danos infligidos no exercício do poder público. Neste sentido, compreende-se a consideração segundo a qual "a responsabilidade do Estado ou outra pessoa colectiva pública pelos actos ou omissões [destes] funda-se em que, aproveitando a pessoa colectiva com a actividade destes, deve tam-

---

[13] Cf. Pires de LIMA/Antunes VARELA, *Código Civil Anotado*, vol. I, 4ª ed., Coimbra Editora, Coimbra, 1987, p. 168, anotação 2 ao artigo 165º, a propósito da responsabilidade das pessoas coletivas. Para uma síntese crítica dos problemas suscitados pelas várias soluções em matéria de responsabilidade extracontratual das pessoas coletivas, *v.* Menezes CORDEIRO, «A Responsabilidade Civil do Estado», in: *Em Homenagem ao Professor Doutor Diogo Freitas do Amaral*, Almedina, Coimbra, 2010, pp. 906 e ss..
[14] Cf. a referência à questão de saber se existe ou não ilicitude na responsabilidade objetiva em Antunes VARELA, *Das Obrigações em Geral*, vol. I, 10ª ed., Almedina, Coimbra, 2000, pp. 614 e ss; Almeida COSTA, *Direito das Obrigações*, 12ª ed., Almedina, Coimbra, 2009, pp. 612 e s..
[15] Sobre o sentido desta evolução, cf., *v. g.*, Almeida COSTA, *Direito...*, cit., pp. 527 e ss., e a perspetiva de síntese apresentada por Sinde MONTEIRO, «Rudimentos da Responsabilidade Civil», in: *Revista da Faculdade de Direito da Universidade do Porto*, ano II, 2005, pp. 353 e ss.. Acerca do fenómeno da socialização do risco, no percurso da afirmação do qual assume especial importância a instituição da obrigatoriedade do seguro de responsabilidade civil automóvel, cf. Calvão da SILVA, *Responsabilidade Civil do Produtor*, Almedina, Coimbra, 1990, pp. 387 e ss.; Filipe de Albuquerque MATOS, «O Contrato de Seguro Obrigatório de Responsabilidade Civil Automóvel», in: *Boletim da Faculdade de Direito*, vol. LXXVII, 2001, pp. 407 e ss..

bém suportar os prejuízos dela derivados para terceiros (*ubi commodum, ibi incommodum*), e em que, se a pessoa colectiva não fosse responsável, ficariam muitas vezes sem protecção os lesados, dada a insolvência dos titulares dos órgãos ou dos agentes"[16].

Não se afigura outra, aliás, a interpretação a atribuir ao artigo 22º da CRP, quando determina que o Estado e demais entidades públicas respondem civilmente por ações ou omissões praticadas pelos titulares de órgãos, funcionários ou agentes, no exercício das suas funções e por causa desse exercício, de que resulte violação dos direitos, liberdades e garantias ou prejuízo para outrem. A estes pressupostos, a Lei Fundamental *não* adiciona (significativamente) a verificação de culpa (em qualquer das modalidades apontadas) das pessoas coletivas a que pertencem os respetivos titulares de órgãos, funcionários ou agentes. Esta mesma ideia foi, por isso, acolhida no RRCEE que, em conformidade com a Constituição, não exige, em momento algum, a culpa da pessoa coletiva pública para afirmar a respetiva responsabilização.

Questão diversa consiste em determinar em que circunstâncias se afirma a responsabilidade objetiva da Administração: exige-se que o agente (autor da lesão) tenha agido com culpa ou, pelo contrário, faz-se a Administração responder por toda e qualquer conduta ilícita daquele, independentemente do juízo de culpa que sobre ele possa recair? Trata-se de uma questão que, como sabemos, não possui contornos exclusivamente filosófico-dogmáticos, mas envolve uma decisão jurídico-política sobre os sujeitos que hão de suportar os danos: numa responsabilidade independente de culpa do agente, os danos acabam por ficar a cargo da Administração (e, por conseguinte, do *corpus* social)[17], concluindo-se pela existência de um risco inerente à atividade administrativa desenvolvida (ou, eventualmente, ao «funcionamento anormal do serviço»); diversamente, na hipótese de se exigir culpa do lesante, a Administração apenas responde por danos resultantes de uma conduta deficiente dos seus agentes, sendo os demais suportados pelo lesado.

---

[16] Vaz SERRA, «Anotação ao Acórdão de 16 de Maio de 1969», in: *Revista de Legislação e de Jurisprudência*, nº 3426, ano 103º, novembro 1970, p. 334.

[17] Existem situações em que terceiros poderão ser também responsáveis pelos danos, respondendo solidariamente com a Administração: assim sucede no caso de concurso de facto culposo de terceiro nas hipóteses de responsabilidade pelo risco, contemplado no nº 2 do artigo 11º do RRCEE.

É precisamente neste segundo plano – avaliação das condições em que pode surgir a responsabilidade civil da Administração – que emergem as questões atinentes à objetivação da responsabilidade (cf., *infra*, 6)[18].

4. A responsabilidade médica e o âmbito do regime jurídico da responsabilidade do Estado

Deve conceber-se a relação (tripolar) entre estabelecimento público de saúde, profissional de saúde e paciente como uma relação jurídica administrativa; ou, a acolhermos a posição de Sérvulo Correia, estamos diante de (várias) "relações jurídicas administrativas de prestação de cuidados de saúde"[19]. Embora não se revele fácil definir a nota que confere administratividade às relações jurídicas, entendemos que aquela há de resultar da confluência de diversos critérios, a atuar não somente ao nível dos sujeitos envolvidos, mas também da disciplina jurídica aplicável, associada a um ponto de vista funcional. Assim, deverá entender-se que um dos sujeitos se identifica, em princípio, com uma entidade pú-

---

[18] Daí que, no quadro da RRCEE, se deva tratar analiticamente cada uma das seguintes situações: responsabilidade exclusiva do Estado por danos decorrentes de condutas praticadas com negligência leve dos agentes (artigo 7º, nº 1), responsabilidade exclusiva do Estado por danos decorrentes do «funcionamento anormal do serviço» (artigo 7º, n.ºs 3 e 4), responsabilidade exclusiva do Estado por violação de normas ocorrida no âmbito dos procedimentos pré-contratuais (artigo 7º, nº 2) e responsabilidade pelo risco (artigo 11º). Em comum estas hipóteses têm o facto de o agente não responder, nem nas relações externas, nem nas relações internas. Todavia, as mesmas diferenciam-se no que tange aos pressupostos da respetiva emergência: na responsabilidade pelo risco, *não se torna necessário o apuramento do pressuposto da culpa do agente* (ou mesmo da ilicitude, pelo menos na modalidade de ilicitude da conduta), porquanto, estando em causa atividades especialmente perigosas, a Administração responderá sempre pelos danos por elas causados; na hipótese de violação de normas relativas ao procedimento pré-contratual dos contratos abrangidos pelo artigo 100º do CPTA, a responsabilidade da Administração afirma-se também *independentemente de culpa do agente*; nos casos de «funcionamento anormal do serviço» (que desenvolveremos *infra*, 6.2.), a Administração responde por danos emergentes da organização deficiente dos serviços, mas apenas quando se revela *impossível a imputação da lesão a um ou mais sujeitos determinados ou determináveis, inviabilizando, consequentemente, a formulação de um juízo de censura ética relativamente a um ou mais agentes*; nas situações de danos decorrentes de atuações praticadas com negligência leve, o Estado responde já por atuações *culposas* dos agentes, havendo lugar à imputação subjetiva do facto e à valoração do grau de culpa do agente.

[19] Sérvulo CORREIA, «As Relações Jurídicas Administrativas de Prestação de Cuidados de Saúde», in: *Estudos em Homenagem ao Professor Doutor Paulo de Pitta e Cunha*, vol. III, Almedina, Coimbra, 2010, pp. 535 e ss..

blica ou com um particular no exercício de poderes públicos; por outro lado, é de não despicienda importância o facto de nos depararmos com uma relação regulada pelo Direito Administrativo (no sentido de corresponder a uma atuação típica do direito estatutário da Administração Pública[20]) e relacionada com o exercício da função administrativa.

Todavia, a relação agora em causa não configura uma «relação geral de Direito Administrativo», mas antes uma «relação especial de Direito Administrativo»[21]. Esta noção reporta-se às hipóteses em que os par-

---

[20] Cf., utilizando expressão semelhante a idêntico propósito, Pedro GONÇALVES, *A Concessão de Serviços Públicos*, Almedina, Coimbra, 1999, p. 193.

[21] Assim, Marcelo Rebelo de SOUSA, «Responsabilidade dos Estabelecimentos Públicos de Saúde: Culpa do Agente ou Culpa da Organização?», in: *Direito da Saúde e Bioética*, AAFDL, Lisboa, 1996, p. 183; Licínio LOPES, «Direito Administrativo da Saúde», in: Paulo OTERO/ /Pedro GONÇALVES, *Tratado de Direito Administrativo Especial*, vol. III, Almedina, Coimbra, 2010, pp. 304 e s.. V. também, na jurisprudência, por exemplo, Acórdão do STA, de 20.04.2004, P. 0982/03: "quem recorre a um estabelecimento de saúde pública fá-lo ao abrigo de uma relação jurídica administrativa de utente, modelada pela lei, submetida a um regime jurídico geral e estatutário pré-estabelecido, aplicável, em igualdade, a todos os utentes daquele serviço público, que define o conjunto dos seus direitos, deveres e sujeições e não pode ser derrogada por acordo, com introdução de discriminações positivas ou negativas". Parece ser igualmente neste sentido que Guilherme de OLIVEIRA («Estrutura Jurídica do Acto Médico, Consentimento Informado e Responsabilidade Médica», in: *Temas de Direito da Medicina*, Coimbra Editora, Coimbra, 1999, p. 61) recusa a ideia de contrato entre o médico e/ou a entidade hospitalar e utente, qualificando a relação estabelecida como de «serviço público». Por outro lado, como acentua o mesmo Autor (*Op. cit.*, p. 63), em regra, os especiais deveres impostos ao médico (com destaque para o dever de obter o consentimento informado) não resultam de uma relação contratual eventualmente existente, mas fundam-se no direito à integridade física e moral de cada indivíduo (direito de personalidade que consubstancia um direito fundamental dos cidadãos), constituindo um dos seus elementos integrantes.

Recusando, contudo, a qualificação desta relação jurídica como «relação especial de poder», v. Maria João ESTORNINHO/Tiago MACIEIRINHA, *Direito da Saúde*, Universidade Católica Editora, Lisboa, 2014, pp. 208 e s., na senda Sérvulo CORREIA, «As Relações...», cit., pp. 45 e ss., e «As Relações...», 2010, cit., pp. 552 e ss., Autor que, aliás, se revela especialmente crítico da noção de relações especiais de poder, assim como da configuração da situação do utente de uma unidade de saúde pública como sujeito de uma relação jurídica assim qualificada. Recordamos, porém, a superação da concepção de relação especial de poder, optando, como decorre do texto, pelo conceito de relação especial de Direito Administrativo, que repudia a pretensão de subtrair ao domínio do jurídico um conjunto de atuações que visavam pessoas numa «especial situação de dependência», as quais se entendiam como «incorporadas nas instituições públicas» (cf. Vieira de ANDRADE, «O Ordenamento Jurídico Administrativo Português», in: *Contencioso Administrativo*, Livraria Cruz, Braga, 1986, p. 60). De qualquer

ticulares possuem uma ligação ou uma conexão mais estreita (*engere Beziehung*) com a Administração, distinta da que intercede entre esta e os demais cidadãos (configurada como a), e que confere àqueles especiais direitos e especiais deveres[22]. Assim também no tipo de relação jurídica que analisamos, se deverá entender que, após a respetiva constituição (em regra, através de atos administrativos, alguns deles carecidos de colaboração[23]), surge um «estatuto» – o de utente do Serviço Nacional de Saúde[24] – do qual deriva uma disciplina jurídica específica composta um conjunto de vínculos particulares (os direitos e deveres dos doentes, constantes da Constituição e da Lei nº 15/2014, de 21 de março[25]), «esta-

---

modo, as objeções de Sérvulo CORREIA («As Relações...», 2010, cit., p. 554.) apontam hoje também no sentido da rejeição da *especialidade* das relações jurídicas administrativas em causa.

[22] Cf., por todos, MAURER, *Allgemeines Verwaltungsrecht*, 18ª ed., Beck, München, 2011, pp. 135 e ss., 189 e ss.; WOLFF/BACHOF/STOBER, WOLFF/BACHOF/STOBER, *Verwaltungsrecht*, vol. I, 11ª ed, Beck, München, 1999, pp. 482 e ss..

[23] Cf. Sérvulo CORREIA, «As Relações...», cit., pp. 23 e 69 e s., e «As Relações...», 2010, cit., pp. 539 e s..

[24] V. também Sérvulo CORREIA, «As Relações...», 2010, cit., pp. 540 e s., referindo-se ao caráter geral e estatutário da situação do utente.

[25] Lei que consolida a legislação em matéria de direitos e deveres do utente dos serviços de saúde. Até à publicação desta lei consolidante (na acepção do artigo 11º-A da Lei nº 74/98, de 11 de julho, alterada pelas Leis n.ᵒˢ 2/2005, de 24 de janeiro, 26/2006, de 30 de junho, 42/2007, de 24 de agosto, e 43/2014, de 11 de julho), o estatuto do utente encontrava-se disperso por vários diplomas, os quais foram objeto de revogação expressa (cf. artigo 33º, nº 1). Alguns dos regulamentos adotados ao abrigo da legislação revogada, foram, entretanto, substituídos por outros diplomas, tendo agora como habilitação a Lei nº 15/2014 – cf., *v. g.*, Portaria nº 87/2015, de 23 de março, que define os tempos máximos de resposta garantidos para todo o tipo de prestações de saúde sem carácter de urgência, publica a Carta de Direitos de Acesso e revoga a Portaria nº 1529/2008, de 26 de dezembro (esta última ainda aprovada ao abrigo da já revogada Lei nº 41/2007, de 24 de agosto).

Mantém-se, contudo, em vigor as disposições mais genéricas relativas ao estatuto dos utentes, constantes, designadamente, da *Lei de Bases da Saúde* (Lei nº 48/90, de 24 de agosto, alterada pela Lei nº 27/2002, de 8 de novembro – cf., em especial, Base XIV, relativa ao estatuto dos utentes), e do *Estatuto do Serviço Nacional de Saúde* (Decreto-Lei nº 77/96, de 18 de junho, alterado pelos Decretos-Leis n.ᵒˢ 53/98, de 11 de março, 97/98, de 18 de abril, 401/98, de 17 de dezembro, 156/99 e 157/99, ambos de 10 de maio, 68/2000, de 26 de abril, 185/2002, de 20 de agosto, 223/2004, de 3 de dezembro, 222/2007, de 29 de maio, 276-A/2007, de 31 de julho, 177/2009, de 4 de agosto, e pelas Leis n.ᵒˢ 66-B/2012, de 31 de dezembro, e 83-C/2013, de 31 de dezembro – cf., *v. g.*, artigos 23º, sobre a responsabilidade pelos encargos com a prestação de cuidados de saúde, e 39º, sobre assistência religiosa).

tuto» esse que se distingue da posição em que se encontram os demais cidadãos face à Administração. Sem prejuízo do amplo conteúdo desta posição estatutária, especial significado reveste, no contexto em análise, a afirmação do direito do utente à indemnização pelos prejuízos sofridos nos estabelecimentos de saúde, contemplado pelo n.º 1 do artigo 9.º da citada Lei n.º 15/2014 – verdadeira concretização legislativa do direito fundamental dos cidadãos à indemnização pelos danos decorrentes do exercício de poderes públicos constitucionalmente consagrado.

Neste horizonte, os principais problemas surgem em dois planos distintos, ainda que interligados: a qualificação da prestação de cuidados de saúde como atividade administrativa, integrada, por conseguinte, na função administrativa; e a natureza jurídica privada de alguns prestadores de cuidados de saúde. Trata-se de questões não despiciendas, a partir do momento em que o RRCEE recorta o seu âmbito de aplicação *objetivo* a partir do conceito de «função administrativa» e esclarece que o seu âmbito de aplicação *subjetivo* se estende à responsabilidade civil de pessoas coletivas privadas por ações e omissões que adotem no exercício de prerrogativas de poder público ou que sejam reguladas por disposições ou princípios de Direito Administrativo (cf. artigo 1.º, n.ᵒˢ 2 e 5, respetivamente).

No que tange ao primeiro aspeto, importa salientar que hoje não persistem dúvidas sobre a autonomia da função administrativa, com tarefas e responsabilidades próprias, dotada de um inelimiável fundamento constitucional e uma irredutível dimensão criadora[26]. As dificuldades de caracterização desta função prendem-se com a circunstância de a mesma envolver uma heterogeneidade de conteúdos, abrangendo a designada «administração de serviço público, que compreende "actividades de prestação, de produção de bens e serviços económicos, culturais e sociais, com uma natureza sobretudo material ou técnica, que prosseguem

---

[26] Hans PETERS, *Die Verwaltung als eigenständige Staatsgewalt*, Scherpe Verlag, Krefel, 1965, pp. 29 e 32; cf. ainda SCHMIDT-ASSMANN, «Zur Reform des Allgemeinen Verwaltungsrechts – Reformbedarf und Reformansätze», in: HOFFMANN-RIEM/SCHMIDT-ASSMANN/SCHUPPERT (org.), *Reform des Allgemeinen Verwaltungsrechts*, Nomos, Baden-Baden, 1993, p. 51, e *Das Allgemeine Verwaltungsrecht als Ordnungsidee*, 2ª ed., Springer, Berlin/Heidelberg, 2006, pp. 198 e ss., propugnando, nesta última obra, uma renovada compreensão do princípio da separação de poderes, cuja delineação não se revela constitucionalmente pré-existente, mas que se encontra alicerçada no artigo 20 da *Grundgesetz*.

o interesse público mediante a criação de certas condições materiais necessárias para a realização de uma sociedade mais justa e mais equilibrada e para a melhoria da qualidade de vida dos cidadãos"[27]. Inclui-se nesta categoria a prestação de cuidados de saúde, a qual corresponde ao exercício daquilo que Marcello Caetano denominava «função técnica do Estado», *i. e.*, o conjunto de atividades que, correspondendo de igual modo ao exercício da função administrativa enquanto dirigida à prossecução do interesse público, tem por núcleo a realização de atividades (produção de bens ou prestação de serviços) de índole material[28]. Se o exercício material da atividade médica não apresenta qualquer diferença quando desempenhado em estabelecimento público de saúde ou em clínica privada, a verdade é que não só o direito à saúde pressupõe a existência de um serviço nacional de saúde, incumbindo constitucionalmente ao Estado a garantia de acesso de todos os cidadãos a cuidados de medicina (cf. artigo 64º da CRP), como também o conjunto de deveres (mesmo de carácter funcional) a cuja observância o médico (enquanto agente da Administração) se encontra adstrito introduz um elemento diferenciador na questão, a par do nexo de vínculos estabelecidos nas relações utente/Administração da saúde/profissional de saúde que conduzem a qualificá-la como relação especial de Direito Administrativo[29].

O segundo núcleo de problemas reconduz-se às situações em que o estabelecimento onde são prestados os cuidados de saúde não assume a natureza de pessoa coletiva pública. Como logo se compreende, a questão coloca-se com especial acuidade a propósito dos estabelecimentos

---

[27] Seguimos de perto Pedro GONÇALVES, *Entidades Privadas com Poderes Públicos*, Almedina, Coimbra, 2005, pp. 545 e ss. (a citação é da p. 546).
[28] Marcello CAETANO, *Manual...*, vol. I, cit., p. 10: "toda a actividade cujo objecto directo e imediato consiste na produção de bens ou na prestação de serviços destinados à satisfação de necessidades colectivas de carácter material ou cultural, de harmonia com preceitos práticos tendentes a obter a máxima eficiência dos meios empregados".
[29] Cf., no mesmo sentido, Freitas do AMARAL, *A Responsabilidade da Administração no Direito Português*, Separata da *Revista da Faculdade de Direito da Universidade de Lisboa*, vol. XXV, Lisboa, 1973, p. 25. V. também Vieira de ANDRADE, «A Responsabilidade por Danos Decorrentes do Exercício da Função Administrativa na Nova Lei sobre Responsabilidade Civil Extracontratual do Estado e Demais Entes Públicos», in: *Revista de Legislação e de Jurisprudência*, nº 3951, ano 137º, julho/agosto 2008, p. 361, acentuando, no que tange às atuações técnicas da Administração, que a respetiva integração no âmbito do RRCEE depende da atribuição pública e do enquadramento institucional das tarefas em causa – critérios que, cumulativamente, se verificam nas hipóteses que analisamos.

de saúde privados convencionados[30], os quais, não obstante a respetiva natureza (privada), integram a rede nacional de prestação de cuidados de saúde, e, como tal, encontram-se à disposição dos utentes do SNS[31]; mas também decorre, em especial, *v. g.*, da implementação do programa de redução das listas de espera em cirurgia (o Sistema Integrado de Gestão de Inscritos para Cirurgia – SIGIC[32]) ou da Rede Nacional de Cuidados

---

[30] Refletimos sobre um problema análogo noutro contexto: o da reorganização do setor público hospitalar (efetuada pela Lei nº 27/2002, de 8 de novembro), a qual vinha estabelecer que os hospitais integrados na rede de prestação de cuidados de saúde poderiam revestir a forma, *inter alia*, de sociedades anónimas de capitais exclusivamente públicos (*i. e.*, cujo capital pertencia apenas ao Estado e a empresas de capitais exclusivamente públicos) – cf. «Aspectos Processuais da Responsabilidade Médica: As Questões Colocadas pelos *Hospitais S.A.* quanto ao Âmbito da Justiça Administrativa», in: *Responsabilidade Civil dos Médicos*, Centro de Direito Biomédico/Coimbra Editora, 2005, pp. 317 e ss.). No sentido que então defendemos – subordinação dos litígios à Justiça Administrativa, por se tratar de uma relação jurídica administrativa – se pronunciou posteriormente o Tribunal de Conflitos: cf. Acórdãos de 02.10.2008, P. 012/08, e de 09.06.2010, P. 08/10.

Ainda que próxima, a questão não coincide com a agora versada no texto, na medida em que as referidas sociedades correspondiam, na prática, a «pessoas colectivas ficticiamente privadas» (Vital MOREIRA, *Administração Autónoma e Associações Públicas*, Coimbra Editora, Coimbra, 1997, p. 285, a propósito das entidades só formalmente privadas criadas e constituídas por entidades públicas); não é, aliás, por acaso que Pedro GONÇALVES (*Entidades...*, cit., pp. 785 e ss.), quando aborda o tema do exercício de poderes públicos por entidades privadas distingue entre «particulares» e «entidades administrativas privadas», tendo em conta a natureza substancial dos entes em causa.

Não existem hoje hospitais constituídos sob a forma de sociedades anónimas de capitais exclusivamente públicos, já que os hospitais transformados nestas sociedades logo a seguir à entrada em vigor da citada Lei nº 27/2002 foram posteriormente convolados em entidades públicas empresariais – cf. Decreto-Lei nº 93/2005, de 7 de Junho. Atualmente, e salvaguardados os casos dos hospitais psiquiátricos (que se mantêm como institutos públicos), a maioria dos hospitais nacionais sucumbiu ao movimento da empresarialização, existindo como entidades públicas empresariais (*i. e.*, com uma gestão dirigida à convergência com o paradigma jurídico-privado da sociedade anónima, mas sujeitas a um regime mais estrito ao nível das orientações estratégicas, a exercer pelos Ministros das Finanças e da Saúde, como resulta do preâmbulo do mencionado Decreto-Lei nº 93/2005).

[31] Cf. Base XII, n.ᵒˢ 3 e 4, da *Lei de Bases da Saúde*, artigo 37º, nº 1, alínea *c*) e nº 2 do *Estatuto do Serviço Nacional de Saúde*, e Decreto-Lei nº 97/98, de 18 de abril.

[32] O ponto 5 do nº III do anexo à Resolução do Conselho de Ministros nº 78/2004, de 24 de junho (que criou o SIGIC) estabelece que "as cirurgias dos doentes inscritos em lista são prioritariamente resolvidas, em unidades de saúde públicas, bem como em *unidades de saúde privadas ou do sector social*, designadamente misericórdias e outras instituições particulares de solidariedade social e entidades de natureza mutualista, mediante, respectivamente, contratos-programa, convenções, contratos e protocolos a celebrar na área de cada

Continuados Integrados – RNCCI (que inclui pessoas coletivas públicas, bem como entidades privadas e entidades do setor social[33]). Deverá entender-se que, independentemente da natureza da entidade na qual são prestados os cuidados de saúde públicos, prevalecem considerações de natureza substancial que submetem às disposições da RRCEE as atividades geradoras de danos, desempenhadas por pessoas coletivas de direito privado (e respetivos trabalhadores, titulares de órgãos sociais, representantes legais ou auxiliares, por ações ou omissões) que adotem no exercício de funções públicas, talqualmente as definimos *supra* (cf. artigo 1º, nº 5). Quer dizer, o domínio específico da responsabilidade das entidades públicas não pode ser afetado por aspetos de natureza formal que interponham a circunstância de a atividade se encontrar delegada em entidades privadas à frente da consideração material de que estas prestam cuidados de saúde no âmbito da rede nacional, encontrando-se, por força da lei e/ou do contrato celebrado com a Administração, subordinadas aos princípios e normas de Direito Administrativo. Embora, a par da prestação de cuidados de saúde confiada à Administração, exista um «mercado privado da saúde»[34] (a implicar que esta atividade não surge sempre executada como tarefa pública[35]), quando as entidades privadas atuem ao abrigo de convenções que as habilitem a prestar cuidados aos utentes do SNS – a determinar a respetiva submissão a um regime jurídico-administrativo específico, na medida em que integradas no sistema de saúde público –, estão aquelas a desempenhar uma tarefa incluída no âmbito da função administrativa. Tal implica, como consequência que se enquadram as mesmas no âmbito subjetivo do RRCEE.

5. Responsabilidade direta perante o lesado

Um outro aspeto de relevo determinante para a efetivação do direito à indemnização reconduz-se ao facto de, em todas as hipóteses, a enti-

---

administração regional de saúde" (itálico nosso). Por sua vez, o *Regulamento do SIGIC*, aprovado pela Portaria nº 45/2008, de 15 de janeiro, esclarece que o «hospital de destino» (a unidade hospitalar onde será realizada a cirurgia) consiste numa unidade hospitalar do SNS ou unidade (privada) convencionada no âmbito do SIGIC (cf. nº 40).

[33] Cf. artigo 36º do Decreto-Lei nº 101/2006, de 6 de junho; o procedimento de adesão destas entidades à RNCCI encontra-se previsto nos artigos 24º e seguintes da Portaria nº 174/2014, de 10 de setembro.

[34] Licínio LOPES, «Direito...», cit., p. 292.

[35] Assim, Pedro GONÇALVES, *Entidades...*, cit., p. 474.

dade pública ser *diretamente* responsável perante o lesado – implicando o afastamento de um princípio de responsabilidade indireta ou subsidiária do Estado e o reconhecimento de um *princípio de responsabilidade direta dos poderes públicos* perante o lesado[36]. É, aliás, este o sentido que se deve conferir ao artigo 22º da Constituição, quando prevê a solidariedade do Estado (e demais entidades públicas) com os titulares dos seus órgãos, funcionários ou agentes – não se podendo ceder à tentação (já ultrapassada pela jurisprudência constitucional[37]) de afirmar um imperativo constitucional no sentido da solidariedade da obrigação de indemnização, pelo que a norma do nº 1 do artigo 7º do RRCEE, que, nas relações externas, responsabiliza tão-só a Administração, padeceria de um vício gerador da respetiva inconstitucionalidade[38]. Com efeito, no artigo 22º não está em causa, em primeira linha, a determinação do

---

[36] Gomes CANOTILHO/Vital MOREIRA, *Constituição...*, cit., pp. 427 e 428, anotações IV e VI ao artigo 22º; Vieira de ANDRADE, «A Responsabilidade Indemnizatória...», cit., p. 347.

[37] A questão em análise já havia constituído objeto de análise pela Comissão Constitucional. Tal sucedeu a propósito da fiscalização (preventiva) da norma constante do nº 3 do artigo 7º do Projeto de Decreto-Lei nº 146-B/79 (Estatuto do Médico) segundo a qual "em casos de responsabilidade civil, tem aplicação o disposto no Decreto-Lei nº 48 051, de 21 de Novembro de 1967, que regula a responsabilidade civil extracontratual do Estado no domínio dos actos de gestão pública". No Parecer nº 22/79, de 7 de agosto (in: *Pareceres da Comissão Constitucional*, 9º vol., INCM, Lisboa, 1980, p. 52), a Comissão afirmou que "quando este [o nº 1 do artigo 21º da Constituição na redação originária] fala da «forma solidária» sob a qual responderão o Estado e os seus agentes, não é absolutamente necessário ver aí a adopção do estrito esquema das «obrigações solidárias» do direito civil, antes será porventura possível entender que a responsabilidade, sem deixar de ser solidária, pode depender de diferentes pressupostos, consoante ela se afira em relação ou aos seus agentes", pelo que não considerou a norma inconstitucional.
O Tribunal Constitucional reiterou esta posição relativamente ao Decreto-Lei nº 48051, de 21 de novembro de 1967: cf. Acórdãos n.ºs 236/2004, de 13 de abril (in: *Diário da República*, II Série, nº 131, 04.06.2004, pp. 8752 e ss., esp.te pontos 6 e 7); e 5/2005, de 5 de janeiro (*Diário da República*, II Série, nº 75, 18.04.2005, pp. 6234 e ss., esp.te pontos 7 e 8). Para um interessante e original comentário ao primeiro aresto, cf. João CAUPERS, «Os Malefícios do Tabaco – Ac. do Tribunal Constitucional nº 236/2004, de 13.04.2004, P. 92/2003», in: *Cadernos de Justiça Administrativa*, nº 46, julho/agosto 2004, pp. 3 e ss. (16 e ss.).

[38] Assim, *v. g.*, Rui MEDEIROS, *Ensaio sobre a Responsabilidade Civil do Estado por Actos Legislativos*, Almedina, Coimbra, 1992, p. 99 (ainda que não seja esta a atual posição do Autor – cf., *infra*, nota 40); parece entender também neste sentido Vaz SERRA, «Anotação ao Acórdão de 19 de Outubro de 1976», in: *Revista de Legislação e de Jurisprudência*, nº 3606, ano 110º, Março 1978, p. 322; M. Rebelo de SOUSA/A. Salgado de MATOS, *Direito...*, cit., p. 501, considerando a solução de «duvidosa constitucionalidade».

regime da responsabilidade dos funcionários ou agentes da Administração Pública (matéria para a qual a Constituição reserva uma norma específica – a constante do artigo 271º), mas a *imposição* da responsabilidade direta *do Estado e demais pessoas coletivas públicas* face a atuações daqueles em circunstâncias determinadas (quando os titulares dos órgãos da Administração Pública, os seus funcionários ou agentes causem danos através de ações ou omissões praticadas no exercício das suas funções e por causa desse exercício)[39]. Trata-se de uma conclusão que decorre do enquadramento sistemático, analisado o qual se conclui estarmos diante de um princípio de carácter mais geral, configurando uma garantia contra a violação de direitos dos cidadãos (ou outros interesses juridicamente tutelados) pelas entidades administrativas.

Além disso, a circunstância de o enunciado constitucional se referir expressamente à solidariedade não impede esta posição: com efeito, tal apenas se reporta ao regime jurídico que, verificados determinados pressupostos a definir na lei, será seguido sempre que se deva entender (de acordo com esses mesmos pressupostos) que na esfera jurídica das entidades públicas *e também na dos respetivos agentes* surge a obrigação de indemnizar[40]. Em síntese, o que está em causa é a imposição constitucional

---

[39] Margarida Cortez, *Responsabilidade Civil da Administração por Actos Administrativos Ilegais e Concurso de Omissão Culposa do Lesado*, Studia Iuridica 52, Boletim da Faculdade de Direito/ /Coimbra Editora, Coimbra, 2000, p. 25.

[40] Assim Sinde Monteiro, «Aspectos Particulares da Responsabilidade Médica», in: *Direito da Saúde e Bioética*, Lex, Lisboa, 1991, pp. 138 e ss., posição que mereceu a concordância de Marcelo Rebelo de Sousa, «Responsabilidade...», cit., p. 165. Aliás, como sublinha aquele primeiro Autor, se a expressão «em forma solidária» se refere a uma modalidade de obrigação (o que não pode ser ignorado), há que distinguir sempre entre este aspeto e a fonte do vínculo obrigacional, sendo apenas a este último ponto que se reporta o artigo 22º: com efeito, sempre que se entendem vários sujeitos como responsáveis em termos solidários, tal implica que se cumpram, na pessoa de cada um deles, os pressupostos de cuja verificação depende a emergência dessa obrigação. Assim, e na opinião de Sinde Monteiro («Aspectos...», cit., p. 143), à fórmula do artigo 22º deve ser atribuído (interpretativamente) um alcance menos amplo que o pressuposto pela asserção segundo a qual a sua previsão estatuía a responsabilidade directa em todos os casos: ela "[vale] para caracterizar o regime, mas não a fonte da obrigação de indemnização, continuando a responsabilidade directa a depender dos pressupostos fixados naquela legislação [ordinária]", pelo que o preceituado do artigo 22º da Constituição haverá de ser lido nestes termos: "o Estado e as demais entidades públicas são civilmente responsáveis, em forma solidária com os titulares", *desde que sobre estes recaia igualmente a obrigação de indemnizar*. V. também hoje Rui Medeiros, «Artigo 22º», cit., pp. 482 e s., anotações XIII e XIV.

de um princípio genérico, concretizador de uma dimensão que resulta do próprio fundamento do Estado de direito[41], de responsabilidade da Administração nestas circunstâncias, e não a previsão de um regime jurídico disciplinador da forma como os funcionários e agentes hão de responder por atos lesivos dos direitos dos cidadãos (não sendo, aliás, líquido que a referência à solidariedade se deva interpretar como uma refração do conceito jurídico-civilístico de obrigação solidária[42]).

Deste modo, deve entender-se que o disposto no artigo 7º do RRCEE se revela constitucionalmente admissível, ainda quando não impõe a responsabilização dos agentes da Administração Pública, mas prevê tão-só a responsabilidade *exclusiva* das entidades públicas. Trata-se de uma solução ditada, no essencial, por razões de política legislativa, mas que encontra um respaldo na necessidade de propiciar a eficiência na atuação dos agentes da Administração[43]. Esta solução assume uma relevância significativa na área em que nos movemos, já que uma opção diversa poderia, em muitos casos, tolher a iniciativa dos profissionais de saúde que se eximiriam à aplicação de técnicas mais arrojadas[44], a cada passo temendo que a sua utilização fosse concebida como expressão de uma conduta menos cuidadosa. Além disso, a não responsabilização pessoal tornará aqueles profissionais mais disponíveis para a participação em programas de gestão de risco e em sistemas de notificação de eventos adversos[45]. Por último, e mobilizando a proclamação de Viena adotada na Conferência Mundial dos Direitos do Homem[46], a reação judicial contra a ofensa

---

[41] Estamos de acordo com Maria Lúcia AMARAL (*Responsabilidade...*, cit., p. 457; *v.* também p. 462) quando afirma que a norma do artigo 22º consubstancia não apenas "um instrumento dirigido contra o legislador ordinário que visa (...) assegurar a «sobrevivência» ou a preservação do «núcleo essencial» de certo instituto", mas contém uma "verdadeira *garantia do status quo* que proíbe não só o aniquilamento do instituto como todo e qualquer tipo de retrocesso no nível e na intensidade das garantias por ele já fornecidas aos privados".

[42] Gomes CANOTILHO/Vital MOREIRA, *Constituição...*, cit., p. 435, anotação XV ao artigo 22º.

[43] Cf. também Vieira de ANDRADE, «A Responsabilidade por Danos...», cit., p. 364; Carlos CADILHA, *Regime da Responsabilidade Civil Extracontratual do Estado e Demais Entidades Públicas*, 2ª ed., Coimbra Editora, Coimbra, 2011, cit., p. 144.

[44] Mesmo que não nos deparemos aqui com uma responsabilidade pelo risco, por não estarem em causa atividades *especialmente perigosas*, como exige o artigo 11º do RRCEE.

[45] André Dias PEREIRA, «Responsabilidade Civil: O Médico entre o Público e o Privado», in: *Boletim da Faculdade de Direito*, vol. LXXXIX, 2013, p. 301.

[46] Nos termos da qual "cada um tem o direito de beneficiar do progresso científico e das suas aplicações. Considerando que certos avanços, designadamente nas ciências biomédicas e

de direitos humanos através da responsabilidade civil há de constituir um meio efetivo para combater as consequências nefastas dos avanços das ciências biomédicas: o facto de, na maioria dos casos (os de culpa leve), a compensação dos danos ser efetuada pela comunidade não corresponde senão à consideração de que também esta é a beneficiária pelos sucessivos progressos[47].

nas ciências da vida (...), podem ter consequências nefastas para a integridade, a dignidade do indivíduo e o exercício dos seus direitos, a Conferência Mundial dos Direitos do Homem apela aos Estados para cooperarem de modo a assegurarem que os direitos do homem e a dignidade da pessoa humana sejam plenamente respeitados neste domínio de interesse universal" (Declaração e Programa de Ação de Viena, adotados pela Conferência Mundial dos Direitos do Homem, em Viena, em 25 de Junho de 1993, ponto 11).

[47] A circunstância de os agentes (*in casu*, os profissionais de saúde) nem sempre responderem pelos danos emergentes da sua conduta (é o caso, desde logo, de a sua atuação ter ocorrido com negligência leve) ou poderem não responder em termos externos (se atuaram com negligência grosseira ou com dolo e a ação não foi proposta também contra eles) suscita algumas dificuldades sob a ótica das funções da responsabilidade civil. Em termos genéricos, este instituto surge com intuito meramente reparador: se pensarmos que a restauração natural corresponde à forma «perfeita» de reparação de danos e que a indemnização apenas consiste na reparação por equivalente destinada, de alguma forma, a tornar indemne (sem dano) o lesado (cf. artigos 562º e 566º, nº 1, do Código Civil), logo compreendemos a justeza desta asserção. A verdade, porém, é que com esta função se conexiona uma outra que atua de forma decisiva no espírito do lesado, mas também sobre o lesante – daí podermos reportar-nos a uma «função pedagógico-educativa» (Rui MEDEIROS, *Ensaio...*, cit., p. 93), também designada por função punitiva ou sancionatória, que se manifesta como meramente secundária ou acessória da função reparadora e à qual é atribuído um particular destaque no âmbito da compensação de danos não patrimoniais, especialmente, quando resultantes da violação de direitos de personalidade (cf. Antunes VARELA, *Das Obrigações...*, cit., pp. 542 e ss., 566 e ss.; Rui de ALARCÃO, *Direito das Obrigações*, polic., Coimbra, 1983, p. 245; *v.* ainda Júlio GOMES, «Uma Função Punitiva para a Responsabilidade Civil e uma Função Reparatória para a Responsabilidade Penal?», in: *Revista de Direito e Economia*, ano XV, 1989, pp. 105 e ss.; A. Pinto MONTEIRO, *Cláusula Penal e Indemnização*, Almedina, Coimbra, 1990, p. 664, n. 1537, e «Sobre a Reparação dos Danos Morais», in: *Revista Portuguesa do Dano Corporal*, nº 1, ano 1, setembro 1992, p. 21; em sentido diverso, considerando que à responsabilidade civil corresponde, no nosso ordenamento jurídico, uma autónoma função punitiva à luz de uma interpretação atualista do nº 2 do artigo 70º do Código Civil, cf. Paula Meira LOURENÇO, *A Função Punitiva da Responsabilidade Civil*, Coimbra Editora, Coimbra, 2006, pp. 398 e ss.). Abstraindo agora da não responsabilização dos profissionais de saúde quando estes tenham agido com negligência leve, estas considerações remetem-nos para o problema da necessidade (imperativa) da efetivação do direito de regresso pelas entidades administrativas. É que, à luz do regime anterior, sucedia frequentemente a Administração satisfazer o direito de indemnização do particular lesado, não exercendo ulteriormente o direito de regresso contra o seu funcionário. Estas situações revelam-se problemáticas, atentas, sobretudo, duas

6. A objetivação da responsabilidade
A referência, neste ponto, à tendência da responsabilidade civil do Estado para a objetivação[48] não pretende reiterar as considerações já

razões essenciais: por um lado, o facto de a entidade pública não se ressarcir no funcionário que, efetivamente, causou a lesão, conduz a que, no fundo, toda a comunidade se tenha responsabilizado por um dano causado por culpa de apenas um dos seus membros; por outro lado, nem o lesado viu satisfeito o seu desejo (psicologicamente legítimo) de «castigo» (impedindo a restauração da confiança na norma), nem a comunidade sentiu preenchida a função punitiva que a responsabilidade civil também cumpre.
Procurando ultrapassar estas críticas, o legislador estabeleceu, no artigo 6º do RRCEE, o princípio da *obrigatoriedade do direito de regresso*. Para a efetivação deste direito, prevê o nº 2 do mesmo preceito que a secretaria do tribunal que tenha condenado a pessoa coletiva remete certidão da sentença, logo após o trânsito em julgado, à(s) entidade(s) competente(s) para o exercício do direito de regresso. Por sua vez, o nº 3 do artigo 8º impõe aos titulares de poderes de direção, de supervisão, de superintendência ou de tutela a adoção das providências necessárias à satisfação do direito de regresso. Devem ser incluídos num sentido amplo de «poderes de direção» os poderes emergentes das relações entre os órgãos dirigentes e os trabalhadores vinculados com contratos de trabalho, bem como as relações entre os administradores e os órgãos sociais de entidades administrativas privadas e respetivos trabalhadores (cf. Carlos CADILHA, *Regime*..., cit., pp. 173 e s.). Todavia, para quem perfilhe uma interpretação mais estrita, fundada no princípio da autonomia privada, o artigo 6º não se aplicará às entidades privadas que exerçam funções públicas e, como tal, às unidades privadas de saúde que prestem cuidados aos utentes do SNS (assim, Vieira de ANDRADE, «A Responsabilidade por Danos...», cit., pp. 364 e s.).
Trata-se, contudo, de uma opção que poderá implicar algumas dificuldades (cf. Vieira de ANDRADE, «A Responsabilidade por Danos...», cit., p. 365, defendendo que a solução poderá determinar o aumento da litigiosidade, na medida em pressupõe sempre a averiguação judicial da culpa do agente) e influir negativamente no exercício da atividade administrativa. Os problemas surgirão, no âmbito em que nos movemos, porque os profissionais de saúde desenvolverão todos os esforços para evitar que a sua atuação seja considerada como tendo sido praticada "com diligência e zelo manifestamente inferiores àqueles a que se obrigavam obrigados em razão do cargo" – o que implica, na prática, a adoção de atitudes defensivas que passam, *v. g.*, pela solicitação de elementos complementares de diagnóstico nem sempre necessários (mas especialmente onerosos para o erário público) ou pela preferência por técnicas mais tradicionais e menos arriscadas (com prejuízo para o progresso da medicina e, concomitantemente, para a saúde dos doentes).

[48] Cf., *v. g.*, Vieira de ANDRADE, «Panorama...», cit., pp. 44 e s.; Rui MEDEIROS, «Artigo 10º», in: Rui MEDEIRO (coord.), *Comentário*..., cit., pp. 266 e ss.; Carla Amado GOMES, «Nota Breve sobre a Tendência de Objetivização da Responsabilidade Civil Extracontratual das Entidades Públicas no Regime Aprovado pela Lei nº 67/2007, de 31 de Dezembro», in: *Responsabilidade Civil do Estado*, Centro de Estudos Judiciários, Lisboa, 2014, pp. 81 e ss.. (*e-book* disponível em http://www.cej.mj.pt/cej/recursos/ebooks/civil/Responsabilidade_Civil_Estado.pdf, janeiro 2015); Margarida CORTEZ, *Responsabilidade*..., cit., pp. 91 e ss..

tecidas a propósito da responsabilidade objetiva das entidades públicas (cf., *supra*, 3.). Trata-se agora de sublinhar que, apesar de o RRCEE pressupor, em princípio, a culpa do agente para a responsabilização da Administração (implicando, nesta hipótese, uma avaliação da diligência do comportamento do profissional de saúde à luz da conduta que, em face das circunstâncias do caso, seria razoavelmente exigível a um profissional zeloso e cumpridor das boas práticas médicas – cf. artigo 10º, nº 1 do RRCEE[49]), o diploma apresenta igualmente manifestações que superam esta ideia, implicando uma metamorfose[50], no sentido do reforço de uma tendência para a objetivação (*hoc sensu*).

A questão assume contornos especialmente delicados no âmbito da atividade de prestação de cuidados de saúde. Por um lado, e sem prejuízo das diversas propostas que apontam no sentido da adoção de regimes de índole securitária, erguem-se vozes críticas contra esta tendência, considerando que a mesma evoca ainda o «estatuto de intocabilidade» de que outrora gozavam os profissionais de saúde (em especial, os médicos)[51]. Por outro lado, não se ignora que a atividade médica dificulta a aferição do juízo de culpa do profissional de saúde, em virtude da suscetibilidade de provocar danos que a sua natureza encerra. Deve, pois, entender-se que àquele não se torna exigível que antecipe todos os danos decorrentes do facto lesivo, pelo que o seu comportamento apenas merece censura se não representou os riscos prováveis ou comuns, ou, numa outra fórmula, os riscos possíveis que, por não se revelarem extraordinários ou fortuitos, caibam ainda num juízo de prognose efetuado por um avaliador prudente[52]. Mesmo assim – reconhece-se –, a culpa do agente constitui um pressuposto cuja prova se revela especialmente tortuosa.

---

[49] Sobre a aplicação do critério da culpa aos profissionais de saúde, defendendo uma adequada ponderação em função do grau de especialização, *v.* Maria João Estorninho/Tiago Macieirinha, *Direito...*, cit., p. 299.

[50] Vieira de Andrade, «A Responsabilidade Indemnizatória dos Poderes Públicos em 3D: Estado de Direito, Estado Fiscal, Estado Social», in: *Revista de Legislação e de Jurisprudência*, nº 3969, ano 140º, julho/agosto 2011, p. 345.

[51] Mafalda Miranda Barbosa, «Responsabilidade Subjectiva, Responsabilidade Objectiva e Sistemas Securitários de Compensação de Danos: Brevíssimas Notas a Propósito das Lesões Causadas pelo Profissional de Saúde», in: *Boletim da Faculdade de Direito*, vol. LXXXVII, 2011, p. 573.

[52] Assim, Acórdão do STA, de 29.01.2009, P. 0966/08.

Eis o motivo pelo qual surgem diversas soluções que conduzem a uma objetivação da responsabilidade, servindo a finalidade unitária de viabilizar a responsabilização da Administração num número mais amplo de situações – quer facilitando a prova da culpa (como sucede com as presunções legais de culpa), quer dando por verificado este requisito ainda quando se revela impossível imputar o facto lesivo a um ou mais sujeitos (como acontece com a construção do conceito de culpa do serviço, ou, na atual terminologia legal, com o «funcionamento anormal do serviço»), quer admitindo situações em que o Estado é responsável independentemente de culpa pelos seus agentes ou do «funcionamento anormal do serviço» (correspondentes às hipóteses de responsabilidade pelo risco).

6.1. Presunções de culpa

A previsão de presunções *legais* de culpa corresponde a um primeiro nível no sentido da objetivação da responsabilidade. No âmbito da responsabilidade administrativa, a previsão das presunções de culpa consta dos n.ºs 2 e 3 do artigo 10º do RRCEE (ainda que o primeiro preceito mencionados não releve, nas hipóteses de que curamos, por se referir apenas à prática de atos jurídicos, mas já não de ações materiais), assim como do Código Civil, mormente através de uma articulação do nº 3 do artigo 10º com o artigo 491º e com o nº 1 do artigo 493º do Código Civil[53].

A presunção de *culpa in vigilando* (cf. artigo 10º, nº 3, do RRCEE)[54] assume particular importância, sobretudo (mas não só[55]) quando estão

---

[53] Defendendo a inaplicabilidade das presunções de culpa do Código Civil à responsabilidade administrativa (não obstante a referência constante da primeira parte do nº 3 do artigo 10º do RRCEE), cf. M. Rebelo de Sousa/A. Salgado de Matos, *Direito...*, cit., p. 36. No mesmo sentido, relativamente à presunção do artigo 493º do Código Civil, Carlos Cadilha, «Responsabilidade da Administração Pública», in: *Responsabilidade Civil Extra-Contratual do Estado: Trabalhos Preparatórios da Reforma*, Ministério da Justiça/Coimbra Editora, Coimbra, 2002, pp. 240 e ss.. Repare-se, porém, que, no texto, procuramos apenas *integrar* a presunção do nº 3 do artigo 10º do RRCEE com as presunções de culpa *in vigilando* constantes do artigo 491º e do nº 1 do artigo 493º do Código Civil. Considerando já que o nº 3 do artigo 10º visa consagrar expressamente a aplicabilidade, na responsabilidade administrativa, das presunções de culpa associadas ao incumprimento dos deveres de vigilância, consagradas no Código Civil, *v.* Rui Medeiros, «Artigo 10º», cit., pp. 284 s..

[54] Sobre o problema da *culpa in vigilando* na responsabilidade administrativa, cf. o nosso trabalho «Responsabilidade da Administração por Prestação de Cuidados de Saúde e Violação do Dever de Vigilância», in: *Cadernos de Justiça Administrativa*, nº 110, março/abril 2015, no prelo.

em causa hospitais psiquiátricos (ou serviços de psiquiatria de hospitais gerais), nos quais deve ser acrescido o dever (geral) de vigilância e segurança dos doentes[56]. A consagração de uma presunção de culpa, neste contexto, vem acolher algumas preocupações já reveladas pela doutrina, relacionadas com a circunstância de, tratando-se (pelo menos, em regra) de uma omissão, a Administração se encontrar em melhores condições que o lesado para provar os factos que afastam a culpa, detendo um certo «monopólio da prova»[57].

Ainda que paralela à estabelecida no artigo 491º do Código Civil, regista-se uma diferença fundamental entre esta e a presunção de culpa do regime da responsabilidade dos poderes públicos, possuindo o nº 3 do artigo 10º do RRCEE um escopo mais alargado que a disposição civilística. Com efeito, o artigo 491º do Código Civil destina-se a proteger apenas os *terceiros* contra os danos causados pelos (naturalmente) incapazes sujeitos à vigilância (mas já não a tutelar tais incapazes relativamente a danos que estes causem a si próprios). Subjacente a esta disposição está a ideia de que, as mais das vezes, os danos causados a terceiros são uma consequência da falta de vigilância[58], pelo que, na ausência de responsabilização dos encarregados desta última, os lesados correriam o risco de não conseguir efetivar o seu direito à indemnização, por falta de solvabilidade ou irresponsabilidade do autor do dano[59]. Todavia, no âmbito da

---

[55] Como atesta o caso subjacente ao Acórdão do STA, de 06.12.2006, P. 0921/06, relativo a uma ação de indemnização, onde o problema do dever de vigilância se colocou a propósito de uma doente que, em novembro de 2001, se deslocou ao serviço de urgência de um hospital público, tendo aí realizado diversos exames, após os quais desapareceu (desaparecimento esse que se mantinha à data da prolação do aresto).

[56] Cf. também André Dias PEREIRA, «Responsabilidade...», cit., p. 300.

[57] Margarida CORTEZ, «Contributo para uma Reforma da Lei da Responsabilidade Civil da Administração», in: *Responsabilidade Civil Extra-Contratual...*, cit., p. 261, e «A Responsabilidade Civil da Administração por Omissões», in: *Cadernos de Justiça Administrativa*, nº 40, julho/agosto 2003, p. 36, em estudos elaborados durante os trabalhos preparatórios do RRCEE.

[58] Daí que Antunes VARELA (*Das Obrigações...*, cit., p. 590) saliente que as pessoas sobre as quais impende a obrigação de indemnizar "não respondem por facto de outrem, mas por facto próprio, visto a lei presumir que houve falta (omissão) da vigilância adequada (*culpa in vigilando*)".

[59] Tal resulta do teor do preceito, mas decorre igualmente dos trabalhos preparatórios do Código Civil: *v.* Vaz SERRA, «Responsabilidade de Pessoas Obrigadas a Vigilância», in: *Boletim do Ministério da Justiça*, vol. 85, abril 1959, pp. 381, 396, 424 e 431. Cf., também na doutrina

responsabilidade (médica) administrativa, a jurisprudência tem entendido que sobre os estabelecimentos de saúde e respetivos profissionais impende um dever de vigilância relativamente aos seus internados em virtude de anomalia psíquica, *também com o objetivo de os proteger contra danos que possam infligir a si próprios*[60] – o que justificou a introdução de uma diferença na consagração da presunção de culpa no nº 3 do artigo 10º. A particular configuração das relações entre Administração e cidadão (e, *in casu*, entre o estabelecimento público de saúde e o doente) justifica esta ampliação, visto que, quando o Estado (*lato sensu*) está vinculado por um dever de vigilância, existe um interesse público no respetivo cumprimento, o qual sairá reforçado se as entidades públicas forem responsáveis por todos os danos decorrentes da sua inobservância culposa. É que o mencionado interesse público reconduz-se não só à tutela dos terceiros, mas também à proteção dos próprios vigiados (considere-se um doente com uma anomalia psíquica com propensão para o suicídio).

Verificando-se um incumprimento deste dever de vigilância (e, por conseguinte, uma omissão *ilícita*[61]), o nº 3 do artigo 10º permite presumir a *culpa leve* do profissional de saúde; ao doente-lesado bastará a prova

---

jus-administrativa, Carla Amado GOMES, «A «Responsabilidade e a(s) Sua(s) Circunstância(s), in: *Textos Dispersos sobre o Direito da Responsabilidade Civil Extracontratual das Entidades Públicas*, AAFDL, Lisboa, 2010, pp. 17 e s.. Não se ignora, porém, que o Código Civil prevê, com fundamento em equidade (e não no direito estrito), que, quando o ato causador dos danos tenha sido praticado por inimputável, sobre este recaia a obrigação de reparar (total ou parcialmente) os danos, desde que não seja possível obter a respetiva reparação das pessoas a quem incumbe a sua vigilância (cf. artigo 489º, nº 1) – *v.* Antunes VARELA, *Das Obrigações*..., cit., pp. 564 e ss.; Sinde MONTEIRO, «Rudimentos...», cit., p. 357.

[60] *V.*, *v. g.*, Acórdão do STA, de 29.01.2009, P. 0966/08. Não nos parece que a referência à "aplicação dos princípios gerais da responsabilidade civil", constante do nº 3 do artigo 10º, inviabilize esta conclusão, porquanto este inciso se poderá interpretar como uma remissão (embora desnecessária) para o funcionamento das presunções de culpa, designadamente quanto aos modos do respetivo afastamento e para a necessidade de verificação dos demais pressupostos da responsabilidade (em especial, para o nexo de causalidade entre o incumprimento do dever de vigilância e o dano produzido). A norma não pretende, pois, importar para a responsabilidade pública todas as presunções de culpa ou todo o regime das presunções de culpa, devendo ser filtrada pelas especificidades do Direito Administrativo – cf. M. Rebelo de SOUSA/A. Salgado de MATOS, *Direito*..., cit., p. 494, embora destas premissas extraiam uma conclusão mais ampla (inaplicabilidade das presunções de culpa da lei civil à responsabilidade administrativa).

[61] Acentuando a importância da compreensão de que, no âmbito da responsabilidade pública, também o incumprimento de deveres de vigilância origina responsabilidade por facto ilícito

da existência do dever de vigilância, do dano e do nexo de causalidade. O agente apenas conseguirá ilidir a presunção se comprovar que, por um lado, representou todos os riscos prováveis, assim como os riscos possíveis que, não se revelando fortuitos ou extraordinários, ainda seriam considerados por um profissional de saúde normalmente prudente; e que, por outro lado, diligenciou no sentido da prevenção dos riscos representados e ponderados[62]. A enunciação abstrata destes critérios confronta-se, porém, com algumas dificuldades práticas, emergentes das específicas terapias a que alguns doentes psiquiátricos se encontram sujeitos – algumas das quais pressupõem a criação de um ambiente de confiança, que se não compadece com uma vigilância muito apertada dos pacientes, sob pena de pôr em causa o próprio tratamento[63]. Nestas hipóteses, e antes da avaliação do requisito da culpa (presumida), impor-se-á aquilatar, desde logo, do pressuposto da ilicitude (da conduta), porquanto da aplicação das *leges artis* pode resultar que a concessão de uma maior liberdade de movimentos ao paciente (e, por conseguinte, uma vigilância mais aligeirada) se revele uma terapêutica mais adequada.

O nº 3 do artigo 10º do RCEE poderá implicar ainda uma articulação com o nº 1 do artigo 493º do Código Civil, na medida em que aquele preceito se reporta a todo o tipo de deveres de vigilância a cargo da Administração (e não apenas vigilância de pessoas). No contexto que nos ocupa (responsabilidade médica), esta referência terá relevo apenas nos casos em que existe um encargo da vigilância de coisa móvel ou imóvel (mas já não, em princípio, de animais). Esta presunção pode constituir um elemento determinante para as hipóteses em que os danos são causados por material hospitalar, instrumentos ou dispositivos médicos, bem como

---

e não responsabilidade pelo risco, *v.* Vieira de ANDRADE, «A Responsabilidade por Danos...», cit., pp. 367 e s..

[62] Cf. Acórdão do STA, de 29.01.2009, P. 0966/08; *v.* também Acórdão do STA, de 29.05.2014, P. 0922/11.

[63] Foi esta uma das razões que levou o STA a negar a responsabilização de um hospital pelo suicídio de um doente que, subitamente, partiu o vidro e se projetou pela janela – cf. o citado Acórdão de 29.01.2009, P. 0966/08. Em sentido idêntico se havia já pronunciado o Acórdão do STA, de 25.11.1998, P. 038737, que não qualificou como incumprimento do dever de vigilância a não oposição à saída do hospital de uma doente internada no serviço de psiquiatria, com fundamento na consideração de que se obtêm melhores resultados terapêuticos com o sistema de «porta aberta», que não tolhe a liberdade de movimentos dos doentes, constituindo este o regime que se adequava ao tratamento da doente em causa.

medicamentos[64-65]. Alguma doutrina inclui ainda as infeções nosocomiais (ou infeções hospitalares) na presunção de culpa do nº 1 do artigo 493º, enquanto danos decorrentes de coisas imóveis sujeitas à vigilância[66]. Embora rejeitando a existência, no caso, de uma presunção de culpa e considerando, por conseguinte que o ónus da prova recaía sobre o autor-lesado, o STA[67] pareceu já aceitar que, perante a anormalidade do dano, cabe ao hospital provar que envidou todos os esforços para, tendo em conta o estado da técnica, erradicar as bactérias das suas instalações e banir qualquer foco infecioso; não o fazendo, o Tribunal entende que a sua conduta omissiva é ilícita e culposa.

Importa ainda sublinhar a inaplicabilidade da presunção de culpa do nº 2 do artigo 493º do Código Civil, no âmbito da responsabilidade do Estado[68], na medida em que o regime das atividades perigosas é o que resulta do artigo 11º do RRCEE (responsabilidade pelo risco). Outro entendimento exigiria uma distinção – praticamente difícil e perigosamente conceptual – entre atividades (apenas) *perigosas* (em si mesmas ou pelos meios utilizados), às quais se aplicaria a presunção de culpa, e atividades *especialmente perigosas*, que integrariam a responsabilidade pelo risco. Aliás, e na senda do que acentuava, ainda no quadro do regime anterior, Gomes Canotilho[69], poder-se-á interpretar a referência ao

---

[64] Em especial, sobre a responsabilidade por administração de medicamentos defeituosos em estabelecimentos hospitalares públicos, *v.* Diana Montenegro da Silveira, *Responsabilidade Civil por Danos Causados por Medicamentos Defeituosos*, Centro de Direito Biomédico/Coimbra Editora, Coimbra, 2010.

[65] Assim, André Dias Pereira, «Responsabilidade...», cit., p. 284, que seguimos de perto.

[66] Cf. André Dias Pereira, «Breves Notas sobre a Responsabilidade Médica em Portugal», in: *Revista Portuguesa do Dano Corporal*, nº 17, 2007, p. 16.

[67] Acórdão do STA, de 29.11.2005, P. 01230/03.

[68] Neste sentido, cf., na jurisprudência, Acórdãos do STA, de 22.06.2004, P. 01810, e de 16.01.2014, P. 0445/13. Em sentido oposto, cf. Acórdão do TCA-Norte, de 30.11.2012, P. 01425/04.8BEBRG, aplicando a presunção de culpa do nº 2 do artigo 493º a propósito de uma intervenção cirúrgica de parto por cesariana (atente-se, porém, na circunstância de este aresto contrariar a jurisprudência e a doutrina dominantes em toda a dogmática da responsabilidade civil médica no âmbito do Direito Administrativo). Na doutrina, *v.* Carlos Cadilha, *Regime...*, cit., p. 205, anotação 7 ao artigo 10º; Rui Medeiros, «Artigo 10º», cit., p. 288 (ainda que o Autor admita a possibilidade de distinção entre atividades perigosas e atividades especialmente perigosas).

[69] Gomes Canotilho, *O Problema da Responsabilidade do Estado por Actos Lícitos*, Almedina, Coimbra, 1974, p. 92.

perigo especial (anteriormente, excecional) no sentido de apenas pretender afastar as situações de perigo normal ou vulgar, inerente a muitas atividades públicas. Em suma, estando em causa um problema de perigosidade, valerá o regime da responsabilidade pelo risco, para cujas considerações remetemos.

Contornos distintos das situações analisadas revestem as hipóteses em que os tribunais se socorrem de presunções *judiciais* de culpa[70] – o que sucede com frequência no âmbito da responsabilidade da Administração, na medida em que a jurisprudência aponta no sentido da afirmação da culpa em caso de violação das *leges artis*. Trata-se de uma questão aflorada no âmbito dos danos resultantes da prestação de cuidados de saúde, onde, em *obiter dictum*, se admite a existência de teses (ainda que minoritárias) que defendem a inversão do ónus da prova nos casos de utilização de técnicas incorrectas pelo profissional de saúde perante os conhecimentos científicos disponíveis à data da prática do facto[71]. Todavia, e ainda que fora do âmbito da responsabilidade médica, esta ideia surge recuperada pelo STA[72], no sentido de que "afirmada a existência da ilicitude da conduta (...), por violação das regras de ordem técnica que deveriam ter sido adoptadas, a culpa só seria de excluir se existisse qualquer obstáculo a que os agentes do Réu actuassem pela forma que lhes era exigível, com observância das regras impostas". Poderá, por isso, concluir-se que só terá sentido considerar a ilicitude como "base da presunção da culpa" quando se verifique uma violação objetiva de um dever de conduta que tutele a posição jurídica do lesado[73].

---

[70] O STA tem admitido presunções judiciais de culpa no âmbito da verificação dos pressupostos da culpa e do nexo de causalidade, sem prejuízo, evidentemente, da necessidade de prova dos factos que constituem o ponto de partida para a inferência que a presunção judicial consubstancia. Cf., por exemplo, Acórdãos de 20.04.2004, P. 0982/03; 06.02.2007, P. 0783/06; 16.01.2014, P. 0445/13.

[71] Cf., *v. g.*, Acórdão do TCA-Sul, de 21.11.2013, P. 09361/12.

[72] Acórdão do STA, de 24.09.2003, P. 1864/2002.

[73] Assim, Sinde MONTEIRO, «A Responsabilidade Civil da Administração Pública: Despejo Sumário – Culpa», in: *Scientia Iuridica*, tomo XLII, 1993, p. 30; Margarida CORTEZ, *A Responsabilidade...*, cit., p. 104.

6.2. O «funcionamento anormal do serviço»: um *tertium genus* entre a responsabilidade subjetiva e a responsabilidade objetiva?

Como vimos acentuando, a determinação da verificação do pressuposto culpa do agente em ações de responsabilidade administrativa anuncia-se sempre como particularmente complexa. Os problemas agudizam-se na responsabilidade por danos decorrentes da prestação de cuidados de saúde nas hipóteses em que *não existe a possibilidade de emitir juízos de censura ético-jurídicos relativamente a sujeitos determinados ou determináveis*.

Neste horizonte, o apelo à ideia de culpa do serviço (*faute du service*[74]) ou de «funcionamento anormal do serviço» permite acentuar uma realidade específica, a saber, a afirmação da responsabilidade (e, consequentemente, a ampliação das hipóteses de responsabilização) sempre que ou não se consiga apurar qual o agente responsável pela comissão do facto danoso (culpa anónima), ou tal facto não decorra da conduta censurável de um agente determinado, mas resulte de um deficiente funcionamento do serviço (culpa coletiva)[75]. Nestas situações, imputa-se subjetivamente o facto danoso ao responsável pelo funcionamento do serviço (a pessoa coletiva pública ou privada em causa), sendo tratado como um caso de responsabilidade exclusiva das pessoas coletivas públicas. Quer dizer, na medida em que se revela tortuosa ou impossível a prova da culpa individual – e com especial destaque para as situações de omissão ilícita[76] –, responsabiliza-se a entidade administrativa, a partir do momento em que se conclua que o serviço funciona objetivamente mal, porquanto compete àquela organizá-lo de forma a cumprir os princípios diretores da

---

[74] O que está em causa, nesta última situação, nas expressivas palavras de Freitas do AMARAL (*A Responsabilidade...*, cit., p. 34) é a "grande dimensão da Administração pública, a complexidade das suas funções, a constante variação dos seus servidores, a morosidade dos seus processos de trabalho, a rigidez das suas regras financeiras, e tantos outros factores de efeito análogo, [que] transformam muitas vezes uma sucessão de pequenas faltas desculpáveis, ou até de dificuldades e atrasos legítimos, num conjunto globalmente qualificável, *ex post*, como facto ilícito culposo" (v. ainda Maria Lúcia AMARAL, *Responsabilidade...*, cit., pp. 67 e s.).

[75] Cf. Vieira de ANDRADE, «Panorama...», cit., p. 50, e «A Responsabilidade Indemnizatória...», cit., pp. 348 e s.; M. Aroso de ALMEIDA, «Artigo 7º, N.ºs 3 e 4», in: Rui MEDEIROS (coord.), *Comentário...*, cit., pp. 221 e s.; Carlos CADILHA, *Regime...*, cit., p. 164.

[76] Assim, já Margarida CORTEZ, «Responsabilidade Civil das Instituições Públicas de Saúde», in: *Responsabilidade Civil dos Médicos*, Centro de Direito Biomédico/Coimbra Editora, Coimbra, 2006, p. 271.

atividade administrativa. Estamos diante de uma teoria que aponta, no mínimo, para uma compreensão objetiva da culpa (na medida em que prescinde da referência deste pressuposto ao comportamento de agentes determinados ou determináveis)[77], e, no máximo, para a consagração de mais uma hipótese de responsabilidade objetiva (pelo risco), em que a Administração responde sem a prova da culpa de um (ou mais) agente(s) específico(s)[78].

Esta concepção encontra-se acolhida no nº 3 do artigo 7º do RRCEE, que responsabiliza (exclusivamente) a Administração quando os danos não tenham resultado do comportamento concreto de um titular de um órgão, funcionário ou agente determinado ou não seja possível provar a autoria pessoal da ação ou omissão, atribuindo-se ao «funcionamento anormal do serviço». Este ocorrerá, nos termos do nº 4 do mesmo preceito, quando, atendendo às circunstâncias e padrões médios de resultado[79], fosse razoavelmente exigível ao serviço uma atuação suscetível de evitar os danos produzidos (*rectius*, uma atuação suscetível de evitar um comportamento *ilícito*, de acordo com as *leges artis*, na medicina[80]). O legislador opta, assim, por uma perspetivação em abstrato, a poten-

---

[77] Cf. M. Aroso de ALMEIDA, «Artigo 7º, N.ᵒˢ 3 e 4», cit., p. 224.

[78] Neste último sentido, Vieira de ANDRADE, «A Responsabilidade por Danos...», cit., pp. 363 e 366, e «A Responsabilidade Indemnizatória...», cit., p. 349. Cf. também Freitas do AMARAL, *Curso de Direito Administrativo*, vol. II, 2ª ed., Almedina, Coimbra, 2011, pp. 736 e ss.; Alexandra LEITÃO, «Duas Questões a Propósito da Responsabilidade Extracontratual dos Factos Ilícitos e Culposos Praticados no Exercício da Função Administrativa: Da Responsabilidade Civil à Responsabilidade Pública. Ilicitude e Presunção de Culpa», in: *Estudos de Homenagem ao Prof. Doutor Jorge Miranda*, vol. IV, Coimbra Editora/Coimbra, 2012, p. 59.

[79] Emergentes, desde logo, do confronto com dados comparativos de serviços congéneres, e revelando-se mais fáceis de formular nos modelos de gestão indireta (em que o contrato fixa os padrões de atuação material, atinentes aos deveres do concessionário perante os doentes), mas também viáveis através do confronto com as normas internas ou os relatórios internos do serviço – assim, Margarida CORTEZ, «A Responsabilidade...», cit., p. 35; Carlos CADILHA, *Regime...*, cit., p. 165.

[80] Embora, por vezes se assimilem, a ilicitude (mesmo a ilicitude do resultado, corporizada na ofensa de direitos ou interesses legalmente protegidos) distingue-se dos danos (cf., porém, Alexandra LEITÃO, «Ilicitude e Presunções de Culpa na Responsabilidade pelo Exercício da Função Administrativa», in: Carla Amado GOMES/Miguel Assis RAIMUNDO (coord.), *Novos Temas da Responsabilidade Civil Extracontratual das Entidades Públicas*, ICJP/Faculdade de Direito da Universidade de Lisboa, Lisboa, 2013, p. 13): pense-se, *v. g.*, e com especial importância no âmbito em que nos movemos, num ato médico ofensivo do direito à integridade física do paciente, do qual resultam também danos patrimoniais.

ciar juízos comparativos entre os vários estabelecimentos de saúde, com o propósito de impedir que determinada unidade de prestação de cuidados de saúde se furte à responsabilidade com fundamento na falta de recursos (humanos ou materiais)[81]. Podem estar aqui em causa situações como o incumprimento generalizado de protocolos destinados a evitar infeções hospitalares, a falta de pessoal qualificado ou a desorganização e atraso na prestação de cuidados de saúde.

A solução agora expressamente consagrada na lei não se afigura muito longínqua da já propugnada pelo STA, que, desde 1997, no âmbito específico da responsabilidade médica, salientava que "a culpa do ente colectivo, como um Hospital, não se esgota na imputação de uma culpa psicológica aos agentes que actuaram em seu nome, porque o facto ilícito que causar certos danos pode resultar de um conjunto, ainda que mal definido, de factores, próprios da desorganização ou falta de controlo, ou da falta de colocação de certos elementos em determinadas funções, ou de outras falhas que se reportam ao serviço como um todo"[82].

Mas, na lei, a referência ao funcionamento anormal do serviço não surge apenas no contexto da delimitação dos casos de responsabilidade exclusiva da Administração, aparecendo igualmente num preceito dedicado à ilicitude: nos termos do nº 2 do artigo 9º do RRCEE, "também existe ilicitude quando a ofensa de direitos ou interesses legalmente protegidos resulte do funcionamento anormal do serviço, segundo o disposto no nº 3 do artigo 7º".

A esta circunstância não se revela indiferente o facto de o regime conjugar muito de perto as noções de ilicitude e culpa no horizonte da responsabilidade civil extracontratual do Estado, dificultando a distinção entre ambas, nomeadamente por contemplar a violação de deveres objetivos de cuidado no conceito de ilicitude[83]. Com efeito, o nº 1 do artigo

---

[81] Cf. Margarida CORTEZ, «Responsabilidade...», cit., p. 272, e «A Responsabilidade...», cit., p. 35.

[82] Acórdão do STA, de 17.06.1997, P. 038856. No caso em análise, o STA entendeu que "há culpa funcional dos serviços públicos, no caso um hospital central, quando se prova a descoordenação desses serviços, como seja quando inexiste no [SU] do Hospital um profissional perito em reanimação – deslocado para outro serviço –, e o doente é deixado cerca de cinco horas, fora da cama, em garagem fria, à espera que chegue uma ambulância para o transportar para outro hospital".

[83] Neste sentido, o Direito Administrativo da responsabilidade civil extracontratual opta pelas concepções que entendem não ter o agente cometido um ato ilícito se o seu

9º do RRCEE estabelece um conceito de ilicitude que associa a ilicitude do *resultado* (ofensa de direitos ou interesses legalmente protegidos) à ilicitude da *conduta* (violação de princípios e normas jurídicos, infração de regras de ordem técnica ou mesmo de *deveres objetivos de cuidado*)[84]. Quer dizer, e transpondo a questão para o nosso universo problemático, o pressuposto da ilicitude estará cumprido: *i)* quando a ação (ou omissão) ocorrida na unidade de saúde (ainda que se desconheça – porque indeterminável ou absolutamente insuscetível de prova – a sua imputação subjetiva) se revele atentatória de parâmetros jurídicos (considere-se,

comportamento observou todos os cuidados razoavelmente exigidos pelo comércio jurídico ou pela ordem jurídica. A civilística tradicional tem afastado a violação de deveres objetivos de cuidado como elemento da ilicitude, na medida em que esta toma em consideração a conduta do lesante objetivamente (*i. e.*, avalia se aquela preencheu um tipo objetivo de ilicitude, como a violação do direito à vida ou à integridade física), ao invés da culpa, que atende à censurabilidade do comportamento e, por conseguinte, à sua vertente subjetiva – assim Antunes VARELA, *Das Obrigações...*, vol. I, cit., pp. 585 e ss., que seguimos muito de perto. Sobre o confronto dos conceitos de ilicitude da conduta e da ilicitude do resultado, *v.*, por exemplo, Sinde MONTEIRO, Responsabilidade por Conselhos, Recomendações ou Informações, Almedina, Coimbra, 1989, pp. 300 e ss.; Nuno Pinto OLIVEIRA, «Sobre o Conceito de Ilicitude do Artigo 483º do Código Civil», in: *Estudos em Homenagem a Francisco José Velozo*, Universidade do Minho, Braga, 2002, pp. 527 e ss..

Esta proximidade entre ilicitude e culpa reflete-se na jurisprudência, onde a violação de deveres objetivos de cuidado se sobrepõe com a culpa. No Acórdão de 13.03.2012, P. 477/11, o STA considerou que "age com culpa, violando o dever objectivo de cuidado, o médico cujo procedimento clínico fica aquém do *standard* técnico/científico da actuação exigível ao profissional médio nas circunstâncias do caso". Trata-se, aliás, de uma posição consonante com decisões anteriores fora do âmbito da responsabilidade médica: cf. Acórdãos do STA, de 26.09.1996, P. 40177 ("face à definição ampla de ilicitude contida no artigo 6º do DL nº 48 051, a omissão dos deveres gerais aí mencionados preenche simultaneamente os requisitos da ilicitude e da culpa, que, assim, se confundem"), e de 01.06.1999, P. 43505 ("embora ilicitude e culpa sejam em si mesma realidades distintas, não raro sucede que o elemento culpa se dilui na ilicitude assumindo a culpa o aspecto subjectivo da ilicitude").

Não se revela necessariamente nefasta esta associação entre ilicitude e culpa. Como salienta Vieira de Andrade («A Responsabilidade Indemnizatória...», cit., pp. 349 e s.), os sistemas nos quais se verifica uma tendência para a objetivação da responsabilidade acaba por desenvolver um conceito de ilicitude que aponta para a realização de juízos de censura ética, subjetiva e comportamental.

[84] *V.*, por exemplo, Marcelo Rebelo de SOUSA, «Responsabilidade...», cit., p. 172; Margarida CORTEZ, *Responsabilidade...*, cit., pp. 50 e ss.; M. Aroso de ALMEIDA, «Artigo 9º», in: Rui MEDEIROS (coord.), *Comentário...*, cit., pp. 242 e s., 246 e ss., aproximando o conceito de ilicitude do RRCEE ao conceito de *faute* do direito francês. Cf., na jurisprudência, Acórdão do STA, de 20.04.2004, P. 0982/03, e 16.01.2014, P. 0445/13.

v. g., a não obtenção do consentimento informado) ou das *leges artis* da medicina, e, *cumulativamente, ii)* tal ação (ou omissão) tiver ferido os direitos do paciente (no caso da falta de obtenção do consentimento informado, do direito à liberdade, à autodeterminação ou ao livre desenvolvimento da personalidade[85]; na hipótese de erro médico, dos direitos à vida e/ou integridade física).

Não nos parece, porém, que o nº 2 do artigo 9º pretenda criar mais uma situação de ilicitude, visando antes esclarecer que esta existe, mesmo quando não é possível imputar o facto voluntário lesivo a sujeito(s) determinado(s), tendo aquele sobrevindo por causa do funcionamento anormal do serviço[86]. Nesta ordem de ideias, para dar por cumprido o pressuposto da ilicitude, revela-se impreterível que se conclua pela violação de princípios e normas jurídicas ou técnicas, ou de deveres objetivos de cuidado, e pela ofensa de posições jurídicas substantivas.

Por sua vez, nas situações de «funcionamento anormal do serviço», o legislador considera o pressuposto da culpa verificado (ou, na verdade,

---

[85] Dotado de um conteúdo pluridimensional, o direito ao livre desenvolvimento da personalidade envolve a "tutela da liberdade geral de acção da pessoa humana" (Paulo Mota Pinto, «O Direito ao Livre Desenvolvimento da Personalidade», in: *Portugal-Brasil Ano 2000*, Studia Iuridica 40, Boletim da Faculdade de Direito/Coimbra Editora, Coimbra, 1999, pp. 163 e s., 198 e ss..
Esta liberdade geral de ação poderá ser enquadrada, no domínio que nos ocupa, pela afirmação de um «direito fundamental à disposição sobre o próprio corpo», como defende, também (mas não só) a propósito do consentimento informado, Luísa Neto, *O Direito Fundamental à Disposição Sobre o Próprio Corpo: A Relevância da Vontade na Configuração do Seu Regime*, Coimbra Editora, Coimbra, 2004, e «O Direito Fundamental à Disposição sobre o Próprio Corpo», in: *Revista da Faculdade de Direito da Universidade do Porto*, ano I, 2004, p. 236. Subjacente ao reconhecimento deste direito está um princípio de ética médica – o princípio da verdade –, na medida em que "só por ela se pode formar uma vontade livre, séria e esclarecida que assume a decisão que a autodeterminação exige"; neste sentido, o consentimento informado assume-se como "a explicitarão de uma decisão de vontade que foi informada com verdade" (José de Faria Costa, «Um Olhar...», cit., p. 77).

[86] Neste sentido, Carlos Cadilha, *Regime*..., cit., pp. 165 e s., e, sobretudo, p. 195. Parece adotar uma posição diversa Vieira de Andrade, «A Responsabilidade Indemnizatória...», cit., p. 349. Diversamente, concebendo o «funcionamento anormal do serviço» como uma terceira modalidade de ilicitude, *v.* M. Aroso de Almeida, «Artigo 9º», cit., pp. 249 e s.. Entendendo que o nº 2 do artigo 9º cria uma presunção de ilicitude (por culpa leve), cf. Luísa Neto, «A Infecção por VIH Resultante da Transfusão de Sangue Contaminado no Contexto da Responsabilidade Civil Extracontratual do Estado», in: *Estudos em Homenagem ao Prof. Doutor Sérvulo Correia*, vol. II, Coimbra Editora, Coimbra, 2010, p. 688.

dispensa a respetiva verificação relativamente a agente ou agentes determinados), sempre que o facto danoso corresponda a um deficiente funcionamento da unidade de saúde, na medida em que, perante as circunstâncias de tempo e lugar e em face de padrões médios de resultado, se revelaria razoavelmente exigível que a ação ilícita (e, como se veio a verificar, danosa) não tivesse ocorrido.

Destarte, em termos lógicos, e perante um determinado facto voluntário lesivo, impõe-se, em primeiro lugar, uma averiguação da sua ilicitude (para aquilatar da aplicação do regime da responsabilidade por facto ilícito, constante da Secção I do Capítulo II da RRCEE) e, só depois de afirmado este pressuposto, se efetuará o juízo de culpa (avaliando da possibilidade de imputação subjetiva do facto e do grau de culpa do agente ou, quando tal se revele inviável, aferindo da suscetibilidade de mobilização do critério do «funcionamento anormal do serviço»). Trata-se, porém, de tarefas dogmático-explicativamente cindíveis, que a prática (e, sobretudo, a jurisprudência) tem (têm) unificado, em consonância com a tendência para o alargamento da responsabilidade do Estado, em geral, e da responsabilidade médica, em especial. Por princípio, nas hipóteses enquadráveis na figura do «funcionamento anormal do serviço», o Tribunal aproxima a ilicitude à culpa, dando imediatamente por provada a segunda com a verificação da primeira, fazendo uso, a final, de uma presunção judicial (ainda que nem sempre o afirme de forma expressa) – em termos muito próximos (ou mesmo idênticos) aos que resultariam da afirmação de uma responsabilidade objetiva (*hoc sensu*, responsabilidade da Administração independentemente da culpa do agente, *in casu*, indeterminável) pelo funcionamento anormal do serviço, com todas as vantagens que isso implica para a atenuação do peso do *onus probandi* a cargo do paciente lesado[87].

---

[87] Assim sucedeu, *v. g.*, num caso de responsabilidade médica pela morte de uma criança que, tendo dado entrada no serviço de urgência com suspeitas de meningite, viria a falecer vinte horas depois (cf. Acórdão do STA de 20.04.2004, P. 0982/03). *Inter alia*, se o STA principiou por assinalar que o atraso no atendimento do paciente revelava que a estrutura organizacional do hospital "não respondeu às necessidades assistenciais que lhe foram solicitadas nos moldes que são exigidos aos hospitais de acordo com os padrões *standard* estabelecidos para os serviços nacionais públicos de saúde" – o que permitiria afirmar a verificação do pressuposto da ilicitude –, acabou por concluir que estas situações preenchem simultaneamente os requisitos facto ilícito e culpa. Tal significa, pois, que, nos casos de «funcionamento anormal do serviço», os tribunais acabam por apontar no sentido de uma

6.3. Responsabilidade pelo risco

Poderíamos ainda interrogar-nos se a tutela dos direitos dos pacientes (enquanto pessoas) deveria implicar um passo mais adiante, obrigando à mobilização, no domínio da prestação de cuidados de saúde, da responsabilidade pelo risco (*rectius*, pelo perigo[88]) e, por conseguinte, a admitir neste horizonte uma responsabilidade independente de culpa do profissional de saúde (mas ainda coberta pela garantia do artigo 22º da CRP[89]). Todavia, a equação do problema da responsabilidade pelo risco no domínio da prestação de cuidados de saúde deve resistir à tentação de resvalar para o campo da solidariedade, típica da atividade da segurança social[90].

As alterações introduzidas no regime da responsabilidade civil extracontratual do Estado em 2007 implicaram um alargamento do âmbito das situações em que a Administração responde independentemente de

---

certa sobreposição dos conceitos de ilicitude e culpa, importando apenas ao lesado provar o "defeituoso funcionamento dos seus serviços, abaixo do que deles se poderia razoavelmente esperar". Cf. também o Acórdão do STA, de 16.01.2014, P. 0445/13, onde se afirmando que, na decisão de 2004, se admitiu a utilização de uma presunção judicial, na medida em que sufragou a argumentação do tribunal *a quo* em que "o julgador, sem prova imediata de quaisquer outros factos, através do mero mecanismo da ilações presuntivas em matéria de facto, partindo apenas do resultado (...) e da finalidade da operação (...) firmou a violação das *legis artis*".

[88] Vieira de ANDRADE, «A Responsabilidade Indemnizatória...», cit., pp. 351 e s..

[89] Cf. Gomes CANOTILHO/Vital MOREIRA, *Constituição*..., cit., p. 437 (anotação XVII ao artigo 22º), ainda que considerando mais duvidoso o alargamento do âmbito de proteção da norma às situações emergentes da sociedade de risco (sem prejuízo da possibilidade de compensação de tais danos pela via da convocação de outros princípios); Maria José Rangel de MESQUITA, «Da Responsabilidade...», cit., pp. 111 e s.. V. também Jorge MIRANDA, «A Constituição...», cit., pp. 930 e s., e *Manual*..., cit., pp. 392 e s., defendendo que, não obstante o teor literal do preceito, apenas uma interpretação do mesmo que inclua no seu âmbito de proteção a responsabilidade por factos lícitos e a responsabilidade objetiva permitirá conferir ao artigo 22º o seu máximo efeito útil, em consonância com as imposições decorrentes do princípio do Estado de direito. Entendendo que a responsabilidade objetiva decorre de outros preceitos constitucionais (que não do artigo 22º), cf. Carlos CADILHA, *Regime*..., cit., pp. 210 e s..

[90] Assim já Margarida CORTEZ, «Responsabilidade...», cit., p. 273. Cf. também Vieira de ANDRADE, «A Responsabilidade Indemnizatória...», cit., pp. 361 e ss., sobre o problema da responsabilidade do Estado pelo risco social. V. ainda Gomes CANOTILHO, *O Problema*..., cit., p. 96; Carla Amado GOMES, «(Ir)responsabilidade do Estado por Transfusão de Sangue Infectado com o Vírus HIV», in: *Textos*..., cit., pp. 34 e s..

culpa do agente. Sob a epígrafe «Responsabilidade pelo risco», o artigo 11º estabelece que o Estado (*lato sensu*) é responsável por todos os danos (e não apenas pelos danos *especiais* e *anormais*, como se encontrava previsto na legislação anterior) decorrentes de atividades ou serviços administrativos *especialmente* (e não apenas *excecionalmente*) perigosos[91]. A esta ampliação associa-se ainda a previsão da responsabilidade solidária de terceiro cuja conduta ilícita e culposa tenha concorrido para a produção ou agravamento dos danos[92]. Nos termos da jurisprudência administrativa, a avaliação da perigosidade de uma atividade pressupõe que o perigo acompanhe o seu bom exercício, pelo que, e sob pena de uma ampliação incontrolável do conceito, "actividade perigosa é aquela que merece o qualificativo enquanto tudo corre bem, e não a que somente o recebe quando as coisas correm mal e os danos acontecem – pois a perigosidade há-de estar no processo, e não no resultado"[93]; ou, noutra formulação, "uma actividade será perigosa quando for razoável esperar que dela possam resultar danos gravosos independentemente de ter sido realizada com observância das regras de prudência e de cuidado exigíveis"[94].

Como vem sublinhando a doutrina[95], nos casos *gerais* de responsabilidade médica, haverá que rejeitar a submissão a este regime. Na verdade, atenta a índole particularmente delicada da atividade de prestação de cuidados de saúde, deve entender-se, pois, que, em princípio, não se revelará conveniente estabelecer uma responsabilidade objetiva, impondo a responsabilização por riscos (que existirão sempre, dada a natureza mortal do ser humano) não criados pelo profissional de saúde. Aliás, se se tiver em consideração o fundamento da responsabilidade objetiva pelo

---

[91] Nos termos do artigo 8º do Decreto-Lei nº 48 051, de 21 de novembro de 1967, "o Estado e demais pessoas colectivas públicas respondem pelos *prejuízos especiais e anormais* resultantes do funcionamento de serviços administrativos *excepcionalmente* perigosos (...)" (itálico nosso). Sobre a avaliação destes pressupostos em face das diferenças de redação legislativa, v. Maria da Glória GARCIA/Marta PORTOCARRERO, «Artigo 11º», in: Rui MEDEIROS (coord.), *Comentário...*, cit., pp. 303 e ss..

[92] Sem prejuízo do pendor garantístico da disposição, cf. Vieira de ANDRADE, «A Responsabilidade por Danos...», cit., p. 369, defendendo uma interpretação restritiva da norma. Criticando a disposição, em virtude do seu caráter ampliativo, v. Carla Amado GOMES, «A Responsabilidade...», cit., pp. 107 e s..

[93] Acórdão do STA, de 25.10.2010, P. 1250/09.

[94] Acórdão do STA, de 12.02.2015, P. 01075/14.

[95] V. Margarida CORTEZ, «Responsabilidade...», cit., pp. 272 e s..

risco – implicar a responsabilização de quem usufrui (tira vantagens) de uma atividade ou de uma coisa potenciadora de riscos pelas danos causados por essa atividade ou coisa (*ubi commoda, ibi incommoda*)[96] – não se encontrará uma correspondência perfeita com a matéria da responsabilidade médica, em que não será legítimo afirmar que a totalidade dos riscos desponta do exercício da atividade da medicina, em termos tais que aos «lucros» através desta obtida se hajam de contrapor os danos daí resultantes. Se a prestação de cuidados de saúde representa indubitavelmente um risco para a integridade pessoal, trata-se de um risco consentido (e, como tal, conhecido), motivo por que a indemnização dos danos daí advenientes só deverá acontecer nos casos em que tenha havido uma atitude deficiente do profissional de saúde ou um «funcionamento anormal do serviço». Só assim não sucederá quando o exercício da atividade médica comporte um *risco acrescido*, uma potencialidade de lesão de bens que normalmente não existe[97], um «perigo acentuado»[98] ou um risco suficientemente caracterizado em resultado da propensão típica para gerar o dano e da intensidade do efeito lesivo[99].

Não se ignora, porém, que existem domínios da atividade médica que se apresentam mais dúbios, no contexto da discussão deste problema[100]. O exemplo paradigmático reconduzir-se-á às cirurgias (ou, pelo menos, a algumas delas)[101]. Efetivamente, e sem prejuízo das dúvidas que esta situação coloca, os tribunais já consideraram como atividade perigosa a realização de operações cirúrgicas que envolvam a abertura do abdómen, quer pelo seu objetivo, quer pelos meios utilizados[102].

---

[96] Cf., *v. g.*, Pires de LIMA/Antunes VARELA, *Código...*, cit., pp. 505 e s., anotação 2. ao artigo 499º. V. ainda Margarida CORTEZ, *Responsabilidade...*, cit., pp. 32 e s..
[97] M. Rebelo de SOUSA/A. Salgado de MATOS, *Direito...*, cit., p. 505.
[98] Carlos CADILHA, *Regime...*, cit., p. 216.
[99] Carla Amado GOMES, «A Responsabilidade...», cit., p. 93.
[100] Aliás, o STA já admitiu um recurso de revista excecional (ao abrigo do artigo 150º do CPTA), com o propósito de analisar a perigosidade da intervenção cirúrgica em parto por cesariana, considerando a questão como sendo dotada de relevância jurídica e social – cf. Acórdão do STA, de 20.06.2013, P. 0445/13.
[101] Cf. ROUGE-MAILLART/GAUDIN/LERMITE/ARNAUD/PENNEAU, «L'Exactitude du Geste Chirurgical: Evolution de la Jurisprudence», in: *Journal de Chirurgie*, nº 5, ano 145, outubro 2008, pp. 437 e ss..
[102] Cf. Acórdão do STJ, de 09.12.2008, P. 08A3323. Trata-se de um aresto que, não obstante se reportar à responsabilidade civil extracontratual de uma entidade hospitalar que configurava uma sociedade anónima de capitais exclusivamente públicos, foi proferido pela jurisdição

Para além e independentemente destas hipóteses, é possível reconhecer que, em certos momentos, a atividade médica se revela efetivamente potenciadora de especiais perigos. Quando assim sucede, e mesmo na ausência de legislação específica sobre a matéria, poder-se-á reconduzir a reparação dos danos causados ao regime constante do artigo 11º do RRCEE: eis o que acontecerá, por exemplo, com a administração de produtos terapêuticos derivados do sangue[103] ou com transfusões sanguíneas[104]. Não se ignora, aliás, que um dos principais problemas versados, na jurisprudência portuguesa, a este propósito se reconduziu à contaminação com HIV resultante de transfusões sanguíneas[105]. A análise dos

---

civil e à luz do regime jurídico-civilístico; a questão da perigosidade da cirurgia foi, por isso, analisada à luz da presunção de culpa do nº 2 do artigo 493º do Código Civil. Repare-se, porém, que, embora do sumário da decisão resulte que constitui atividade perigosa a realização de uma cirurgia que envolva a abertura do abdómen, o texto Acórdão parece apontar, em determinado momento, para uma posição mais ampla, afirmando que "um dos casos de presunção de culpa é precisamente a da actividade médico-cirúrgica, atenta a natureza de actividade perigosa quer pelo objectivo prosseguido quer pelos meios utilizados", nos termos do citado nº 2 do artigo 493º do Código Civil. Ainda que existam domínios da atividade médica em que a mobilização deste preceito não suscita particulares dúvidas (*v. g.*, utilização de raios-X), certo é que alguma doutrina manifesta reservas quanto à aplicação do nº 2 do artigo 493º no âmbito da atividade médico-cirúrgica: sobre esta questão, cf. Filipe de Albuquerque Matos, «Traços Distintivos e Sinais de Contacto entre os Regimes da Responsabilidade Civil Extracontratual e Contratual – O Caso Particular da Responsabilidade Civil Médica», in: *Lex Medicinæ*, ano 11, 2014, p. 28; Mafalda Miranda Barbosa, «Notas Esparsas sobre Responsabilidade Civil Médica – Anotação ao Acórdão do Supremo Tribunal de Justiça de 22 de Maio de 2003», in: *Lex Medicinæ*, nº 7, ano IV, 2007, pp. 119 e ss..

[103] Margarida Cortez, «Responsabilidade...», cit., p. 273.
[104] Vieira de Andrade, «A Responsabilidade por Danos...», cit., p. 368, n. 36.
[105] Sem prejuízo da solução especial consagrada no Decreto-Lei nº 237/93, de 3 de julho, relativa ao caso dos hemofílicos infectados com o vírus do SIDA pela ministração, em estabelecimentos de saúde pública, de medicamentos derivados do plasma humana importados, eventualmente contaminados com aquele vírus. Aquele diploma estabeleceu um regime jurídico específico, colocando ao alcance dos interessados mecanismos alternativos ao recurso aos tribunais estaduais, a cujas disposições haveriam de obedecer as convenções de arbitragem celebradas nesta matéria. Por despacho conjunto nº A-30/93-XII dos Ministros das Finanças, da Justiça e da Saúde, de 27 de agosto de 1993 (in: *Diário da República*, II Série, nº 216, 14.09.1993, pp. 9534 e s.), foi apresentada uma proposta de convenção de arbitragem (à qual os interessados poderiam aderir) destinada à constituição de um tribunal arbitral com competência para conhecer o direito dos hemofílicos ou dos seus herdeiros legais a obter do Estado uma indemnização pelos danos causados (cf. artigo 1º da convenção). Procurava-se alcançar uma decisão célere [de acordo com o artigo 4º, o prazo para a decisão reconduzia-se

vários arestos sobre a matéria permite retirar algumas conclusões para a compreensão (pelo menos, jurisprudencial) do âmbito da responsabilidade pelo risco. O juízo de avaliação da natureza do risco determinante da aplicação daquele instituto é realizado pelos tribunais à luz de um critério temporal – daí que, para a avaliação da aplicação (ou não) do regime da responsabilidade pelo risco aos casos em que se verificou uma contaminação, os Acórdãos se procurem reportar à época em o tratamento foi efetuado[106]. Esta argumentação parece apontar no sentido de que o âmbito de aplicação responsabilidade pelo risco poderá variar em função do estado dos conhecimentos técnicos em determinado momento histórico.

Mas casos existem em que o próprio legislador consagra uma responsabilidade objetiva pela prestação de cuidados de saúde, aplicável também às entidades públicas. Um dos primeiros núcleos temáticos da responsabilidade médica objetiva consiste na responsabilidade no domínio das atividades de colheita e transplante de órgãos, tecidos e células de origem humana *inter vivos*. Neste horizonte, o nº 2 do Lei nº 12/93, de 22 de Abril[107] estabelece que "o dador tem direito a ser indemnizado pelos danos sofridos no decurso do processo de dádiva e colheita, independentemente de culpa", consagrando, pois, uma hipótese de responsabilidade objetiva, embora tão-só a favor do doador (e já não do recetor).

Outra arena da responsabilidade médica objetiva corresponde aos ensaios clínicos promovidos por unidades de investigação ou hospitais públicos. Nos termos do nº 1 da Lei nº 46/2004, de 19 de Agosto, "o pro-

---

a três meses (por conseguinte, inferior ao prazo supletivo de seis meses estabelecido pelo nº 2 do artigo 19º da Lei nº 31/86)] e pautada pela especial flexibilidade decorrente do julgamento por recurso à equidade.

[106] Cf., *v. g.*, Acórdão do STA, de 01.03.2005, P. 01610/03. Esta diferença em função do tempo volta a ser acentuada no Acórdão do STA, de 14.12.2005, P. 0351/05, onde o Tribunal acentua explicitamente que "a qualificação de uma actividade como especialmente perigosa tem de ser contemporânea da sua realização e se no momento desta, atenta a dita ignorância, não era previsível que dela pudesse resultar a referida infecção esse acto médico, porque é comum e por regra seguro, não é uma actividade especialmente perigosa" [cf. a crítica deste aresto por Carla Amado Gomes, «(Ir)responsabilidade...», cit., pp. 31 e ss., em particular por, em certos momentos, aproximar a responsabilidade objetiva da responsabilidade subjetiva]. Em sentido idêntico, o Acórdão do STA, de 02.03.2006, P. 01610/03, sublinha a diferença entre uma transfusão de sangue efetuada em 1984 e outra realizada em 1994, especialmente no que tange aos perigos de transmissão do vírus HIV decorrente daquele ato médico. Sobre o problema, *v.* também Luísa Neto, «A Infecção...», cit., pp. 655 e ss., esp.^{te} pp. 675 e ss..

[107] Alterada pela Lei nº 22/2007, de 29 de Junho.

motor e o investigador respondem, solidária e independentemente de culpa, pelos danos patrimoniais e não patrimoniais sofridos pelo participante imputáveis ao ensaio"[108].

Em ambos os casos, a proteção à vítima é resolvida mediante a imposição de seguro obrigatório, que representa uma etapa decisiva para a socialização do risco. O regime dos ensaios clínicos impõe a existência de seguro que cubra a responsabilidade do promotor, do investigador, da respetiva equipa e do proprietário ou órgão de gestão do centro de ensaio [cf. artigos 6º, nº 1, alínea *e*), e 14º, nº 2, da Lei nº 46/2004]. Por sua vez, a disciplina jurídica constante da Lei nº 12/93 exige que os estabelecimentos autorizados a realizar tais atividades de colheita e transplante de órgãos, tecidos e células de origem humana (entre os quais se incluem os hospitais públicos – cf. artigo 3º, nº 1) celebrem um contrato de seguro a favor do dador e suportem os respetivos encargos (cf. artigo 9º, nº 3).

Também o regime da proteção contra as radiações ionizantes na área médica, constante do Decreto-Lei nº 348/89, de 12 de outubro, tem sido apontado como um exemplo de responsabilidade objetiva[109]. Dispõe o artigo 10º daquele diploma que "aquele que tiver a direcção efectiva das instalações, equipamentos ou material produtor de radiações ionizantes e os utilizar no seu interesse responde pelos danos resultantes não só da sua utilização, como da própria instalação, excepto se provar que ao tempo em que o dano foi causado aquelas instalações, equipamentos e material estavam e foram utilizados de acordo com as regras técnicas em vigor e em perfeito estado de conservação ou se o dano foi devido a causa de força maior". Reconhecendo embora que o preceito não obedece totalmente ao princípio da precisão ou determinabilidade das normas jurídicas[110] (sobretudo, quando confrontado com os exemplos anterior-

---

[108] A proteção do participante resultante da objetivação da responsabilidade fica reforçada com a inversão (parcial) do ónus da prova quanto ao nexo de causalidade (cf. artigo 14º, nº 3). Como logo se compreende, a dificuldade deste preceito para o lesado residiria na demonstração de que os danos se devam considerar imputáveis ao ensaio clínico (nexo de causalidade): o regime procura equilibrar, por um lado, a perigosidade inerente à realização desta atividade e a natureza não necessariamente imediata dos danos causados na integridade física do participante, e, por outro lado, a salvaguarda do promotor e do investigador quanto à emergência de problemas na saúde do participante que não resultam do ensaio.
[109] Assim, Carla GONÇALVES, «A Responsabilidade Médica Objectiva», in: *Responsabilidade Civil dos Médicos*, Centro de Direito Biomédico/Coimbra Editora, Coimbra, 2005, pp. 374 e ss..
[110] Sobre este princípio, *v.*, por todos, Gomes CANOTILHO, *Direito...*, cit., p. 258.

mente citados), poderemos elencá-lo no rol dos casos de responsabilidade médica objetiva. Aliás, a sua redação assimila-se particularmente ao artigo 509º do Código Civil (danos causados por instalações de energia elétrica ou gás), que se inclui sistematicamente na subsecção dedicada à responsabilidade pelo risco[111]. Por outro lado, também neste horizonte, a solução legislativa aponta para a necessidade da existência de seguro obrigatório de responsabilidade civil, talqualmente decorre do artigo 11º do Decreto-Lei nº 348/89.

6.4. Responsabilidade objetiva no âmbito da prestação de cuidados de saúde transfronteiriços?

Um último problema a ponderar neste horizonte consiste em aquilatar em que medida a influência europeia no domínio da responsabilidade civil extracontratual do Estado se repercute também quando estão em causa danos decorrentes da prestação de cuidados de saúde transfronteiriços. A formulação da questão deve-se, desde logo, à necessidade de avaliar, neste contexto, da compatibilidade do RRCEE com o direito da União Europeia

---

[111] Determina o citado nº 1 do artigo 509º que "aquele que tiver a direcção efectiva de instalação destinada à condução ou entrega da energia eléctrica ou do gás, e utilizar essa instalação no seu interesse, responde tanto pelo prejuízo que derive da condução ou entrega da electricidade ou do gás, como pelos danos resultantes da própria instalação, excepto se ao tempo do acidente esta estiver de acordo com as regras técnicas em vigor e em perfeito estado de conservação"; por sua vez, o nº 2 prescreve que "não obrigam a reparação os danos devidos a causa de força maior; considera-se de força maior toda a causa exterior independente do funcionamento e utilização da coisa".

Regime análogo se encontra vertido na alínea e) do artigo 5º do Decreto-Lei nº 383/89, de 6 de novembro (alterado pelo Decreto-Lei nº 131/2001, de 24 de abril), relativo à responsabilidade decorrente de produtos defeituosos, a propósito dos danos de desenvolvimento (e nos termos do qual o produtor não é responsável de provar que "que o estado dos conhecimentos científicos e técnicos, no momento em que pôs o produto em circulação, não permitia detectar a existência do defeito"). A previsão desta cláusula de exclusão da responsabilidade leva a questionar se o legislador não terá querido consagrar um regime de responsabilidade subjetiva. Calvão da Silva (*Responsabilidade...*, cit., pp. 503 e ss.) responde negativamente a uma tal interrogação, considerando que "o estado da arte ou estado da ciência e da técnica é critério da cognoscibilidade do defeito e não padrão da conduta do produtor"; de acordo com a perspetiva do Autor, "a concepção da culpa como conduta deficiente toma como padrão o homem médio e normal, enquanto o estado da arte tido como possibilidade tecnológica acaba por ter por estalão o produtor ideal" (*Op. cit.*, pp. 513 e 514).

Recorde-se que o problema da compatibilidade do regime português da responsabilidade extracontratual por danos decorrentes da função administrativa com o direito europeu[112] surgiu a propósito da disciplina constante do Decreto-Lei nº 48051, de 21 de novembro de 1967, e da sua aplicação às ações de indemnização por danos decorrentes da prática de atos inválidos no contexto de procedimentos pré-contratuais dirigidos à celebração de contratos de empreitada e concessão de obras públicas, prestação de serviços e fornecimento de bens, incluídos no âmbito de proteção da Diretiva «Recursos»[113].

Na verdade, do disposto nos artigos 2º e 3º do Decreto-Lei nº 48051 resultava que o Estado e demais entidades públicas apenas responderiam no caso de os respetivos agentes praticarem o facto lesivo com culpa (no mínimo, culpa leve). Ora, a Comissão entendeu que, revelando-se extraordinariamente difícil a prova deste pressuposto, a prática conduziria a que as ações intentadas pelos lesados se revelassem, a final, lentas e ineficazes. Corroborando esta posição, o Tribunal de Justiça considerou ainda que "se é certo que a legislação portuguesa prevê a possibilidade de obter indemnizações no caso de violação do direito comunitário em matéria de contratos de direito público ou

---

[112] Sobre esta matéria, cf., *v. g.*, Freitas do AMARAL, *Curso...*, cit., pp. 731 e ss.; Rui MEDEIROS//Patrícia Fragoso MARTINS, «Artigo 7º, nº 2», in: Rui MEDEIROS (coord.), *Comentário...*, cit., pp. 181 e ss.; Maria José Rangel de MESQUITA, «A Proposta de Lei nº 56/X em Matéria de Responsabilidade Civil Extracontratual do Estado e Demais Entidades Públicas: Notas Breves à Luz do Direito da União Europeia», in: *Estudos em Homenagem ao Prof. Doutor Marcello Caetano*, vol. II, Coimbra Editora, Coimbra, 2006, pp. 233 e ss., e «Influência do Direito da União Europeia nos Regimes da Responsabilidade Pública», in: *Cadernos de Justiça Administrativa*, nº 88, julho/agosto 2011, pp. 6 e ss.; Vera EIRÓ/Esperança MEALHA, «Damages under Public Procurement: The Portuguese Case», in: *Estudos em Homenagem ao Prof. Doutor Sérvulo Correia*, vol. II, Coimbra Editora, Coimbra, 2010, pp. 1231 e ss.; Isabel Celeste FONSECA, «O Regime de Responsabilidade Civil Extracontratual do Estado e a (Des)consideração do Direito Europeu: A Metodologia de Superação como um *Work in Progress*», in: *Estudos em Homenagem ao Prof. Doutor José Joaquim Gomes Canotilho*, vol. I, Studia Iuridica 102, Boletim da Faculdade de Direito/Coimbra Editora, Coimbra, 2012, pp. 299 e ss..

[113] Diretiva 89/665/CEE do Conselho, de 21 de dezembro de 1989, que coordena as disposições legislativas, regulamentares e administrativas relativas à aplicação dos procedimentos de recurso em matéria de celebração dos contratos de direito público de fornecimentos e de obras, in: *JO* nº L 395, 30.12.1989, pp. 33 e ss., alterada pelas Diretivas 92/50/CEE do Conselho, de 18 de junho de 1992, in: *JO* nº L 209, 24.07.1992, pp. 1 e ss., e 2007/66/CE do Parlamento Europeu e do Conselho, de 11 de dezembro de 2007, in: *JO* nº L 335, 20.12.2007, pp. 31 e ss.

das normas nacionais que o transpõem, não se pode todavia considerar que a mesma constitui um sistema de protecção jurisdicional adequado, na medida em que exige a prova da existência de culpa ou dolo por parte dos agentes de determinada entidade administrativa" – motivo pelo qual a não revogação do Decreto-Lei nº 48051 correspondia a um incumprimento das obrigações emergentes para o Estado português da Diretiva «Recursos»[114].

Tendo revogado o Decreto-Lei nº 48051, o RRCEE introduziu também uma norma sobre a responsabilidade exclusiva do Estado e demais entidades públicas por danos decorrentes da violação das normas relativas ao procedimento de formação dos contratos de empreitada e concessão de obras públicas, prestação de serviços e fornecimento de bens (cf. artigo 7º, nº 2). Todavia, na sua redação originária, o preceito remetia o respetivo regime jurídico para "[os] termos da presente lei", *i. e.*, para a afirmação da responsabilidade exclusiva quando existisse culpa leve do agente, ainda que a verificação deste pressuposto beneficiasse de uma presunção, de acordo com o nº 2 do artigo 10º (culpa leve presumida). Receou-se, pois, que, não obstante a revogação do referido Decreto-Lei nº 48051, a Comissão viesse a considerar que "a consagração de uma presunção de culpa ilidível associada à prática de atos jurídicos ilícitos não [afastasse] completamente do novo quadro legal a necessidade de vir a demonstrar a culpa"[115]. Por este motivo,

---

[114] Acórdão do Tribunal de Justiça «Comissão das Comunidades Europeias/República Portuguesa», de 14.10.2004, P. C-275/03 (a transcrição corresponde ao § 31). O incumprimento voltou a ser apreciado pelo Acórdão do Tribunal de Justiça «Comissão das Comunidades Europeias/República Portuguesa, de 10.01.2008, P. C-70/06, a propósito da não adoção das medidas necessárias para dar execução ao primeiro aresto, na medida em que, à data do *terminus* do prazo fixado no parecer fundamentado da Comissão, ainda se não tinha aprovado um diploma que revogasse o Decreto-Lei nº 48051.

[115] Exposição de motivos da Proposta de Lei nº 195/X, in: *Diário da Assembleia da República*, II Série-A, nº 90, 02.05.2008, p. 61. Tratou-se de receio fundado, porquanto a Decisão da Comissão C(2008) 7419 final advogou que apenas a Lei nº 31/2008 deu execução ao Acórdão do Tribunal de Justiça de 2008. Esta decisão foi impugnada junto do Tribunal Geral, que apreciou a matéria no Acórdão «República Portuguesa/Comissão Europeia», de 29.03.2011, P. T-33/09, o qual deu razão a Portugal: em primeiro lugar, esclareceu qual o âmbito da sua competência no processo em causa, considerando-se competente para conhecer do recurso da decisão, mas já não para avaliar da incompatibilidade com o direito europeu do regime instituído pela Lei nº 67/2007 (questão que também não pertence à esfera da Comissão e se inclui antes no âmbito da jurisdição do Tribunal de Justiça, o qual, até ao momento,

em virtude da alteração introduzida no RRCEE pela Lei nº 31/2008, de 17 de julho, o nº 2 do artigo 7º passou a remeter, neste âmbito, para "os requisitos da responsabilidade civil extracontratual definidos pelo direito comunitário".

O reconhecimento da interdependência entre os sistemas de saúde europeus e a necessidade de alargar a escolha dos pacientes e de evitar atrasos nos tratamentos, no contexto da promoção das liberdades de circulação e do contributo para a coesão e a justiça sociais[116], conduzem a que a disciplina normativa da prestação de cuidados de saúde transfronteiriços seja hoje moldada, em primeira linha, pelo direito da União Europeia, em concreto pela Diretiva nº 2011/24/UE, relativa ao exercício dos direitos dos doentes em matéria de cuidados de saúde transfronteiriços[117], transposta para o ordenamento jurídico português pela Lei nº 52/2014, de 25 de agosto.

Da Diretiva nº 2011/24/UE decorre que os doentes têm, no Estado-Membro de tratamento, o direito a serem informados e o direito a receberem cuidados de saúde com qualidade. O *direito à informação* assume,

---

nunca se havia chegado a pronunciar sobre ela); em seguida, concluiu que a fiscalização do cumprimento que efetua tem natureza formal, verificando que, no caso concreto, se procedeu à revogação do Decreto-Lei nº 48051 (tal como exigia o Tribunal de Justiça) e à instituição de um novo regime de responsabilidade civil extracontratual. Sobre este aresto, *v.* Maria José Rangel de MESQUITA, «Incumprimento estadual e responsabilidade do estado: breve apontamento sobre o acórdão do Tribunal Geral de 29 de Março de 2011 e o regime aprovado pela lei nº 67/2007, de 31 de Dezembro», in: *Estudos em Homenagem ao Prof. Doutor José Joaquim Gomes Canotilho*, vol. I, Studia Iuridica 105, Boletim da Faculdade de Direito/Coimbra Editora, Coimbra, 2012.
Tendo a Comissão recorrido para o Tribunal de Justiça, este último considerou improcedente o recurso, tendo confirmado o Acórdão do Tribunal Geral: cf. Acórdão do Tribunal de Justiça «Comissão Europeia/República Portuguesa», de 15.01.2014, P. C-292/11.
[116] Cf. também Comunicação da Comissão sobre *Sistemas de Saúde Eficazes, Acessíveis e Resilientes*, de 04.04.2014, COM(2014) 215 final, esp.te p. 16.
[117] Diretiva nº 2011/24/UE do Parlamento Europeu e do Conselho, de 9 de março de 2011, in: *JO* nº L 88, 04.04.2011, pp. 45 e ss., alterada pela Diretiva 2013/64/UE do Conselho, de 17 de dezembro, in: *JO* nº L 353, 22.12.2013, pp. 8 e ss.. *V.* também Diretiva de Execução 2012/52/UE da Comissão, de 20 de dezembro de 2012, que estabelece medidas para facilitar o reconhecimento de receitas médicas emitidas noutro Estado-Membro, in: *JO* nº L 356, 22.12.2012, pp. 68 e ss..
Sobre este regime, cf. Maria João ESTORNINHO/Tiago MACIEIRINHA, *Direito...*, cit., pp. 282 e ss..

neste contexto, um conteúdo mais amplo, incluindo não só o esclarecimento sobre as opções de tratamento, a disponibilidade, a qualidade e a segurança dos cuidados de saúde prestados no Estado-Membro de tratamento, mas também a prestação de informações claras sobre os preços, sobre a sua situação em termos de autorização ou de registo, sobre a sua cobertura de seguros ou sobre outros meios de proteção individual ou coletiva no tocante à responsabilidade profissional [cf. artigo 4º, nº 2, alínea b)]. O *direito de acesso a cuidados de saúde de boa qualidade* (cf. artigo 4º, nº 1, proémio) há de interpretar-se à luz das Conclusões do Conselho sobre *Valores e Princípios Comuns aos Sistemas de Saúde*[118], onde o princípio da qualidade se encontra associado ao princípio da segurança – exigindo a respetiva conjugação a formação contínua do profissional de saúde no plano das boas práticas médicas e da gestão clínica, o controlo da qualidade do sistema de saúde, a garantia da segurança do doente e a monitorização de fatores de risco.

A questão que, em face da orientação do direito europeu relativamente à ofensa das normas atinentes à contratação pública, cumpre formular é a seguinte: a reparação dos danos resultantes da violação das normas relativas à prestação de cuidados de saúde transfronteiriços (em especial, da não informação do doente e da não prestação de cuidados de saúde com qualidade) pressupõe a prova de culpa do agente?; ou, pelo contrário, esta exigência dificulta de tal modo a reparação dos danos por violação das normas europeias, que se deve defender um regime de responsabilidade similar ao constante do nº 2 do artigo 7º do RCEE?

Reconhecemos que a redação da Diretiva nº 2011/24/UE sobre a reparação de danos não coincide exatamente com a da Diretiva «Recursos»: se esta última se refere à obrigação dos Estados-Membros de adotarem medidas que prevejam poderes para "conceder indemnizações aos lesados por uma violação" [cf. artigo 2º, nº 1, alínea c), da Diretiva «Recursos»], a primeira estabelece que o Estados-Membro de tratamento assegura que "os doentes disponham de procedimentos de reclamação transparentes, para que possam procurar vias de reparação de danos resultantes da prestação de cuidados de saúde nos termos da legislação do Estado-Membro de tratamento" [cf. artigo 4º, nº 2, alínea c), da Diretiva nº 2011/

---

[118] Conclusões do Conselho sobre valores e princípios comuns aos sistemas de saúde da União Europeia, in: *JO* nº C-146, 22.06.2006, pp. 1 e ss..

/24/UE]. A principal diferença consiste, pois, na circunstância de a Diretiva nº 2011/24/UE considerar que, não obstante a previsão da obrigação, a cargo dos Estados-Membros, de assegurar a existência de regimes de proteção dos doentes e de reparação de danos resultantes de cuidados de saúde prestados no seu território, cabe àqueles determinar as características e as formas de funcionamento desses regimes (cf. também ponto 24 do preâmbulo). Resta, porém, saber se se revela legítimo, da perspetiva do direito europeu, que este poder de conformação nacional da disciplina jurídica aplicável à reparação dos referidos danos restrinja a concessão de indemnização às hipóteses em que, sendo viável a imputação subjetiva da lesão (*i. e.*, não se tratando de uma situação de «funcionamento anormal do serviço»), o doente consiga provar a culpa (no mínimo, a negligência) do profissional de saúde. Na verdade, o disposto na Diretiva relativa à prestação de cuidados de saúde transfronteiriços não pode obliterar o sentido a vigência do *princípio da efetividade mínima*, o qual demanda que o regime nacional da responsabilidade civil não estabeleça tamanhos entraves à afirmação daquela que torna excessivamente difícil (ou mesmo impossível) a reparação dos danos resultantes da violação das normas europeias[119].

Recorde-se que, após a prolação do Acórdão «Francovich»[120], o Tribunal de Justiça entende que a plena eficácia das normas comunitárias pressupõe que os Estados-membros respondam pelos danos emergentes da respetiva ofensa, aludindo a um princípio da responsabilidade do Estado pelos prejuízos causados aos particulares por violações do direito comunitário que lhe sejam imputáveis. A jurisprudência europeia consolidou os pressupostos da responsabilidade do Estado por violação do direito comunitário, determinando que "os particulares lesados têm direito à reparação desde que a regra de direito comunitário tenha por objecto conferir-lhes direitos, que a violação seja suficientemente caracterizada e que exista um nexo de causalidade directo entre essa violação e o prejuízo sofrido pelos particulares"[121].

---

[119] Cf. também Maria José Rangel de Mesquita, «A Proposta...», cit., p. 241, e «Influência...», cit., p. 8.
[120] Acórdão «Andrea Francovich e Danila Bonifaci e outros/República Italiana», de 19.11.1991, Ps. C-6/90 e 9/90, §§ 28 e ss., esp.te pontos §§ 33 e 35.
[121] Acórdão «Brasserie du Pêcheur SA/Bundesrepublik Deutschland e The Queen/Secretary of State for Transport, *ex parte* Factortame Ltd e outros», de 05.03.1996, Ps. C-46/93 e C-48/93, § 51.

Importa, pois, acentuar que, da perspetiva da garantia da efetividade do direito europeu através do instituto da responsabilidade do Estado por danos decorrentes da infração àquele ordenamento[122], a situação que analisamos assume contornos mais gravosos que a subjacente à ofensa das normas europeias atinentes à contratação pública, uma vez que não funcionará agora a presunção de culpa do nº 2 do artigo 10º, cujo âmbito de aplicação se circunscreve à prática de atos *jurídicos*, não abrangendo prestações materiais. Ademais, o sistema de proteção de direitos fundamentais da União Europeia envolve o reconhecimento de mecanismos destinados a reagir contra ofensas daqueles direitos perpetradas não só pelas instituições europeias, mas também pelos Estados nacionais[123]. Além disso, e numa perspetiva axiológica, a lesão agora em causa revela-se mais crítica que as lesões decorrentes da não observância dos princípios e normas da contratação pública – aspeto que, mesmo no contexto do direito europeu, em que as preocupações com a garantia da concorrência são levadas ao extremo, não se pode considerar despiciendo, a partir do

---

Esta orientação jurisprudencial foi, entretanto, desenvolvida noutros arestos (relativos quer a atos legislativos ou respetiva omissão, quer a sentenças judiciais): *v.*, por exemplo, Acórdãos «The Queen/H. M. Treasury, *ex parte* British Telecommunications», de 26.03.1996, P. C-392/93, §§ 42 e ss.; «The Queen/Ministry of Agriculture, Fisheries and Food, ex parte Hedley Lomas (Ireland) Ltd.», de 12.05.1996, P. C-5/94, §§ 24 e ss.; «Erich Dillenkofer *et al.*/Bundesrepublik Deutschland», de 08.10.1996, Ps. C-178/94, C-179/94, C-188/94, C-189/94 e C-190/94, §§ 20 e ss.; «Gerhard Köbler/Republik Österreich», de 30.09.2003, P. C-224/01, §§ 100 e ss.; «Traghetti del Mediterraneo SpA/Repubblica italiana», de 13.06.2006, P. C-173/03, §§ 24 e ss..

[122] E a jurisprudência «Francovich» transmuda, efetivamente, o instituto da responsabilidade civil numa espécie de sanção em que os Estados-Membros incorrem por haverem violado o direito europeu (olhando menos para o problema da perspetiva dos cidadãos lesados) e constitui mais uma expressão da tendência do Tribunal de Justiça para aquilatar da forma como as jurisdições nacionais asseguram a efetividade do ordenamento da UE: cf. HARLOW, «Francovich and the Problem of the Disobedient State», in: *European Law Journal*, nº 3, vol. 2, novembro 1996, p. 205; DOUGAN, «Remedies and Procedures for Enforcing Union Law», in: CRAIG/DE BÚRCA, *The Evolution of EU Law*, Oxford University Press, Oxford, 2011, p. 415. Sobre o real efeito da responsabilidade civil para a concretização daquele desiderato, *v.* SCHÄFER, «Can Member State Liability for the Infringement of European Law Deter National Legislators?», in: EGER/SCHÄFER, *Research Handbook on the Economics of European Union Law*, Edward Elgar, Cheltenham, 2012, pp. 82 e ss., esp.^te pp. 86 e ss..

[123] Cf. NOWAK, «Europäisches Verwaltungsrecht und Grundrechte», in: TERHECHTE (dir.), *Verwaltungsrecht der Europäisches Union*, Nomos, Baden-Baden, 2011, p. 532.

momento em que o sistema se compromete com a defesa dos direitos fundamentais também no âmbito da medicina e da biologia (nos termos do já citado artigo 3º da *Carta dos Direitos Fundamentais da União Europeia*).

O problema agora abordado possui contornos mais amplos, pressupondo uma resposta à questão de fundo de saber se, ao preocupar-se apenas com a hipótese que esteve na base da ação de incumprimento (responsabilidade por danos decorrentes da violação das normas europeias da contratação pública), o legislador não ficou aquém das exigências comunitárias[124]. Neste sentido, e nos termos do princípio da interpretação em conformidade com o direito da União Europeia[125], dever-se-á equacionar uma extensão do sentido da norma constante do nº 2 do artigo 7º de molde a assegurar a indemnização de danos emergentes da violação de *quaisquer* princípios ou normas europeus, cuja repa-

---

[124] Ou mesmo constitucionais: na verdade, hoje o artigo 22º não se pode ler desligado do nº 4 do artigo 8º, pelo que também abrange a responsabilidade dos Estados-Membros por violação do direito europeu, da qual tenham resultado danos para os particulares. Cf. Gomes CANOTILHO/Vital MOREIRA, *Constituição...*, cit., p. 433, anotação XI artigo 22º.

[125] Referindo-se à necessidade de interpretação da normação em vigor em matéria de responsabilidade civil dos poderes públicos em conformidade com o direito europeu, *v.* Rui MEDEIROS, «Artigo 22º», cit., p. 473, anotação I. Aludindo a este princípio no horizonte da interpretação em Direito Administrativo enquanto «direito comunitário concretizado», cf. WOLFF/BACHOF/STOBER, *Verwaltungsrecht...*, vol. I, cit., p. 405; sobre o «imperativo da interpretação conforme com o direito comunitário», EHLERS, «Verwaltung und Verwaltungsrecht im demokratischen und sozialen Rechtsstaat», in: ERICHSEN/EHLERS (org.), *Allgemeines Verwaltungsrecht*, 13ª ed., 2006, pp. 101 e s.; Fausto de QUADROS, *Droit de l'Union Européenne*, Bruylant, Bruxelles, 2008, pp. 444 e s..
Rigorosamente, o princípio da interpretação conforme o direito da União Europeia volve-se em "várias interpretações": interpretação do direito secundário em conformidade com o direito primário e interpretação do direito nacional em conformidade com o direito da União. Cf. HÖPFNER, *Die Systemkonforme Auslegung*, Mohr Siebeck, Tübingen, 2008, pp. 220 e ss., e 230 e ss., respetivamente (embora o Autor autonomize ainda a interpretação do direito nacional em conformidade com as diretivas – *Op.* cit., pp. 249 e ss.; entre nós, cf. Gomes CANOTILHO/Suzana Tavares da SILVA, «Metódica Multinível: *Spill-Over Effects* e Interpretação Conforme o Direito da União Europeia», in: *Revista de Legislação e de Jurisprudência*, nº 3955, ano 138º, março/abril 2009, p. 183.
Na jurisprudência do Tribunal de Justiça, *v.* Acórdão «Marleasing SA/La Comercial Internacional de Alimentación SA», de 13.11.1990, P. C-106/89, § 8, na senda do Acórdão «Sabine von Colson e Elisabeth Kamann/Land Nordrhein-Westfalen», de 10.04.1984, P. 14/83, § 26.

ração se efetuará "de acordo com os requisitos da responsabilidade civil extracontratual definidos pelo direito comunitário"[126].

7. Reflexões finais

Se o alargamento das hipóteses de responsabilização permite uma maior proteção do paciente lesado, importa perceber se esta tendência ainda contém o instituto da responsabilidade dos poderes públicos nos limites de um sistema de responsabilidade civil extracontratual baseado na culpa do agente; ou se, ao invés, essa tendência significa uma imprestabilidade do modelo atual para responder aos problemas da responsabilidade médica, apontando para outras alternativas de índole securitária (como os sistemas escandinavos ou neozelandeses[127]).

A contextualização deste problema no domínio da responsabilidade civil extracontratual *da Administração* suscita perplexidades adicionais, porquanto a sua extensão aproxima o instituto a uma «responsabilidade seguradora» ou a um «Estado Providência fora do tempo», com desconsideração para a escassez de recursos financeiros[128] e pelo impreterível

---

[126] Sem prejuízo das deficiências que encerra a fórmula adotada pelo legislador – assim, Carla Amado GOMES, «*O Livro das Ilusões*: A Responsabilidade do Estado por Violação do Direito Comunitário, *apesar* da Lei nº 67/2007, de 31 de Dezembro», in: *Textos...*, cit., p. 189; v. também Esperança MEALHA, «Responsabilidade Civil nos Procedimentos de Adjudicação dos Contratos Públicos (Notas ao Artigo 7º/2 da Lei nº 67/2007, de 31 de Dezembro», in: *Julgar*, nº 5, 2008, pp. 104 e ss.).
Não olvidamos também as dificuldades que a interrogação avançada em texto (e a eventual resposta afirmativa) implicam, sob diversas perspetivas. Por um lado, vai exigir uma análise casuística dos requisitos da jurisprudência *Francovich*, cuja avaliação nem sempre se revelará isenta de escolhos: pense-se, *v. g.*, na situação que nos ocupa e no sentido a conferir, neste hipótese, aos vários requisitos do princípio da responsabilidade por ofensa do ordenamento europeu, em especial, ao pressuposto da violação suficientemente caracterizada do direito europeu – o qual acaba por substituir, na prática, o pressuposto da culpa (cf. DOUGAN, «Remedies...», cit., p. 429). Por outro lado, implicará um aumento exponencial dos casos de responsabilidade civil, acompanhado do pagamento de indemnizações financeiramente insustentáveis e suscetíveis de gerar dificuldades acrescidas na realização dos direitos fundamentais (cf., sobre este último ponto, as considerações de HARLOW, «Francovich...», cit., pp. 213 e s.).
[127] Para uma exposição destes modelos, cf. Rui Miguel CASCÃO, «1972: Para Além da Culpa no Ressarcimento do Dano Médico», in: *Boletim da Faculdade de Direito*, vol. LXXXVII, 2011, pp. 691 e ss..
[128] Assim, Vieira de ANDRADE, «A Responsabilidade por Danos...», cit., p. 370. Cf. ainda Carla Amado GOMES, «(Ir)responsabilidade...», cit., pp. 42 e s..

equilíbrio entre os direitos dos lesados e os direitos dos contribuintes[129], acabando por pôr em causa a própria «unidade de sentido» da responsabilidade pública[130]. É que, como também acentua Castanheira Neves[131], "o Estado-de-Direito social não se confunde com o *welfare state* e pela sua dimensão social não é lícito anular também a sua específica dimensão *de direito*, nem esta se reduz àquela", pelo que "o Estado-de-Direito não poderá transformar-se numa gigantesca empresa de seguros ou dispensador amoral de benefícios de uma gratuitidade sem dor, sem deveres e sem responsabilidade".

E não nos parece também defensável o estabelecimento, em geral, de uma responsabilização do Estado independentemente da culpa dos seus agentes, com o argumento de que, beneficiando o interesse público com a lesão e revertendo o dano a favor da comunidade[132], esta deverá, a final suportar o dano, mesmo que à atuação pessoal não possa ser assacado qualquer juízo de censura. Ao contrário do pressuposto que parece encontrar-se subjacente a esta posição, entendemos que, em regra, a prática de um facto ilícito não implica um acréscimo de valor na ação pública – daí que a solução mais equilibrada seja a de estabelecer uma graduação das hipóteses de responsabilização em função da natureza dos riscos criados, da culpa dos agentes ou do deficiente funcionamento da Administração.

Helena Moniz – "Uma gota ... uma gotinha apenas ..."

---

[129] Vieira de ANDRADE, «A Responsabilidade Indemnizatória...», cit., p. 363.
[130] Vieira de ANDRADE, «Panorama...», cit., p. 43 – unidade essa que, como enfatiza o Autor, pressupõe, em qualquer das modalidades (responsabilidade por atos ilícitos, pelo risco ou por atos lícitos), "uma *conduta anormal (em si ou, pelo menos, na circunstância)* ou então *perigosa* e, por outro lado, é pensável aí a *reconstituição natural* (que constitui a regra da obrigação de indemnização)".
[131] Castanheira NEVES, «Nótula a Propósito do *Estudo sobre a Responsabilidade Civil*, de Guilherme Moreira», in: *Digesta*, vol. 1º, Coimbra Editora, Coimbra, 1995, p. 481.
[132] Assim, Pedro MACHETE, «A Responsabilidade da Administração por Facto Ilícito e as Novas Regras de Repartição do Ónus da Prova», in: *Cadernos de Justiça Administrativa*, nº 69, maio/junho 2008, pp. 34 e s..

Prescrição *off-label* de medicamentos*

MAFALDA FRANCISCO MATOS**

> "In an ideal world, all uses of medical drugs would be safe and effective."[1]

1. O que é a prescrição *off-label*?

A prescrição *off-label*[2] ocorre quando um médico recomenda ou indica um medicamento para um determinado uso que não se encontra previsto na autorização de introdução no mercado (AIM) desse mesmo medicamento. *Off-label* significa, pois, que a prescrição é feita fora do estabelecido no resumo das características do medicamento (RCM).

---

* O presente texto tem como ponto de partida o nosso "Off licence use of medications", *Legal and Forensic Medicine*, AA.VV., Roy G. Beran (Ed.), Springer – Verlag, Heidelberg, 2013, pp. 1617-1629.
** Assistente da Faculdade de Direito e Investigadora do Centro de Estudos da Universidade Agostinho Neto – Angola.
[1] TIWARY, A. Devesh, *Off-Label Use of Prescription Drugs should be Regualeted by the FDA*, Harvard Law School, 2003, p. 1.
[2] "The «label» is the little folded-up piece of paper also known as the full prescribing information or the package insert." ZIMNEY, Ed, *Is Your Prescription Off-Label?*, Dr. Z's Medical Report – HealthTalk (http://blog.healthtalk.com/zimney/is-your-prescription-off-label/)

A expressão, que começou por ser usada sobretudo nos Estados Unidos da América[3], reflecte precisamente essa prática: "*Off-label use is a non-approved use. It is the use of a medicine for purpose or indication for which it has not been licensed by the country's medicine authorities.*"[4] Quando o FDA (Food and Drug Administration) aprova oficialmente um medicamento, aprova, também, um folheto informativo, específico, para esse medicamento. O *label* inclui informação relativa às indicações testadas e aprovadas para o uso do medicamento, dosagens, método de administração e população prevista.[5]

Em Portugal, para que um medicamento possa ser comercializado, terá de existir um pedido de autorização de introdução no mercado (AIM) feito ao INFARMED (Autoridade Nacional do Medicamento e Produtos de Saúde I.P.), que zela pela segurança, eficácia e qualidade dos medicamentos de uso humano, acompanhando e garantindo o preenchimento de determinados requisitos por parte dos intervenientes no processo de criação do medicamento, desde a fase de investigação até ao seu uso.

Este pedido, apresentado ao INFARMED, faz-se acompanhar pelo resumo das características do medicamento (RCM). É com base no RCM[6] que os médicos conhecem a informação que resulta do processo de avaliação do medicamento, *maxime* as condições e especificidades para as quais o medicamento foi aprovado, fornecendo as indicações necessárias sobre o tratamento com tal medicamento e os seus efeitos.[7]

Sempre que a prescrição médica seja feita de acordo com as características do medicamento, para os usos especificamente indicados, respeitando todos os critérios contidos no RCM ou no folheto informativo, considera-se que a prescrição é feita *on-label*. Logo que a prescrição seja

---

[3] Tomamos como referência a já consagrada preocupação com esta temática nos Estados Unidos da América. Neste caso, a prescrição *off-label* existe enquanto uso de medicamento não aprovado pelo FDA (Food and Drug Administration).

[4] *What is "off-label use"*, Institute for Quality and Efficiency in Health Care *in* www.informedheathonline.org

[5] DRESSER, Rebecca; FRADER, Joel, "Off-label Prescribing: A Call for Heightened Professional and Government Oversight", *The Journal of Law, Medicine & Ethics*, Volume 37, Issue 3, 2009, pp. 476-496

[6] Deste RCM resulta, também, o folheto informativo (correspondente ao *label* e conhecido como *bula*) que acompanha o medicamento e cuja exposição e linguagem deverá ser mais simples e acessível de modo a ser facilmente perceptível pelo público em geral.

[7] (www.infarmed.pt)

feita para qualquer outro uso, estaremos perante um caso de *off-label*.[8] Podemos assim dizer, transpondo o conceito de *off-label* para a nossa realidade, que estamos perante uma *'prescrição fora do RCM'*.

O próprio INFARMED alerta para o facto de uma decisão de utilização de um medicamento fora do âmbito em que foi aprovado – por se entender que um dado medicamento se adequa a uma dada indicação terapêutica – face ao caso particular de um doente é da exclusiva responsabilidade do profissional de saúde. De acordo com a Circular Informativa nº 184/CD de 12 de Dezembro de 2010, o INFARMED informa que "não [lhe] compete (...) pronunciar-se sobre a utilização dos medicamentos para uma indicação terapêutica diferente das que constam nos respectivos RCM".

Resulta claro, pois, que não depende do INFARMED, nestes casos, autorizar essa utilização, uma vez que o medicamento apenas foi testado, avaliado e autorizado nas condições constantes do RCM aprovado.[9] Estamos, portanto, defronte de uma prática exclusivamente médica, um verdadeiro *acto médico*.[10]

Para além desta Circular Informativa, que surge no seguimento do famoso caso de uso *off-label* do medicamento *Avastin* (bevacizumab) para o tratamento da degenerescência macular relacionada com a idade (DMI), só recentemente – e possivelmente, ainda, pelo mesmo motivo – uma norma lançada pela Direcção Geral de Saúde relativamente à exigência de consentimento informado prestado por escrito inclui, numa das suas várias alíneas, "o uso *off-label* de medicamentos de dispensa hospitalar". Não obstante, já uma notícia de Agosto de 2009 dava conta que "os fármacos *off-label* correspondem a 30% a 40% do peso nas vendas em farmácias e de 30% nos hospitais", como revelava o Centro de Estudos de Medicina Baseada na Evidência (CEMBE).[11]

---

[8] No mesmo sentido de ZIMNEY, Ed, *Is Your Prescription Off-Label?*, Dr. Z's Medical Report – HealthTalk, *on-line in*: http://blog.healthtalk.com/zimney/is-your-prescription-off-label/
[9] http://www.infarmed.pt/portal/page/portal/INFARMED/MEDICAMENTOS_USO_HUMANO/PRESCRICAO_DISPENSA_E_UTILIZACAO/MEDICAMENTOS_COM_AIM
[10] E, dando indícios também deste sentido, mais recentemente, a posição do Acórdão do Tribunal Europeu de Justiça de 11 de Abril de 2013 no Processo C-535/11 (Novartis Pharma GmbH contra Apozyt GmbH) (http://curia.europa.eu/juris/liste.jsf?&num=C-535/11)
[11] (http://farmacia.netfarma.pt)

Existe, ainda, uma Comunicação aos Estados-Membros da União Europeia, feita pela Comissão das Petições do Parlamento Europeu, que data de 30 de Junho de 2004, onde figura no último parágrafo da Resposta da Comissão uma tentativa de definição de prescrição *off-label*, salientado que esta é uma prática considerada necessária em alguns casos e que se prende, necessariamente, com a liberdade de escolha dos médicos. Não deixa, também, de se referir que será desejável uma minimização deste tipo de prescrição.[12]

No plano europeu, neste momento, a pressão para que se regule a prescrição *off-label* é enorme. Efectivamente, esta preocupação já se fazia sentir em contidas manifestações[13], sem, no entanto, dar uma resposta clara para o problema em questão. Tal lacuna tem levado a uma proliferação de casos que opõem, entre si, grandes farmacêuticas. Com as recentes alterações legislativas que ocorreram em França[14][15] e em Itália[16],

---

[12] Esta resposta da Comissão de Petições surge da admissibilidade da Petição 813/2003, onde a peticionária sugere a proibição da utilização *off-label* de medicamentos.

[13] "(...) medication errors do not have an official EU definition yet. The same situation applies to off-label use, and therefore the same obstacles are encountered, when attempting to regulate it. The definition of off-label use is essential and there is a great urge for harmonization, since a common EU definition of off-label use can also provide further guidance to national jurisdictions. There is no available definition of off-label use in Directive 2001/83/EC, however, Directive 2001/82/EC relating to veterinary defines off-label use...", Cruz, Margarida Brito da, "Patient Safety Within Medicinal Products – Medication Errors and Off-Label Use", *Lex Medicinae – Revista Portuguesa de Direito da Saúde*, Nº Especial (IV EAHL Conference), 2014, p. 269

[14] França acolheu a *"prescription hors AMM"* no seu *Code de la Santé Publique*, através da *Loi nº 2011-2012 du 29 décembre 2011, relative au renforcement de la sécurité sanitaire du médicament et des produits de santé*.

[15] EPFIA: French legislation undermines EU regulatory framework by endorsing off-label use of medicines for economic reasosn (http://www.efpia.eu/mediaroom/189/43/EFPIA-French-legislation-undermines-EU-regulatory-framework-by-endorsing-off-label-use-of-medicines-for-economic-reasons)

[16] Vide *Legge 8 aprile 1998, n. 94, Gazzetta Ufficiale n. 86 del 14 aprile 1998*. Cfr., também, Guidi, Benedetta; Nocco, Luca, *The debate concerning the off-label prescriptions of drugs: a comparison between Italian and U.S. law, Op. J.*, Vol. 1/2011, Paper n.1, p.6 (http://lider-lab.sssup.it/opinio): "Yet, the above-mentioned Law no. 244/2007 seem to have partially modified the requirements for off-label prescription, which where previously introduced by Law nº 94/1998". Se, até então, a situação era pacífica, as recentes notícias dão conta da violação das disposições europeias: "Promotion of off-label use of medicines by European healthcare bodies in indications where authoried medicines are available" (http://www.efpia.eu/documents/106/48/Promotion-of-off-off-label-use-of-medicines-by-European-

a *European Federation of Pharmaceutical Industries and Associations* (EPFIA) chegou mesmo a emitir uma posição relativamente à promoção de usos *off-label*.[17]

A Comissão Europeia tem, presentemente, em mãos, um estudo sobre os usos *off-label* (Pharm 655 – Study on off-label use[18]) do qual ainda não existem resultados[19].

Enquanto não existe uma definição, em termos que nos parecem concretos, identificamos a prescrição *off-label* como o uso de medicamentos, por indicação médica, que não se encontra aprovado ou licenciado pela autoridade responsável no país em causa, não podendo, por isso, ser garantida a sua segurança, fiabilidade ou eficácia, dado que não passou pelos necessários testes e requisitos básicos para que a sua comercialização com essa finalidade seja perfeitamente admitida. Não esqueçamos,

---

healthcare-bodies-in-indications-where-authorised-medicines-are-available); "Statement on bio-pharmaceutical industry complaint to the European Commission against a new Italian law promoting off-label use of medicines for economic reasons" (http://www.efpia.eu/mediaroom/234/43/Statement-on-bio-pharmaceutical-industry-complaint-to-the-European-Commission-against-a-new-Italian-law-pPromoting-off-label-use-of-medicines-for-economic-reasons)

[17] EUROPEAN FEDERATION OF PHARMACEUTICAL INDUSTRIES AND ASSOCIATIONS, "Promotions of off-label use of medicines by European healthcare bodies in indications where authorised medicines are available", Position Paper, EPFIA – May 2014 (http://www.efpia.eu/uploads/EFPIA_Position_Paper_Off_Label_Use_May_2014.pdf)

[18] "a. Scope of the study: The study intends to cover two aspects: – a scientific one regarding the public health aspects related to the off-label use of medicinal products and in particular patient safety; – a legal one regarding the regulatory framework for the off-label use of medicines. The study would gather information in order to identify if there is a need for coordination at EU level and, if so, possibly, to what extend.", European Commission, Pharmaceutical Committee, 26 March 2014, PHARM 655, *Study on off-label use*, (http://ec.europa.eu/health/files/committee/72meeting/pharm655.pdf)

[19] A este propósito – salpicado de ironia – o interessante artigo da *PharmExec.com*, "Europe: Putting Off Off-label Decisions", de 16 de Março de 2015, conclui do seguinte modo: "The current Comission position is comfortably hands-off on the question. EU legislation on medicines does not regulate off-label use. "It is the marketing authorization that defines the approved indications", say Commission officials. "Any departure from those terms will remain, in most member states, the responsibility of the prescribing physician." In other words, don't come to us. If you've got a problem, talk to the member states. And if member states have a problem, then they will have to talk to doctors. But leave us alone. We've started a study. What else do you want?" (http://www.pharmexec.com/europe-putting-label-decisions)

obviamente, que é o facto de se encontrar aprovado pela autoridade competente que confere segurança ao uso de medicamentos.[20]

O INFARMED e a Agência Europeia do Medicamento (*European Medicines Agency* – EMA)[21] dispõem de comissões especializadas, nomeadamente da Comissão de Avaliação de Medicamentos, às quais compete emitir pareceres relativos a matérias que se prendam com a qualidade, segurança e eficácia dos medicamentos no âmbito das AIM. Todas as indicações terapêuticas constantes nos RCM foram objecto de apreciação e aprovação por parte destas entidades e reflectem os dados apresentados aquando do processo de avaliação do medicamento.[22]

1.1. Os diferentes tipos de prescrição *off-label*

A prescrição *off-label* reveste-se de várias formas de efectivação e não se lhe poderá, para já, atribuir um significado unívoco. Pode considerar-se *off-label* quando a prescrição é feita fora das indicações terapêuticas, quando não é respeitada a posologia ou dosagem recomendada, se se altera a duração do tratamento ou, ainda, se é destinada a um doente fora do grupo previsto como destinatário.[23]

Além desta diversidade, podemos, ainda, estar perante medicamentos para os quais já há evidências médicas para indicações não registadas (não existindo, contudo, verdadeiramente, um interesse da indústria em proceder a esse registo, mas a sua recomendação é amplamente aceite e generalizada) ou poderá tratar-se de fármaco para o qual a evidência ainda não é sobejamente conhecida e comprovada e cujo uso depende inteiramente daquela prescrição médica.[24] No entanto, não devemos

---

[20] SCLAFANI, Anthony, *Understanding Physician Responsibilities and Limitations for Drug and Device Off-Label Use* (artigo gentilmente cedido pelo autor)

[21] A EMA tem emitido alguns pareceres e tem tomado em consideração situações de uso *off-label* de medicamentos. Cfr. *Questions and answers on the potential off-label use of celecoxib in patients with familial adenomatous polyposis* (EMA/CHMP/376406/2011); *Guideline on good pharmacovigilance practices – Module VI, Manegement and reporting of adverse reactions to medical products*) (EMA/873138/2011)

[22] Como refere o INFARMED na já mencionada Circular Informativa nº 184/CD de 12 de Novembro de 2010.

[23] No mesmo sentido de BÉGUÉ, D., in *La precription de médicaments hors AMM*, Médecine et Droit, nº 60, 2003, Elsevier (www.sciencedirect.com).

[24] Conforme compreendemos do estudo do *Relatório da Oficina sobre Ações Judiciais para o Acesso a Medicamentos: As Demandas por Medicamentos Importados e de Pesquisas Clínicas*, de 23 de Outubro de 2003, Escola Nacional de Saúde Pública Sérgio Arouca, Fiocruz, Rio de Janeiro

retirar precipitadas conclusões, uma vez que um medicamento que seja habitualmente recomendado através da sua prescrição *off-label*, poderá não ser vantajoso naquele caso concreto.

Podemos, ainda, considerar que existe uma divisão da prescrição *off-label* na medida em que podemos ter uma recomendação de um medicamento para uma doença com sintomas completamente diferentes daquela para a qual o uso se encontra aprovado, ou, por outro lado, a prescrição de um medicamento para tratar uma doença ou condição para a qual tenha sido aprovado, mas alterando algumas especificações. Claro que, à partida, o primeiro tipo de caso é mais problemático e gera maiores dúvidas do que o segundo, que é, naturalmente, mais aceitável. No entanto, em termos práticos, não existe um estudo comprovado que possa assegurar que um dos casos seja mais seguro que outro.[25]

Importa, porém, estabelecer uma clara distinção entre a prescrição *off-label* e uma outra realidade com a qual esta pode, por vezes, ser confundida.[26] É que, de facto, podemos correr o risco de colocar a prescrição *off-label* numa área experimental, onde a sua definição não lhe permite estar.

Os ensaios clínicos e o uso experimental[27], ainda que constituindo actividades próprias do processo de uso de medicamentos, não têm o mesmo objectivo desta prescrição. De resto, estas são fases, normalmente, anteriores ao processo de entrada do medicamento no mercado.

É verdade que este tipo de prescrição é demasiado subjectiva, mas não podemos atribuir-lhe uma classificação de *experimentação*. Não, pelo menos no sentido de *experimentação pura*, que acontece nos outros casos referidos e que os exclui de um *acto médico* por não se pretender curar ou satisfazer interesses individuais do doente, mas antes interesses gerais e comunitários que relegam o doente para uma posição passiva.[28] Na pres-

---

[25] "Off-label" Drug Use" (http://www.consumerrports.org/health/resources/pdf/best-buy-drugs/money-saving-guides/english/off-label-FINAL.pdf)

[26] "It is not always clear whether a physician's prescription of a drug for off-label use is experimental research." RILEY, James B., BASILIUS, P. Aaron, "Physicians' liability for off-label prescriptions", *Hematology & Oncology News & Issues*, May/June 2007, p.25 *in* www.honionline.com.

[27] Sobre os quais não nos deteremos, sendo a referência aos mesmos, feita, apenas, para que possamos distinguir a actividade experimental da, efectiva, prescrição *off-label*.

[28] ANDRADE, Manuel da Costa, anotação ao artigo 150º, *Comentário Conimbricense do Código Penal*, 2ª Ed., Coimbra Editora, 2012, §19 a §21.

crição *off-label,* assiste-se a uma efectiva intervenção terapêutica, a uma intenção de debelar a doença que aquele doente, em concreto, apresenta. Neste sentido, afirma-se que a diferença substancial entre estes dois campos reside no interesse preponderante que o médico assume aquando do aconselhamento feito para o uso do medicamento. Se em causa estiver, como já referimos, um interesse supra-individual de obter conhecimento geral, estamos perante uma área experimental. Ao invés, se a prescrição é feita para obter um benefício directo para aquele paciente concreto, procurando uma efectiva melhoria da sua saúde e bem-estar, motivada tão só pelo interesse do doente, aí já entramos no campo terapêutico e estaremos em sede de um uso *off-label* do medicamento."[29]

A justificação ética para a prescrição *off-label* assenta, precisamente, na necessidade de permitir o uso da melhor terapêutica possível para aquele doente concreto. O que contrasta, claramente, com a justificação ética sobre a qual se apoiam os ensaios clínicos e que passa, naturalmente, pelo desenvolvimento de novas terapias para futuros pacientes.[30]

A prescrição *off-label,* podendo ocorrer em qualquer área da medicina, é particularmente comum na Pediatria, na Geriatria, na Oncologia e, por maioria de razão, em doenças raras e consideradas 'órfãs' de terapêutica, onde esta prescrição tem todo o sentido e pertinência.

Um dos casos que, dentro das realidades que estudámos[31], maior preocupação suscita é, sem dúvida, o da Pediatria. A maior parte das prescrições feitas para crianças acontece fora do que se encontra estudado, regulamentado, com provas de segurança e eficácia dadas. A verdade é que mais de 50% dos medicamentos usados em crianças não foram objecto dos estudos e testes necessários para que se possa permitir a sua entrada no mercado.[32]

---

[29] Adoptando a ideia de Mehlman: "(...) the key is the physician's intent: if the intent is primarily to benefit the patient, the intervention is therapy. If the intent is solely to test an hypothesis and obtain generalizable knowledge, the interventions is an experiment", MEHLMAN, Maxwell J., *Off-Label Prescribing* (http://www.thedoctorwillseeyounow.com/content/bioethics/art1971.html)

[30] DRESSER, Rebecca., *idem.*

[31] Nomeadamente, como já foi referido, as realidades americana e francesa.

[32] VAN DEN BRINK, Hélène; CHÈRON, Constance, *Les medicaments pédiatriques, un règlement européen incitatif et sécurisant,* Revue Générale de Droit Médical, nº 25, Décembre 2007, Les Études Hospitalières Éditions, p. 249

Esta situação acontece, sobretudo, fruto da dificuldade de obtenção de consentimento para que se possam fazer tais intervenções sobre os menores, incapazes de prestarem aquele consentimento por si, e, também, por uma questão financeira, dado que a panóplia de testes necessária para que o medicamento seja aprovado para um uso pediátrico irá acrescer ao já muito dispendioso processo para aprovação para o uso em adultos. Deste modo, na maior parte dos casos, não resta ao médico senão a prescrição através da adaptação da dosagem que é recomendada para adultos, sob pena de não ter qualquer outra terapêutica para aplicar. Outras vezes, a solução passa, já sobre o âmbito do uso não licenciado, pelo uso de medicamentos manipulados, de modo a combater a falta de possibilidades comercializadas para uso especificamente pediátrico.[33]

Não obstante, importa não esquecer que as crianças não são adultos em miniatura e que não lhes pode ser aplicada uma "regra de três simples".[34] Parece-nos, aqui, que, na maioria dos casos, existe um risco que não deveria ser corrido, já que estamos a falar de uma população especial, que carece da maior atenção e para a qual a ausência de fármacos acontece por motivações principalmente económicas. Motivações economicistas que obrigam a ter na mira crítica as indústrias farmacêuticas e os próprios Estados. Na realidade, esta ausência de medicação específica, importa que se deixe claro, não acontece – como vemos suceder nos demais casos – por qualquer desfasamento entre a evolução dos conhecimentos médicos e científicos e a aprovação de novas, mais sofisticadas e eficientes terapêuticas.[35-36]

---

[33] DI PAOLO, E., et al., "Unlicensed and off-label drug use in a Swiss paediatric university hospital", *Swiss Medical Weekly*, nº 136, 2006, pp. 218-222 (www.smw.ch)
[34] VAN DEN BRINK, Hélène, CHERON, Constance, *idem*.
[35] «La raison de certaines exceptions, dont la pédiatrie fait partie, est évidemment le coût relatif de la recherche pour l'industrie pharmaceutique lorsque le marché potentiel est restreint.» FOUASSIER, E. *et al*., « Quel Cadre Juridique pour les Prescriptions Hors AMM en Pédiatrie? », *Droit et Médicament, Médecine et Droit*, 1999, nº 39, Elsevier, p. 10 (www.sciencedirect.com)
[36] Cfr. EUROPEAN FEDERATION OF PHARMACEUTICAL INDUSTRIES AND ASSOCIATIONS, *op. cit.*, p. 4.

2. A prescrição *off-label* e o princípio da liberdade terapêutica

Um dos princípios fundamentais da prática médica é, sem dúvida, a liberdade terapêutica. Acreditamos, por isso, que a prescrição *off-label* tem o seu fundamento, precisamente, nessa faculdade do médico.[37]

A liberdade terapêutica encontra-se, desde logo, plasmada no próprio Código Deontológico dos Médicos, quando se confere a estes profissionais independência, autonomia, isenção e liberdade nas suas escolhas terapêuticas, nas suas prescrições, de acordo com a ciência e a sua consciência.[38]

A esta liberdade terapêutica liga-se, neste sentido, a liberdade de prescrição. O médico é livre de prescrever aquele que considera ser o melhor tratamento para a saúde do seu paciente, para o melhor benefício do mesmo e é pois, nesta medida que se justifica que exista uma prescrição como a que é feita a título *off-label*. Esta prescrição deve ser feita de forma livre e serena, não se encontrando motivada por influências e vicissitudes estranhas à saúde daquele paciente concreto.

Ademais, a prescrição, assim entendida, surge de uma mudança paradigmática no conceito de *acto médico* e na relação *médico – doente*.

A actividade médica deve, pois, guiar-se harmoniosamente pelo melhor bem-estar e benefício do doente. A primazia concedida ao interesse do doente leva a que hoje se abandone o tradicional estereótipo de relacionamento entre o médico e o paciente, caracterizado por um certo *paternalismo*, que excluía a livre vontade deste último.[39] Só com este entendimento do *acto médico* se pode justificar a existência de uma prescrição *off-label*. Há um abandono do *paternalismo* para que, no exclusivo interesse do doente, se obtenham os melhores resultados da prática médica.

Poder prescrever o melhor tratamento possível, adaptando-o a um paciente que será, necessariamente, diferente de todos os outros, constitui para o médico uma certeza de que estará a optar pelo melhor de entre o cientificamente e tecnicamente possível.[40] Esta liberdade não pode, porém, ser um poder atribuído ao médico, sem quaisquer limitações.

---

[37] Neste sentido, cfr. GUIDI, Benedetta; NOCCO, Luca, *op. cit.*, p. 45.
[38] REBECQ, Geneviève, *La prescription médical*, Aix-en-Provence: Presses Universitaires d'Aix-Marseille, 1998, p. 67
[39] Para mais desenvolvimentos, *vide* COSTA, José de Faria, «Em redor da noção de acto médico», *Revista de Legislação e Jurisprudência*, Ano 138º, Nº 3954, Janeiro-Fevereiro de 2009, p. 133
[40] No mesmo sentido, REBECQ, Geneviève, *op. cit.*, p.77

Deverá existir uma escolha reflectida na prescrição, adoptando-se uma correcta proporção entre o benefício do doente e os dados científicos existentes. A prescrição terá de ser feita com enorme precaução e de acordo com a melhor consideração do risco/ benefício. A prudência deve constituir, sempre, um elemento moderador da liberdade de prescrever.

Nos casos onde é necessário efectuar um uso *off-label* do medicamento, haverá, necessariamente, à partida, uma situação excepcional. Prescrever fora do que se encontra admitido, testado, licenciado, constitui um risco que só pode ser justificado pela excepcionalidade do caso.

Nessa conformidade, o interesse do paciente em obter o melhor tratamento possível para combater a doença terá de ser o princípio, o fundamento e o limite da prescrição. O interesse do paciente deverá constituir uma dupla limitação à autonomia de prescrição do médico.[41] Por um lado, o médico não poderá prescrever senão de forma conscienciosa, lançando mão de todos os conhecimentos científicos de que dispõe, com respeito pelas *leges artis*. Com a certeza, porém – e daí que se suscite a questão do *off-label* –, que esses conhecimentos e dados científicos se encontram em constante mudança e, portanto, de que se pede ao médico que mantenha os seus conhecimentos actuais, correspondendo àquilo que se espera de um profissional, pelo menos, normalmente informado e diligente.

A inovação terapêutica só é oportuna, neste sentido, quando os conhecimentos testados, já comprovados e aprovados se mostrem insuficientes. A consciência do médico deve funcionar como uma balança onde num prato é colocado o risco e noutro o benefício da terapêutica que irá usar. Terá de se verificar uma actuação proporcional e o interesse do doente deverá levar o médico a abster-se de lhe proporcionar um risco injustificado e um consequente dano injustificado.[42] É o benefício particular e individual do paciente que prepondera nesta avaliação, o que vale por dizer, no fundo, que terá de existir uma fundamentação bastante válida para se entrar numa melindrosa terapêutica *off-label*, para que o risco seja permitido.[43]

---

[41] *Idem.*

[42] "From a legal and ethical standpoint, off-label use represents a delicate balance between the regulatory objective of protecting patients from unsafe or ineffective drugs and medical devices on the one hand, and, on the other hand, the prerogative of physicians to use their professional judgment in treating patients." MEHLMAN, Maxwell J., *Off-Label Prescribing* (www.thedoctorwillseeyounow.com/articles/bioethics/offlabel_11/)

[43] Cfr. SCLAFANI, Anthony P., *op. cit.*

2.1. O consentimento informado enquanto passo indispensável para a afirmação da liberdade terapêutica

Enquanto prerrogativa do médico, como constatámos, a liberdade terapêutica garante, também, ao paciente, o respeito pela sua vida, pela sua integridade e pessoa, e o direito ao melhor dos tratamentos.

Assim, é, pois, de fundamental importância que o paciente tenha conhecimento da terapêutica que lhe está a ser ministrada. E se, como sabemos, a informação deve estar na base de todos os *actos médicos*, pautando-se a conduta do praticante em qualquer intervenção terapêutica pela própria necessidade de existir um consentimento informado, por maioria de razão, torna-se fundamental que esse consentimento informado se verifique neste procedimento.[44]

O consentimento informado é um passo crucial no desenvolvimento do acto médico e está, sem dúvida, consagrado no direito português,[45] nos seus vários planos, seja constitucional, civil, penal ou deontológico, sendo que a necessidade de obter tal consentimento tem o seu fundamento na protecção dos direitos à autodeterminação e à integridade física e moral do ser humano.[46] De resto, esta preocupação tem sido manifestada em Portugal, muito embora não exista, ainda, regulamentação acerca desta prática. A verdade é que a já mencionada norma da Direcção Geral de Saúde, relativa ao consentimento informado, livre e esclarecido, indica que este deve ser obrigatoriamente prestado por escrito quando, entre outros casos, em causa esteja o uso *off-label* de medicamentos de despensa hospitalar.[47] Não nos parece, de resto, exagerada esta medida, sobretudo tratando-se de situações mais complexas.

Acreditamos que ao paciente sujeito a um uso *off-label* de um medicamento tem de ser dado um esclarecimento detalhado da terapêutica

---

[44] "The doctrine of informed consent obliges physicians to provide patients with material information about proposed treatments, alternatives, and potential risks and benefits of each." MEHLMAN, Maxwell J., *op. cit.*

[45] "O direito da saúde entre nós está regulado em legislação dispersa, avulsa e sem um corpo dogmático e sistemático de suporte." PEREIRA, André Dias, *O Consentimento Informado na Relação Médico-Paciente*, Centro de Direito Biomédico da Faculdade de Direito da Universidade de Coimbra, Coimbra Editora, 2004, p. 100

[46] *Idem*, pp. 103 e 104

[47] Cfr. "Norma da Direção-Geral de Saúde Nº 015/2013, de 3/10/2013, actualizada a 14/10/2014 (www.dgs.pt)

que lhe está a ser ministrada. O doente tem o direito de saber que o medicamento que lhe está a ser prescrito não está oficialmente aprovado para o uso, indicando-se-lhe a ausência de experimentação e aprovação pelas autoridades nacionais e, nessa medida, a falta de certeza e segurança.

É imperativo que se exponham, tendo em atenção o paciente e as suas características, quais os riscos e benefícios que daquela prescrição poderão advir. O médico deverá referir os fundamentos que o levam a crer tratar-se de uma opção viável, esclarecendo o *estado da arte* e apresentando razões para a existência de expectativa no benefício directo, recorrendo, se necessário, à apresentação de casos de sucesso. Além disso, parece-nos, este profissional deverá, ainda, apresentar as diferentes alternativas – ou, em princípio, a sua ausência – e as consequências que poderão ser previsíveis.[48]

Em alguns casos, os pacientes poderão, mesmo, pedir informações adicionais, e procurar conhecer a literatura e documentação onde o médico assenta a sua convicção para prescrever a terapia em questão. Só assim poderá existir um efectivo consentimento para que o médico proceda da forma mais correcta e só assim se poderá acautelar que uma prescrição *off-label* não caia numa prática que viole as *leges artis* e que frustre os princípios basilares do direito da medicina.

Deste modo se poderá compreender que, mesmo em situações mais excepcionais, onde a evidência que suporta a prescrição *off-label* não seja muito elevada, o médico o possa fazer para aquele doente em particular, na situação em concreto. Se o estado do paciente for periclitante e a condição rara, se existirem fortes motivos para se crer num potencial benefício, que ultrapasse um potencial risco, se não existir qualquer outra terapia e se o doente se encontrar completamente informado e, para tal, fornecer o seu consentimento, então, acreditamos que o uso *off-label* não será inapropriado.

---

[48] No sentido de muitos dos autores estudados, nomeadamente MEHLMAN, Maxwell J., *op. cit.* RILEY, J., BASILIUS, P., *op. cit.*, SCLAFANI, A., *op. cit.*, REBECQ, G., *op. cit.* e MELONAS, J., *Preventing and Reducing Professional Liability Risk Related to Psychopharmacology*, (http://www.psychiatrictimes.com/showArticle.jhtml?articleId=175803689)

2.2. Prescrever *off-label*: um método eficaz ou um risco injustificado?

Não existe consenso no que diz respeito à prática da prescrição *off--label*.[49] O dilema prende-se com facto de, por um lado, se colocar em causa a eficácia e segurança do medicamento, dado que não foi testado para aquele uso e, por outro, permitir que médicos e pacientes encontrem novos tratamentos que possam dar resposta a problemas que até então não teriam uma solução.[50]

Os apologistas da possibilidade de indicação de um uso *off-label* de medicamentos têm apontado inúmeras vantagens. Desde logo, um acesso mais rápido e eficaz, por parte do médico e do paciente, a tratamentos que poderão constituir poderosas mais-valias – podendo mesmo salvar ou prolongar vidas – em caso de ausência de qualquer terapêutica. Muitos dos doentes obtêm benefícios que de outra maneira jamais poderiam obter, sobretudo no que concerne a doenças raras. Pode assistir-se, de certo modo, até, a descobertas para outros casos, através de serendipidade[51], colmatando falhas da prática clínica.

Além disso, mesmo não ocupando uma lacuna de terapêutica, a prescrição *off-label* poderá ser vantajosa em tratamentos para os quais já exista uma terapêutica aprovada, mas onde a prescrição devidamente *on-label* de outros medicamentos falhou ou não mostrou quaisquer melhorias significativas.[52] E estes são motivos que nos parecem altamente credíveis para que, dentro de determinados requisitos, esta prática possa ser justificada.

Contudo, apesar destas evidências comprovadas, há quem considere que a prescrição *off-label* não deveria ter lugar na prática médica, já que os aspectos positivos que dela emergem não são suficientes para reparar os danos que causa. Acreditam, portanto, que o uso *off-label* não oferece qualquer garantia, dado que a segurança e eficácia do medicamento não

---

[49] "About one-third (27%) of adults say that prescribing drugs off-label should be allowed, while one-third say in most cases, the risks of doing so outweigh the benefits." CUMMINGS, J. U.S. Adults Ambivalent about the Risks and Benefits of Off-Label Prescription Drug Use, *The Wall Street Journal* ONLINE, vol. 5, December 2006, (www.wsj.com)

[50] Cfr. DRESSER, R. "At law: the curious case of off-label use", Hastings Cent Rep. 2007; 37:9-11 *apud* EDERSHEIM, J., "Off-Label Prescribing", *Psychiatric Times*. vol. 26 nº 4 April 14, 2009 (http://www.psychiatrictimes.com/display/article/10168/1401983)

[51] Não há um carácter puramente experimental, a descoberta é feita por puro acaso.

[52] TABARROK, Alex, "From off-label prescribing towards a new FDA", *Medical Hypotheses*, nº 72, 2009, Elsevier (www.sciencedirect.com)

foram testadas para aquele caso concreto. Além disso, esta situação acabaria por dizimar toda a confiança existente no processo de avaliação dos fármacos e na atribuição de autorização para serem comercializados, já que se prescreveriam, indiscriminadamente, terapêuticas para usos aprovados e não aprovados.

Existe, para quem não aceita o *off-label*, um sério risco de que os médicos não sejam suficientemente prudentes na prescrição e que, por falta de tempo para cada doente em específico, não avaliem correctamente a situação, não procurando e estudando todas a evidências científicas e não conhecendo todas as características necessárias para que possam indicar aquele medicamento. E o uso fora do aprovado pelas autoridades poderia, ainda, levar a um aumento dos custos com a saúde já que muitos dos medicamentos mais dispendiosos, sobretudo enquanto recentes, poderiam ser usados *off-label*.[53]

Pelo contrário, os defensores desta prática evocam que se assistiria a um decréscimo da despesa com a saúde já que se poderia usufruir de muitos tratamentos através de medicamentos já licenciados, sem necessidade de custear todo o processo de testes.[54]

Parecendo-nos que a prescrição *off-label* pode, indubitavelmente, constituir uma enorme mais-valia para muitos pacientes no difícil debelar da sua doença, podendo surgir como última esperança para doenças que ainda não conhecem qualquer cura ou terapêutica apaziguante, esta não pode, estamos certos, ser feita de forma arbitrária ou, mesmo, leviana.

3. A responsabilidade do médico prescritor

É claro que, por mais justificada que a prescrição *off-label* possa estar, a terapêutica indicada poderá ser mal sucedida. Como acontece de modo geral na prática médica, poderão ofender-se bens jurídicos tutelados pelo direito quer do ponto de vista civil quer, mesmo, no que toca ao direito penal.

O médico que prescreve *off-label* poderá ter de enfrentar processos de responsabilidade por danos causados aos seus pacientes. Se, por si só,

---

[53] DANÉS, I., *et al.*, "Outcomes of off-label drug uses in hospitals: a multicentric prospective study", *European Journal of Clinical Pharmacology*, nº 70, 2014, Springer, p. 1386 (http://link.springer.com/journal)

[54] Retiramos estas conclusões das leituras dos vários autores citados.

a prática de qualquer acto médico poderá, muitas vezes, cruzar a ténue linha entre o curar e o prejudicar, a prescrição de medicamentos que não se encontram devidamente aprovados, testados e licenciados para o uso em causa torna esse risco ainda maior para o médico.

Ser médico, por mais competente e empenhado que se seja, é, hoje, estar sujeito a cometer um erro de tratamento, o que, face ao ordenamento jurídico em vigor, gera o dever de indemnizar, se se tiver causado dano, no campo jurídico-civil, e o dever de se sujeitar a uma pena, pelo menos em princípio, na área jurídico-criminal.[55]

Cremos, por isso, que muitas são as cautelas necessárias para que efectivamente se possa lançar mão da prescrição *off-label* de forma segura – dentro da sua natural insegurança. Para proteger o médico prescritor, que o faz no melhor interesse do seu paciente, e este último, que, mesmo no seu interesse, poderá ver a sua integridade física comprometida por um uso terapêutico que não se encontra legalmente protegido. É que a prescrição *off-label* levanta dúvidas desde logo ao direito médico, pela sua própria essência, na medida em que usa como método terapêutico algo que não se encontra devidamente aprovado, do ponto de vista legal, para esse uso. Acresce, como vimos, a existência de uma linha muito ténue entre o efectivo cumprimento do consentimento informado e do dever de esclarecimento, do dever de informação, bastiões do nosso ordenamento jurídico português, do ponto de vista da responsabilidade médica civil, penal e disciplinar.

A própria ideia de o médico não agir contra as *leges artis* terá, a bem da verdade, de ser repensada e entendida num sentido mais lato, entrando num campo de abertura à inovação terapêutica, como nos aponta o artigo 35º do Código Deontológico da Ordem dos Médicos, que deve ser harmonizado com a concepção de *leges artis*.[56-57]

---

[55] *Vide* RODRIGUES, Álvaro da Cunha Gomes, "Sinopse Esquemática da Responsabilidade Médica em Geral (Breves Anotações)", *Lex Medicinae – Revista Portuguesa de Direito da Saúde*, Ano 4, nº 8, Coimbra Editora, p.88.

[56] "Artigo 35º: 1 – O médico deve abster-se de quaisquer actos que não estejam de acordo com as *leges artis*. 2 – Exceptuam-se os actos não conhecidos pelas *leges artis*, mas sobre os quais se disponha de dados promissores, em situações em que não haja alternativa. (...)" *Regulamento* nº 14/2009, da Ordem dos Médicos, Diário da República, 2ª Série, 13 de Janeiro de 2009, p. 1355 e ss.

[57] *Vide* MONIZ, Helena, "Risco e Negligência na prática clínica", *Revista do Ministério Público*, nº 130, Ano 33, Abril : Junho 2012, pp. 90 e ss.

Compreendemos, pois, que não existe no nosso ordenamento jurídico e no europeu, muito concretamente na Convenção Europeia dos Direitos do Homem e da Biomedicina, uma resposta para um caso tão complexo e específico como o da prescrição *off-label*. Mas, com a mesma clareza, conseguimos descortinar que, por entre os vários artigos nacionais e europeus, não haverá uma proibição desta prescrição. Contrariamente ao que possa parecer num primeiro pensamento, a prescrição *off-label per se* não viola qualquer lei nacional ou europeia. Claro que a prática médica deverá ser especialmente cautelosa para que se não viole qualquer outro princípio tutelado pelo direito. Num terreno tão arenoso, não cuidar com a maior perícia da obtenção do consentimento informado ou do cumprimento de um dever objectivo de cuidado poderá ser muito complicado para quem prescreve esta terapêutica.

Importa, pois, que se procure regular este tipo de prescrição sem que, no entanto, se prive o médico da sua liberdade terapêutica, da sua conduta pessoal, consciência, conhecimento e convicção, dado que a prescrição *off-label* é, em tudo, dependente do julgamento médico que pode cair facilmente na necessidade de reparar, desde logo, um dano injustificado, previsto no artigo 24º da já referida Convenção Europeia dos Direitos do Homem e da Biomedicina.[58]

Assim, cremos ser do interesse do médico o estabelecimento de critérios e requisitos que devam ser respeitados para que possa prescrever do modo mais seguro possível.

Até aqui, não nos restam dúvidas de que regular esta prescrição será o melhor caminho, protegendo o paciente mas também o médico, com capacidades excepcionais, com conhecimentos acima da média, "pois de contrário, a espectral *medicina defensiva* será uma realidade, não fazendo sentido que (...) haja necessidade de recurso a métodos que paralisem a evolução da ciência médica...".[59]

Como dissemos, prescrição *off-label* é, em tudo, dependente do julgamento médico e, nesse sentido, sujeita o médico a uma responsabilidade profissional pelo exercício do seu julgamento e, portanto, das suas funções.[60] Ora, sendo uma zona tão melindrosa, parece que o *âmbito de*

---

[58] Vide RILEY, James B., BASILIUS, P. Aaron, *op. cit.*, p. 27.
[59] RODRIGUES, Álvaro da Cunha Gomes, *Responsabilidade Médica em Direito Penal (Estudo dos Pressupostos Sistemáticos)*, Almedina, Coimbra, 2007, p. 285.
[60] RILEY, James B., BASILIUS, P. Aaron, *idem*.

aplicação desta prescrição deveria ser restrito a casos onde se verificasse ausência de qualquer outra terapêutica aprovada ou onde existisse uma terapêutica aprovada mas sem resultados positivos para aquele doente.[61]-[62] Ademais, para que se prescreva dentro desses casos, o médico terá de possuir uma forte convicção de que o benefício directo para o paciente ultrapassa um uso não aprovado. Para que essa convicção seja amplamente aceite, deve assentar sobre alguns critérios que, ainda que gerais, permitam estabelecer uma base de razão consensual.[63]

Será, pois, de valorizar a experiência do médico, os seus conhecimentos e especiais capacidades enquanto profissional e que fundamentam o seu julgamento. Importa, também, levar em linha de conta o conhecimento adquirido em estudos científicos publicados que reflictam evidências[64] de que aquele uso será frutífero. Tomar-se-á em consideração a evocação de artigos que relatem a prática e a experiência médica em casos semelhantes, devendo ter o prescritor, também, por base opiniões de outros colegas, preferencialmente nacionais, por uma questão de homogeneidade de práticas, mas não excluindo, como é lógico, opiniões de profissionais de outros países que poderão estar, já, um passo à frente do que tem vindo a ser nacionalmente praticado.

Toda esta convicção deverá estar cuidadosamente registada, no processo clínico[65] do paciente, de modo claro e compreensível, devendo o médico ser particularmente meticuloso neste seu dever de fazer uma boa documentação clínica.

---

[61] O médico terá, sempre, de se concentrar no caso concreto do paciente em causa.
[62] No mesmo sentido do disposto no artigo 35º do Código Deontológico dos Médicos.
[63] Seguindo, não só, mas mais de perto, RILEY, James B./ BASILIUS, P. Aaron, *op. cit.* e MELONAS, Jacqueline M., *Preventing and Reducing Professional Liability Risk Related to Psychopharmacology*, (http://www.psychiatrictimes.com/showArticle.jhtml?articleId=175803689)
[64] Sobre a classificação da evidência de suporte para uma prescrição *off-label*, cfr. CARNEIRO, António Vaz e COSTA, João, "A prescrição fora das indicações aprovadas (*off-label*): prática e problemas", *Revista Portuguesa de Cardiologia*, Elsevier Doyma, Vol. 32, Nº 9, pp. 685.
[65] Sobre o conteúdo e especificidade do processo clínico, *vide*, entre nós, BARBOSA, Carla, "Aspectos jurídicos do acesso ao processo clínico", *Lex Medicinae – Revista Portuguesa de Direito da Saúde*, Ano 7, nº 13, Coimbra Editora; CASCÃO, Rui, "O Dever de Documentação do Prestador de Cuidados de Saúde e a Responsabilidade Civil", *Lex Medicinae – Revista Portuguesa de Direito da Saúde*, Ano 4, nº 8, Coimbra Editora; PEREIRA, André Dias, "Dever de Documentação, Acesso ao Processo Clínico e sua Propriedade – Uma perspectiva europeia.", *Revista Portuguesa do Dano Corporal*, nº 16, 2006.

A estes critérios importa juntar um outro requisito, ao qual já nos referimos, para que estejamos perante uma fundamentada prescrição *off-label*: o *consentimento informado* do paciente que, conforme aconselha a Direcção Geral de Saúde, deverá ser escrito.[66] É fundamental que o *dever de esclarecimento* seja altamente respeitado. Parece-nos que neste caso não deve existir um privilégio terapêutico e que o doente deve ser completamente informado sobre o tipo de prescrição que lhe está a ser feita – não se omitindo a ausência de aprovação pelas autoridades competentes para o caso e a necessária incerteza de sucesso no resultado. Devem ser mencionados todos os riscos conhecidos que possam advir desse uso.

Claramente, será demonstrada a razão que fundamenta a convicção do médico para a indicação do uso daquele medicamento, expondo a inexistência de outras alternativas – ou o fracasso das existentes – bem como os casos de sucesso já conhecidos e expostos doutrinalmente. É imperioso que se invista num minucioso esclarecimento, de forma a ser compreensível para aquela pessoa em concreto – com todas as características que devem ser atendidas, nomeadamente a sua origem e literacia.

Respeitado o restrito âmbito de aplicação, atendidos que estejam todos os critérios/ requisitos[67] mencionados como válidos para que a convicção do médico seja completamente aceite e existindo um consentimento informado conforme referido, não encontramos motivos para que se não possa estar perante um acto médico legalmente aceite à luz do nosso ordenamento jurídico e da própria Convenção Europeia.

Obviamente que, por maioria de razão, seria absolutamente proibida a prescrição a título experimental, visando a perseguição do interesse científico, por não se tratar, sequer, de uma prescrição *off-label*.

Claro que, ocorrendo *erro* ou violando-se as especificidades desta obtenção de consentimento informado[68], à qual se ligassem causalmente consequências danosas, o médico estaria sujeito a responsabilização.

Se nos escusamos, por um lado, a tecer considerações sobre o dever de indemnizar em sede de responsabilidade civil, as quais encontramos

---

[66] Tomamos aqui em consideração o paciente médio, não pensando nos casos de doentes incapazes.
[67] De que poderá ser solicitada prova, nomeadamente dos artigos e estudos científicos, bem como dos exemplos de casos de sucesso.
[68] Cfr. MOLYNEUX, Cándido García e BOGAERT, Peter, "The need for informed consent in off-label use in the EU", *Script Regulatory Affairs*, November 2010, pp. 13-16

sobejamente aprofundadas na doutrina portuguesa[69], não nos é possível passar por uma perspectiva jurídico-penal[70] sem fazer uma brevíssima referência à possibilidade de uma prescrição que consubstanciasse negligência.

Como referimos *supra*, no caso de uma prescrição *off-label*, teremos de pensar de forma mais ampla e abrangente. Não esqueçamos que, de acordo com o artigo 150º, nº 1 do Código Penal português, a exclusão da tipicidade para os actos médicos fica dependente do respeito pelas *leges artis*. Ora, rigorosamente, a prescrição *off-label* pode não seguir os procedimentos habituais *das leges artis*. No entanto, respeitando os critérios/ / requisitos apontados "não se pode dizer que estamos perante um comportamento negligente se foram observados todos os deveres de cuidado inerentes a esta especial utilização e se o consentimento do doente foi obtido"[71].

Na verdade, estaríamos perante uma prescrição *negligente*[72,73,74] quando o médico tivesse o dever de actuar de forma razoável, atendendo ao dever objectivo de cuidado que sobre ele impende, e violasse esse dever. Claro que teria de se verificar um nexo de causalidade entre a violação negligente e o dano causado – o dano terá sido causado directamente pela violação do dever de prudência e boa prática médica do praticante. E esse dano sofrido teria de ser, naturalmente, actual.

4. A promoção dos usos *off-label* pela indústria farmacêutica – brevíssima referência

É importante, ainda, acrescentar, que os médicos só estariam autorizados a discutir e aconselhar o uso *off-label* em casos individuais, para os

---

[69] Sugerindo, apenas a título meramente ilustrativo, AA.VV., *Responsabilidade Civil dos Médicos*, Centro de Direito Biomédico, Coimbra Editora, 2005

[70] Para o conhecimento de vários casos de responsabilidade criminal do médico, em Itália, *vide* GUIDI, Benedetta; NOCCO, Luca, *op. cit.*, pp. 25 a 31.

[71] MONIZ, Helena, *op. cit.*, p. 94

[72] Cfr. RILEY, J., BASILIUS, P., *op. cit.*

[73] Cfr. JANSEN, Rita-Marié, "Off-label Use of Medication", *Legal and Forensic Medicine*, AA.VV., Roy G. Beran (Ed.), Springer – Verlag, Heidelberg, 2013, pp. 1601-1615

[74] Para mais desenvolvimentos sobre a negligência da prática clínica no ordenamento jurídico-penal português *vide* a posição defendida por Helena Moniz na obra citada *supra*.

seus doentes, de forma individual, e não a promover tal prescrição de forma comercial ou para o público em geral.[75]

Parece-nos, pelo que vem de ser dito, que os médicos deverão ser especialmente prudentes no momento em que decidem prescrever *off-label*. Terá, por isso, de existir uma grande preocupação com os factores que influenciam a sua tomada de decisão, para que os doentes se encontrem protegidos dos riscos que poderão advir de um tratamento que não foi, ainda, aprovado.[76]

É claro que a progressiva natureza da inovação farmacêutica requer que os médicos mantenham os seus conhecimentos actualizados para que possam escolher os melhores tratamentos disponíveis para os seus pacientes. No entanto, importa não esquecer que os interesses da indústria farmacêutica ou considerações puramente económicas poderão influenciar e enviesar esta contínua aprendizagem.[77]

Ora, os usos *off-label* têm sido cada vez mais atractivos para os vários laboratórios farmacêuticos, sendo que o *off-label* parece ser uma batalha pela qual vale a pena lutar. Como sabemos, o processo de entrada no mercado dos medicamentos[78] é longo, demorado e muitíssimo dispendioso. Em muitos casos, quando é aprovada a autorização de introdução no mercado (AIM), os investigadores já descobriram outros usos e outras doenças para os quais o medicamento poderá ser útil. Compreendendo a dificuldade que existe em conseguir a aprovação da AIM e do RCM, não admira que, logo *ab initio*, os laboratórios tentem promover os demais usos e procurem, nesse sentido, rentabilizar os custos que têm em mãos, através da indicação da utilização dos medicamentos para outras hipóteses. No entanto, esta não pode, de modo algum, ser uma atitude com a qual possamos concordar.

Esta questão tem sido amplamente debatida nos Estados Unidos, onde a jurisprudência é crescente, e muitas têm sido as indemnizações pagas pelos diferentes laboratórios farmacêuticos. Nesta sede, muito se

---

[75] De acordo com SCLAFANI, Anthony, *op. cit.* e NAMJOSHI, Shweta, *Off-Label Marketing of Pharmaceuticals,* Leana S. Wen, AMSA National President 2005-2006, American Medical Student Association (www.leda.law.harvard.edu)
[76] NAMJOSHI, Shweta, *op. cit.*, p. 3
[77] *Idem*, p. 4.
[78] Sobre o qual não nos deteremos, aqui, pormenorizadamente.

tem discutido, colocando-se várias hipóteses de violação de legislação que não existe entre nós.[79]

A FDA tem vindo a colocar múltiplas restrições à promoção dos usos *off-label*, proibindo, actualmente, a promoção directa de medicamentos para usos não aprovados.[80] É certo que a liberdade terapêutica dos médicos, no que toca à prescrição de terapêuticas, importa inúmeras vantagens, permitindo inovação na prática clínica, especialmente onde os tratamentos aprovados falharam ou são ainda inexistentes. Os doentes poderão, assim, ter acesso a terapêuticas com potencial valor, permitindo-se aos médicos adoptar práticas baseadas nas recentes evidências. É, ainda, provável que essa possa ser a única solução possível para as doenças raras, órfãs de medicação.[81]

Não obstante, enquanto prescrever *off-label* é legalmente possível e admissível, a promoção e publicitação dos usos *off-label* pela indústria farmacêutica são proibidas entre nós [82] [83] [84]. As condições de publicidade relativas a medicamentos são claramente expostas no Capítulo IX do Estatuto do Medicamento. A publicidade de medicamentos compreende, neste sentido, qualquer forma de informação, de prospecção ou de

---

[79] Para mais desenvolvimentos e para um estudo mais aprofundado da realidade americana, para além dos autores já citados, consultar, entre outros: *Off-label Drug Marketing*, Pharmacy Jurisprudence, L.L.C, Select CE, Acreditation Council for Pharmacy Education (www.selectce.org) e CRAFT, George S., Promoting off-label in pursuit of a fraudulent business model, *Houston Journal of Health Law & Policy*, pp. 103-131.

[80] "The FDA influences the prescribing of all available drugs in several limited ways. (...) the FDA regulates de industry's marketing practices. Current FDA policy on marketing for off-label uses follows the FDA Modernization Act of 1997 (...). This legislation greatly eased restrictions on drug promotions. FDA policy currently prohibits the direct promotion of products for unapproved uses." STAFFORD, Randall S., "Regulating Off-label Drug Use – Rethinking the Role of the FDA", *The New England Journal of Medicine*, Vol. 358, Nº 14, April 3, 2008, p. 1428.

[81] *Idem*

[82] Cfr. GREENE, Stephanie, "False Claims Act Liability for Off-Label Promotions of Pharmaceutical Products", *Penn State Law Review*, Volume 110, Number 1, 2005, p. 43.

[83] "Off-label use of medicines is acceptable in certain circumstances. The promotion of off-label use, regardless if by companies or governments, is never acceptable.", EUROPEAN FEDERATION OF PHARMACEUTICAL INDUSTRIES AND ASSOCIATIONS, *op. cit.*, p. 6

[84] FAIRBAIRN, Daryl, IZZARD, Campbel, HOLTORF, Marc, "Promotion and Use of Off-label Pharmaceuticals in Europe, The US and China, *Financier World Wide*, December Issue 2011 (www.financierworldwide.com)

incentivo que tenha por objecto ou por efeito a promoção da sua prescrição, dispensa, venda, aquisição ou consumo.

Assim, do número 3 do artigo 150º deste Estatuto resulta que a publicidade de medicamentos deve conter elementos que estejam de acordo com as informações constantes do resumo das características do medicamento, tal como foi autorizado. O que, obviamente, exclui a publicidade de medicamentos para usos *off-label*.

Ainda no nosso ordenamento jurídico, figura a Directiva 2001/83/CE, de 6 de Novembro de 2001, que, no seu artigo nº 87º, nos deixa claro que todos os elementos da publicidade dos medicamentos devem estar de acordo com as informações constantes do resumo das características do produto.

É, pois, nesta conformidade que podemos afirmar que, apesar da prescrição *off-label* ser completamente legal enquanto acto médico, a sua promoção pela indústria farmacêutica é totalmente vedada. Enquanto os médicos podem prescrever um medicamento para usos não aprovados, a indústria farmacêutica apenas pode promover os seus medicamentos para usos previstos no RCM.[85] Neste sentido, encontra-se, também, a posição defendida pela *European Federation of Pharmaceutical Industries and Associations*.[86]

Claro que a divulgação de informação, de literatura e de evidências científicas deve ser totalmente permitida. Poderá, contudo, nesta situação, ser algo complexo destrinçar o que é divulgação e o que, efectivamente, constitui promoção, na medida em que, por exemplo, não é possível ignorar que muitos médicos poderão ser patrocinados pela indústria farmacêutica para publicarem estudos que permitam demonstrar que o uso *off-label* de determinado medicamento é altamente promissor.[87]

---

[85] BALL, Frederick R., DUFFY, Erin M. and RUSSAKOFF, Nina L., The First Amendment and Off-label Promotion: Why The Court In United States v. Coronia Got It Wrong, *Bender's Health Care Law Monthly*, April 2009, p. 3

[86] "EU law prohibits the promotion of medicines for unlicensed uses (Art. 87 of Directive 2001/83/EC) and rightly threatens companies with heavy sanctions in case of off-label promotion.", EUROPEAN FEDERATION OF PHARMACEUTICAL INDUSTRIES AND ASSOCIATIONS, *op. cit.*, p. 5

[87] "A fine line often exists between some pharmaceutical companies' marketing and research activities. Pharmaceutical companies often hire scientists and physicians, sometimes from high-profile academic institutions, to conduct or present the latest research about their

Relativamente a esta questão de promoção dos usos *off-label* por razões económicas[88] [89], embora numa outra vertente, surge a queixa apresentada em Janeiro de 2015, na Comissão Europeia pela EPFIA, pela *European Confederation of Pharmaceutical Entrepeneurs* (EUCOPE) e pela *European Association for bio-industries* (EuropaBio) contra a lei italiana, que permite a promoção de usos *off-label* por razões puramente económicas[90]. Preocupadas com a possível adesão de outros Estados Membros da União Europeia a uma prática claramente violadora das disposições europeias, as queixosas pedem à Comissão Europeia que tome medidas, no sentido de dar cumprimento às mesmas.[91] Aguardaremos o desenvolvimento desta questão.

Cremos, que, entre nós, o INFARMED deveria assumir um papel de maior intervenção. Se se pode compreender que a autoridade farmacêutica tome uma posição como a que resulta da Circular Informativa, deixando a prescrição *off-label* à inteira responsabilidade dos médicos e hospitais, o mesmo não poderá acontecer no que respeita à promoção do uso *off-label* de medicamentos sobretudo por razões puramente económicas.

5. Conclusões

(1) A prescrição *off-label,* apesar de ser uma prática generalizada, é, ainda hoje, algo obscura na sua existência e nas modalidades em que poderá ocorrer.

(2) Existe, ainda, uma grande confusão entre a prescrição *off-label* de medicamentos e algumas práticas de uso experimental de fármacos,

---

products, or lead physician groups dedicated standard uses of medications for particular conditions or diagnosis." *idem*, p. 4

[88] Cfr. *supra* as notas 17 e 18.

[89] BOGAERT, Peter, SCHWABL, Armin, *Cost Consideretions should not drive off-label drug use in the EU,* Script Regualatory Affairs, June 2012, pp. 7-9.

[90] *Legge finanziaria 2007, lettera Z e Legge finanziaria 2008*

[91] "Statement on bio-pharmaceutical industry complaint to the European Commission against a new Italian law promoting off-label use of medicines for economic reasons" (http:// www.efpia.eu/mediaroom/234/43/Statement-on-bio-pharmaceutical-industry-complaint-to-the-European-Commission-against-a-new-Italian-law-pPromoting-off-label-use-of-medicines-for-economic-reasons); "Italy's off-label law sparks Industry to file complaint", PHMR, Health Economic, Pricing and Reimbursement, (http://phmr.com/alert-details/smc-latest-recommendations-italys-off-label-law-sparks-industry-to-file-complaint-and-latest-cancer-drugs-in-development.html)

nomeadamente ensaios clínicos, que ocorrem, principalmente, antes da entrada dos fármacos em questão no mercado.

(3) Só estaremos perante um caso de prescrição *off-label* quando um médico indicar o uso de um medicamento já comercializado para um fim que não se encontra aprovado, sendo essa indicação feita única e exclusivamente para o interesse e benefício directos do doente.

(4) A prescrição *off-label*, enquanto acto médico, não viola qualquer lei nacional ou internacional.

(5) A prescrição *off-label* terá toda a pertinência e será profícua nas áreas onde existe ausência de terapêuticas ou onde as mesmas não tenham qualquer sucesso.

(6) O médico deverá usar da maior prudência quando prescrever *off-label*, já que se encontra fora de uma área de segurança e eficácia garantidas, avaliando de forma muito ponderada o risco/ benefício.

(7) A ausência de uma resposta concreta do nosso ordenamento jurídico para o caso específico da prescrição *off-label* poderá levar a uma lacuna no que concerne à protecção dos médicos e pacientes e a julgamentos errados sobre a prática em causa.

(8) Regular a prescrição *off-label* apresenta-se como uma necessidade fulcral para a nossa sociedade, já que se for feita de acordo com os requisitos e preceitos referidos ao longo deste trabalho, estamos convictos, poderá constituir uma prática clínica altamente vantajosa.

(9) Consideramos que a promoção de usos *off-label* pela indústria farmacêutica é ilegal.

Perspectiva panorâmica da jurisprudência portuguesa em matéria de responsabilidade criminal médica

ÁLVARO DA CUNHA GOMES RODRIGUES*

1. Introdução

No já distante ano de 1999, o Ilustre Professor Guilherme de Oliveira escrevia no seu estudo intitulado «*O Fim da Arte Silenciosa – (o dever de informação dos médicos)*»[1], as seguintes proféticas palavras:

«Os médicos costumam dizer que os juristas falam bem, cultivam a linguagem porque ela lhes é precisa para o exercício das profissões forenses. Mas é fácil falar para um juiz numa linguagem técnica; ou falar para a assistência de um julgamento, no velho estilo gongórico. Difícil será falar para um doente, explicar-lhe coisas sofisticadas numa linguagem que ele entenda. E, se acrescentarmos a este diálogo imprescindível, as conversas entre o interno e o médico graduado, entre o médico e o enfermeiro, entre estes e o administrador do hospital e o contribuinte... bem poderá afirmar-se que, hoje em dia, são os médicos que têm de cuidar da sua retórica!

---

* Juiz Conselheiro do Supremo Tribunal de Justiça (Jubilado)
Doutor em Direito
[1] Tratou-se de uma comunicação apresentada no Congresso sobre «Responsabilidade Civil, O Presente e o Futuro» realizado na Universidade Católica (Porto, 20-22 de Abril de 1995) no âmbito do tema Responsabilidades Profissionais e que foi também publicada na obra Temas de Direito da Medicina, Coimbra Editora, 1999, pg. 101 e segs.

Virgílio chamava à Medicina a *muta ars* (Gracia, cit., pág. 154) por oposição à arte da oratória, como a Governação e o Direito; a Medicina, como o Risco, eram tarefas que se desempenhavam em silêncio. Mas as coisas mudaram; levou dois mil anos, mas mudaram.

E agora, para os médicos, o silêncio ... acabou»!

Esta brevíssima passagem do estudo deste Ilustre Professor, que tanto dedicou do seu saber e da sua docência ao Centro de Direito Biomédico da Faculdade de Direito de Coimbra, demonstra bem como em 1999 já havia despertado plenamente, entre nós, a problemática da responsabilidade médica como consequência de condutas clínicas e médico-cirúrgicas danosas à vida, integridade física e saúde dos pacientes, para nos referirmos à trilogia dos bens jurídicos que o Código Penal de 1982 consagrou no seu texto ao traçar a previsão normativa do tipo legal de crime de ofensas à integridade física.

Vem a propósito relembrar que num interessante trabalho elaborado pelos ilustres docentes da U. de Coimbra, Prof. Figueiredo Dias e, o então assistente, Dr. Sinde Monteiro, no recuado ano de 1983, estes conceituados jurisconsultos, depois de notarem que em Portugal era ainda extremamente reduzido o número de acções em que se colocavam problemas da responsabilidade civil ou penal do médico, o que, na prática, equivalia a não se ter produzido ainda a «*democratização da responsabilidade profissional*» na conhecida expressão de Christian von Bar (*"Demokratisierung der Berufschaftung"*) afirmavam:

«Não obstante, tem-se verificado nos últimos anos um grande acréscimo de interesse pelos problemas da responsabilidade profissional do médico, traduzido não apenas num maior número de acções, cujas sentenças nem todas estão publicadas (ainda assim nos últimos cinco anos, não temos conhecimento de mais do que uma meia dúzia de acções de pequeno montante; de assinalar que duas delas, uma das quais curiosamente intentada por uma súbdita inglesa, atingiram o Supremo Tribunal de Justiça), mas igualmente um maior número de estudos doutrinais sobre o problema, em notícias aparecidas na imprensa sobre a prestação voluntária de uma indemnização por Hospitais Públicos, bem como em inquéritos a alguns «acidentes» nestes verificados».[2]

---

[2] F. Dias e Sinde Monteiro *Responsabilidade Médica em Portugal*, BMJ, 332, 68-69.

Apesar do recrudescimento do interesse público pela problemática da responsabilidade médica, aqueles autores acrescentavam que a efectivação por via judicial de tal responsabilidade assumia ainda formas embrionárias de pouco ou nulo significado, dizendo que, no momento presente, o sentimento dominante perante o sofrimento de um dano, mesmo daqueles que atingem directamente a própria pessoa e não apenas o seu património (como é o caso típico da responsabilidade médica), é o da resignação, não o de pedir contas ao responsável.[3]

2. A evolução da actividade jurisdicional em matéria de responsabilidade penal médica

Numa obra da nossa autoria que constituiu a dissertação de Mestrado que defendemos em 2003[4], escrevemos o que aqui é de toda a conveniência registar, pela sua manifesta pertinência relativa à actividade jurisprudencial hodierna:

«Presentemente, embora não tenham, por enquanto, sido elaboradas estatísticas fidedignas (a nível nacional) sobre a jurisdição cível concernente a tais matérias, cremos que não será temerário avançar que ainda é relativamente exíguo o número de acções cíveis neste domínio.

No que concerne à jurisdição penal, pendem termos vários processos contra médicos, ainda em fase de inquérito ou de instrução, grande parte deles, o que deixa antever a possibilidade de, em momento oportuno, os eventuais lesados virem pedir as indemnizações a que se julguem com direito que, por força do princípio de adesão, acolhido no artº 71º do Código de Processo Penal, não podem fazer valer em separado.

Como quer que seja, parece que em Portugal o verdadeiro problema não reside na falta de interesse público pelas questões inerentes à responsabilidade dos médicos, mas antes em aplicar na prática os princípios teóricos, ou, como dizem F. Dias e Sinde Monteiro[5] em tornar a "law in the books" em "law in the action."».

---

[3] Ibidem.
[4] Esta Tese que defendemos na Universidade Católica Portuguesa (Lisboa), foi publicada em 2007, com o título, *Responsabilidade Médica em Direito Penal (Estudo dos Pressupostos Sistemáticos)*, pela editora Almedina, encontrando-se a passagem citada na pg. 23.
[5] F. Dias e Sinde Monteiro, *Responsabilidade Médica na Europa Ocidental – Considerações – de lege ferenda* – relatório integrado na *Medical Responsibility in Western Europe*, investigação

Com efeito, nada melhor para se compreender a dimensão e a consistência dessa grande veneração dos homens por aqueles que cuidam da sua saúde com o saber e arte que possuem e, não raras vezes, lhes restituem a vida que se esvairia se não fosse a sua providencial intervenção, do que ter presente a insofismável verdade contida na afirmação de que «*toda a caminhada de sofrimento humano garantiu à medicina um estatuto superior e estabilizado que não se compadecia com a humana prestação de contas*» como escreveu o Prof. Guilherme de Oliveira,[6] a verdade é que já no famoso Código de Hammurabi, cerca de 1000 anos A. C., se cominavam penas severas para os médicos que causassem danos graves, por imperícia ou negligência.

Se um médico trata um homem livre, duma ferida grave, com um buril de bronze e o mata, ou se o buril de bronze lhe vasa um olho, corta-se-lhe a mão[7], dispunha aquele antiquíssimo monumento jurídico.

Contudo, durante séculos, a actividade médico-cirúrgica impôs-se aos olhos do leigo, como algo de índole mítico-mágica, sendo impensável colocar um médico num banco dos réus, ainda que autor declarado de grave imprudência, por forma a fazê-lo responder pelo resultado.

Não resistimos à tentação de transcrever, pelo seu interesse, a seguinte afirmação do Prof. Pinto da Costa: «O velho médico de aldeia participava da vida familiar dos doentes e ninguém lhe pedia responsabilidade. Havia também os médicos descendentes de famílias ricas e que exerciam a medicina quase gratuitamente, sendo recompensados com o respeito das populações e com presentes ingénuos em certas épocas do ano. A profissão médica perdeu muito do carácter humanista que lhe é próprio, e em grande parte o sentido hipocrático desapareceu. A medicina passou a ser encarada como uma profissão igual a outra, mas devido ao tipo de valores com os quais se lida exige-se-lhe muito mais. O doente reclama ser tratado sem admitir erros a uma profissão que emprega critérios científicos que não são exactos como os da matemática»[8]

---

realizada sob os auspícios do European Science Foundation, publicado in Scientia Jurídica tomo XXXIII, 1984.
[6] Guilherme Freire Falcão de Oliveira, *Estrutura Jurídica do Acto Médico, Consentimento Informado e Responsabilidade Médica*, Rev. Leg. Jur. 3815, Ano 125, 33.
[7] Sobre a responsabilidade do médico nos primórdios da antiguidade oriental, cfr. as obras do Prof. J. Pinto da Costa, *Responsabilidade Médica*, ed. Felício & Cabral, Porto e, *A Responsabilidade dos Médicos* do Prof. J. A. Esperança Pina, LIDEL, edições técnicas.
[8] Prof. Pinto da Costa, op. cit. p. 10.

Foi, sobretudo, na segunda metade do século passado que se começaram a debater, pelo menos no plano teórico, diversas questões relativas à responsabilidade médica.

É, actualmente, inquestionável que a responsabilidade médica é pluridimensional, como pluridimensional e complexa é a própria vida social.

Se, por um lado, o acervo de conhecimentos e o desenvolvimento técnico vão progressivamente aumentando, aparecendo o médico de hoje apetrechado com melhores e mais sofisticados meios de diagnóstico e de terapêutica, a verdade é que por força do célere avanço das ciências médicas e das tecnologias auxiliares, decorre uma exigência de conhecimentos que não permite aos médicos afastados dos grandes centros de investigação abarcar tal mundo de conhecimentos, o que faz com que, por mais prudente e cuidadoso que seja, o risco de cometer erros face às últimas aquisições da ciência aumenta.[9]

O médico contemporâneo, mesmo o mais competente e esforçado, não está livre de cometer um erro de tratamento o que, face ao ordenamento jurídico em vigor, gera o dever de indemnizar se tiver causado dano no campo jurídico-civil e de se sujeitar a uma pena na área jurídico-criminal. Todavia, hoje as acções de responsabilidade civil contra médicos têm forte pendor ressarcitório e, muitas vezes, *ad hominem*, na consciência colectiva[10] e daí que, cada vez mais, se imponha a necessidade de um seguro de responsabilidade profissional dos médicos.

Por falarmos em erro médico, importa referir que este é um conceito não perfeitamente dominado pelos juristas, como ressalta da jurisprudência examinada, enquanto entidade susceptível de causar danos à saúde e à vida, particularmente pelos profissionais forenses que têm o difícil múnus de apreciar ou julgar casos que genericamente se inserem num conceito tremendamente estigmatizante e injusto para a dignidade dos profissionais de Medicina que é o da «*negligência médica*»!

No campo da actividade médica, especialmente potenciadora, *ex natura rerum*, de lesões orgânicas e vulnerações de saúde, quase diariamente somos confrontados com notícias de erros médicos, acidentes de considerável gravidade, omissões de cuidados, os denominados «*acontecimentos adversos*», tudo sob o rótulo genérico e impróprio de «*negligência

---

[9] Cfr. António Henriques Gaspar *A Responsabilidade Civil do Médico*, in Col. Jur., ano III, 1978.
[10] F. Dias e S. Monteiro, *Responsabilidade Médica na Europa Ocidental*, S.S. 1984, 101.

médica», aumentando progressivamente o número de acções cíveis e de processos criminais.

O Prof. Guilherme de Oliveira, referindo-se à responsabilidade profissional médica no domínio jurídico-civil, assevera que *«ninguém pode estar satisfeito com o regime actual. Os médicos temem as acusações de negligência que os expõem nos meios de comunicação e os ameaçam com o pagamento de indemnizações; os hospitais sentem-se desconfortáveis com a má publicidade que os "casos" lhes trazem e receiam os custos da "medicina defensiva" que facilmente se pode esperar; os doentes raramente obtêm indemnizações dos danos que efectivamente sofrem»*[11].

3. Algumas considerações sobre a formação dos Profissionais Forenses no domínio da responsabilidade médica

Neste estudo em honra do grande Mestre do Direito de Medicina que tantos anos esteve à frente do Centro de Direito Biomédico da Faculdade de Direito de Coimbra, o Professor Doutor Guilherme Falcão de Oliveira, de quem tivemos o prazer e a honra de assistir atentamente às suas preciosas lições em cursos professados naquela prestigiosa instituição, começaremos por esboçar um quadro, de forma necessariamente perfunctória, do que se nos afigura serem os aspectos, porventura menos trabalhados, da nossa jurisprudência em matéria de responsabilidade criminal médica, até como uma forma de conceder a nossa colaboração aos outros profissionais do Foro, numa tentativa de aplanamento de algumas dificuldades jurídicas que se deparam a quem tem a nobre missão de aplicação de justiça no delicado terreno da actuação do médico em relação aos seus pacientes.

Há conceitos operativos que são frequentemente utilizados nas decisões judiciais e estudos técnico-científicos sobre responsabilidade médica, cujo domínio é imprescindível aos profissionais forenses, sob o risco de equivocidade ou de polissemia conceptual, o que, se for menosprezado, só poderá colocar em causa a realização da Justiça e a dignidade dos destinatários de tais decisões.

---

[11] GUILHERME DE OLIVEIRA, então Director do Centro de Direito Biomédico da Faculdade de Direito da U. Coimbra, in *Responsabilidade Civil dos Médicos (introdução)* publicações do Centro de Direito Biomédico, Coimbra Editora, nº11, pg. 11.

Por exemplo, no que ao erro médico concerne, torna-se imprescindível figurar no horizonte do julgador a conhecida formulação de Eberhard Schmidt, para quem «*todo o erro, cometido por um médico durante a assistência a um doente, deve ser aqui abordado como sendo um "erro profissional*» *(jeder dem Arzt in der Arbeit am Kranken unterlaufenden Fehler soll hier also als "Kunstfehler" angesprochen werden)*,[12] que, pese embora a sua amplitude indesmentível, continua a ser uma definição clássica em que não é difícil entrever que, face a tal conceptualização, nem todo o erro médico, como falha profissional, assume relevância jurídico-penal, mas apenas aquele que é susceptível de integrar ou determinar o preenchimento de um tipo de ilícito criminal.

Por isso, Eb. Schmidt escrevia: «*Um procedimento errado pode ficar sem qualquer consequência e, deste modo, ser insignificante do ponto de vista penal.*

Mesmo assim, o "erro profissional" persiste, embora sem relevância penal. Os aspectos da negligência podem não estar presentes».[13]

O erro médico configura-se, deste modo, como uma falha profissional independentemente da sua valoração jurídica e, portanto, um erro do ponto de vista técnico.

Eberhard Schmidt ensinava que o *Kunstfehler* (erro da arte), neste sentido, não encerra qualquer juízo de valor jurídico, mas é somente uma designação para um facto. Segundo o ilustre penalista e médico alemão, trata-se somente da confirmação, de que num determinado caso particular, algo aconteceu do ponto de vista médico e que, desse mesmo ponto de vista, está errado (*Der Arzt im Strafrecht*, Leipzig, 1935, pg. 137).

Também este continua a ser o entendimento actual de grande parte da doutrina especializada.

Assim, por exemplo, para Romeo Casabona o erro médico traduz-se num «*defeito de aplicação de métodos, técnicas e procedimentos nas distintas fases de actuação do médico (técnica exploratória, diagnóstico, prognóstico, realização do tratamento)*».[14]

O mesmo autor acrescenta que, de acordo com tal linha de pensamento, o erro médico não supõe uma valoração jurídica, posto que se

---

[12] Todo o erro, cometido por um médico durante a assistência a um doente, deve ser aqui abordado como sendo um "erro profissional" (Eberhard Schmidt, *Der Arzt im Strafrecht*, Leipzig, 1939, p. 138, referido supra, nota 438.
[13] Eb. Schmidt, ibidem.
[14] C. M. Romeo Casabona, *El Médico ante el Derecho*, p. 79.

trata unicamente da comprovação fáctica de que um determinado acto clínico ou cirúrgico não está correcto do ponto de vista técnico.[15]

Do ponto de vista jurídico-penal, o erro médico é uma figura que goza do estatuto dogmático de elemento da factualidade típica, nos casos em que tal aconteça, mas nunca como elemento normativo, dado o seu cunho marcadamente ôntico-fenomenológico.

Schwalm, por sua vez, salienta que o erro no tratamento pode definir-se como «*o tratamento médico não indicado ou não realizado em conformidade com a técnica curativa para se conseguir uma determinada finalidade médica de tratamento, segundo os conhecimentos da ciência médica, tendo em conta as circunstâncias cognoscíveis do caso concreto no momento do tratamento; e a omissão do tratamento curativo correcto, que surge como o indicado objectivamente para a obtenção de uma determinada finalidade de tratamento, segundo os conhecimentos da ciência médica, sob as circunstâncias do caso concreto no momento da necessidade do tratamento, sendo possível a realização do omitido*».[16]

O erro médico, em suma, sendo um conceito atinente à esfera da matéria de facto, um elemento da factualidade,[17] abrange o erro intelectual ou erro de percepção, definido pelos escolásticos como a falta da «*conformitas intellectus cognoscentis cum re cognita*» ou seja, ausência de representação da realidade (*ignorantia*) ou representação deformada ou distorcida da mesma e também o erro de execução.

Importa, todavia, vincar que nem todo o erro médico (*ärztliche Kunstfehler*) é consequência necessária de violação consciente (dolosa ou negligente) das *leges artis*, como será o caso do mero erro de execução acidental, que pode ocorrer independentemente de todos os cuidados tomados, que é o que acontece, por exemplo, quando ocorre a secção indesejada de uma artéria friável durante o acto cirúrgico, a lesão do nervo facial na remoção cirúrgica de um tumor da parótida ou, ainda uma decorrência de uma complicação não esperada, uma intercorrência fortuita resultante do estado do paciente, como, v.g., uma complicação cardíaca durante o acto anestésico[18] ou a estenose de uma coronária (por

---

[15] Ibidem.
[16] G. SCHWALM, *Zum Begriff und Beweiss des ärztlichen Kunstfehlers*, Bockelmann – FS, München: C. H. Beck, 1979, pg. 546.
[17] Esta é a expressão de Schwalm, loc. cit. na nota anterior.
[18] Os exemplos citados foram extraídos, com a devida vénia, da magistral obra de Irany Novah Moraes, *Erro Médico e a Lei*; 4ª edição, Lejus, S. Paulo, Brasil, pg 312 e ss.

espasmo) durante o curso de uma angioplastia transluminal percutânea, e, inversamente, nem toda a violação de tais regras determina necessariamente a produção de erro médico, como sucederá no caso de obtenção de êxito terapêutico, não obstante, por exemplo, o afastamento do consignado num protocolo ou *guide-line* médico.

Finalmente, cremos que será indispensável aos julgadores conhecer as demais figuras afins do erro médico, precisamente para evitar a má interpretação dos dados de facto nas situações melindrosas e complexas em que são chamados a decidir.

Assim importa, desde logo, começar por definir o próprio conceito de erro médico ou erro em medicina.

No traçado conceptual do Prof. Fragata, o erro em medicina (erro médico), é delineado como «*uma falha, não intencional, de realização de uma sequência de actividades físicas ou mentais, previamente planeadas, e que assim falham em atingir o resultado esperado. Sempre que essa falha se não deva à intervenção do acaso*».[19]

De acordo com esta definição, para que se possa falar de erro médico, é fundamental a convergência dos seguintes elementos: existência de plano, inintencionalidade no seu incumprimento, desvio da sequência das acções previstas, incapacidade de consecução do objectivo proposto e causalidade, vale dizer, que a causa não seja o acaso.[20]

Esta definição é convergente com a que foi traçada por James Reason, aliás citado pelos autores referidos, na sua obra Human Error [21] segundo a qual «an error is defined as the failure of a planned action to be com-

---

O ilustre autor citado, dá ainda o seguinte exemplo: «Em operação em local delicado, embora com toda a habilidade e cuidado do cirurgião, a fragilidade do tecido poderá levá-lo a romper--se e inviabilizar aquele acto: numa sutura em artéria extremamente friável, feita de acordo com a mais correcta técnica, com a maior habilidade, se os pontos se rompem, inviabiliza também aquele acto. Outro exemplo é o envolvimento de um vaso por um tumor maligno que se quer extirpar: a adesão entre ambos é tal que, para se retirar o tumor, o cirurgião lesa a artéria».

[19] *O Erro em Medicina (Perspectivas do Indivíduo, da Organização e da Sociedade)* da autoria de José Fragata e Luís Martins, com a colaboração de Cláudia Borges e Proença de Carvalho, editada pela Almedina em Novembro de 2004 e reimprimida em Fevereiro de 2005, pg. 313.
[20] Ibidem.
[21] JAMES REASON, *Human Error*, Cambridge, MA: Cambridge University Press, 1990, pg. 9. Para este autor verifica-se erro médico «*...in all those occasions in which a planned sequence of mental or physical activities fails to achieve its intended outcome and when these failures cannot be attributed to the intervention of chance agency*»

pleted as intended (error of execution) or the use of a wrong plan to achieve an aim (error of planning)».

Os autores citados, ainda na esteira de Reason[22], distinguem também o erro médico de uma figura afim que é o «*evento adverso*» (*adverse event*), definido pelos autores portugueses citados, como «*qualquer ocorrência negativa ocorrida para além da vontade e como consequência do tratamento, mas não da doença que lhe deu origem, causando algum tipo de dano, desde uma simples perturbação do fluxo do trabalho clínico a um dano permanente ou mesmo a morte*».[23]

Afirmam os autores de *O Erro em Medicina* que relativamente ao processo causal do erro, podem considerar-se erros, os resultantes de acções não intencionais em que, por distracção, por má aplicação de regras ou por má deliberação, se falhou o plano, acrescentando, contudo, que no extremo oposto, «*encontram-se os erros que resultam de uma transgressão de regras tidas como recomendáveis ou seguras; estes últimos erros não são desculpáveis, poderiam ser evitados se as regras definidas (estado de arte) tivessem sido seguidas, são portanto violações*», concluindo no sentido de que «*podemos assim falar de «erros honestos», os primeiros, fruto da natureza humana e da nossa característica inseparável que é a de cometermos erros, e os outros, os «erros desonestos» ou violações, que se cometem por imprudência, comportamentos de risco ou desobediências aos preceitos estabelecidos ou boas regras*[24]».

Este conceito de erro médico não é, contudo, unívoco, havendo outras elaborações conceptuais, o que bem demonstra a equivocidade e a fluidez tendencial do próprio conceito.

Assim, só a título de exemplo, referiremos o gizado por Alan Merry e McCall Smith na sua obra *Errors, Medicine and Law*, na qual os referidos autores propõem a seguinte noção de erro médico «*An error is an unintentional failure in the formulation of a plan by which it is intended to achieve a goal, or an unintentional departure of a sequence of mental or physical activities from the sequence planned, except when such departures due to a chance intervention*».[25]

---

[22] REASON, apud, L Kohn et al *"To Err is Human"*... cit pg. 29. Na definição de James Reason relativamente ao evento adverso afirma o citado autor: «*an adverse event is defined as injury caused by medical management rather than by underlying disease or condition of the patient*»

[23] JOSÉ FRAGATA, *Risco Clínico (Complexidade e Performance)*, Almedina, 2006, pg 41.

[24] *O Erro em Medicina...* cit, pg. 313.

[25] «Um erro é uma falha inintencional na formulação de um plano com o objectivo de atingir um resultado final, ou uma falha inintencional na sequência planeada de actividades

Por fim, afigura-se também conveniente conhecer a distinção que Novah Moraes[26] apresenta entre erro médico propriamente dito e acidente e entre este conceito e complicação.

Segundo o referido autor, o <u>acidente</u> é a ocorrência desagradável não esperada mas previsível, como as intercorrências que acontecem, tanto no processo diagnóstico, como no terapêutico, como são, por exemplo, os acidentes radiológicos, anestésicos e cirúrgicos.

<u>Complicação</u> é o aparecimento de uma nova condição mórbida no decorrer de uma doença, devida ou não à mesma causa. O referido autor apresenta como exemplos de complicações, o caso do paciente arteriosclerótico que, tendo sido tratado de uma gangrena, falece de enfarte do miocárdio no dia da alta hospitalar ou da complicação que ocorre nos doentes mal nutridos no pós-operatório de uma cirurgia abdominal, designada por evisceração, pois a sutura rompe-se e as vísceras ficam expostas.

Em todo o caso, importa não olvidar que por detrás de acidente ou de uma complicação, pode estar um erro *stricto sensu*, de percepção ou cognitivo [como um erro de diagnóstico ou de terapêutica decorrente da ausência de conhecimentos técnico-científicos (ausência de representação da realidade) da errada interpretação da sintomatologia do paciente ou de dados laboratoriais ou imagiológicos (representação deformada ou distorcida da realidade)] ou de execução, como o manejo indevido de instrumentos na realização do acto clínico ou cirúrgico ou troca de produtos farmacológicos no tratamento do paciente.

É bom de ver que não nos poderemos alongar na dissecação destes aspectos relativos à formação científica dos Magistrados e de outros profissionais do Direito, especialmente daqueles que no dia a dia judiciário lidam com tais realidades, dada a dimensão que tais considerações exigem, pelo que nos limitamos a apontar *a vol d'oiseu* alguns aspectos do trabalho que se vem desenvolvendo nos nossos tribunais em prol da justiça criminal e cível nesta matéria, escolhidos a partir da análise da jurisprudência recolhida.

---

mentais ou físicas, excepto quando tal falha é devida a intervenção do acaso» (ALAN MERRY/ / ALEXANDER MCCALL SMITH, Cambridge University Press, Cambridge, 2001, pg. 74).

[26] I. Novah Moraes *Erro Médico e a Justiça*, 5ª edição, Editora Revista dos Tribunais, S.Paulo, 2005, pg. 493 e ss.

Outro aspecto a ter sempre em conta nas decisões judiciais sobre a responsabilidade penal e civil dos profissionais de saúde, deve, sem dúvida, ser o conhecimento por parte do julgador do carácter de <u>circunstancialidade</u> de toda a actividade médica curativa.

Segundo Gómez Rivero, «os pressupostos da responsabilidade do médico pela sua actuação negligente estão decisivamente condicionados pela nota da circunstancialidade e, por conseguinte, pela impossibilidade de plasmar em regras fixas e inarredáveis a relatividade de todos os aspectos que deve ter em conta no momento da realização da sua actividade».[27]

Na verdade, o julgamento penal e das acções cíveis condenatórias emergentes da responsabilidade médica, não se compadece com os esquemas tradicionais clássicos em matéria de responsabilidade civil ou penal, o que vale dizer que não se adapta à tradicional simplificação esquemática do julgamento de uma acção emergente de acidente de viação ou de qualquer delito negligente, embora seja seguramente verdade que a larguíssima maioria dos processos da denominada negligência médica tenham como objecto infracções negligentes, sendo verdadeiramente excepcionais os casos de infracções dolosas neste domínio.

No específico campo do direito penal médico, deverá ter-se sempre em atenção que os pressupostos da responsabilidade penal do médico pela sua actuação negligente estão decisivamente condicionados pela <u>nota da circunstancialidade</u> (o que recolhe a unanimidade das opiniões dos autores), e que acarreta a tal impossibilidade de plasmar em regras fixas a relatividade de vários aspectos a serem observados no momento da sua actuação, a que se refere Gómez Rivero.[28]

Como ponderámos em outro estudo da nossa autoria,[29] no domínio da medicina existem tratamentos e técnicas operatórias que, intrinsecamente, não traduzem qualquer perigo objectivo, sendo, geralmente, o risco nulo ou diminuto, mas cujo emprego, no caso concreto, poderá gerar consequências desastrosas.

Por outro lado, frequentemente são imprevisíveis determinadas consequências ou reacções do paciente, designadamente as chamadas reacções idiossincrásicas, isto é, que traduzem uma susceptibilidade particular e em geral inata, que o indivíduo apresenta relativamente a certos

---

[27] Maria del Carmen Gómez Rivero, *La Responsabilidad Penal del Médico*, pg. 334
[28] Ibidem.
[29] *Responsabilidade Médica em Direito Penal...* cit., pg.274.

factores físicos ou químicos e se manifesta por uma reacção semelhante à alergia ou anafilaxia.[30]

A própria intolerância medicamentosa ou o estado orgânico depauperado ou imunodeprimido do paciente e até o seu estado anímico[31] podem condicionar ou determinar reacções adversas, como é sabido.

A previsão ou a previsibilidade do resultado típico, que também constituem elementos da negligência, só podem ser apreciados casuisticamente em matéria médica.

De resto, é justamente em função dessa previsibilidade que se poderá falar de imputação subjectiva nos crimes negligentes de resultado (homicídio negligente, ofensas à integridade física por negligência, intervenções ou tratamentos médico-cirúrgicos arbitrários) só havendo tal imputação nos casos em que o resultado típico seja previsível por um médico, com a qualificação do agente e colocado nas mesmas circunstâncias deste.

A negligência assenta na previsibilidade, como se sabe, mas também na evitabilidade do facto ilícito previsível, na justa medida em que ninguém pode impedir a realização de um acontecimento desagradável se o mesmo for inevitável, como acontece nos casos de força maior[32], já que, também para o Direito Penal, muito mais ainda que para os demais ramos

---

[30] Definição contida no Dicionário Médico, Climepsi, 2000, p. 327.

[31] Está actualmente fora de qualquer dúvida a íntima relação existente entre os estados anímicos ou psicológicos e as manifestações somáticas ou orgânicas, como as úlceras gástricas e duodenais, os problemas entéricos, as manifestações asmáticas e a própria facilidade de contrair doenças (depressão imunológica) obrigaram a reconhecer, não sendo o organismo humano constituído, como se pensava ainda há pouco, por dois compartimentos estanques ou quase, o soma e a psique, mas uma entidade holística (total), em permanente relação biunívoca entre o fisiológico e o psicológico, onde o espiritual marca presença indelével, num todo que se pretende harmónico.
Por isso mesmo se diz que, sendo a entropia sinónimo de desorganização, a entropia do corpo é doença, que reflecte os «estados da alma», na sábia expressão popular, e daí, a cada vez mais afirmada proposição de que «não há doenças, mas doentes»!

[32] FRANCESCO ANOLISEI traçava o seguine conceito de força maior em Direito Penal: « *Por forza maggiore deve intendersi in generale ogni forza estera che, per il suo potere superiore, determina la persona, in modo necessario ed inevitable, ad un atto positivo o negativo (movimento corporeo od inazione). È, in una parola, la violenza cui resisti non potest. In tal caso, comme dicevano i pratici, l'uomo non agit sed agitur*»((F. ANTOLISEI, *Manuale di Diritto Penale* (parte generale), 14ª edizione, Milano, Giufrfrè Editore, 1997, pg. 402.

da Ordem Jurídica, dado o seu carácter de ultima ratio da intervenção, é de respeitar o velho brocardo latino «*ultra posse nemo tenetur*».

Nas palavras do Prof. Germano Marques da Silva, a conduta negligente funda-se na possibilidade de o sujeito representar o facto ilícito e na possibilidade de se abster da conduta que o realiza.[33]

Nem de outra forma poderia ser, uma vez que a função primacial do direito penal é, como tantas vezes refere a dogmática criminal (sobretudo na concepção teleológico-racional e funcional), a da tutela subsidiária dos bens jurídicos essenciais à convivência comunitária, e a lesão penalmente relevante destes poderá ocorrer tanto mediante uma conduta consciente e voluntária, isto é, dolosa[34], como por via de um afrouxamento da atenção ou descuido censurável (violação do dever de cuidado objectivo, o *Sorgfaltplichtsvirdrigkeit* do direito germânico).

O dever de cuidado objectivo é, no fundo, o dever de actuar com a diligência adequada a evitar a produção do evento danoso, ou seja, com as medidas de cautela necessárias para *obstar ao não evitar evitável*, para usar uma expressão cunhada por Herzberg (*Die Unterlassung im Strafrecht und das Garantenprinzip*, 1972, 177)[35.]

Não se pode olvidar ao se proceder ao julgamento de um processo por ofensas à integridade física por negligência (artº 148º do C. Penal) ou homicídio por negligência (artº137º) ou mesmo de uma acção cível por responsabilidade contratual ou extracontratual emergente de conduta de um médico no exercício da sua actividade clínica ou cirúrgica, que o ofendido (lesado) é um ser humano, relativamente ao qual o *exitus lethalis* está potencialmente subjacente a qualquer tratamento e é dele indissociável (um corolário indesmentível da falibilidade do ser humano) um «ser para a morte», *Sein zum Tode*, na expressão de Heidegger, embora a finalidade precípua de qualquer tratamento ou intervenção cirúrgica deva ser, fora dos casos meramente experimentais, a curativa ou, *in extremis*, a paliativa, aqui visando mitigar o sofrimento.

---

[33] GERMANO MARQUES DA SILVA, op. cit. p. 174.

[34] Em qualquer das suas modalidades, como o dolo directo, necessário e eventual.

[35] A expressão destinava-se a designar um super-conceito que englobasse a comissão por acção e a omissão imprópria ou comissão por omissão, construindo HERZBERG tal *Oberbegriff* e definindo-o como «a acção em Direito Penal que é o não evitar evitável na posição de garante».

Com efeito, do médico apenas se exige e se espera a melhor aplicação da sua *ars curandi*, mas não se lhe impõe o sucesso curativo, até porque, como se sabe, este depende essencialmente de factores endógenos e exógenos, estranhos ao próprio médico, e, muitas vezes, por este insuperáveis, tais como o estado do paciente, o seu nível etário, a sua colaboração, os efeitos adversos dos medicamentos, as reacções de hipersensibilidade inesperadas, as intolerâncias medicamentosas, o nível das resistências orgânicas, a natureza eventualmente maligna da patologia, a gravidade e o estado de avanço do processo patológico, etc.

Daí que a própria diligência do médico, a observância das *leges artis* e sobretudo, do dever geral de cuidado ganhem relevo por via de regra, exclusivamente à luz da obrigação de meios, que não de resultado.

É neste plano que se devem recortar os conceitos de negligência, imprudência ou imperícia médica e do próprio erro médico.

Aqui se desenham e pontificam os conceitos de "*medical malpractice*" (negligência profissional médica) que consiste na elaboração *contra leges artis* do diagnóstico e das diferentes etapas do tratamento e de "*medical maltreatment*" que se inclui naquele, e que diz respeito apenas à execução do tratamento com violação das regras da arte médica.

Porém, por isso que a obrigação do médico perante o seu doente é uma obrigação de meios, também do médico garante da evitação do resultado, nos termos do artigo 10º nº 2 do Código Penal, a acção esperada de *"evitação do resultado"*, há-de focar-se no plano do seu dever de actuação, pois o resultado morte ou lesão da saúde do paciente, pode eventualmente sobrevir, não obstante toda a diligência empregada.

Por outras palavras, se a omissão do médico foi causal da morte ou da lesão da saúde do doente, segundo o conceito de causalidade hipotética que caracteriza a omissão penal, como defende uma parte da doutrina ou, mais exactamente, se ela criou ou incrementou um risco proibido que se actualizou ou concretizou no resultado infausto e esse risco se encontra no âmbito da tutela da norma que impõe o dever de cuidado objectivo médico, tal não pode ter o alcance de significar que, mediante a sua actuação, o doente necessariamente sobreviveria ou curar-se-ia, mas apenas de que a omissão do médico garante, é equiparada a um comportamento activo causador daqueles resultados, embora, noutras circunstâncias, isto é, mediante a actuação daquele agente *in concreto*, possivelmente tais resultados não fossem de excluir.

Por último, importa ter em consideração as notórias dificuldades de prova que, no domínio da responsabilidade médica, são inusitadamente frequentes.

Num estudo de referência da autoria de Mafalda Miranda Barbosa, ilustre investigadora do Centro de Direito Biomédico da Universidade de Coimbra, intitulado «*A Jurisprudência Portuguesa em Matéria de Responsabilidade Civil Médica*»,[36] a autora refere que «*a maior parte das acções decai pela falta de verificação de um dos pressupostos da responsabilidade civil. Percebe-se, pela fundamentação dos arestos, que, em muitos casos, o verdadeiro busílis da questão não se encontra no não preenchimento do requisito em si mesmo, mas na falta de produção de prova relativamente a ele. Ou seja, em diversas situações, a absolvição do demandado não se justifica pelo facto de a factualidade existente não ser assimilada pelo âmbito de relevância hipotético do instituto da responsabilidade civil, mas é determinada pelo facto de não ser possível apurar concretamente qual a verdade material e resulta do funcionamento das regras probatórias.*

Uma coisa é, conhecida verdade material, considerar-se que o comportamento não foi ilícito, culposo, ou que não se pode estabelecer um nexo de causalidade; outra é fixar-se que não houve ilicitude, culpa ou causalidade, porque não se conseguiu saber, realmente, o que aconteceu.

Neste caso, pode a decisão normativamente adequada não corresponder inteiramente à justeza material que a realização do direito também reivindica. No fundo, lida-se aqui com o problema da tensão entre o dever-ser e o ser, a determinar algumas das questões mais dilemáticas em sede jurídica. Naquela primeira hipótese, não ocorre outra coisa senão o funcionamento do próprio sistema, construído com base em diversos pressupostos como forma de garantir, entre outros objectivos, a realização de um ideal de justiça alicerçado na liberdade positiva dos sujeitos actuantes. Na segunda alternativa, são dificuldades inerentes à complexidade do real que determinam a solução».

Estas dificuldades de prova são igualmente patentes na jurisdição criminal, com particular ênfase nos casos em que são médicos ou outros profissionais de saúde os arguidos em processos por infracções criminais decorrentes do seu exercício profissional.

Desde logo, porque pela complexidade e hermetismo da terminologia técnica da medicina, a grande parte dos assuntos discutidos no desenrolar da audiência de julgamento em matéria de diagnóstico e terapêutica e

---

[36] Estudo publicado em Cadernos de Direito Privado, nº38 (Abril/Junho de 2012) pg. 14 a 27.

relativamente aos métodos utilizados escapam à percepção imediata dos julgadores e advogados que assim se vêm na necessidade de se socorrer de peritos da profissão médica que irão «*descodificar*» tal terminologia para os demais intervenientes processuais leigos em matéria médica.

Essa descodificação, porém, nem sempre se apresenta correcta e clara aos *leigos* em medicina, sendo por vezes fonte das maiores dúvidas e hesitações.

Depois, porque não raras vezes se nota certa propensão de testemunhas ou até de peritos, da mesma profissão do arguido, no sentido da manifestação de alguma "solidariedade corporativa" com o mesmo, por forma a não recortar com a nitidez exigível a verdade material que se busca afanosamente em processo penal, onde a liturgia processual e a solenidade impactante da sala de audiências decerto terão nisso não menosprezável coeficiente de influência. Isto ocorre principalmente nos meios rurais e urbanos de pequena dimensão.

Depois, ainda, a falta de conhecimentos especializados dos julgadores, não apenas de ciência médica, mas também de direito médico – hoje cada vez mais desenvolvido – especialmente em matéria da responsabilidade médica, é passível de criar dificuldades na apreciação da prova e na decisão da causa, na medida em que se apercebe que os tradicionais esquemas da doutrina causalidade adequada, da ilicitude e da própria culpa, mas mais vincadamente no que tange ao estabelecimento do nexo causal entre a conduta do médico e o resultado infausto.[37]

---

[37] Cabe aqui convocar as palavras de Mafalda Miranda Barbosa, escritas no seu estudo supracitado, inteiramente ajustadas ao quanto aqui vimos referindo:
«Podemos dizer, com **Honoré,** que o conceito de causalidade pressupõe que o mundo em que vivemos tem limites objectivos, é regular e compreensível pelo conhecimento. Simplesmente, os seres humanos não reagem sempre uniformemente, pelo que no campo social os problemas patenteiam-se outros. Do mesmo modo, o organismo humano, biologicamente considerado, reage de múltiplas formas. A inexistência de doenças, mas de doentes, postulada pela ciência médica actual, é disso expressão bastante, tornando por si só dubitativa uma ancoragem tendencialmente determinista da *questio*. Acresce que a consciência da multicondicionalidade e/ou multicausalidade pode levar o jurista a debater--se com problemas onde a incerteza não pode ser postergada. Esta é a principal razão para os remédios que, com mais ou menos apego processual, têm sido concebidos de modo a desonerar a posição do lesado: presunções *prima facie*, inversões do ónus da prova, noção de *res ipsa loquitur*, teoria da perda de *chance*, teoria da causalidade possível. As diversas posições padecem de fragilidades várias e estão longe de receber o acolhimento pleno na nossa prática jurisprudencial. Percebe-se, por isso, que seja no domínio contratual – onde

Por imperativo de justiça, cumpre aqui e agora, deixar uma palavra de homenagem aos nossos Juízes que com denodado esforço e estudo, cumprem com competência e profissionalismo a sua elevada missão de administrar justiça com a habitual proficiência numa matéria tão sensível e de grande complexidade técnica como é a da responsabilidade médica.

Após estas considerações preliminares sobre actividade jurisdicional portuguesa no âmbito da responsabilidade criminal médica, é tempo de examinar alguns arestos o que faremos pelo método de comentário técnico simples dos respectivos sumários, já que na nossa qualidade de magistrado judicial, não nos iremos pronunciar sobre o bem ou mal fundado das decisões de outros julgadores nem contribuir para a eventual identificação de protagonistas de casos reais de responsabilidade médica.

Cumpre ainda dizer que examinámos vários arestos dos tribunais da Relação do país, a partir dos dados disponíveis em www.dgsi.pt, mas nada encontramos no que tange à responsabilidade criminal médica, ao nível do Supremo Tribunal de Justiça, o que é perfeitamente explicável, dado que os crimes negligentes de ofensas à integridade física e de homicídio, por força da medida legal ou abstracta da pena (moldura penal) que lhes está cominada, não admitem recurso para o Supremo Tribunal, «ex vi» do disposto no artº 400º do Código de Processo Penal.

A terminar esta primeira parte deste estudo, importa consignar que não se mostram elaborados registos estatísticos fidedignos sobre a criminalidade relativa à responsabilidade médica, o que é pena, já que tais elementos seriam proveitosos para melhor diagnóstico da problemática inerente.

vigora a presunção de culpa do art. 799º do CC – que se torne mais fácil obter a condenação do médico. Não se pense, contudo, que a solução colhe unanimidade, pois, como se poderá constatar, nem todos os tribunais defendem a aplicação do preceito aos casos de erro médico. Pelo contrário, juízes e doutrina têm, em alguns segmentos, defendido, por estarmos aí diante de uma obrigação de meios, que não é possível inverter o ónus da prova na hipótese de responsabilidade do profissional de saúde»

4. Breve Apresentação de alguns arestos dos Tribunais da Relação em matéria de Responsabilidade Penal do Médico.

Tribunal da Relação de Guimarães
1) Proc. 1212/08.4TBBCL.G1
Data do Acórdão: 19-06-2012
Sumário:
1º- Apesar da prova pericial ter por fim a percepção ou apreciação dos factos por meio de peritos, quando sejam necessários conhecimentos especiais que os julgadores não possuem, isso não significa que, perante este tipo de prova, o juiz se apresente despido da sua veste de julgador.
2º- A força probatória reconhecida à prova pericial, no sentido de que este tipo de prova está sujeita à livre apreciação do Tribunal, está directamente ligada à velha máxima de que o juiz é "o perito dos peritos".
3º- Quer isto dizer que, não obstante os conhecimentos especiais dos peritos, o julgador está apto a efectuar o controlo do raciocínio do perito, cabendo-lhe analisar e escrutinar os dados de facto que serviram de base ao parecer científico exarado pelo perito, de modo a ficar habilitado a poder sindicar o juízo pericial.

Comentário:
Antes do mais, cumpre advertir que o sumário transcrito respeita a um acórdão prolatado em matéria cível, mas que escolhemos pela forma como aborda a questão do valor probatório da prova pericial que, como vamos expor neste breve comentário, é diferente do que se passa em processo penal.
Sendo indiscutível verdade que toda a prova e, por isso, também a prova pericial, se destina ao julgador (*judici fit probatio*) de forma a lhe permitir sustentar a sua convicção sobre a realidade factual que suportará a decisão de direito, verdade é também que a prova pericial em processo penal é, na actualidade, um meio de prova qualificado, a tal ponto, que o nº 1 do artº 163º do CPP estatui que «o juízo técnico, científico ou artístico inerente à prova pericial presume-se subtraído à livre apreciação do julgador».
Em razão desta disposição legal, a tradicional visão do juiz como sendo «*o perito dos peritos*» perdeu muito da sua validade, pois embora possa discordar do laudo pericial, o juiz deverá fundamentar tal divergência, nos

termos do nº 2 do sobredito inciso legal e, tratando-se de juízos técnicos, científicos ou artísticos, tal fundamentação deverá consistir numa «*crítica material da mesma natureza, isto é, científica, técnica ou artística*» pois, de contrário, «*o relatório pericial se impõe ao julgador*», como ensina o Prof. Germano Marques da Silva[38].

O juízo subjacente à velha máxima latina «*judex peritus peritorum*» alcançava pleno sentido no Código de Processo Penal de 1929, pois era entendimento quase uniforme na doutrina e na jurisprudência que o tribunal apreciava livremente a prova pericial.[39]

Já assim não se passam as coisas em matéria cível, atento o facto de o artº 389º do C. Civil estatuir que «*a força probatória das respostas dos peritos é livremente fixada pelo tribunal*» com o que, de algum modo, se aceita o vetusto princípio da referida máxima latina.

No entanto, mesmo no âmbito do processo civil, há que não olvidar que o juiz tem o dever legal e constitucional de fundamentar as suas decisões e, em matéria de facto, o dever específico de análise criteriosa da prova e especificação dos fundamentos que foram decisivos para a sua convicção (nº 4 do artº 607º do NCPC/2013).

2) Proc. 717/04-1
Data do Acórdão: 03-05-2004
Sumário:
I – O dever cuja violação a negligencia supõe, consiste em o agente não ter usado aquela diligência que era exigida segundo as circunstâncias concretas para evitar o evento, dever esse decorrente quer de normas legais, quer do uso e experiência comum.

II – Por outro lado, é fundamental que a produção do resultado seja previsível e que só o facto de se ter omitido aquele dever tenha impedido a sua previsão ou a sua justa previsão, previsibilidade e dever de prever estes, que como refere Eduardo Correia (Direito Criminal, I, VoL, pág. 426), "...não são todavia uma previsibilidade absoluta mas uma previsibilidade determinada de acordo com as regras da experiência dos homens, ou de certo tipo profissional de homem."

---

[38] Germano Marques da Silva, Curso de Processo Penal, II, Verbo, 1993, pg. 153/4.
[39] Idem, ibidem.

III – Sendo assim, parece que deve haver um dever de prever, e, portanto, a objectiva possibilidade de negligência, sempre uma conduta em si, sem as necessárias cautelas e cuidados, seja adequada a produzir um evento, o que quer dizer, que é um nexo de causalidade adequada que vem a fixar objectivamente os deveres de previsão, os quais, quando violados, podem dar lugar à negligência, ou seja, que vem dizer quando se deve prever um resultado como consequência duma conduta, em si ou na medida em que se omitem as cautelas e os cuidados adequados a evitá-lo.

IV – Nestes termos, terá de concluir-se que, para que o resultado em que se materializa o ilícito típico possa fundamentar a responsabilidade, não basta a sua existência fáctica, sendo necessário que possa imputar-se objectivamente à conduta e subjectivamente ao agente, significando isto que a responsabilidade apenas se verifica se existir um nexo de causalidade entre a conduta do agente e o resultado ocorrido.

V – Por isso que, embora existam elementos nos autos que nos permitem concluir pela violação das leges artis por parte do arguido, tendo este tido um comportamento omissivo censurável que podia e deveria ter sido diverso, atentos os elementos de diagnóstico – sintomatologia e historial clínico pessoal e familiar – de que dispunha e que lhe tinham sido facultados, impondo-se um diagnostico distinto e, em consequência, uma terapia também diversa e adequada a remover o perigo em que a menor se encontrava e que terá mesmo sido potenciado pela omissão da mesma, não poderá, sem um verdadeiro salto no desconhecido, dizer-se que essa conduta omissiva por parte do arguido foi a causa de morte da menor.

VI – Na verdade, como se refere no parecer médico junto, aquando do atendimento clínico pelo arguido, o prognóstico era muito grave, e apesar de a evolução depender da causa e da terapia, consigna-se que mesmo que o diagnóstico tivesse sido o acertado, mesmo nessa hipótese, não era seguro concluir pela sobrevivência da menor, o que, não afastando totalmente a probabilidade da ocorrência do resultado típico em face da conduta omissiva do arguido – pela violação do dever de cuidado – a verdade é que vem conferir alguma ou mais consistência à probabilidade de verificação do resultado típico, independentemente da conduta do arguido médico.

VII – Assim, em face da ausência de nexo de causalidade entre o comportamento do arguido e evento letal, não pode deixar de se concluir pela inexistência de indícios da prática, pelo mesmo dos crimes do artº 150º, nº 2 e 137º, nºs 1 e 2, ambos do C. Penal.

Comentário:
Como dissemos nas considerações tecidas na primeira parte do presente estudo, a previsibilidade e a evitabilidade do evento danoso (lesão ou perigo de lesão de bens jurídicos, estes no caso dos chamados crimes de perigo) são os pilares em que assenta todo o delito ou infracção criminal ou disciplinar.

A previsibilidade é, antes do mais, a possibilidade de antecipação mental dos eventos lesivos (representação do resultado) que está ao alcance do médico diligente e cuja falta pode ser causa penalmente relevante desse resultado se decorrer de falta de cuidado objectivo, aquele cuidado que a sociedade espera de um profissional atento e conhecedor das regras da sua profissão.

Como escreveu Eduardo Correia, «a arte de curar supõe um conjunto de cuidados e cautelas que é adequado a evitar a produção da morte, o uso de certos processos cirúrgicos impõe certos cuidados que variam conforme a natureza destes, etc». [40]

A evitabilidade verifica-se quando é objectivamente possível afastar ou impedir a eclosão do resultado, pois situações existem em que, por maior cuidado que haja, o resultado infausto é inevitável sem que se verifique qualquer negligência do agente.

Nas palavras de Germano Marques da Silva, «*na possibilidade de o sujeito representar o facto ilícito e de se abster da conduta que o realiza*»[41]

Tribunal da Relação do Porto
3) Proc. 11279/09.2TBVNG.P1
Data do Acórdão: 17-06-2014
Sumário:
I – A actuação do médico perante o doente/paciente pode, nuns casos, reconduzir-se às obrigações de meios e, noutros, às obrigações de resultado, dependendo o enquadramento numa ou noutra da ponderação casuística da natureza e do objectivo do acto médico; em vez da dicotomia

---

[40] Eduardo Correia, *Direito Criminal I*, pg. 1968, pg. 424.
[41] Germano M. Silva, Direito Penal II, pg.174.

entre obrigações de meios e obrigações de resultado, há quem proponha uma distinção entre obrigações fragmentárias de actividade e obrigações fragmentárias de resultado.

II – A responsabilidade do médico deverá, umas vezes, ser aferida no quadro da responsabilidade extracontratual e, noutras, no da responsabilidade contratual, predominando hoje o entendimento de que a regra é a da responsabilidade contratual do médico, constituindo a responsabilidade extracontratual a excepção e apenas possível nos casos em que o médico actue em situações de urgência, em que inexiste acordo/consentimento do doente à sua actuação/intervenção.

III – No quadro da responsabilidade contratual do médico, há quem entenda que só existe presunção de culpa quando a actividade do médico se reconduz a uma obrigação de resultado, mas não já nos casos em que se configura como obrigação de meios, e quem, pelo contrário, defenda que em ambas as situações existe presunção de culpa do médico, apenas divergindo o grau de aferição desta em cada uma das situações.

IV – A responsabilidade da clínica onde o médico levou a cabo os actos que podem estar na base da sua responsabilidade radica na previsão do art. 800º do CCiv. e no que tiver sido acordado no contrato que o doente//paciente em causa tenha celebrado com o médico e a clínica.

V – Tendo-se o réu/médico obrigado, por contrato e por um determinado montante de honorários, a colocar 21 coroas em zircónio e duas pontes no mesmo material em determinados dentes da autora, estando a boca desta já devidamente preparada para o efeito [em consequência de tratamentos anteriores noutra clínica], apresenta-se inequívoco estarmos perante caso de responsabilidade contratual e que a obrigação assumida pelo primeiro se traduziu numa obrigação de resultado [ou numa obrigação fragmentária de resultado].

VI – Não pode assacar-se ilicitude na actuação do réu médico, nem incumprimento contratual ou cumprimento defeituoso da sua parte, se as anomalias/incorrecções apuradas se deveram, em grande parte, às sucessivas alterações solicitadas pela autora ao longo dos tratamentos e que aquele não pode corrigir ou eliminar por a autora, a certa altura, ter abandonado os tratamentos.

Comentário:
Em nosso entender, é preferível manter as expressões que a doutrina e a jurisprudência de há muito consagraram, como a clássica bipartição

dicotómica entre obrigações de meios e obrigações de resultado, devida a René Demogue[42], do que enveredar por novidades terminológicas que sem trazer nada de novo e útil, podem, antes, potenciar equívocos susceptíveis de conduzir a resultados perniciosos.

Com o maior respeito pelos ilustres subscritores do acórdão, não entendemos como a configuração de uma dada situação factual judicanda possa ser de responsabilidade contratual ou extracontratual, em razão da urgência ou não da intervenção médica, assim como não descortinamos claramente como só possa existir presunção de culpa quando a actividade do médico se reconduz a uma obrigação de resultado, mas não já nos casos em que se configura como obrigação de meios.

Afigura-se-nos que a obrigação do médico perante o paciente é, regra geral, uma obrigação de meios ou, a entender-se que será uma obrigação de resultado, tal resultado será a própria prestação do tratamento clínico ou médico-cirúrgico.

É certo que alguma doutrina considera que em determinados casos, a responsabilidade do profissional de saúde pode ser de resultado, apontando como exemplos, o caso das cirurgias estéticas, das próteses dentárias e outras ou das análises clínicas, em que o profissional é procurado pela sua arte plasmada nos resultados e assegura tais resultados.

A regra, porém, é que o médico não pode prometer e, muito menos, assegurar o sucesso terapêutico, a cura ou a melhoria estável do seu paciente, na medida em que tanto a cura como a dita melhoria não dependem apenas do seu esforço e saber, mas também de outros factores endógenos e exógenos.

Assim, a prestação debitória do médico no plano da responsabilidade contratual será a da prestação da assistência clínica ou a realização de tratamento médico-cirúrgico. É nisto que consiste a obrigação de meios do médico.

Porém, não deixa de ter razão o Acórdão em pauta, ao referir o dissídio de posições relativamente ao *item* III do dito sumário, pelo motivo que passamos a expor de seguida.

Como escrevemos na nossa obra «*Responsabilidade Médica em Direito Penal*» quanto a este dissídio doutrinal, esta classificação bipartida não

---

[42] R. Demogue, *Traité des Obligations en Géneral*, Tomo I, parte I, Paris, 1925, p. 536 e Tomo VI, Paris, 1931, p. 644.

é aceite pacífica e consensualmente pela doutrina nacional, pois, como defende o Professor Carlos Ferreira de Almeida no seu excelente artigo «*Os Contratos Civis de Prestação do Serviço Médico*», publicado em Direito de Saúde e Bioética, ed. AAFDL, Lisboa, 1996, pg. 75-120, o Ilustre Professor, depois de alertar para o facto de que a classificação dicotómica de René Demogue, obrigações de meios/ obrigações de resultados, pode constituir elemento de perturbação, face à presunção de culpa genericamente estabelecida pelo art°799º, nº 1 do Código Civil, apela para a dificuldade de conciliação da qualificação como obrigação de meios, com a qualificação do próprio contrato de prestação de serviços, que é tipificado pelo art°1154º do CC, como aquele em que uma das partes se obriga a proporcionar à outra certo resultado e após relevante argumentação, conclui no sentido de que o conceito de «*obrigação de meios*» poderá gerar uma injustificada ideia de responsabilidade diminuída, sendo preferível, assim, segundo o Autor, a referência apenas à obrigação de tratamento, como conteúdo da prestação debitória do médico, obrigação esta de conteúdo inicialmente indeterminado, revestindo-se, por isso, o contrato celebrado de particularização sucessiva da prestação característica.

Sendo incontestavelmente exacta a posição do Ilustre Professor de Lisboa, a verdade é que a referida classificação, de origem francesa, assentou arraiais na doutrina e na jurisprudência portuguesa, como se colhe dos trabalhos dos nossos melhores civilistas e dos arestos dos nossos tribunais.

Efectivamente, já em 1944, o eminente civilista que foi o Prof. Gomes da Silva afirmava na sua obra «*O Dever de Prestar e o Dever de Indemnizar*» que «modernamente se sintetizam os problemas referentes à extensão do dever de prestar e do dever de indemnizar na questão de saber se a obrigação é " de meio" ou"resultado"»[43].

Porém, o mesmo Professor ensinava que, segundo Demogue, «quem se encarrega de praticar um acto unilateral, como os de transportar um volume ou de construir uma casa, promete um resultado, e se este não for atingido, uma vez demonstrada a existência da obrigação e a falta desse resultado, está provada a responsabilidade do devedor, e será a este que cabe provar ter sido impedido de cumprir por um caso fortuito ou de força maior; pelo contrário, o médico não se compromete a alcançar a

---

[43] Manuel Gomes da Silva " *O Dever de Prestar e o Dever de Indemnizar*", Lisboa, 1944, pg. 233.

cura do doente, senão apenas a prestar-lhe assistência clínica, e se a cura não se conseguir, será ao doente ou aos herdeiros que incumbe o ónus de provar que o médico teve culpa em não se produzir o efeito desejado. Como se vê, nesta concepção admite-se a existência, no mesmo direito positivo, de obrigações de mero comportamento e obrigações de resultado.».[44]

E advertia ainda que as obrigações de meio têm sempre um fim em vista, de modo que quando este falha por completo pode, em certos casos, presumir-se a culpa e exemplificava a asserção com o exemplo do depositário que estando adstrito a uma obrigação de diligência, ou de meios, se perdesse a coisa depositada, dificilmente se isentaria de responsabilidade se não provasse que procedeu com toda a diligência[45].

Citaremos, a este propósito, um aresto do nosso mais alto Tribunal proferido em 2006, em sede de jurisdição cível, sobre a responsabilidade do cirurgião e assim sumariado:

«I – É de meios, não de resultado, a obrigação a que o cirurgião se vincula perante a doente com quem contrata a realização duma cirurgia à glândula tiróide (tiroidectomia) em determinado hospital.

II – Por se reconhecer que existe então um dever de vigilância no período pós-operatório, deve entender-se que a obrigação complexa a que o cirurgião e, reflexamente, o hospital ficaram vinculados perdura para além do momento da conclusão da cirurgia.

III – O médico cirurgião e o hospital não respondem civilmente se os danos morais, cuja reparação a doente exige, se traduzirem na angústia originada por uma complicação pós-operatória para cujo surgimento não concorreu qualquer erro cometido no decurso da operação.

IV – Ainda que a angústia da doente se tenha agravado por se sentir desacompanhada, subsiste a desresponsabilização do cirurgião e do hospital se antes de abandonar as instalações deste o cirurgião se tiver assegurado de que a doente, despertada da anestesia, respondeu com lógica, clareza e normalidade fonética a perguntas que lhe foram dirigidas para verificar isso e a correcção do acto cirúrgico, e se, apesar da ausência do cirurgião, lhe tiver sido facultada no período pós-operatório a assistência adequada às circunstâncias.»[46]

---

[44] Idem, pg. 235/6.
[45] Idem, pg. 206.
[46] Ac. STJ de 11 de Julho de 2006 in Col. Jur. (STJ) 2006, t II, pg. 144.

De todo o exposto deflui que se o médico está vinculado a uma obrigação de meios (assistência clínica ou dever de tratamento), tal não constitui qualquer «menorização» ou diminuição da sua responsabilidade, pois que os meios devem representar o esforço tendencial para a consecução da sobrevivência, cura ou melhoria da saúde do paciente (o fim em vista que a obrigação de meios supõe) que só não será lograda se transcender o alcance da intervenção médica adequada como, infelizmente, tantas vezes acontece.

Tribunal da Relação de Coimbra
4) Proc. 573/10.0T3AVR.C1
Data do Acórdão: 22-05-2013
Sumário:
I – No plano subjectivo, o tipo legal de crime do artigo 284º do CP, com a epígrafe "recusa de médico", exige o dolo em qualquer das suas três modalidades: directo, necessário ou eventual.

II – Com efeito, terá de haver o dolo de perigo concreto, ou seja, a representação do perigo para a vida ou do perigo de grave lesão da integridade física, a consciência acerca da "indispensabilidade e adequação do auxílio médico que o omitente podia ter prestado" e a conformação (atitude de indiferença) perante tal situação.

Comentário:
Na sua aparente simplicidade, este sumário encerra um conteúdo relevante quanto à exigência de dolo de perigo concreto que assenta, quanto ao seu elemento cognitivo, na consciência ou conhecimento pelo agente de uma situação de perigo para a vida e para a integridade física,

É esse conhecimento que encerra o desvalor da acção (*Handlungsunwert* no direito germânico, termo cunhado por Hans Welzel[47]) que fun-

---

[47] Como se sabe – foi mérito de Welzel demonstrá-lo – após o advento da doutrina da acção final, o ilícito típico como mera contrariedade do facto à norma (concepção formal) ou mesmo como manifestação de danosidade social ou simplesmente lesão de bens jurídicos, concepção material e causal-objectivista que deu, parece que de forma estável, lugar a uma concepção predominantemente subjectivista, isto é, atribuível a uma pessoa em concreto, onde a par do desvalor de resultado (*Erfolgsunwert*), que pontificava na concepção material neoclássica, marca presença o desvalor da acção (*Handlungsunwerth*), surgindo, assim, e permanecendo na dogmática penal hodierna, como aquisição científica, o denominado «ilícito pessoal» (*personal Unrecht*).

damenta o traçado deste tipo legal de crime e em que, como bem refere Taipa de Carvalho, «*o termo **recusar** não deve ser tomado no sentido estrito de não aceitação de um pedido expresso, mas no sentido amplo que compreende tanto o negar-se como o protelar, o ficar indiferente. Portanto, recusar significa a não prestação do auxílio médico em tempo útil, uma vez conhecida, directa ou indirectamente, a situação de perigo*» (Taipa de Carvalho, *Comentário Conimbricense do Código Penal*, II, 1999, pg. 1019).

Este conceito nuclear na factualidade típica deste ilícito criminal é, por vezes, mal interpretado pelos aplicadores da lei que, arrimados ao sentido restrito do termo «*recusa*», cingem-se aos casos de um comportamento do médico que expressamente denegue o necessário auxílio.

Tribunal da Relação de Lisboa
5) Proc. 5072/07.4TDLSB.L2-9
Data do Acórdão: 23-05-2013
Sumário:
I – Não pode usar-se como fundamento de não pronúncia "que não foram violadas as leges artis", se tal conceito se não mostra objectivado em factos, no próprio despacho.
II – É que *Legis Artis* e cuidado objectivo devido não são conceitos coincidentes, sendo a violação das legis artis apenas um indício da violação do dever objectivo de cuidado.
III – Constando de relatório médico o "conteúdo" em concreto das invocadas leges artis, impostas ao exercício da actividade médica no atendimento da urgência hospitalar, deveria o tribunal ter apreciado esse relato conjugando-o com a restante prova documental e testemunhal existente nos autos e concluir pela verificação de indícios suficientes para fundamentar um despacho de pronúncia.

Comentário:
Na nossa dissertação de doutoramento e aceitando que o conceito das *leges artis* se não confunde com o do dever de cuidado objectivo, questionámos se este dever de cuidado não se integra também na categoria mais ampla das *leges artis*, já que, como é consabido, o dever de ter cuidado não é património exclusivamente jurídico, mas um conceito comum e extensivo a diversos ordenamentos sociais, designadamente morais, éticos e deontológicos, pois tal imperativo de cuidado (*Sorgfalstpflicht*) emerge da

ponderação e do bom senso alicerçados na experiência da vida, cabendo perfeitamente nas regras deontológicas da profissão.

Com efeito, não é fácil conceber um tratamento violador do dever de cuidado objectivo (descuidado) e simultaneamente considerá-lo como de harmonia com as *leges artis*, pois as *leges artis medicinae* não se circunscrevem à observância das regras ou normas técnicas, como as constantes de guide-lines, devendo abranger também as deontológicas, de alto valor em Medicina, pois o primeiro dever hipocrático do médico é o «*primum non nocere*» que geralmente é vulnerado pela inobservância do dever de cuidado e este imperativo, em nossa opinião, deve estar sempre subjacente a toda actividade médica, sendo assim também uma *lex artis medicinae*.[48]

A afirmação de que «*não foram violadas as leges artis*» é um puro juízo conclusivo-valorativo que, como é evidente, carece de ser integrado por um suporte factual como se refere neste sumário.

Tribunal da Relação de Évora
6) Proc. 5072/07.4TDLSB.L2-9
Data do Acórdão: 23-05-2013
Sumário:
I – O exame crítico não se basta com uma mera referência dos factos às provas, tomando-se necessário um correlacionamento dos mesmos com as provas que os sustentam, de molde a poder concluir-se quais as provas e em que termos garantem que os factos aconteceram, ou não, da forma apurada.

II – O parecer elaborado pelo Conselho Médico-legal do Instituto Nacional de Medicina Legal a solicitação do Ministério Público em fase de inquérito constitui prova pericial, a valorar nos termos do art. 163º do CPP.

---

[48] Já nos afastados anos 60 o Professor espanhol Pedro Pons escrevia: «O extraordinário progresso científico experimentado pela Medicina nestas últimas décadas não afrouxou o sentido humano e tradicional da profissão médica. Apesar destes avanços, a prática diagnóstica, desde o interrogatório até ao exame do doente e as análises laboratoriais, conservam o mesmo sentido hipocrático de outrora. Em contraste com a perdurabilidade da arte clínica, os modernos programas do ensino da Medicina, orientam-se para a criação de novas perspectivas, algumas eivadas de acentuada tendência experimental, com o consequente menosprezo das tradicionais que, apesar de tudo, conservam actualidade permanente» (A. PEDRO PONS, Prólogo à obra de SURÓS, Semiologia Médica, Salvat Editores, Madrid, Barcelona, VII).

III – A actividade médica, que, por natureza, é potenciadora de diversos riscos, impõe aos profissionais um dever jurídico especial, obrigando-os à prestação dos melhores cuidados ao seu alcance, assumindo nesse sentido a posição de garante de evitar a verificação de eventos danosos para a saúde e vida do doente.

IV – Age com negligência a médica que dá alta hospitalar a um doente, que vem a falecer horas depois, e que à data do atendimento ainda apresentava sinais de um quadro de Edema Agudo do Pulmão (EAP), que foram desvalorizados, por não ter esgotado os meios que tinha ao seu dispor em função das possibilidades oferecidas pelos conhecimentos científicos, mormente para fazer um diagnóstico e um prognóstico correctos, quando o procedimento adequado seria o internamento do doente, com a sua manutenção sob vigilância e não lhe tivesse sido dada alta como fez.

Comentário:
Este aresto trata de uma situação infelizmente mais frequente do que seria de desejar, em que pelas mais variadas razões (falta de camas, escassez de recursos financeiros, pressão do volume de serviço, falta de médicos para o número de doentes atendidos, etc), os pacientes não recebem os cuidados necessários para a patologia diagnosticada e, não raras vezes, até para a elaboração de um diagnóstico adequado, tendo alta precoce indevida.

Na nossa obra «*A Negligência Médica Hospitalar...*» escrevemos a seguinte passagem que aqui importa transcrever na íntegra:

«O erro de diagnóstico ocorre quando o médico, por falsa representação da realidade, enquadra os sinais e os sintomas do paciente num esquema patológico conhecido que não corresponde ao efectivamente existente, ou quando o médico, omitindo a observação ou os exames necessários, diagnostica uma situação nosológica diferente da realidade.

É esta divergência entre o diagnóstico estabelecido e a realidade nosológica que caracteriza o verdadeiro erro de diagnóstico, subjazendo a tal conceito a ausência da correspondência entre o juízo formulado pelo médico e a realidade.

Dele devem ser afastadas, portanto, as situações de ausência do diagnóstico por, v.g, desconhecimento, incapacidade ou faltas de meios necessários. Nestas situações haverá falta de diagnóstico, mas não erro propriamente dito.

A diagnose, segundo Edmundo de Oliveira, não deve ser apenas a soma dos resultados dos testes e pesquisas, pois há nela uma componente que ilumina todas as demais: a perspicácia do médico baseada na sua experiência clínica, e considera que «*ocorre quando o médico, por falsa representação da realidade, enquadra os sinais e os sintomas do paciente num esquema patológico conhecido que não corresponde ao efectivamente existente, ou quando o médico, omitindo a observação ou os exames necessários, diagnostica um situação nosológica diferente da realidade*».[49]

Tanto a jurisprudência como a doutrina, designadamente, anglo-saxónica, francesa, espanhola e brasileira, propendem maioritariamente para a não censurabilidade penal do erro médico de diagnóstico, ressalvadas as situações de negligência grosseira.

E entre nós, J. Germano de Sousa escreve: «*A maioria dos autores e legisladores é de opinião que o erro de diagnóstico não é culpável desde que não tenha sido provocado por manifesta negligência; que o médico não tenha examinado o seu doente convenientemente, que não tenha utilizado as regras e técnicas actuais recomendáveis e disponíveis, que não tenha levado em conta os resultados dos exames complementares de diagnóstico, valendo-se apenas do chamado "olho clínico", ou que tenha optado por uma hipótese diagnóstica remota ou absurda ou que tenha ainda adoptado uma terapêutica errada ou desajustada*».[50]

Klaus Ulsenheimer, na sua conhecida obra *Arztstrafrecht in der Praxis* refere que a dificuldade que, por vezes, se coloca para a identificação rigorosa da entidade nosológica, apesar da realização dos testes que se consideram apropriados, assim como a consequente necessidade de admitir uma margem razoável de erro, fazem com que o diagnóstico errado, que não possa qualificar-se como grosseiro, escape com facilidade à qualificação do acto médico como negligente».[51]

Nos casos de erro de diagnóstico, a nossa jurisprudência tem acompanhado, na generalidade, a dos demais tribunais do espaço europeu em que nos inserimos, tendo o cuidado de apenas em caso de ostensivo erro ou grosseiro descuido do médico na escolha dos meios de diagnóstico apropriados à situação, condenar o profissional de saúde.

---

[49] Edmundo de Oliveira, *Deontologia, Erro Médico e Direito Penal*, Forense, Rio de Janeiro, 1998, p. 93.
[50] J. Germano de Sousa, *Negligência e Erro Médico... cit*, p, 14.
[51] K.Ulsenheimer, *Arztstrafrecht in der Praxis*, Heidelberg, 1988, pg. 37.

António Henriques Gaspar, na altura Juiz estagiário, num seu estudo de 1978, observava que na sua apreciação, em caso de erro ou de falha, não se poderá atender a critérios positivamente fixados, que nem existem, acrescentando que «*sendo o diagnóstico formulado uma simples hipótese, uma mera possibilidade, só uma ignorância indesculpável ou esquecimento das mais elementares regras profissionais, que se revelam de modo evidente, poderão determinar a responsabilização por erro de diagnóstico*».[52]

Sempre que a técnica exploratória seguida, os exames laboratoriais e imagiológicos pedidos e outros meios auxiliares de diagnóstico utilizados, sejam também requisitados com alguma frequência por outros médicos em situações análogas, não se mostrará indiciado erro de diagnóstico responsabilizador do médico, salvo se ocorrer um interpretação dos resultados grosseiramente errada.

Também Carlos Romeo Casabona considera que «*o diagnóstico implica um aspecto muito delicado e difícil na hora da determinação da responsabilidade penal, posto que estribado tradicionalmente, além de em critérios científicos, em verdadeiros juízos intuitivos (o chamado "olho clínico"). É, portanto, uma matéria complexa, conjectural, e que comporta os maiores riscos de erro, erro que pode manter-se em certos casos, dentro dos limites do tolerável*».[53]

Porém, o mesmo autor adverte que, apesar de tais características do diagnóstico médico, tal não deve levar, sem mais, a arredar do âmbito da responsabilidade penal por negligência o erro de diagnóstico, vale dizer, a realização defeituosa de determinado diagnóstico, ainda que se aceite uma ampla margem em que se há-de valorá-lo, dada a dificuldade e a insegurança como genericamente é aceite para a formulação de um diagnóstico correcto.

Se após exame atento do paciente e cautelosa avaliação dos resultados obtidos pelos meios complementares (análises clínicas, bioquímicas e outros testes serológicos, exames imagiológicos etc.) o juízo formulado estiver equivocado, ainda assim haverá que apurar se tal erro é ou não desculpável, isto é, se envolve ou não negligência, e só então, na falta de violação do dever objectivo de cuidado (*Sorgfaltswidrigkeit*) é que o erro de diagnóstico não assumirá relevância penal.

---

[52] A. Henriques Gaspar, *A Responsabilidade Civil do Médico*, publicada na Colectânea de Jurisprudência, 1978, ano III, tomo 1, pg. 347.
[53] Carlos M. Romeo Casabona, *El Medico ante el Derecho (La Responsabilidad Penal y Civil del Medico)*, Madrid, 1990, p. 73.

Casabona aponta algumas situações típicas de responsabilidade penal por erro de diagnóstico que, pelo seu interesse, nos permitimos transcrever:

> Quando o médico estabelece o diagnóstico sem haver visto ou examinado o doente.
> Se, para a emissão do diagnóstico, não foram utilizados, sendo possível, os instrumentos e aparelhos que costumam ser usados, para tal efeito, na prática médica.
> Quando não são tomadas em consideração, ao formular o diagnóstico, as eventualidades mais remotas, mas que podem verificar-se e são consideradas tanto no plano científico, como no experimental.

E acrescenta que também pode verificar-se responsabilidade quando tendo praticado todos os actos exploratórios e análises necessárias, «os resultados dos mesmos não são tidos em conta ou não são suficientemente valorados no momento da formulação do diagnóstico.»[54].

Convirá citar, a propósito, um aresto da Relação de Coimbra de 4 de Abril de 1995, assim sumariado na parte que ora interessa:

I. O médico que realiza diagnóstico errado, por observação descuidada do paciente, ou o cirurgião que descura negligentemente os cuidados técnicos adequados à operação, responde tanto por violação do contrato de prestação de serviços, como delitualmente, por ofensas à integridade física do paciente.

II. Sendo a obrigação do médico uma obrigação de meios e não de resultado, o ónus da prova recai sobre o lesado, tal como na responsabilidade extracontratual.

III. Além do nexo de imputação do facto ao sujeito, tem de existir sempre, para haver responsabilidade civil, um nexo de imputação objectiva entre o facto e o dano.

Cremos que se torna despiciendo prosseguir a apresentação de decisões jurisprudenciais, tendo em consideração que o exposto permite aquilatar do valor e da metodologia de tais arestos, cujo padrão é sensivelmente semelhante nos tribunais portugueses que, em regra, revelam preocupação em fundamentar de forma adequada as suas decisões,

---

[54] Idem, ibidem.

especialmente no que concerne à valoração da prova, enquadramento jurídico-criminal e dosimetria penal.

É tempo de finalizar, não sem antes recordarmos aqui mais uma elucidativa asserção do Prof. Guilherme de Oliveira, eivada como sempre de plena actualidade:

>«*Quase toda a história da medicina nos mostra uma responsabilização religiosa e moral dos médicos, decorrente do carácter sagrado do seu múnus; nunca uma responsabilidade jurídica no sentido que hoje lhe atribuímos*».[55]

Viseu, 27 de Abril de 2015

---

[55] Guilherme de Oliveira, Temas de Direito da Medicina (O Fim da Arte Silenciosa, cit. ...). pg 94.

A Responsabilidade penal do médico interno (Revisitada)*

Sara Leitão Moreira**

I. Nota introdutória

O tema da responsabilidade faz insurgir uma série de interrogações nas mentes daqueles que o questionam, ou que o querem desenvolver, em um determinado sentido. Nessa esteira, tentamos "saber mais, de cada vez menos"[1], para compreender a sociedade que nos enforma. Somos *soccii* num meio em nada homogéneo dada a globalização, ou mundialização, se assim o preferirem, e somos impelidos a viver de acordo com as regras que nos são impostas, através daqueles que elegemos para nos representar. Podemos discordar de alguns ditames que nos são impostos, contudo, habitualmente, cumprimos, precisamente porque temos um sentido de responsabilidade, mormente de responsabilidade social[2].

---

* O presente estudo é um revisitar do nosso artigo publicado na Revista Portuguesa de Direito da Saúde, Ano 8, nº 16, Julho/Dezembro, 201, com o título "Em torno da responsabilidade penal do médico interno". Encontra-se, assim, atualizado em termos legislativos e com algumas alterações pontuais no que tange à respetiva abordagem.
** Assistente Convidada no Instituto Superior Bissaya Barreto, Advogada, Associada do Centro de Direito Biomédico, doutoranda em Ciências Jurídico-Criminais
[1] Faria Costa, José de – Direito Penal Económico – Quarteto, 2003, p.22
[2] Como refere Pinto da Costa "A liberdade e a responsabilidade são gémeas. Aquela não significa exclusivamente a oportunidade e simultaneamente a responsabilidade de escolher,

Assim, vivemos numa era de crescente perceção das nossas obrigações, bem como dos deveres que os outros têm para connosco. No seio da medicina existe um dever acrescido daqueles que exercem a profissão médica, para o fazerem de acordo com as *leges artis*, pois a probabilidade de os médicos incorrerem em situações de risco[3], em situações de grande responsabilidade perante aqueles que colocam a vida nas suas mãos, é bastante maior. Não estamos com isto a afirmar que a atividade médica merece maior louvor face às demais, ou que é a única que comporta situações de risco, mas certo é que a todos os segundos o bem jurídico que mais prezamos é posto à sua disposição, ou seja, a Vida. Por conseguinte, dada a maior probabilidade de serem criadas situações geradoras de responsabilidade, especialmente em termos jurídicos, revela-se profícua a análise de algumas questões que, no nosso entender, merecem atenção redobrada[4]. É precisamente na esteira deste pensamento que desenvolvemos o tema que hoje nos prende a estas páginas, a responsabilidade penal do médico interno.

A responsabilidade médica pode ser, assim, socratizada para tentarmos compreender o que se entende por responsabilidade médica, em vias de analisarmos devidamente a suas consequências, quer no seio da própria actividade e respectiva evolução, quer na sociedade. Após uma breve análise de questões conceituais, dedicaremos um olhar atento sobre a formação médica pós-universitária, melhor dizendo, sobre o internato, para delimitarmos devidamente a teleologia imanente ao nosso estudo, e alocarmos a nossa veia jurídico-criminal em jeito de afirmação, ou infirmação, sobre a existência de uma *criminalidade de bata branca*[5], não obstante em uma sede consideravelmente embrionária da profissão médica.

---

mas quer dizer ainda que devem aceitar-se as consequências dos atos cometidos.", in Responsabilidade Médica, Felício & Cabral Publicações, 1996, p. 7.

[3] Com uma visão particular e minuciosa sobre o risco inerente à profissão médica, vide *Outlining Medical Errors: Questions of trust and responsability*, in Medical Law Review, Volume 14, Number 1, Spring 2006, Oxford, Oxford Journals, pp. 22-45.

[4] Para uma visão resumida sobre a responsabilidade médica, essencialmente no foro civil, vide Pereira, André Gonçalo Dias, Breves notas sobre a responsabilidade médica em Portugal, in Revista Portuguesa de Avaliação do Dano Corporal, Ano XVI, nº 17, nov. 2007, Coimbra, Associação Portuguesa de Avaliação do Dano Corporal, pp. 11-22.

[5] Moreira, Sara Leitão, Em torno da responsabilidade penal do médico interno, in Lex Medicinae, Revista Portuguesa de Direito da Saúde, Ano 8, nº 16, Julho/Dezembro, 2011, Coimbra Editora, Coimbra, p. 80.

Ora, tendo como pano de fundo o facto de a impunidade injustificada ser algo que repudia a sociedade hodierna, somos conduzidos, no seio deste estudo, à constatação de que o médico interno, devido ao facto de ainda não ter completado a sua formação pós-universitária/prática, que o legitima a praticar atos médicos de forma não tutelada, pode encontrar-se numa situação muito particular no que à concerne à responsabilidade penal. Para tanto, a metodologia utilizada prende-se com uma análise dos instrumentos jurídicos tidos como aplicáveis, bem como da doutrina passível de ser mobilizada para o presente trabalho.

II. O Internato Médico

1) Análise do Regime Legal da Pré-Carreira – O Internato Médico

A carreira médica é considerada como uma carreira especial face às demais que se encontram ligadas ao sector público, daí estar afeta a um regime jurídico distinto[6]. Para aceder a esta carreira é necessário superar diversas etapas, nomeadamente formação académica superior; formação prática complementar para aceder à especialidade pretendida[7], e, se for essa a intenção do clínico, superação de várias etapas para chegar ao topo da sua carreira, isto é, ao grau de consultor e, por conseguinte, à categoria de assistente graduado sénior.[8] Posto isto, revela-se

---

[6] Veja-se, por exemplo o Regime da Carreira Especial Médica, aprovado pelo Decreto-lei nº 177/2009, de 4 de Agosto, alterado pelo Decreto-Lei nº 266-D/2012, de 31 de Dezembro; o Decreto-lei nº 176/2009, de 4 de Agosto, que estabelece o regime da carreira dos médicos nas entidades públicas empresariais e nas parcerias em saúde, em regime de gestão e financiamento privados, integradas no Serviço Nacional de Saúde, bem como os respetivos requisitos de habilitação profissional e percurso de progressão profissional e de diferenciação técnico-científica, igualmente atualizado pelo Decreto-Lei nº 266-D/2012, de 31 de Dezembro.

[7] A especialização na carreira médica tem sido incontornável devido aos constantes avanços na mais variadas áreas da medicina, daí depararmo-nos com equipas multidisciplinares nos corredores e salas dos hospitais. Neste sentido, *vide* Fidalgo, Sónia, Responsabilidade penal no exercício da medicina em equipa: o princípio da confiança e o princípio da divisão de trabalho, *in* Estudos em Homenagem ao Prof. Doutor Jorge de Figueiredo Dias, Volume II, Coimbra Editora, 2009.pp. 417 e ss.

[8] Relativamente à questão de aquisição do grau de especialista e da categoria de assistente, existem incongruências entre o Decreto-Lei nº 177/2009, de 4 de Agosto, o Decreto-Lei nº 203/2004, de 18 de Agosto e a Portaria nº 251/2011, de 24 de Junho, que aprovou o Regulamento do Internato Médico ora em vigor, pois no primeiro está positivada a aquisição de

profícua a análise desta etapa embrionária, e obrigatória, da carreira médica, o internato.

Com o Decreto-Lei nº 203/2004 de 18 de Agosto[9], criou-se um processo único de formação médica especializada, após a licenciatura, compreendendo as componentes teóricas e práticas essenciais adequadas a cada especialidade. O regime jurídico precedente, mais propriamente o Decreto-Lei nº 128/92, de 4 de Julho, contemplava dois processos formativos distintos, e independentes, o internato geral e o internato complementar. Face aos constantes avanços na medicina, tendo os médicos em formação de ser acompanhados tanto na formação pré-graduada, como na pós-graduada, exigia-se uma reestruturação do internato médico, nomeadamente para acompanhar as necessidades constantes do Serviço Nacional de Saúde.

Por conseguinte, o internato médico passou a ser um processo único, dividido, no entanto, em dois períodos de formação. O primeiro, considerado como o período de formação inicial, compreende aquilo que se designa por "ano comum"[10], ou seja, nestes doze meses o médico interno deambula por todos os ramos de diferenciação profissional, mais propriamente, por *"cinco blocos formativos orientados para a medicina interna, a pediatria geral, a obstetrícia, a cirurgia geral e os cuidados de saúde primários"*.[11]/[12]

---

grau de especialista (artigos 4º e 5º) e categoria de assistente (artigo 8º), e nestes dois últimos existe referência ao grau de assistente (respetivamente artigos 22º e 89º), contudo são lacunas sobre as quais não iremos tecer quaisquer outras referências devido à sua não relevância de monta para o nosso estudo.

[9] Mormente com as alterações pelos Decretos-Lei nºs 11/2005, de 6 de Janeiro; 60/2007, de 13 de Março; 45/2009 de 13 de Fevereiro e 177/2009 de 4 de Agosto.

[10] *"Ano comum – período inicial do internato médico com programa de formação comum a todas as especialidades e que antecede obrigatoriamente a formação específica tendente à especialização"* – artigo 3º, nº 2 al. a) do Regulamento do Internato Médico, aprovado pela Portaria nº 251/2011, de 24 de Junho.

[11] Artigo 4º, nº 3 do Decreto-Lei. nº 203/2004, de 18 de Agosto.

[12] A programação do ano comum encontra-se prevista Portaria nº 1499/2004, de 18 de dezembro, alterada pela Portaria nº 111/2011, de 18 de março, bem como pela Portaria nº 53/2013 de 5 de fevereiro, onde se encontram positivados os objetivos da formação em cada um dos blocos, nomeadamente, Formação em medicina interna; b) Formação em pediatria geral; c) Formação opcional; d) Formação em cirurgia geral; e) Formação em cuidados de saúde primários: i) Formação em clínica geral; ii) Formação em saúde pública.

O período subsequente, o de formação específica[13], irá, portanto, cingir-se à área de formação em que o interno terá sido colocado em sede concurso[14].

Durante o internato, cuja duração varia conforme a área de especialização contemplada e o programa de formação aprovado[15], o médico interno deverá, ter acesso a programas de investigação médica, que poderão ser levados a cabo de forma interpolada ou concomitante com o internato. Os programas de investigação deverão, por conseguinte, ser integrados no programa de internato, não tendo a duração do mesmo ser comprometida, salvo se contender com a obtenção de conhecimentos e processos de avaliação a que o processo de especialização se encontra adstrito.

Ao ingressar nesta fase embrionária da carreira médica[16], os médicos internos estarão vinculados a um horário de 40 horas semanais, sendo os horários dos internos estabelecidos e programados em termos similares aos dos médicos de carreira, tendo em conta as atividades do internato, que combinarão a formação teórica e prática[17]. Esta formação

---

[13] *"Formação específica – período do internato médico, subsequente ao ano comum, que habilita o profissional médico diferenciado de uma especialidade."* – Artigo 3º, nº 2 al. a) do Regulamento do Internato Médico, aprovado pela Portaria nº 251/2011, de 24 de Junho.

[14] Seriação realizada com âmbito nacional e com número de vagas estabelecido de acordo com as necessidades provisionais de médicos especializados em cada área profissional, tendo em conta, igualmente, a capacidade formativa dos estabelecimentos e serviços de saúde que irão acolher os internos. Estes estabelecimentos de saúde, tanto podem ser públicos como privados, cuja idoneidade e capacidade formativa terá de ser reconhecida, respetivamente, pela Ordem dos Médicos e pelo Ministério da Saúde, uma vez que exista organização comparável à do regime legal das carreiras médicas e à garantia dos níveis e diversidade de cuidados de saúde indispensáveis à formação dos médicos internos.

[15] As áreas de especialização são aprovadas por Portaria do membro do Governo responsável pela área da Saúde, sob proposta da Ordem dos Médicos e ouvido o Conselho Nacional do Internato Médico.

[16] Com a celebração de contrato administrativo de provimento ou nomeação em regime de comissão de serviço extraordinária, na eventualidade de serem funcionários públicos.

[17] A prática de outra atividade pública por parte dos médicos internos é incompatível com as suas funções de clínico, salvo a docência. As funções de docente, compatíveis com a realização do internato são toleráveis ao abrigo do artigo 49º, nº 6 da Portaria nº 251/2011, de 24 de junho, que aprovou o Regulamento do Internato Médico, podendo ser desempenhadas em escolas superiores, institutos públicos e outros estabelecimentos de ensino onde sejam ministrados cursos ou conferida formação na área da saúde, todavia, apenas mediante autorização nos termos legalmente prescritos. – Artigo 16º, nº 2 do Decreto-Lei nº 203/2004, de 18 de Agosto com a redação introduzida pela Lei nº 45/2009, de 13 e Fevereiro.

teórico-prática, como qualquer outra, encontra-se sujeita a avaliação que decorrerá durante todo o percurso do internato médico, ou seja, haverá tanto uma avaliação contínua, que terá lugar durante toda a duração do internato, como uma avaliação final. Esta última conferirá ao médico interno, pela Ordem dos Médicos, o título e, por conseguinte, o grau de especialista a que irá equivaler a categoria de assistente para ingresso na carreira médica.

Posto isto, consideramos que estamos em condições bastantes para concretizar a atuação do médico interno na prática da medicina.

Como tivemos oportunidade de referir, o internato é uma etapa da formação médica que se revela como necessariamente tutelada. No entanto, existem situações em que a atuação do interno vai para além, ou fica aquém, das indicações do seu orientador, não se encontrando portanto, nessas situações, sob a égide de uma relação tutelada. Subscrevemos, portanto, a tarefa de descortinar esses momentos e desconstruí-los para verificar se, efetivamente, do exercício da medicina no seio do internato poderão resultar consequências, sobretudo de foro criminal.

2) A relação entre o médico interno e o orientador de formação

Entre o médico interno e o seu orientador, dada a ligação quase umbilical existente, deverá existir uma relação baseada na confiança, puramente fiduciária, quer no que tange à formação que está a ser transmitida ao interno, quer no que tange ao cumprimento dos deveres que são impostos ao interno pelo seu orientador. O orientador de formação, que terá necessariamente de ser um dos médicos especialistas do serviço a que o interno se encontra afeto, habilitado com a categoria de assistente[18], ficará incumbido da função de orientar direta e permanentemente o interno que lhe tiver sido designado[19]. Esta orientação não se pautará apenas com ensinamentos teóricos e regulamentares, tendo

---

[18] Nada diferente seria de esperar, pois, como já foi dito em momento anterior, o grau de assistente adquire-se com a graduação do internato, caso contrário, teríamos exclusivamente internos a formar outros internos, por "delegação" do médico assistente (não obstante, devido à carência de médicos e à enorme afluência de trabalho, tal situação possa efetivamente suceder).

[19] Em vias de possibilitar uma formação de excelência, ao orientador será atribuído apenas um interno, salvo se forem asseguradas as condições exigidas para a qualidade do processo formativo, então, poder-lhe-ão ser destacados até três estagiários. Tal regra é perfeitamente inteligível, pois não poderá haver descuidos na formação médicos em potência, pois estes

necessária e essencialmente de integrar uma parte prática constante, que comportará a integração do interno nas equipas de trabalho adequadas à especialidade. Para conduzir a orientação de forma profícua, não tendo exclusivamente o fito de desenvolver e aprofundar os conhecimentos do "orientando", deverá o orientador cumprir as obrigações que sobre ele impendem, designadamente de foro técnico e deontológico, uma vez que este tem o dever acrescido de estar a formar os profissionais de amanhã, que terão a vida dos pacientes, literalmente, nas mãos. Ora, este especialista será a *longa manus* legitimadora para o exercício da medicina pelos seus novos "colegas", os quais terão de adquirir, nesta fase da sua formação, valências suficientes para serem avaliados no seu desempenho, que comporta, nomeadamente, capacidade de execução técnica, interesse pela valorização profissional, responsabilidade profissional e relações humanas no trabalho.[20]

Assim, impende sobre os orientadores de formação uma obrigação hipocrática[21], no sentido de transmitirem a sua experiência e conheci-

---

constituem o futuro da nossa Saúde e a continuidade e evolução dos cuidados já existentes. Vide artigo 18º, nº 7 do já exaustivamente referenciado Regulamento.

[20] Todos estes são parâmetros de avaliação do desempenho de cada estágio, ínsitos no nº 3 do artigo 68º da Portaria nº 251/2011, de 24 de junho que aprovou o Regulamento do Internato Médico, já referenciado.

[21] Temos por conveniente a reprodução do Juramento de Hipócrates, nas suas duas versões, a de 1771, mais completa, que contém prefácio e argumento, que predita que:
Prefácio
São estes os estatutos da arte médica que o aluno deve aceitar e confirmar por juramento, Contêm os preceitos sobre a gratidão para com o professor; sobre a integridade do doente e sobre os mais graves casos cirúrgicos não curáveis, como a extracção de cálculos da bexiga, como se debus pela divisão da medicina em três partes, Os antigos aceitavam-na, os Mercuriales rejeitam-na,
Argumento
Os deveres que o médico deve ter para com o professor e para com a profissão são: a integridade de vida, a assistência aos doentes e o desprezo pela sua própria pessoa,
Juramento
Juro por Apolo Médico, por Esculápio por Higí por Panaceia e por todos os Deuses e Deusas que acato este juramento e que o procurarei cumprir com todas as minhas forças físicas e intelectuais, Honrarei o professor que me ensinar esta arte como os meus próprios pais; partilharei com ele os alimentos e auxiliá-lo-ei nas suas carências, Estimarei os filhos dele como irmãos e, se quiserem aprender esta arte, ensiná-la-ei sem contrato ou remuneração. A partir de regras, lições e outros processos ensinarei o conhecimento global da medicina, tanto aos meus filhos e aos daquele que me ensinar; como aos alunos abrangidos por contrato e por juramento médico, mas a mais ninguém. A vida que professar será para benefício dos doentes e para o meu próprio bem, nunca para prejuízo deles ou com malévolos propósitos.

mentos aos mais novos, tendo sempre como parâmetros ordenadores o interesse e a segurança do doente. Tais conhecimentos não deverão ser limitados, ou mitigados, por uma eventual *curva de aprendizagem*[22], não obstante a sua existência ser, por vezes, incontornável considerando que estamos a referir-nos a profissionais que ainda não têm a sua formação completa, ou seja, não estão plenamente investidos dos conhecimentos necessários para realizar todos os tipos de atos médicos, como se depreende da terminologia recorrentemente aplicada. Para tentar de alguma forma obstar a que os efeitos de uma eventual curva de aprendizagem se façam sentir, a função do orientador tem de apresentar

Mesmo instado, não darei droga mortífera nem a aconselharei; também não darei pessário abortivo às mulheres. Guardarei castidade e santidade na minha vida e na minha profissão. Operarei os que sofrem de cálculos, mas só em condições especiais; porém, permitirei que esta operação seja feita pelos praticantes nos cadáveres, Em todas as casas em que entrar; fá-lo-ei apenas para benefício dos doentes, evitando todo o mal voluntário e a corrupção, especialmente a sedução das mulheres, dos homens, das crianças e dos servos, Sobre aquilo que vir ou ouvir respeitante à vida dos doentes, no exercício da minha profissão ou fora dela, e que não convenha que seja divulgado, guardarei silêncio como um segredo religioso, Se eu respeitar este juramento e não o violar; serei digno de gozar de reputação entre os homens em todos os tempos; se o transgredir ou violar que me aconteça o contrário"; bem como a respetiva Fórmula de Genebra, adttada pela Associação Médica Mundial em 1983, *" No momento de ser admitido como Membro da Profissão Médica: Prometo solenemente consagrar a minha vida ao serviço da Humanidade. Darei aos meus Mestres o respeito e o reconhecimento que lhes são devidos. Exercerei a minha arte com consciência e dignidade. A Saúde do meu Doente será a minha primeira preocupação. Mesmo após a morte do doente respeitarei os segredos que me tiver confiado. Manterei por todos os meios ao meu alcance, a honra e as nobres tradições da profissão médica. Os meus Colegas serão meus irmãos. Não permitirei que considerações de religião, nacionalidade, raça, partido político, ou posição social se interponham entre o meu dever e o meu Doente. Guardarei respeito absoluto pela Vida Humana desde o seu início, mesmo sob ameaça e não farei uso dos meus conhecimentos Médicos contra as leis da Humanidade. Faço estas promessas solenemente, livremente e sob a minha honra"*. disponível em https://www.ordemdosmedicos.pt/?lop=conteudo&op=67e103b0761e60683e83c559be18d40c&id=6b8b8e3bd6ad94b985c1b1f1b7a94cb2, consultado em 20/04/2015.

[22] Cfr. Fragata, José; Martins, Luís, *O Erro em Medicina – Perspectivas do Indivíduo, da Organização e da Sociedade*, Almedina, 3ª Reimpressão da Edição de Novembro/2004, 2008, pp.259 e ss. Estas existem, essencialmente, quando é introduzida uma nova técnica terapêutica, seja a nível cirúrgico, num processo, mais ou menos invasivo, ou seja, numa infinidade de casos que poderão aparecer por a medicina ser uma ciência em nada estanque. Nestes casos terão de ser minorados os riscos, em vias de o doente não ser prejudicado com a introdução dessa nova "técnica de ponta". No entanto, estas "curvas de aprendizagem" encontram-se igualmente assentes durante o processo de formação do médico interno, sempre que a este é incumbida a tarefa de fazer algo pela primeira vez. Terá de haver uma extrema interligação de competências entre o orientador e o interno para esvanecer esse "gap" de conhecimentos de tal forma que não seja percetível para o doente.

características de permanência e de personalização da formação, especialmente porque os assistentes terão de estar atentos a eventuais lacunas no desempenho do formando para as poder colmatar, pois o que mais interessa é a saúde do doente que um dia estará nas mãos daquele profissional de saúde.

Na relação triangular existente entre o doente, orientador de formação e orientando, deverá transparecer segurança e confiança[23], especialmente no que tange a estes dois vértices, mesmo que a relação entre eles tenha um pendor tido como paternalista[24]. De qualquer modo, face às vicissitudes da sociedade hodierna, no seio da qual surgem cada vez mais profissionais qualificados, nomeadamente da área da medicina, podemos deparar-nos com a possibilidade de existirem curvas de aprendizagem intencionais, no sentido de as técnicas e conhecimentos mais especializados não serem transmitidos, pois os orientandos de hoje, serão os especialistas de amanhã, com acesso a todo um manancial de técnicas de ponta, e, por conseguinte, concorrentes diretos dos seus formadores[25]. Daí que se tenha referenciado supra que a relação entre orientador e orientando tem um pendor hipocrático, uma vez que no juramento de Hipócrates vem referido como obrigação de *transmitir preceitos, instruções orais e todos outros ensinamentos aos (...) discípulos que se comprometerem e jurarem obedecer á Lei dos Médicos.*

---

[23] Apesar desta relação de confiança que terá de existir durante o período de formação do interno, não podemos afirmar que reine aqui o sufragado princípio da confiança para a medicina realizada em equipa. Como refere Fidalgo, Sónia, *Responsabilidade penal por negligência no exercício da medicina em equipa*, Coimbra Editora, 2008, p.248, "a estrutura da relação que se estabelece entre o médico tutelado e o médico sénior é diferente daquela que se estabelece entre os vários membros de uma equipa médica, ainda que entre eles exista uma relação de supra/infra ordenação." Nestes casos da realização da medicina em equipa pressupõe-se que todos os membros da equipa tenham já concluído o seu professo formativo. O princípio da confiança traduz, essencialmente que, quem se comporta de acordo com a "norma de cuidado deve poder confiar que o mesmo sucederá com os outros; salvo se tiver razão *concretamente* fundada para pensar de outro modo" – Figueiredo Dias, Jorge – Direito Penal, Parte Geral – Tomo I – Questões Fundamentais da Doutrina Geral do Crime, Coimbra Editora, 2ª Edição, 2007, p.882.

[24] Fragata, José; Martins, Luís – O Erro em Medicina – Perspectivas do Indivíduo, da Organização e da Sociedade, Almedina, 3ª Reimpressão da Edição de Novembro/2004, 2008, pp. 261 e ss.

[25] Como referiu Oscar Wilde "*It is easy to sympathize with the suffering of a friend, but it requires a special nature to sympathize with a friend's success*" – Apud idem, nota 1. p. 261

A ligação entre orientador de formação e interno não é, dadas as características que a enformam, uma exceção à regra da estratificação no seio das relações médico-hospitalares, nem da respetiva hierarquização, pois, independentemente de haver premissas diferentes face às situações de supra/infra ordenação entre categorias e graus, certo é que o interno ainda não adquiriu um grau, nem tão pouco uma categoria. Não obstante esta semelhança, a relação entre aqueles dois profissionais assume um cariz diferente, uma vez que existe um dever de controlo do orientador sobre o interno, dado que este ainda se encontra em formação. Considerando que o interno pode, devido à sua inexperiência, cometer erros, o orientador de formação não pode presumir que este atuará sempre em plena concordância com as regras de cuidado, generalizadamente cumpridas pelos seus pares que já terminaram a sua formação, sendo, portanto, imprescindível que este exerça sobre o médico em formação, também uma particular atividade de fiscalização.

Em suma, entre estes dois profissionais deverá existir uma relação de respeito e reciprocidade, onde o reconhecimento pelos conhecimentos adquiridos do orientador a serem transmitidos ao formando, e a tolerância perante a carência de experiência deste, devem andar de mãos dadas.

3) O dever de fiscalização do orientador de formação

Como tivemos oportunidade de referir, o internato médico é uma etapa obrigatória da carreira médica tutelada, desde o seu início até à graduação do interno, que culminará, no caso de sucesso, com a obtenção do grau de assistente e de especialista. Em virtude do que ficou exposto no inciso anterior, deverá ser cogitada a possibilidade de o interno cometer erros, ou de não executar as suas tarefas de uma forma imaculada, resultando dessa possibilidade a função corolária do orientador de minorar tais efeitos através da fiscalização de tarefas do interno.

Sobre o médico assistente que esteja a exercer as funções previstas no artigo 18º da Portaria nº 251/2011, de 24 de junho, impende um dever de garante perante o interno. A posição em que se encontra o médico formador, ou em alguns casos responsáveis de estágio, permite-lhe acautelar ou minorar os efeitos de um eventual erro do interno. Para corroborar em termos doutrinários a existência deste dever de garante[26] face à

---

[26] Sufragamos a posição explanada por Figueiredo Dias, segundo a qual são necessárias três precisões no que concerne aos deveres de garantia jurídico-penalmente relevantes

atuação de terceiro, seguimos a posição de Figueiredo Dias especialmente no que concerne à autorresponsabilidade de terceiro e à sua cedência perante situações em que a responsabilidade do agente que comete o ilícito se encontra de alguma forma limitada, como sucede na relação entre o interno e o médico assistente que o orienta[27]. Esta situação encontra-se igualmente acautelada pelo facto de o princípio da confiança não poder ser afirmado para aqueles que ainda se encontram em formação, não estando, por conseguinte, o seu conhecimento na área completo, logo plenamente fiável. Não estamos ora a equiparar a negligência, quando nos referimos ao princípio da confiança, e a omissão[28], quando nos reportamos ao dever de garante que impende sobre o orientador, mas certo é que estas duas classificações, embora distintas, se entrecruzam[29], nomeadamente na presente situação de orientação. Vejamos, o formador tem o dever de vigiar, de fiscalizar a atuação do interno, quando não o faz, por confiar no interno, e este incorre numa situação de erro, ou viola um dever objetivo de cuidado, ofendendo, por exemplo, a integridade física de um paciente, aquele incorre numa situação jurídico-penalmente relevante por omissão e por ter sido imprudente, logo negligente, uma vez que confiou, quando não devia ter confiado, já que os pressupostos do princípio da confiança não se encontram plenamente preenchidos. Regressaremos a esta temática mais á frente.

Ao médico orientador compete, portanto, um dever de fiscalização e sobre ele impende um dever de garante, isto é, tem o dever de controlar e fiscalizar a atuação do médico interno, especialmente no que respeita

---

quando nos referimos a situações de omissões tidas como impróprias ou impuras. Primeiro, de acordo com Damião da Cunha, tem de haver uma ""relação de confiança" suscetível de produzir efeitos jurídicos"; segundo, o dever jurídico tem de incidir sobre a proteção de bens jurídicos específicos, advenientes de uma "situação de dependência ou de domínio pessoal" existente entre aqueles e aquele que os garante; terceiro, tem de ser levada a cabo a "acção adequada a evitar o resultado", nos termos predispostos no artigo 10º, nº 1 do CP. Dias, Jorge de Figueiredo, *Direito Penal, Parte Geral, Tomo I, Questões Fundamentais, A Doutrina Geral do Crime*, pp. 933-934.

[27] Dias, Jorge de Figueiredo, *ob cit idem*, p. 949.
[28] Vide a explanação do problema por Claus Roxin, autor que dilucida a questão através de exemplos da jurisprudência do Supremo Tribunal do Reic, in *Problemas Fundamentais de Direito Penal*, Traduzido por Ana Paula dos Santos Luís Natscheradetz, Maria Fernanda Palma e Ana Isabel Figueiredo, Lisboa, Veja, pp. 235-272.
[29] Beleza, Teresa Pizarro, Direito Penal, 2º Volume, AAFDL, Lisboa, pp. 569 e ss.;

aos primeiros dois anos do internato, uma vez que o interno não poderá praticar atos médicos de forma autónoma antes de completar esses dois anos. Tal significa que o orientador de formação pode responder criminalmente se não intervier, se não fiscalizar devidamente a conduta do interno e este cometer um erro do qual advenha uma ofensa à integridade física ou qualquer um dos crimes passíveis de serem levados a efeito no seio da profissão médica, ou por causa desta. Por conseguinte, este dever de garante face aos atos praticados pelo médico interno sob a sua responsabilidade pode efetivamente ser considerado como uma fonte de perigo, podendo o médico orientador ser responsabilizado por omissão, isto é, por não ter agido quando o devia ter feito. A título exemplificativo, consideremos a situação em que ao "médico em potência" é cominada a realização de determinados exames de diagnóstico. Tendo em consideração que estamos perante uma atividade tutelada, o formador estaria incumbido de fiscalizar os exames realizados por aquele, que, por sinal, foram por si ordenados, contudo, por alguma razão, não os fiscaliza, resultando daí um diagnóstico incorreto, sendo aplicados cuidados deficitários ou desadequados para a patologia do paciente. Uma situação destas poderá desencadear uma panóplia de consequências, nomeadamente a agravação do estado do paciente, ou mesmo a sua morte[30]. Este exemplo não explana uma situação de usurpação de funções por parte do interno, apenas uma vicissitude da inexperiência do mesmo, não lhe sendo necessariamente exigível uma interpretação diferente dos exames, embora devesse ter o cuidado de remeter a questão para o seu orientador, devido precisamente à consciência que devia ter de haver a possibilidade de incorrer em algum erro, pelo que a responsabilidade pelo erro que cometesse, impenderia tanto sobre si, como sobre o seu orientador, por ter violado um dever de cuidado, bem como o dever de garante, no sentido de vigiar o seu orientando. Situação diferente seria, sendo igualmente diferente a respetiva resolução, se o interno mostrasse os exames realizados ao orientador e este nada fizesse, por confiar no diagnóstico daquele,

---

[30] Quanto ao dever de fiscalização do médico tutor *vide* a decisão da Jurisprudência Italiana, da Cassazione Penale, Sezione IV, sentenza del 10.7.2008 n.32424, onde se refere que o médico orientador tem o dever de fiscalizar a atuação do médico interno, nomeadamente no que diz respeito à prescrição de fármacos. No entanto, não obstante existir este dever de fiscalização do orientador de formação, o médico interno deve abster-se de praticar atos sobre os quais não tem competência.

quando não o deveria ter feito, especialmente se estivéssemos num estádio da formação do primeiro, onde não lhe fossem exigíveis conhecimentos mais aprofundados, não se colocando a possibilidade de violação das *leges artis* pelo interno. Ora, a responsabilidade seria (supostamente) exclusiva do orientador de formação por ter violado um dever objetivo de cuidado, adveniente do seu dever de vigiar e supervisionar as tarefas levadas a cabo pelo interno.

A situação descrita poderá assumir contornos diferentes se o médico interno violar um dever de cuidado seu, nomeadamente se não conduzir a sua atividade com os conhecimentos que lhe são exigidos, considerando o que lhe fora transmitido até à data do facto jurídico-penalmente relevante, nomeadamente aqueles sobre os quais já foi avaliado, violando assim as *leges artis*, indiciando, eventualmente, a prática de um crime por negligência[31]. Nesta situação, o orientador de formação poderá ainda incorrer em responsabilidade penal, pelo facto de ter violado o dever de cuidado que lhe foi investido de fiscalizar a atuação do interno. Deparamo-nos, nas palavras de Figueiredo Dias[32], portanto, com um comportamento negligente conjunto, uma vez que ambos criaram, de forma conjunta, um risco[33] não permitido para o paciente que se concretiza na verificação do resultado típico[34].

---

[31] *Vide* Landro, Andrea Rocco di, *Vecchie e nuove line riconstruttive in tema di responsabilità penale nel lavoro medico d'équipe, in:* Rivista di Diritto Economico, nº 1-2 (2005), p.233 *""la circostanza che la partecipazione all'attività operatoria (...) si svolga sotto le direttive del docente, non esclude l'assunzione di responsabilità diretta della parte dello specializzando, nella sua posizione di garanzia nei contributi del paziente"*.

[32] Dias, Jorge de Figueiredo, ob cit idem, p. 895.

[33] No que concerne ao risco e erro médico, consideramos curiosa e pertinente a afirmação de Dingwall, no que tange à sociedade de risco e à confiança, "In a risk society, everyone is a potential victim ... [and] the basis of solidarity shifts from need to anxiety", apud Quick, Oliver, *ob cit idem*, p. 33.

[34] A co-autoria no seio da negligência nunca poderia ter os mesmos contornos que se apresentam no seio dos crimes dolosos, pois, como é consabido, no seio da co-autoria tem de existir um condomínio do facto, onde tem de existir conhecimento e vontade, no âmbito do tipo subjetivo. Ora, a teoria, ou o critério, do domínio do facto é impraticável neste âmbito dados os requisitos que a enformam, o que poderia infirmar qualquer possibilidade de co-autoria negligente, no entanto, não sufraguemos a doutrina dominante que nos diz que, como refere Figueiredo Dias, na esteira de Jakobs, Jescheck/Weigend e Roxin, autor é "aquele (todo aquele) que, com a sua atuação violadora do cuidado imposto, cria ou potencia um perigo proibido que se concretiza no resultado (na realização) típico (a)", pelo que apenas

Outra hipótese, passível de ser colocada, é a de o orientador ter levado a efeito todas as diligências a que se encontrava obrigado na formação do interno, fiscalizando os atos médicos por este praticados, e, não obstante esse facto, o interno cometer um facto jurídico-penalmente relevante por ter desrespeitado uma ordem, ou ter considerado que tinha competências bastante para atuar sozinho, quando não tinha. Neste caso, o médico interno trespassando as suas competências de forma injustificada, poderá ser indiciado pela prática de um crime, que, conforme os casos, poderá ser doloso[35]/[36] ou negligente[37]. Ora, citando Roxin, "quem não sabe uma certa coisa deve informar-se, quem não pode alguma coisa deve abandoná-la"[38]. É dever do interno socorrer-se da opinião de colegas que estejam num estádio mais avançado do internato ou então que já tenham os respetivos conhecimentos consolidados.

poderia seria defensável uma teoria unitária de autoria. Vide Dias, Jorge de Figueiredo, *ibidem*, p. 894.

[35] Introduzimos aqui a possibilidade de o facto ilícito típico ser punível, nomeadamente, a título doloso, pois poderão surgir situações que se enquadrarão certamente na figura do dolo eventual, onde o agente cogita como possível a produção de um resultado jurídico-penalmente relevante, embora confiando que este não tenha lugar, conformando-se com esse resultado, tal como se encontra previsto no artigo 14º, nº 3 do Código Penal. Convenhamos que esta possibilidade não é tão remota quanto isso, pois a linha que se estabelece entre o dolo eventual e a negligência consciente é muito ténue e, apesar de as suas consequências serem em nada despiciendas e inócuas, a sua prova é de facto difícil. Para mais desenvolvimentos vide Dias, Jorge de Figueiredo, ob cit idem pp. 368-378, Beleza, Teresa Pizarro, pp. 205-220.

[36] Em nada despicienda para a temática referida na nota anterior é a abordagem de Faria Costa, que, no seu trabalho intitulado *Tentativa e Dolo Eventual*, nos fala sobre a relevância do dolo eventual e sua sistematização no ordenamento jurídico-penal, não obstante afirmar que é um espaço de dúvida, na esteira de Mezger e Blei (p. 25), precisamente por em sede desta figura estarmos num campo de representações, de possibilidades. Costa, José de Faria, Tentativa e Dolo Eventual (Ou da relevância da negação em Direito Penal), Separata do número especial do Boletim da Faculdade de Direito de Coimbra – Estudos em Homenagem ao Prof. Doutor Eduardo Correia, 1984, Reimpressão, Coimbra, 1995.

[37] Fragata, José; Martins, Luís, *O Erro em Medicina (...)*, ob cit idem. P.262, tal como refere este autor "muitos internos adquirem destreza manual e aptidões técnicas antes mesmo da aquisição de conhecimentos, antes mesmo da maturação da capacidade de julgamento e, da tão importante capacidade de tomar decisões." O que poderá conduzir ao referenciado erro de julgamento e portanto a uma usurpação de funções. Não nos esqueçamos, no entanto, que "as melhores pessoas podem cometer os piores erros".

[38] *Apud* Dias, Jorge de Figueiredo, in: *Comentário Conimbricense do Código Penal, Parte Especial*, dirigido por Jorge de Figueiredo Dias, t.I, Coimbra: Coimbra Editora, 1999, artigo 137º, p. 108.

Em suma, o dever de fiscalização do orientador de formação é algo do qual o mesmo não se pode apartar pois está umbilicalmente ligado às funções que desempenha enquanto tal, desde o início até ao fim do internato, salvo se algo obstar a que tal suceda, nomeadamente a sua substituição. Ora, o médico especialista não poderá eximir-se deste tipo de funções, uma vez que seja nomeado para tal, especialmente tendo em consideração o facto de a orientação, que apesar de ser direta e permanente, se encontrar adstrita a uma programação regular e diversificada, compatível com as diferentes atividades médicas a que estão obrigados, relevando igualmente para a sua valorização curricular no seio da promoção na respetiva carreira.[39]

III. A APLICABILIDADE DO PRINCÍPIO DA CONFIANÇA E DO PRINCÍPIO DA DIVISÃO DE TRABALHO AO EXERCÍCIO DA MEDICINA PELO MÉDICO INTERNO

1) O princípio da confiança

As equipas médicas são, por norma, multidisciplinares, havendo a divisão do trabalho pelos vários membros que a integram, pelo que a relação que se estabelece entre estes tem necessariamente de se prender com um fito fiduciário. Isto é, os profissionais que a integram devem poder confiar que os outros com quem estão a trabalhar desempenharão as suas funções com o zelo que lhes é exigível, não tendo de se preocupar com a atuação dos demais.[40] Nesta esteira seguimos o entendimento de Figueiredo Dias, ao afirmar que "o princípio da confiança encontra o seu fundamento material no princípio da auto-responsabilidade de terceiros: as outras pessoas são também seres responsáveis; se se comportam descuidadamente, tal só deverá afetar, em princípio, a sua própria responsabilidade"[41]. Ora, se a confiança é a base, é a pedra angular, para que uma equipa consiga ser diligente, o médico deverá poder ater-se apenas com as funções que lhe foram incumbidas, não devendo ser

---

[39] *Vide* artigos 18º e 21º do Regulamento do Internato Médico aprovado pela Portaria nº 251/2011, de 24 de Junho.
[40] Para mais desenvolvimento a este respeito *vide* FIDALGO, Sónia, *Responsabilidade penal por negligência no exercício da medicina em equipa*, Coimbra Editora, 2008, pp. 107 e ss..
[41] Dias, Jorge de Figueiredo, *Direito Penal, Parte Geral – Tomo I – Questões Fundamentais da Doutrina Geral do Crime*, Coimbra Editora, 2ª Edição, 2007, p. 884.

responsabilizado pela atuação menos diligente dos demais. De qualquer modo, podem surgir situações que obstem a que o princípio da confiança opere de uma forma plena, nomeadamente quando existirem razões que indiciem que um dos membros integrantes da equipa não está nas suas plenas faculdades para levar a cabo as suas funções de forma diligente, como lhe seria exigível[42]. Assim sendo, o médico que integrar uma equipa e verificar que está perante uma ocorrência de tal ordem, deve abster-se de confiar no seu colega, diligenciando algo no sentido de minorar os efeitos de um erro que eventualmente possa suceder, por conseguinte, evitando a lesão de bens jurídicos que a si foram confiados.[43]

Este princípio assume especial acuidade, tal como temos vindo a explanar no presente trabalho, no seio das intervenções médico-cirúrgicas uma vez que a atividade é aqui exercida em equipa, a qual é, não raras vezes, multidisciplinar. Como tivemos oportunidade de referir *supra*, o médico deve poder contar que o seu colega desempenhará as suas funções de forma diligente, não estando, por conseguinte, nenhum tendo a prerrogativa de se poder imiscuir nas funções do próximo. Só assim não será se for notório que um dos profissionais integrantes da equipa, pelo seu comportamento, nomeadamente por se encontrar muito cansado ou sob a influência de álcool ou de substâncias psicotrópicas, poderá penhorar o trabalho dos restantes e contribuir para a verificação de um resultado jurídico-penalmente relevante no corpo do doente, nomeadamente com a produção de uma ofensa à integridade física não contemplada no tratamento.

Face ao exposto, poderemos aduzir que o princípio da confiança soçobrará quando estivermos perante médicos que ainda não terminaram o seu processo de formação, ou seja, internos. Independentemente de o internato ser um estádio evolutivo no *iter* formativo do médico, certo é que, até à realização do exame da especialidade, o interno não poderá integrar

---

[42] Em sentido coincidente vide Dias, Jorge de Figueiredo, *ob cit ibidem*, p.882 "Quem se comporta no tráfico de **acordo com a norma de cuidado deve poder confiar que o mesmo sucederá com os outros**; salvo se tiver razão *concretamente* fundada para pensar ou dever pensar de outro modo" – bold e itálico do autor. Também Fidalgo, Sónia, Responsabilidade Penal na Equipa Hospitalar – A Responsabilidade do Farmacêutico, in *Lex Medicinae*, Revista Portuguesa de Direitos da Saúde, Ano 7, nº 14 – 2010, p. 99.

[43] Fidalgo, Sónia, Responsabilidade penal no exercício da medicina em equipa: o princípio da confiança e o princípio da divisão de trabalho, in Estudos em Homenagem ao Prof. Doutor Jorge de Figueiredo Dias, Volume II – Coimbra Editora, 2009, p. 423.

equipas médicas, salvo se estiver sob constante vigilância e fiscalização do seu orientador e demais membros integrantes da equipa médica, como já tivemos oportunidade de desenvolver *supra*.[44] Na eventualidade de ocorrer uma situação resultante da imperícia do interno, deverá o orientador de formação fazer-se substituir a este com o objetivo de não provocar danos no paciente, estando, por conseguinte, a cumprir o seu dever de fiscalização e de garante, ao ensinar o interno a completar o procedimento da forma correta.[45] De qualquer forma, o princípio aqui em destaque é exclusivamente aplicável ao exercício da medicina em equipa quando esta é composta por profissionais que já terminaram o seu processo de formação[46].

Em jeito de conclusão, o princípio da confiança não tem lugar quando se está perante uma situação em que o médico ainda se encontra em fase de aprendizagem, pois pode surgir uma situação para a qual o interno ainda não tem destreza ou conhecimentos bastante, não conseguindo fazer face à situação de perigo para a vida ou saúde do doente, sendo imperioso que o formador se substitua àquele em tempo útil, sob pena de se verificar um resultado não previsto, ou não querido, para o doente. Posto isto, seria contraproducente, na eventualidade de advir um qualquer resultado danoso para o doente, o médico formador poder invocar a

---

[44] Dias, Jorge de Figueiredo, *Direito Penal (...) ob cit ibidem*. p.884, sobre os membros da equipa que se encontrem em fase de aprendizagem, refere este autor que o incumprimento do dever de fiscalização "pode, ele mesmo, fundar o tipo de ilícito negligente. Sem prejuízo, no entanto, de não ser admissível deduzir **em geral** um dever de controlo da previsibilidade abstrata de erros dos outros. Como conclui Stratenwerth. "o princípio da confiança delimita por seu lado, onde se não verifiquem *especiais* circunstâncias, também os deveres de controlo. De outra forma seria por exemplo impossível a repartição de tarefas"".

[45] "*O treino médico pode e deve ser facultado, mas não podemos nunca alienar a nossa responsabilidade para com os doentes, que não podem, em caso algum sofrer com isso. Se mantivermos a nossa supervisão os resultados deverão ser iguais aos nossos próprios e teremos prestado um relevante serviço à causa do Ensino.*" "*Quantas vezes, a meio de uma intervenção é preciso trocar de posição e passar de ajudante sénior a operador principal, para realizar um passo ou emendar um erro (...)*" Vide **Fragata, José; Martins, Luís**, *O Erro em Medicina (...) ob cit idem. p. 262.*

[46] Cabe-nos fazer uma pequena ressalva, pois, estamos numa era de constante evolução nas ciências médicas, e é consabido que nem todas as técnicas de diagnóstico, de cirurgia e de tratamento estão acessíveis à generalidade dos médicos da mesma especialidade, ou de especialidades diferentes complementares, pelo que poderão, inclusivamente, surgir curvas de aprendizagem entre médicos especialistas, independentemente de ser uma obrigação do médico instruir-se de acordo com a evolução da sua especialidade para poder tratar adequadamente os seus doentes.

aplicação do princípio da confiança quando sobre o mesmo impende um dever de fiscalização sobre o médico interno.

2) O princípio da divisão de trabalho

No que ao princípio da divisão de trabalho diz respeito, temos para nós que o mesmo deverá ser considerado como um corolário lógico do princípio da confiança e do exercício da medicina em equipa. Esta equipa será, geralmente, composta por profissionais médicos, de mesma ou de várias especialidades, bem como por enfermeiros, técnicos de radiologia, de diagnóstico, entre outros, estando cada um investido da faculdade de levar a cabo determinada tarefa. Como já tivemos oportunidade de expor acima, de acordo com o princípio da confiança, presume-se que cada um desempenhará as suas funções com o cuidado devido e de acordo com os conhecimentos que lhe são exigíveis[47]. Assim, revela-se imperioso que entre profissionais exista a divisão de trabalho, que tanto poderá evidenciar-se em termos horizontais, por exemplo, no caso do cirurgião e do anestesiologista[48], uma vez que são consideradas como especialidades complementares no seio de uma intervenção médico--cirúrgica, como em termos de divisão de trabalho vertical, onde existe um profissional médico que exerce sobre os demais a sua chefia, devido a uma pré-existente relação de supra/infra ordenação.

Na divisão de trabalho em sede horizontal, o princípio da confiança não merece quaisquer reparos de monta, uma vez que cada profissional se encontra a exercer a sua atividade, não de forma solipsista, mas de qualquer modo autónoma face aos demais, por estarem claramente delineadas as barreiras entre especialidades, pelo que não deverão interferir nas funções do outro, confiando que o colega está a levar a efeito as suas

---

[47] Fidalgo, Sónia, Responsabilidade penal por negligência (...), ob cit., pp.102 e ss.
[48] Em sentido correspondente Nunes, J. Martins "cirurgiões e anestesistas têm áreas bem delimitadas de responsabilidade perante o doente e, por via de regra, nenhum deles controla ou dirige a actividade dos demais. Por se reconhecer que os anestesistas são autónomos, científica e profissionalmente, não podem os cirurgiões ser responsabilizados pelos actos que eles pratiquem" *in, Da Responsabilidade dos Médicos Anestesiologistas – Dos diversos tipos de responsabilidade, formas de apuramento e instâncias decisórias. Consentimento informado*, in http://www.huc.min-saude.pt/anestesiologia/docs/responsabilidade_med_Anestes_Dr_JMNunes.pdf, consultado em 30-04-2015.

incumbências da forma mais adequada[49]. No âmbito da divisão de trabalho vertical, podemos trazer igualmente à colação o princípio da confiança, pois, considerando que o trabalho é distribuído de acordo com as competências de cada profissional, nomeadamente de área, será de presumir que estes desempenharão as suas funções da forma mais adequada e profícua para o estado específico do doente[50].

No que tange à possibilidade de o médico interno ser considerado como membro integrante de uma equipa, e, portanto, fazendo parte de uma divisão de trabalho vertical, teremos de nos opor a tal posição, uma vez que este ainda se encontra em fase de formação, logo não lhe poderão ser, literalmente, confiadas, quaisquer funções não tuteladas[51]. Assim sendo, não obstante em termos formais o interno possa de facto integrar uma equipa[52] e desempenhar funções médicas, consideramos que mate-

---

[49] Salvo, como já referimos, se se verificar que existem indícios de que o profissional não se encontra em condições notórias de conduzir a sua atividade de forma plena e esclarecida, o que determinará o afastamento do princípio da confiança.

[50] Tal como refere Sónia Fidalgo, nem sempre o entendimento foi este, sobre o chefe de equipa recaiam diversos deveres e responsabilidade pela atuação de todos os membros constituintes da sua equipa. Fidalgo, Sónia, Responsabilidade penal no exercício da medicina em equipa: o princípio da confiança e o princípio da divisão de trabalho, in Estudos em Homenagem ao Prof. Doutor Jorge de Figueiredo Dias, Volume II – Coimbra Editora, 2009, p. 427 e ss.

[51] Dependendo da fase do internato em que se encontre, o interno tanto pode como não realizar atos médicos autónomos. Logo, não será razoável considerar que um médico no ano comum, ou menos no primeiro ano da especialidade, esteja habilitado para integrar uma equipa de médicos, com conhecimentos consolidados e comprovados.

[52] Convenhamos que tal resulta, por exemplo, da Portaria nº 222/2012 de 23 de julho, que delimita o programa de formação da especialidade de urologia, de acordo com o Regulamento do Internato Médico, estabelecendo como objetivos para o 3º ano de internato, nomeadamente, "Realizar e participar ajudando em intervenções cirúrgicas. Exemplos de intervenções cirúrgicas.: a) Cirurgia dos genitais e uretra distal; b) Prostatectomia por hipertrofia benigna; c) Cirurgia simples da bexiga; d) Cirurgia simples renal, cirurgia simples piélica e do uréter; e) Cirurgia endoscópica, endourológica e percutânea simples"; para o 5º ano de internato, designadamente, "a) Cirurgia complexa dos genitais (amputação total do pénis, cirurgia do priapismo, cirurgia da doença de Peyronie, colocação de próteses penianas, epididimovasostomias); b) Cirurgia da uretra (cirurgia dos hipospadias, uretroplastias em um tempo, primeiro tempo de uretroplastia da uretra posterior); c) Cirurgia da bexiga e uréter pélvico (diverticulectomias vesicais, encerramento de fístulas vesicovaginais ou vesicointestinais, cirurgia do refluxo vesicoureterico, reimplantações ureterovesicais com retalho vesical, cistectomia total); d) Prostatectomia radical, cirurgia pielorrenal (cirurgia da litíase complexa ou recidivada, incluindo nefrotomias anatróficas, nefrectomia radical,

rialmente a sua intervenção, especialmente nos primeiros anos do internato, deve ser minuciosamente delimitada, não sendo concretizável pelo *médico especialista em potência* o exercício livre da medicina. Em virtude de, como já exaustivamente referimos, ao internato estar intrínseca uma relação de natureza tutelar, fiscalizadora, o interno tem necessariamente de ficar adstrito ao controlo do médico formador e dos outros membros integrantes da equipa. Contudo, não obstante afirmarmos a incapacidade inata do interno em fazer parte de uma equipa médica onde impera o princípio da confiança, certo é que aos internos tem de ser dada a possibilidade de praticarem atos médicos, para depois poderem ser de facto os especialistas de amanhã. Aliás, as ciências médicas exigem, não só uma componente teórica, mas também uma larga componente prática, contudo, esta tem de ser exercida sob vigilância e controlo, para que na eventualidade de serem cometidos erros, estes possam ser colmatados, ou para que a possibilidade de erro seja minorada, e as repercussões, nomeadamente, penais sejam reduzidas.

IV. Determinação da responsabilidade penal do médico interno

Tendo percorrido o processo de formação do interno, bem como as regras que enformam este processo, nomeadamente as que delimitam a relação existente entre o interno e o orientador de formação, cumpre-nos ora, determinar em termos mais incisivos, não obstante tal ter vindo a ser discutido de forma lateral no discurso já expendido, a determinação da responsabilidade penal do médico interno. Isto é, vamos considerar que a que ditames se encontram adstritos e se existem situações especiais, em termos de responsabilização penal face aos demais profissionais de saúde que já têm a sua formação completa. Certo é que já referenciámos o princípio da confiança e o princípio da divisão de trabalho aplicável ao exercício da medicina em equipa, como não sendo aplicáveis às funções tuteladas exercidas pelo interno, contudo, revela-se em nada despiciendo um breve velejar sobre outras situações especiais com as quais se depararão não só estes profissionais de saúde, os especialistas de amanhã, mas também os profissionais da área jurídica,

---

nefrectomia parcial, cirurgia do traumatismo renal, ureteroplastias)". Tal, de alguma forma, faz soçobrar o argumento de que o interno não poderá integrar equipas médicas, contudo, não coloca em causa o facto de o internato ser um estágio tutelado até à graduação do interno.

para poderem dissecar devidamente a atribuição da responsabilidade. Para tanto começaremos com uma breve análise das *leges artis* e em que termos estas são aplicáveis aos médicos internos, terminando com uma análise do regime do internato e a possível prática de atos médicos em termos autónomos, afastando, hipoteticamente, a responsabilidade do orientador de formação.

1) As leges artis

As *leges artis medicinae*[53] compreendem um agregado de normas e princípios profissionais que não se encontram compilados em apenas um diploma, estando antes disseminados na *praxis* médica, acompanhando o estado da ciência médica num preciso momento histórico. Ora, o médico interno, ao entrar para o seio da profissão médica, encontra-se igualmente adstrito ao cumprimento destes ditames profissionais deontológico e, consequentemente, de foro prático.

Apesar do dever de garante que impende sobre o orientador de formação, poderão surgir situações em que o interno viole as *leges artis* de forma não intencional. Nestas situações, em vias de se avaliar de uma forma justa a conduta do interno, ter-se-á de ter em consideração que este ainda não terminou a sua formação, pelo que a sedição de erros poderá ser mais frequente, e o grau de ilicitude e de culpa, concomitantemente, menor[54]. Para avaliar, portanto, se o interno violou as *leges artis*[55] de forma

---

[53] As *leges artis medicinae* visam, não apenas a "manutenção ou a diminuição dos bens jurídicos, como também prosseguem a finalidade de aumentarem esses bens jurídicos", Costa, José de Faria, *O Perigo em Direito Penal*, Coimbra Editora, 2000, Reimpressão, p. 530 e ss.

[54] De qualquer modo, queremos esclarecer que estamos a falar de uma forma generalizada, não casuisticamente corroborada, pois como é consabido, a culpa apenas poderá ser aferida em sede judicativo-decisória, tendo em consideração inúmeros fatores, designadamente, a censurabilidade ou não censurabilidade da conduta do agente; a razão (razões) pela qual não se determinou de acordo com o direito (embora no foro negligente não estejamos perante uma situação em que exista conhecimento e vontade no que tange ao cometimento da conduta ilícita), isto é, porque não agiu de outra maneira, entre outros. Para mais desenvolvimentos, vide Dias, Jorge de Figueiredo, Direito Penal, Parte Geral (...), pp. 551-645.

[55] "*Anche sullo specializzando incombe l'obbligo della osservanza delle leges artis, ove egli non sia ancore in grado di affrontare le difficoltà del caso specificoha l'obligo, piuttosto che mettere a rischio la vita l'incolumità del paziente, di astenersi dal direttamente operare*" in, Landro, Andrea Rocco di, *Vecchie e nuove line riconstruttive in tema di responsabilità penale nel lavoro medico d'équipe (...) ob cit. P. 233, vide* também a respetiva nota 24. pois refere Jurisprudência relativamente à problemática de o médico interno (*specializzando*) participar ativamente em uma intervenção cirúrgica,

negligente ou não, a figura a ter em conta será a do homem médio, ou do homem fiel ao direito, isto é, o médico interno da mesma especialidade e do mesmo ano de internato, para aferir se de facto ser-lhe-ia exigível conhecer a regra que não fora observada (violada) ou se ainda não tinha chegado a tal estádio da sua formação.

Ora, o artigo 150º do Código Penal[56] indica que se as intervenções e tratamentos médico-cirúrgicos forem levadas a cabo de acordo com as *leges artis*, não serão consideradas como ofensas à integridade física, logo, depreende-se que estas leis das artes são de facto basilares para o exercício concreto da medicina[57]. O nº1 do artigo em apreço tem em vista, portanto, a atipicidade da atuação médica, segundo as *leges artis*, face a ilícitos positivados no Código Penal, porém, o nº 2 do mesmo inciso tem em vista a criminalização da atuação médica quando esta provocar um "perigo para a vida ou perigo de grave ofensa para o corpo ou para a saúde" do paciente[58]. Este nº 2 foi introduzido pela Reforma de 1998, alargando novamente o âmbito punitivo do direito penal face à profissão médica, pois configura-se aqui um crime específico próprio, com a estrutura de um crime de perigo concreto.[59]

não obstante estar a realizar a mesma de acordo com as orientações do seu tutor, onde por falta de experiência atingiu a artéria carótida interna, que originou uma hemorragia que culminou com a morte da paciente. Decidiu a *Cassazione Penale* que o interno dever-se-ia ter recusado a realizar tal intervenção cirúrgica, pois sabia que não tinha competência para tal. Vide igualmente Fidalgo, Sónia, *Responsabilidade penal por negligência no exercício da medicina em equipa (...) ob cit idem. p.186.*

[56] Para uma análise mais pormenorizada deste artigo *vide* Andrade, Manuel da Costa, *in:* Comentário Conimbricense do Código Penal, Parte Especial, dirigido por Jorge de Figueiredo Dias, t.1, Coimbra: Coimbra Editora, 1999, artigo 150º.

[57] Neste sentido *vide* Hierro, José Manuel Fernandez, *Sistema de Responsabilidad Médica*, Granada, 2002, pp. 592.e 597 e ss.

[58] Neste sentido, consideramos pertinente a visão de Oliver Quick que nos diz que o risco//perigo pode ter lugar em dois níveis diferentes, risco médico e risco profissional, vejamos: "Risk operates at a number of diferente and overlapping levels in the medical setting. It is possible to adopt a two-fold classification of risk into medical risk and professional risk. Medical Risk refers to risks to patients and is meaningful at a number of levels: treatment risk; individual practitioner risk; institutional provider risk; and patient risk. (...). Essentially, this is concerned with the risk of 'things going wrong'. Professional risk refers to the risk of complaints and litigation and the consequent damage to trust of both individual and institutional levels (...)', ob cit idem, pp. 33-34.

[59] A interpretação desta norma não é de facto fácil, no entanto tentaremos descortinar a intenção do legislador ao introduzir este inciso no Capítulo dos Crimes Contra a Integridade

A violação das *leges artis* referida neste nº 2 terá, necessariamente de ser intencional ou dolosa como refere Faria Costa[60], uma vez que também só é permitida a punição da negligência[61] nos casos especificamente previstos na lei[62]. Na eventualidade de estarmos perante uma conduta negligente que consubstancie um crime de resultado, e no caso da mesma resultar perigo para a vida ou perigo de grave ofensa para o corpo ou para a saúde, a punição pode ir até dois anos de pena de prisão ou pena de multa até 240 dias. Será, portanto, lógico concluir que se o perigo referido resultar de uma violação negligente das *leges artis*, não haverá lugar a responsabilidade penal, nem para o médico interno, nem para o médico já plenamente formado.

Já referimos, no entanto, que o direito não deve ceder perante o ilícito, pelo que a carência de conhecimentos ou a falta de experiência não devem aproveitar ao agente, no que tange ao afastamento pleno da responsabilidade criminal. Existem expedientes bastante na lei penal portuguesa, que afirmam que a punição tem de ser justa e que tem de ser acompanhada por um processo que seja justo e equitativo, sendo afirmadas e reafirmadas garantias, nomeadamente de foro processual, tal como se encontra previsto na nossa Lei Fundamental, artigo 32º da Constituição da República Portuguesa. Ora, sendo carreada para o processo prova bastante da responsabilidade pelo facto ilícito, de foro penal, cometido pelo médico interno, este terá de ser responsabilizado pelos seus atos. De qualquer modo, independentemente da alegada "guerra fria"[63] existente entre juristas e médicos, é insensato advogar uma responsabilização que seja desproporcional à culpa do interno[64].

Física, autonomizando este ilícito face aos demais que o compõem. *Vide* Brito, Teresa Quintela de, *Responsabilidade penal dos médicos: análise dos principais tipos incriminadores*, in: Revista Portuguesa de Ciência Criminal, Ano 12, nº3 – Julho-Setembro 2002, pp.377 e ss.

[60] Costa, José de Faria, *O Perigo em Direito Penal*, Coimbra Editora, 2000, Reimpressão, pp. 525 e ss.

[61] Sobre o tema da negligência, e a doutrina que enformou o pensamento jurídico-penal português hodierno, vide Correia, Eduardo, Direito Criminal, com a colaboração de Figueiredo Dias, Volume I, Reimpressão, Coimbra, Almedina, 2014, pp. 421-442.

[62] Artigo 13º do Código Penal.

[63] Como refere Maria da Conceição Ferreira da Cunha, no seu artigo *Algumas Considerações sobre a Responsabilidade Penal Médica por Omissão*, in *Liber Discipulorum* para Jorge de Figueiredo Dias, Coimbra Editora, Coimbra, 2004, p. 809.

[64] No seio do tema da medicina exercida de uma forma defensiva, devido precisamente à consciencialização de que pode hipoteticamente haver uma guerra aberta entre juristas e

Posto isto, poderemos chegar à conclusão que o legislador nacional quis privilegiar a atuação médica, podendo abranger em tal a do interno, e os atos médicos resultantes da mesma, que sejam mais ou menos invasivos do corpo humano, atípicos face a ilícitos típicos enraizados no nosso sistema jurídico, tal como é o caso das ofensas à integridade física e do homicídio, uma vez que sejam respeitadas as *leges artis medicinae* e a conduta do agente não revele censurabilidade face ao Ordenamento Jurídico-penal. De qualquer modo, debruçar-nos-emos sobre a possibilidade de o interno poder praticar atos médicos *infra*, pois consideramos que tal questão não se revela tão líquida quanto aparenta ser.

Em suma, as *leges artis* são regras que se encontram no grémio da profissão médica, que deverão ser respeitadas por todos aqueles que se arrogam detentores de competência para exercer tal profissão, desde o médico interno ao assistente graduado.

2) A autoria antes e depois da conclusão do segundo ano de internato com aproveitamento

Na dogmática jurídico-penal, a questão da autoria tem feito escorrer rios de tinta, para estabelecer sem dúvida razoável quem pode ser autor de um crime, em que situações poderemos estar perante situações de comparticipação, e quando nos deparamos com casos de mera participação ou cumplicidade. Ora, para se ser autor (imediato) de um determinado crime, teremos primeiro de aquilatar, na eventualidade de estarmos perante crimes de resultado, se este é adequado á ação que foi praticada[65], concluindo, por conseguinte quem teve o domínio do facto, isto é, quem executou o facto por si mesmo, tal como referido na primeira parte do artigo 26º do CP. Assim sendo, o médico interno po-

---

médicos, considerando, nomeadamente a possibilidade de os médicos levarem a cabo uma medicina mais defensiva, tendo em conta, não só a responsabilidade do clínico, mas também a perda de reputação por casos de alegada *malpractice*, vide Keren-Paz, Tsachi, *Liability regimes, reputation loss, and defensive medicine*, in Medical Law Review, Volume 18, Number 3, Autumn 2010, Oxford, Oxford Journals, pp.363-388.

[65] Em Portugal adoptamos a teoria da causalidade adequada/teria da adequação, como se encontra previsto no artigo 10º do CP, contudo, para colmatar alguns desvios possíveis da mesma, são possíveis alguns ajustamentos, nomeadamente através da conexão do risco e da causalidade virtual. Para mais desenvolvimentos vide Dias, Jorge de Figueiredo, Direito Penal...pp. 322-347.

derá ser indiciado pela prática de crimes,[66] a título de negligência[67], no seio da sua formação clínica, precisamente enquanto médico em formação[68], se praticar por si mesmo um ato que seja jurídico-penalmente relevante. Contudo, tal não esgota as situações em que poderá ser responsabilizado por factos ilícitos de foro penal, porquanto seja utilizado como instrumento, existindo uma situação de autoria mediata, ou seja instigado à prática de atos ilícitos. Tais situações poderão suceder[69], nomeadamente, quando realiza atos que extravasam as suas competências, agindo enquanto autor imediato; quando se encontra a levar a efeito ordens do orientador de formação, tendo este domínio sobre a sua vontade, pelo que não atua de uma forma plenamente responsável, não deixando no entanto de praticar um facto ilícito típico; quando é determinado a praticar um facto jurídico penalmente relevante, não havendo no entanto domínio da sua vontade, mas apenas da sua decisão; ou quando não cumpre estritamente as ordens do seu orientador, incorrendo em um ilícito de natureza negligente[70]. Todas estas situações poderão conduzir à responsabilidade do interno, sendo ele considerado como autor de um facto jurídico-penalmente relevante.

Para além daquelas situações, consideramos pertinente descortinar poderemos introduzir ora outras questões que se prendem com a legislação exclusivamente aplicável aos internos. Haverá diferença de regime, em termos de responsabilidade, quando os "atos médicos" praticados por

---

[66] Não iremos retratar detalhadamente a possibilidade de o médico interno praticar crimes dolosos quando estiver a desempenhar as suas funções, pois o regime aplicável não demonstra especificidades de monta que careçam de explanação no presente trabalho.

[67] Veja-se as anotações e exemplificações dadas por Manuel Simas Santos e Manuel Leal--Henriques a propósito da negligência, na obra conjunta, *Código Penal Anotado*, Art.º 1 ao 69º, Lisboa, Rei dos Livros, 2014, pp. 242-252.

[68] Com especial pertinência *vide* as decisões da Cassación Criminelle de 3 de Maio de 2006 e de 10 e Fevereiro de 2009, respectivamente nºs 05-82591 e 05-80679 in Les Grandes Décisions du Droit Médical, L. G. D. J. l'extense Éditions, 2009, pp. 385 e 386.

[69] No Código de Saúde Pública Francês encontra-se prevista a responsabilidade pessoal do médico, Art. R.4127-69 *"l'éxercise de la médecine est personnel; chaque médecin est responsable de ses decisions et de ses actes"* – no entanto, surgem várias dificuldades, nomeadamente quando a responsabilidade do interno advém de um defeito de supervisão de um membro da "equipa" em que este se encontre inserido, mormente do seu orientador.

[70] Sobre as várias formas de autoria seguimos, como já foi referido, o pensamento de Figueiredo Dias, in *Direito Penal, Parte Geral – Tomo I – Questões Fundamentais da Doutrina Geral do Crime*, pp. 757-854.

médico interno, sejam levados a efeito quando este já tiver concluído dois anos de formação de internato médico com aproveitamento e quando ainda não tiver esses dois anos, tendo em conta o disposto no artigo 2º, nº 4 do Regulamento do Internato Médico, aprovado pela Portaria nº 251/2011 de 24 de Junho, bem como no nº 2 do artigo 2º do Decreto-Lei nº 203/2004, de 18 de Agosto, com as alterações que lhe foram introduzidas, nomeadamente pelo Decreto-Lei nº 45/2009, de 13 de Fevereiro? Concomitantemente, os dois anos do internato referem-se ao lapso temporal compreendido para a especialidade ou inclui também o ano comum?

Consideramos em nada despicienda a presente discussão, pelo que procederemos à sua explanação.

a) *Os atos médicos (autonomamente?) praticáveis pelo médico interno*

O internato, como tivemos oportunidade de referir, compreende um processo único de formação médica, tutelado desde o primeiro momento. Esta característica encontra-se vincada no processo de formação, mesmo *in absentia* do orientador, seja por motivo de férias, seja por o interno se encontrar no serviço de urgência, ou noutro serviço em estágio, pelo que outro médico terá de assumir as funções de tutela, sendo responsável pelo interno e, consequentemente, pelos atos que este pratique no seu serviço.

Ora, não se arroga de fácil compreensão, mormente para aqueles que não estão integrados na profissão médica, a delimitação dos atos que os internos podem praticar autonomamente, após terem concluído dois anos de formação de internato médico com aproveitamento de acordo com o artigo 2º, nº 4 do Regulamento do Internato Médico, aprovado pela Portaria nº 251/2011, de 24 de Junho, bem como com o nº 2 do artigo 2º do Decreto-Lei nº 203/2004, de 18 de Agosto, com as alterações que lhe foram introduzidas, nomeadamente, pelo Decreto-Lei nº 45/2009, de 13 de Fevereiro, uma vez que estes estão numa relação de *supra-infra* ordenação com o seu orientador de formação. Dada a aparente indisponibilidade de tal informação, no seio da atividade legiferante, isto é, que atos médicos poderemos considerar que o médico interno pode praticar autonomamente após a conclusão, com aproveitamento, do segundo ano do internato, teremos de tecer os nossos considerandos. Considerando a teleologia imanente a este ciclo formativo, não nos afigura como possível que possam ser quaisquer atos que lhe aprouver, caso contrário, estaríamos perante diplomas legais vazios de conteúdo, ou então de conteúdo contraditório, pois ou a prática da medicina no seio do internato é tutelada ou é exercida autonomamente. Por conseguinte, os atos que poderão ser levados a efeito por estes médicos em potência serão aqueles que os seus orientadores de formação tiverem por conveniente serem praticados pelos internos, presumivelmente de acordo com a evolução que forem demonstrando, bem como com os programas de formação que estão previstos no artigo 10º do Regulamento do Internato Médico, podendo, assim, ter um grau maior ou menor de complexidade, mas que, não obstante essa especificidade, não deverão ser discricionários, precisamente por os internos estarem adstritos à superintendência, se nos permitem a expressão, dos já detentores do grau de especialista e categoria de assistente. As portarias que têm sido publicadas para concretizar o disposto no artigo 10º[71] do já referido Regulamento, têm de facto servido para elucidar o programa de estágio, bem como a formação contínua, no seio de cada especialidade, contudo, permanece sem elucidação quais desses atos poderão praticar de forma autónoma, pois certamente não serão aqueles que terão acolhido no dia anterior[72].

Apesar de esta questão já ter sido objeto de estudo em sede anterior, bem como o teor quase integral do presente estudo[73], reafirma-se a necessidade de regulamentar esta matéria, mormente no que tange à res-

---

[71] Vejamos a Portaria nº 300/2013, de 11 de outubro, que atualiza o programa de formação da especialidade de Nefrologia, aprovado pela Portaria nº 555/2003, de 11 de julho, onde, por exemplo vêm exemplificados os seguintes objetivos para um dos estágios, "Estágio em Intensivismo 4.3.1. Objetivos de desempenho e conhecimento a) Reanimação Cardiorrespiratória (RCR); b) Técnicas de suporte avançado de vida; c) Contacto com doentes com falência múltipla de órgãos, sua avaliação e seu tratamento; d) Avaliação, prevenção e tratamento das situações de insuficiência renal aguda em doentes com instabilidade hemodinâmica. Seleção, prescrição e execução das técnicas de substituição da função renal nesses doentes; e) Treino nas técnicas invasivas habitualmente realizadas em unidades de cuidados intensivos, designadamente na entubação oro-naso-traqueal e no cateterismo vascular, com realce para o cateterismo das veias subclávias". Considerando que o internato é necessariamente tutelado, estes objetivos implicam um exercício autónomo ou acompanhado? Quais atos é que poderão desencadear apenas a responsabilidade do interno?
[72] Vide a título de exemplo a Portaria nº 222/2012, de 23 de julho que determina o programa de formação da especialidade de urologia, que já tivemos oportunidade de exemplificar supra.
[73] Moreira, Sara Leitão, ob cit idem.

ponsabilidade dos internos pelos atos que praticam em sede autónoma.[74] Tal em nada é inócuo, nomeadamente para o orientador de formação, pois se impende sobre o mesmo o dever constante e indiscriminado de fiscalizar, de orientar, isto é, um verdadeiro dever de garante sobre a atuação do interno, mesmo sendo um terceiro, para efeitos de responsabilização penal, o médico especialista poderá responder a par do interno pelos atos cometidos por este, quer sejam levados a cabo de uma forma autónoma, quer estejam a ser supervisionados por si. Ou seja, não existe qualquer diferença, situação que não faz qualquer sentido.

b) *Atos praticados (alegadamente) de forma autónoma, mas antes ou depois do ano comum? Eis a Questão!*

Outro pequeno, mas grande pormenor, sobre a questão fundamental que nos trouxe aqui hoje, a responsabilidade penal do médico interno, é a forma como se faz a contagem dos dois anos com aproveitamento para o interno poder praticar atos de forma autónoma, tal como se encontra previsto no artigo 2º, nº 4 do Regulamento do Internato Médico, aprovado pela Portaria nº 251/2011, de 24 de Junho, bem como com o nº 2 do artigo 2º do Decreto-Lei nº 203/2004, de 18 de Agosto, com as alterações que lhe foram introduzidas, nomeadamente, pelo Decreto-Lei nº 45/2009, de 13 de Fevereiro estes serem tidos como responsáveis pelos atos que praticam autonomamente. Novamente, na falta de uma explanação clara, ou melhor, de um critério que seja tido como consentâneo com a natureza da relação entre interno e orientador de formação, e o facto de o interno não poder integrar uma equipa médica sem supervisão, uma vez que não é viável mobilizar de forma plena o princípio da confiança, dissertaremos sobre esta problemática.

A questão que verdadeiramente se coloca é se os dois anos supra referidos compreendem o ano comum, isto é, o período de formação inicial, ou apenas se contam a partir do período de formação especializada?

---

[74] Atualmente, a legislação vigente, que regula a formação em medicina após a licenciatura, a que por conseguinte, conduz ao grau de especialista e à categoria de assistente, não contém quaisquer normas que regulem a responsabilidade do médico interno, nem do seu orientador de formação, ao contrário do que estava positivado no nº 2 do artigo 8º, do Decreto-Lei nº 310/82, de 3 de agosto "em todas as situações o médico exerce a sua ação com plena responsabilidade profissional, sem prejuízo das adequadas intervenções do responsável pela formação."

Considerando o que acima tivemos oportunidade de referir, isto é, que o internato é um processo único de formação médica, deveríamos sufragar um entendimento que rumasse no sentido de que os dois anos incluem de facto o ano comum. Tal será o que se depreende da letra da Lei. No entanto, não se afigura como razoável enveredar por esse entendimento, nomeadamente pelo facto de no ano comum o interno estar inserido numa fase transitória da sua aprendizagem, onde não fica adstrito a nenhuma área em termos exclusivos, não permitindo assim o aperfeiçoamento de qualquer técnica, salvo melhor entendimento. Assim, choca-nos que um médico, com apenas um ano de formação na especialidade, possa praticar atos da sua especialidade que não estão regulamentados de uma forma transparente na nossa legislação. Esta "perplexidade" agudiza a questão da delimitação dos atos que serão incluídos no referido "exercício autónomo da medicina", quando é concomitantemente tutelada. Aliás, parece-nos que a nossa segunda questão se impõe como questão prévia à delimitação dos atos médicos que podem ser praticados de forma autónoma, pois certamente não será frívolo o entendimento de que um interno no primeiro ano da especialidade não adquiriu tantas valências como um que já transitou para o segundo, e assim sucessivamente.

O aparente impasse com que nos deparamos ao determinar "que atos e quando", na falta de regulamentação específica, não obstante as portarias que concretizam o artigo 10º do Regulamento do Internato Médico serem de alguma forma elucidativas no que tange ao conteúdo e objetivos das diversas especialidades, tal ainda não é bastante para se ultrapassar o impasse interpretativo. Assim sendo, a relevância penal deste exercício autónomo terá de ser avaliada pelo juiz para se aferir se tal exercício foi efetivamente autónomo ou se de alguma forma havia tutela por parte do orientador de formação, não obstante, como já referimos supra, impender um dever de vigilância sobre este último.

3) A Cumplicidade, a Co-Autoria e a Negligência
No caso dos crimes praticados por negligência, isto é, através da violação de um dever objetivo de cuidado, a teoria do domínio do facto é impraticável[75], mormente no que diz respeito à cumplicidade, pois, tal como

---

[75] Para Roxin, autor é só aquele que "está no "cerne do acontecimento", é o senhor do facto que domina a realização do delito.", *vide* Sousa, Susana Aires de, *A Autoria nos Crimes*

refere Figueiredo Dias[76] a maioria da doutrina defende que para este tipo de crimes deverá ser tida em linha de conta uma conceção unitária de autoria. Por conseguinte, autor é aquele que, com a sua atuação violadora do cuidado imposto, cria ou potencia um perigo proibido que se concretiza no resultado típico.

Não obstante a cumplicidade ser aqui desconsiderada, nomeadamente pelo facto de ser uma forma de participação dolosa no facto, afastando assim a negligência, a figura da co-autoria negligente não nos causa grandes perplexidades, pois de facto poderão ocorrer situações em que mais do que uma pessoa, neste caso dois médicos internos, ou um médico interno e um médico especialista, contribuam conjuntamente para a criação de um risco não permitido. Como já tivemos oportunidade de referir, a co-autoria implica um condomínio no facto, quer na decisão, quer na vontade, assumindo assim os vetores do critério do domínio do facto. Posto isto, quando nos deparamos com um comportamento negligente conjunto, nas palavras de Figueiredo Dias[77], teremos de fazer alguns ajustamentos, independentemente de ainda ser exigível que haja uma parte direta na execução por parte de todos os comparticipantes. Para melhor ilustrar esta possibilidade, tomemos como exemplo o caso em que um doente dá entrada num centro de saúde, vítima de agressões físicas, sendo portanto atendido por dois médicos internos que estavam no serviço de urgência, durante a hora de refeição dos respetivos orientadores de formação. Ambos examinam o doente, sendo tomada conjuntamente a decisão de pedir exames de diagnóstico, para complementarem a apreciação do estado daquele. Considerando que aparentemente não existe qualquer problema com o doente que implique o seu internamento, ou transferência para uma unidade hospitalar, onde poderia receber outro tipo de tratamento, decretam a sua alta. Devido a esta decisão conjunta, o paciente faleceu uns dias mais tarde, devido a uma hemorragia cerebral, a qual apenas poderiam ter detetado se tivessem pedido outros exames complementares ou se o tivesse transferido para uma unidade neurorradiológica. Este exemplo espelha uma situação em que pode ser afir-

---

Específicos: Algumas Considerações Sobre o Artigo 28º do Código Penal, in: Revista Portuguesa de Ciência Criminal, Nº 15, 2005, pp. 344 e 345.

[76] Dias, Jorge de Figueiredo, *Direito Penal, Parte Geral – Tomo I – Questões Fundamentais da Doutrina Geral do Crime*, Coimbra Editora, 2ª Edição, 2007, p. 894.

[77] Dias, Jorge de Figueiredo Dias, ob cit idem, p. 895.

mado um comportamento negligente conjunto, designadamente por os internos não terem pedido auxílio a um colega mais experiente, embora não fosse o seu orientador, tal como era sua obrigação, como por terem interpretado mal os exames complementares ou não terem pedido os essenciais para despistar a situação que culminou com a morte do doente.

Em jeito de conclusão, dada esta breve exemplificação, será de rejeitar uma tese que arrogue a cumplicidade no seio dos crimes negligentes cometidos por médicos internos, salvo se houver dolo, mas então não seria possível um tratamento diferenciado face ao que se encontra sufragado na legislação, no artigo 27º do CP, e na doutrina maioritária. De qualquer modo, afigura-se como possível a existência de situações que poderão ser subsumíveis a uma eventual co-autoria negligente ou, se preferível, um comportamento negligente conjunto, rejeitando-se a doutrina maioritária nos termos supra expostos.

V. Conclusão

O presente trabalho procurou consolidar algumas questões que se revelam controvertidas no seio da atividade legiferante e da doutrina mobilizável no que À responsabilidade do médico interno diz respeito. Podemos, assim, concluir que os médicos internos não são isentos de responsabilidade penal pelo facto de ainda se encontrarem em formação, não tendo assim conhecimentos plenamente consolidados no que à especialidade em que ingressaram diz respeito.

De qualquer modo, existem alguns meandros que merecem o nosso reparo, pois estamos de facto perante situações que não se enquadram dentro daquilo que é a regra, ou seja, plena responsabilidade por factos ilícitos típicos, uma vez que os agentes sejam imputáveis e não se encontrem abrangidos por uma causa de justificação de ilicitude ou de exclusão da culpa. Assim sendo, os internos são imputáveis face à lei penal, uma vez que não se comprove o contrário, contudo a sua responsabilidade pode não ser solitária. Isto é, no que ao exercício da medicina em equipa diz respeito, o princípio da confiança não é aplicável a esta fase da carreira médica, designadamente, porque poderá comprovar-se a existência de "curvas de aprendizagem" que têm de ser colmatadas; porque o exercício da medicina pelos internos é necessariamente tutelada; porque ainda não concluíram a sua formação enquanto especialistas. Não obstante o médico interno estar, em alguma situação, presente em atos médicos realizados no seio de uma equipa médica, não podemos acolher a ideia de que aquele seja considerado como parte integrante da equipa, nos termos *supra* explanados[78].

Não obstante os médicos internos não poderem integrar equipas médicas em termos estritos, ou puramente autónomos, nomeadamente aquando da realização de uma intervenção médico-cirúrgica, estes podem ser responsabilizados no seio da sua profissão, tanto em sede disciplinar como em sede jurídica. No que à responsabilidade penal diz respeito, os médicos internos podem cometer factos jurídico-penalmente relevantes, tanto a título doloso como negligente. Tal será possível, nomeadamente quando exorbitarem as funções que lhe foram incumbidas e violarem as *leges artis*, como quando houver uma falha na tutela do orientador de formação. Assim sendo, não se tem por impossível um comportamento negligente conjunto, ou co-autoria negligente, uma vez que haja condomínio no resultado.

No que à possibilidade de os internos praticarem atos médicos de forma autónoma diz respeito, somos de parecer que a legislação carece de uma concretização mais pormenorizada, por não ser líquida a questão do "*quando* e *como*" os internos o poderão fazer, mormente pelo facto de estar assente que o internato é um estádio na formação médica necessariamente tutelado, situação que em nada é inócua, especialmente no que concerne à hipotética responsabilidade do orientador de formação.

---

[78] Não obstante em Portarias que explanam o programa de formação do internato vir referenciada a possibilidade de executarem cirurgias, pelo que se depreende que farão parte de uma equipa médica.

O abandono de objectos cirúrgicos no campo operatório – determinação da responsabilidade penal*

Sónia Fidalgo**

§ 1. O abandono de objectos cirúrgicos no campo operatório[1]
1. O abandono de objectos cirúrgicos no campo operatório é uma situação de verificação rara, mas persistente[2]. Os objectos mais comummente

---

* Para quem fez nascer em mim o gosto pelo Direito Médico – o Senhor Professor Doutor Guilherme de Oliveira –, com toda a estima e admiração que sentem os aprendizes pelos seus Mestres. Centro de Direito Biomédico / Instituto Jurídico da Faculdade de Direito da Universidade de Coimbra (Grupo 2 – Vulnerabilidade e Direito, *Desafios Sociais, Incerteza e Direito*: UID/DIR/04643/2013).
** Assistente da Faculdade de Direito.
[1] As expressões utilizadas para designar o problema que nos propomos tratar são variadas. Nos documentos relativos à segurança do doente e em artigos científicos de profissionais de saúde encontramos, com frequência, a expressão "retenção de objectos cirúrgicos no campo operatório". Esta expressão resulta da tradução das expressões "retention of surgical objects" ou "retained surgical items", que se encontram em textos internacionais. Há a ideia de que as expressões "abandono" ou "esquecimento" de objectos cirúrgicos são eufemismos que escondem o propósito de se afirmar a responsabilidade dos profissionais de saúde, mesmo em casos em que ela não deve ser afirmada (cf., neste sentido, Schanaider, Alberto / Manso, José, «Corpos estranhos provenientes de acessos cirúrgicos à cavidade abdominal. Aspectos fisiopatológicos e implicações médico-legais», *Revista do Colégio Brasileiro de Cirurgiões*, 33 (2006), p. 254). Parece-nos, no entanto, que a expressão "retenção de objectos cirúrgicos" não é adequada: não é o doente que "retém" os objectos; os objectos são "abandonados" ou "esquecidos" no corpo do doente pela equipa cirúrgica. Compreensivelmente, a determinação da eventual responsabilidade penal pelas ofensas resultantes desse abandono não estará de qualquer modo prejudicada pela expressão que venha a utilizar-se.
[2] De acordo com as orientações da Organização Mundial da Saúde (OMS) para a cirurgia segura, as melhores estimativas de frequência deste tipo de erros variam entre 1/5.000 e

abandonados no campo cirúrgico são compressas (por exemplo, gazes, compressas de laparotomia, microcompressas), certos instrumentos cirúrgicos (como pinças e afastadores) e outros materiais corto-perfurantes (por exemplo, tesouras e agulhas de sutura hipodérmicas)[3].

As causas que contribuem para que certos objectos não sejam deviamente removidos do campo operatório são da mais diversa espécie. Estudos revelam, porém, que os factores que aumentam de modo significativo o risco de abandono de tais objectos são essencialmente três: cirurgias de emergência, alterações inesperadas da conduta cirúrgica e índices de massa corporal elevados (doentes obesos)[4]. Outros factores que têm sido também associados ao esquecimento de objectos cirúrgicos são a longa duração de certas intervenções cirúrgicas, a perda de grande volume de sangue, o envolvimento de várias equipas cirúrgicas e o controlo deficiente do material por parte dos profissionais de enfermagem[5].

Pode acontecer que alguns destes materiais esquecidos no campo operatório não sejam sequer descobertos no período subsequente à intervenção cirúrgica – o organismo do seu portador pode torná-los inertes e incorporá-los. Nestes casos, por vezes, o corpo estranho vem a ser descoberto, incidentalmente, anos após a cirurgia, aquando do uso de métodos indicados de imagiologia para outros fins ou durante uma qualquer cirurgia de urgência[6]. Porém, não raras vezes, o abandono de corpos estranhos no campo operatório causa lesões graves – infecções e necessidade de intervenção cirúrgica subsequente para remoção do material esquecido[7] – e, em alguns casos, conduz mesmo à morte do doente.

1/19.000 cirurgias, mas a probabilidade estimada é de 1/1.000 cirurgias (cf. «Orientações da OMS para a Cirurgia Segura 2009. Cirurgia Segura Salva Vidas», in: www.dgs.pt, p. 114. Cf., ainda, EGOROVA, Natalia, et al., «Managing the Prevention of Retained Surgical Instruments: What Is the Value of Counting?», *Annals of Surgery*, 247 (2008), p. 13, e GAWANDE, Atul, et al., «Risk Factors for Retained Instruments and Sponges after Surgery», *The New England Journal of Medicine*, 16 (2003), p. 230).

[3] Cf. SCHANAIDER, Alberto / MANSO, José, «Corpos estranhos...», cit., p. 250.

[4] Cf. GAWANDE, Atul, et al., «Risk Factors...», cit., p. 230.

[5] STAWICKI, Stanislaw, et al., «Retained Surgical Items: A Problem Yet to Be Solved», *Journal of the American College of Surgeons*, 216 (2013), p. 20. Cf., ainda, «Orientações da OMS...», cit., p. 114.

[6] Assim, SCHANAIDER, Alberto / MANSO, José, «Corpos estranhos...», cit., p. 250.

[7] Veja-se, a título meramente exemplificativo, dois casos que chegaram aos tribunais portugueses. Em um deles, no decurso de uma cirurgia à coluna para correcção de uma escoliose lombar ficou esquecida uma compressa no campo cirúrgico. A doente veio a sofrer

2. Perante a crescente especialização médica, a inevitabilidade da actuação interdependente de profissionais de diferentes especialidades sobre o mesmo doente, o reconhecimento de que as instituições de saúde são sistemas complexos[8] e a aceitação de que há erros humanos que são inevitáveis[9], põe-se (com legitimidade) a questão de saber se haverá espaço para o direito intervir em um ambiente tão denso (por vezes, mesmo opaco) como é o das intervenções médico-cirúrgicas.

O direito penal reconhece a relevante função social exercida pela classe médica – o Código Penal português (CP) dedica um tratamento diferenciado e privilegiado à actividade médica, através do regime específico das intervenções e tratamentos médico-cirúrgicos (artigo 150º)[10]. Nos termos do artigo 150º do CP, a intervenção médico-cirúrgica medicamente indicada, realizada por um médico, com finalidade terapêutica e segundo as *leges artis* não preenche o tipo de ofensa à integridade física[11]. E a intervenção será atípica mesmo nos casos em que falhe nos seus

uma infecção com a consequente submissão a outras intervenções cirúrgicas (Acórdão Tribunal da Relação de Lisboa, de 11 de Maio de 2006, *in: www.dgsi.pt*). Em um outro caso, no decurso de uma intervenção cirúrgica destinada a remover um adenocarcinoma na próstata foi também deixada uma compressa no interior do corpo do doente. Em consequência de tal abandono o doente sofreu várias infecções urinárias, tendo sido submetido a nova intervenção cirúrgica para remoção da compressa abandonada (Acórdão Tribunal da Relação de Lisboa, de 6 de Julho de 2009, *in: www.dgsi.pt*).

[8] Sobre a complexificação da prática clínica, v. FRAGATA, José / MARTINS, Luís, *O erro em medicina. Perspectivas do indivíduo, da organização e da sociedade*, Coimbra: Almedina, 2005, p. 162 e ss., e OLIVEIRA, Guilherme Falcão de, «Recensão de: José Fragata e Luís Martins – O erro em Medicina. Perspectivas do indivíduo, da organização e da sociedade. Coimbra, Almedina, 2004», *Lex Medicinae – RPDS*, 3 (2005), p. 157 e ss.

[9] Para uma análise do erro em medicina, salientando a distinção entre *erro humano* e *violação*, v. FIDALGO, Sónia, *Responsabilidade penal por negligência no exercício da medicina em equipa*, Coimbra: Coimbra Editora, 2008, p. 24 e ss.

[10] O tratamento privilegiado dos actos médicos manifesta-se também na referência expressa à possibilidade de dispensa de pena quando o médico, no exercício da sua profissão, cometer uma ofensa à integridade física por negligência e do acto médico não resultar doença ou incapacidade para o trabalho por mais de oito dias (artigo 148º, nº 2, al. *a*), do CP). Neste sentido, também, FARIA, Paula Ribeiro de, *in: Comentário Conimbricense do Código Penal, Parte Especial*, dirigido por Jorge de Figueiredo Dias, t. I, 2ª ed., Coimbra: Coimbra Editora, 2012, artigo 148º, § 35.

[11] Cf. DIAS, Jorge de Figueiredo / MONTEIRO, Jorge Sinde, «Responsabilidade médica em Portugal», *Boletim do Ministério da Justiça*, 332 (1984), p. 68-9, ANDRADE, Manuel da Costa, *in: Comentário Conimbricense do Código Penal, Parte Especial*, dirigido por Jorge de Figueiredo Dias, t. I, 2ª ed., Coimbra: Coimbra Editora, 2012, artigo 150º, §§ 14 e 15, e BRITO, Teresa

objectivos, isto é, mesmo que agrave a lesão ou a doença ou provoque a morte do paciente[12].

No entanto, na actividade médica estão em causa bens que se contam entre os mais importantes da ordem legal dos bens jurídicos: a vida, a integridade física e a liberdade do paciente. Quando os profissionais de saúde actuam em violação do seu dever de cuidado, criando um risco não permitido que vem a concretizar-se numa ofensa ao corpo ou à saúde ou mesmo na morte do paciente, o direito penal não pode deixar de intervir – o profissional de saúde pode vir a ser punido por ofensa à integridade física por negligência (artigo 148º do CP) ou por homicídio por negligência (artigo 137º do CP)[13].

3. Actuando os profissionais de saúde no âmbito de uma equipa – a equipa cirúrgica[14] –, coloca-se o problema de saber de que modo há-de

---

Quintela de, «Os crimes contra a integridade física», in: Direito Penal – Parte Especial: lições, estudos e casos, Coimbra: Coimbra Editora, 2007, p. 500-501.

[12] ANDRADE, Manuel da Costa, Consentimento e Acordo em Direito Penal (Contributo para a Fundamentação de um Paradigma Dualista), reimp., Coimbra: Coimbra Editora, 2004, p. 450, e, o mesmo autor, in: Comentário Conimbricense..., cit., artigo 150º, § 9.

[13] Não será este o local adequado para nos alongarmos em considerações sobre a estrutura dogmática do facto negligente. Limitar-nos-emos a recordar que nele se manifestam um tipo de ilícito e um tipo de culpa específicos (diferentes dos que se verificam nos factos dolosos). O tipo de ilícito negligente consubstancia-se na violação, por parte do agente, de um dever objectivo de cuidado que sobre ele impende e que conduziu à produção de um resultado típico que seria previsível e evitável pelo homem médio pertencente ao círculo de vida do agente. O tipo de culpa negligente afirmar-se-á quando o agente exprimir no facto uma atitude interna de descuido ou leviandade perante o direito e as suas normas (DIAS, Jorge de Figueiredo, Direito Penal. Parte Geral I, 2ª ed., Coimbra:Coimbra Editora, 2007, 34º Cap., § 9, 35º Cap., § 4, e 36º Cap., § 1).

[14] Habitualmente utiliza-se a expressão "equipa cirúrgica" para designar a equipa composta por cirurgiões, profissionais de anestesiologia, enfermeiros perioperatórios, técnicos de cirurgia e outras pessoas envolvidas na cirurgia (cf. American College of Surgeons, «Statement on the Prevention of Retained Foreign Bodies After Surgery», Bulletin of the American College of Surgeons, 90 (2005), in: www.facs.org/about-acs/statements/51-foreign-bodies, e «Manual de Implementação da Lista de Verificação de Segurança Cirúrgica da OMS – Cirurgia Segura Salva Vidas», in: www.dgs.pt, p. 4). Há, no entanto, quem entenda que a expressão "equipa cirúrgica" deve ser usada em um sentido mais restrito, defendendo que no âmbito de uma intervenção médico-cirúrgica devem distinguir-se duas equipas: a equipa cirúrgica, constituída pelos cirurgiões, e a equipa anestésica, constituída pelos médicos anestesiologistas (CASEIRO, José Manuel, «A equipa médico-cirúrgica», Revista da Sociedade

determinar-se a responsabilidade de cada um se, por via do abandono de corpos estranhos no campo operatório, o doente vier a sofrer uma ofensa na sua integridade física ou vier mesmo a morrer.

Só através de uma adequada diferenciação e delimitação das competências dos vários membros da equipa será possível determinar a responsabilidade de cada um. Só deste modo poderá evitar-se tanto uma criticável exasperação dos deveres de cuidado do chefe de equipa como os riscos de se afirmar uma responsabilidade difusa entre os profissionais intervenientes (que, na prática, poderá corresponder à irresponsabilidade)[15].

O princípio da divisão do trabalho e o princípio da confiança constituem os fundamentos com base nos quais a doutrina penal delimita os âmbitos de responsabilidade daqueles que desenvolvem a actividade no âmbito de uma equipa[16]. Será a partir destes princípios que há-de determinar-se a responsabilidade dos diversos profissionais que, em conjunto, simultânea ou sucessivamente, intervêm no processo terapêutico de um doente[17].

Portuguesa de Anestesiologia, 15 (2006), p. 11). Utilizaremos a expressão "equipa cirúrgica" no sentido mais amplo anteriormente referido.

[15] JORGE BARREIRO, Agustín, *La imprudência punible en la actividad médico-quirúrgica*, Madrid: Editorial Tecnos, 1995, p. 114.

[16] V., entre nós, DIAS, Jorge de Figueiredo, *Direito Penal...*, cit., 35º Cap., § 32, e FIDALGO, Sónia, *Responsabilidade penal por negligência...*, cit., p. 97 e ss.; na doutrina alemã, entre outros, SCHMIDT, Eberhard, *Der Arzt im Strafrecht*, Leipzig: Verlag von Theodor Weicher, 1939, p. 193, STRATENWERTH, Günter, «Arbeitsteilung und ärztliche Sorgfaltsplicht», in: *Festschrift für Eb. Schmidt*, Göttingen: Vandenhoeck und Ruprecht, 1961, p. 383 e ss., ROXIN, Claus, *Strafrecht. Allgemainer Teil. Band I. Grundlagen. Aufbau der Verbrechenslehre*, 4. Auf., München: Verlag C. H. Beck, 2006, § 24. nº 25; na doutrina italiana, MARINUCCI, Giorgio / MARRUBINI, Gilberto, «Profili penalistici del lavoro medico-chirurgico in équipe», *Temi*, (1968), p. 217 e ss., AMBROSETTI, Fabio / PICCINELLI, Marco / PICCINELLI, Renato, *La responsabilità nel lavoro medico d'équipe. Profili penali e civili*, Torino: Utet, 2003, p. 147 e ss., na doutrina espanhola, ROMEO CASABONA, Carlos María, *El médico y el derecho penal, I. La actividad curativa (Licitud y responsabilidad penal)*, Barcelona: Bosch, Casa Editorial, S.A., 1981, p. 247 e ss., e JORGE BARREIRO, Agustín, *La imprudencia punible...*, cit., p. 115 e ss.

[17] Usamos aqui a expressão "processo terapêutico" com um sentido amplo (semelhante ao sentido em que se traduz a "intenção terapêutica" no artigo 150º, nº 1, do CP) abrangendo todas as fases do acto médico (sobre a noção de acto médico, v. COSTA, José de Faria, «Em redor da noção de acto médico», *RLJ*, 138 (2009), p. 126 e ss.).

§ 2. O princípio da divisão do trabalho

1. Quando uma multiplicidade de profissionais de saúde intervém no processo terapêutico de um doente, para que possa afirmar-se a conformidade de tal processo às *leges artis*, é necessário que cada acto seja correctamente realizado e que, além disso, se articule plenamente com os demais, realizados pelos restantes membros da equipa. Através da divisão do trabalho procede-se a uma adequada distribuição de tarefas entre várias pessoas que colaboram para alcançarem um objectivo comum, determinando-se as funções a desempenhar por cada um dos intervenientes, bem como a respectiva contribuição no desenvolvimento e cumprimento do trabalho em conjunto.

Como facilmente se compreenderá, não é possível, em geral, determinar quais os deveres que recaem sobre cada um dos membros de uma equipa médica que actua segundo o princípio da divisão do trabalho. Só atendendo às especificidades do caso concreto (tipo e urgência da intervenção, formação e experiência dos diversos colaboradores, meios técnicos disponíveis) será viável determinar os deveres que impendem sobre cada membro da equipa[18]. Certo é que a distribuição das tarefas e, consequentemente, dos deveres a que cada membro estará obrigado, deve ser feita de modo a garantir, por um lado, a efectividade da própria divisão do trabalho e, por outro lado (e prevalentemente), a protecção do paciente. O verdadeiro sentido do princípio da divisão do trabalho em medicina (a génese do princípio) radica em permitir a todos os membros da equipa a dedicação exclusiva de cada um às tarefas que especificamente lhe competem, com o que se garante uma melhor qualidade da assistência e uma maior segurança do paciente[19].

---

[18] No mesmo sentido WILHELM, Dorothee, *Verantwortung und Vertrauen bei Arbeitsteilung in der Medizin. Zu den rechtlichen Grenzen ärztlicher Sorgfalt*, Stuttgart: Ferdinand Enke Verlag, 1984, p. 127.

[19] Neste sentido ASIN CARDIEL, Enrique, «La responsabilidad del trabajo in equipo», in: *Responsabilidad del personal sanitario*, Madrid: Mateu Cromo S.A., 1995, p. 359, JORGE BARREIRO, Agustín, *La imprudencia punible...*, cit., p. 116, SALAS, E., *et al.*, «Can Teamwork Enhance Patient Safety?», *Risk Management Foundation – Harvard Medical Institutions*, 2003 (in: www.rmf.harvard.edu/Clinician-Resources/Article/2003/Can-Teamwork-Enhance-Patient-Safety), p. 5, e FIDALGO, Sónia, «Teamwork and patient safety: is the surgeon the *captain of the ship*?», *Lex Medicinae – Revista Portuguesa de Direito da Saúde, IV EAHL Conference*, nº especial (2014), p. 154.

2. A divisão do trabalho, possibilitando avanços relevantíssimos na medicina, constitui também, indiscutivelmente, uma importante fonte de perigos[20] – segundo Carstensen, "à medida que avança a divisão de trabalho e a especialização, aumentam os perigos"[21]. Tais perigos podem manifestar-se de várias formas[22]. Desde logo, pode acontecer que uma ou mais pessoas que integram a equipa não sejam suficientemente qualificadas para a execução das tarefas que lhes foram distribuídas. Por outro lado, podem ocorrer falhas de comunicação quando um dos membros da equipa não dá uma instrução de modo suficientemente claro ou quando, em qualquer caso, o colaborador não percebe correctamente a instrução recebida. E podem verificar-se também falhas de coordenação, que se traduzam numa harmonização insuficiente das várias medidas diagnósticas e terapêuticas, numa indevida repetição das mesmas ou numa ausência de medidas necessárias.

3. A doutrina que se tem dedicado ao modo como se estrutura a divisão de tarefas, característica do trabalho em equipa, procede à distinção entre divisão de trabalho horizontal e divisão de trabalho vertical.

A divisão de trabalho horizontal é a que se verifica entre profissionais que, atendendo às suas competências, se encontram em situação de igualdade. O caso típico de divisão de trabalho horizontal em medicina, tradicionalmente referido pela doutrina, é o da relação que se estabelece entre cirurgião e anestesiologista[23]. Estes profissionais exer-

---

[20] Neste sentido, BAKER, D. P., et al., «Teamwork as an Essential Component of High-Reliability Organizations», *Health Service Research*, 2006 (*in*: www.ncbi.nlm.nih.gov/pmc/articles/PMC1955345/?report=classic), p. 1579, e MANSER, T., «Teamwork and patient safety in dynamic domains of healthcare: a review of the literature», *Acta Anaesthesiologica Scandinavica*, 53 (2009), p. 143.
[21] CARSTENSEN, G., «Arbeitsteilung und Verantwortung aus der Sicht der Chirurgie», *Langenbecks Arch. Chir.*, 335 (1981), p. 571.
[22] Seguimos, neste ponto, a classificação feita por Stratenwerth e por Carstensen (STRATENWERTH, Günter, «Arbeitsteilung...», *cit.*, p. 393 e ss., CARSTENSEN, G., «Arbeitsteilung und Verantwortung...», *cit.*, p. 572).
[23] Cf. UMBREIT, Hans-Werner, *Die Verantwortlichkeit des Arztes für fahrlässiges Verhalten anderer Medizinalpersonen*, Frankfurt am Main: Peter Lang, 1992, p. 203, ULSENHEIMER, Klaus, *Arztstrafrecht in der praxis*, 3. Auf., Heidelberg: C. F. Müller Verlag, 2003, I, § 147, BROSE, Johannes, «Aufgabenteilung im Gesundheitswesen. Horizontale und verticale Arbeitsteilung auf klinischer und präklinischer Ebene», *in*: *Medizinstrafrecht. Im Spanungsfeld von Medizin, Ethik und Strafrecht*, (Hrg. Claus Roxin / Ulrich Schroth), 2. Auf., Stuttgard: Richard Boorberg

cem conjuntamente funções complementares, desenvolvendo cada um a sua actividade de acordo com os conhecimentos próprios das respectivas especialidades. No entanto, a divisão de trabalho horizontal verificar-se--á em qualquer relação entre médicos de especialidades diferentes ou da mesma especialidade, desde que, neste caso, nenhum dos médicos assuma funções de chefia. Poderá ainda falar-se de divisão de trabalho horizontal nas relações que se estabelecem entre médico e farmacêutico hospitalar[24]. Por outro lado, apesar de na doutrina e na jurisprudência a referência à divisão de trabalho horizontal se fazer, por regra, no âmbito das relações entre médicos, esta modalidade de divisão do trabalho verificar-se-á em qualquer circunstância em que os profissionais actuem em situação de igualdade, pelo que valerá também nas relações que se estabelecem entre pessoal não médico[25].

A divisão de trabalho vertical verifica-se quando há uma relação de hierarquia em que uma pessoa recebe instruções de outra que se encontra num nível superior e é controlada por esta, estabelecendo-se entre ambas uma relação de supra/infra ordenação. A divisão de trabalho vertical é caracterizada pela existência de uma ordem hierárquica de distribuição de deveres, em que ao superior competem os deveres de instrução, controlo e vigilância, recaindo sobre os subordinados a obrigação de obedecer às ordens do superior. O superior hierárquico poderá delegar funções nos seus subordinados, que se encontram numa situação de dependência em relação àquele. O exemplo tradicionalmente indicado deste tipo de divisão de trabalho é o que se verifica na relação entre o cirurgião chefe de equipa e os enfermeiros que com ele colaboram na cirurgia. No entanto, a divisão de trabalho vertical não se resume à relação entre médi-

---

Verlag, 2001, p. 54, SILVA SÁNCHEZ, Jesús-María, «Aspectos de la responsabilidad penal por imprudencia del médico anestesista. La perspectiva del Tribunal Supremo», *Derecho y Salud*, 2 (1994), p. 57, e JORGE BARREIRO, Agustín, *La imprudencia punible...*, cit., p. 117.

[24] Neste sentido KAMPS, Hans, *Ärztliche Arbeitsteilung und strafrechtliches Fahrlässigkeitsdelikt*, Berlin: Duncker & Humblot, 1981, p. 208, FEIJÓO SÁNCHEZ, Bernardo, «El principio de confianza como criterio normativo de imputación en el derecho penal: fundamento y consecuencias dogmáticas», *DPC*, 69 (2000), p. 54, e VILLACAMPA ESTIARTE, Carolina, *Responsabilidad penal del personal sanitario. Atribución de responsabilidad penal en tratamientos médicos efectuados por diversos profesionales sanitarios*, Navarra: Editorial Aranzadi S.A., 2003, p. 151.

[25] Netse sentido, também, BROSE, Johannes, «Aufgabenteilung im Gesundheitswesen...», cit., p. 54, nota 4.

cos e profissionais de saúde não médicos. Pode verificar-se também uma relação de trabalho vertical entre médicos da mesma especialidade em que um deles se encontra numa situação de superioridade em relação ao outro, por assumir funções de chefia de uma equipa médica (por exemplo, o cirurgião chefe de equipa em relação aos cirurgiões ajudantes)[26].

§ 3. O princípio da confiança

1. O princípio da confiança é visto hoje como um princípio de delimitação do tipo de ilícito negligente em caso de pluralidade de agentes[27]. Segundo o princípio da confiança, na interacção com terceiros, cada sujeito deve poder confiar que os demais se comportam de acordo com a norma de cuidado, "salvo se tiver razão *concretamente* fundada para pensar ou dever pensar de outro modo"[28].

Tendo sido inicialmente afirmado pela jurisprudência e pela doutrina alemãs no âmbito do tráfego rodoviário, o princípio da confiança foi depois objecto de uma transposição para outras áreas, nomeadamente para o âmbito da divisão de trabalho nas equipas médicas. Assim, em matéria de divisão de tarefas numa equipa médica "qualquer membro (...) deve poder contar com uma actuação dos outros adequada à norma de cuidado (jurídica, profissional, estatutária, da experiência)"[29], quer a intervenção destes seja anterior, simultânea ou posterior ao comportamento que se analisa[30].

---

[26] Neste sentido, WILHELM, Dorothee, «Strafrechtliche Fahrlässigkeit bei Arbeitsteilung in der Medizin», *Jura*, 4 (1985), p. 184, e FEIJÓO SÁNCHEZ, Bernardo, «El principio de confianza...», p. 54.

[27] V., por todos, DIAS, Jorge de Figueiredo, *Direito Penal...*, cit., 35º Cap., §§ 28 e ss.

[28] DIAS, Jorge de Figueiredo, *Direito Penal...*, cit., 35º Cap., § 28 (itálico do autor). Em sentido semelhante, COSTA, José de Faria, *O perigo em direito penal (contributo para a sua fundamentação e compreensão dogmáticas)*, reimp., Coimbra: Coimbra Editora, 2000, p. 466.

[29] DIAS, Jorge de Figueiredo, *Direito Penal...*, cit., 35º Cap., § 32.

[30] Jakobs esclarece que a conduta danosa pode ser anterior ao comportamento que se analisa. É o que acontece, por exemplo, quando o cirurgião utiliza um bisturi confiando que ele foi previamente esterilizado não tendo, na realidade, tal instrumento sido objecto de esterilização (JAKOBS, Günther, «Imputación objetiva, especialmente en el ámbito de las instituciones jurídico-penales del "riesgo permitido", la "prohibición de regreso" y el "principio de confianza"», (tradução de Peñaranda Ramos, Suárez Gonzáles e Cancio Meliá), in: *Estudios de Derecho Penal*, Madrid: Editorial Civitas, S.A., 1997, p. 219). Referindo também o princípio da confiança no caso de esterilização de objectos cirúrgicos, BELEZA, Teresa Pizarro, *Direito Penal*, 2º vol. (reimp.), Lisboa: AAFDL, 2010, p. 517-518.

2. Não há, todavia, consenso na doutrina quanto ao fundamento do princípio da confiança – por que motivo é que o agente que actua ao abrigo do princípio da confiança não preenche, com a sua conduta, o tipo de ilícito negligente?

A doutrina alemã maioritária vê o princípio da confiança como um caso particular (*Unterfall*) de actuação do princípio do risco permitido e que, por isso, terá o mesmo fundamento[31]. O princípio da confiança, traduzindo a ideia de que aquele que actua de acordo com o dever de cuidado pode confiar, por regra, que os demais cumprirão os deveres de cuidado que sobre eles impendem, permitirá delimitar os riscos que, apesar da actuação de terceiros ou da própria vítima, podem ainda dizer-se *criados* pelo agente. Tal como o princípio do risco permitido, também o princípio da confiança radicará numa ponderação entre a liberdade da actuação humana e as vantagens sociais com ela relacionadas, por um lado, e os perigos inevitáveis a ela inerentes, por outro.

Há quem entenda, porém, que o princípio da confiança encontra o seu fundamento material no princípio da auto-responsabilidade de terceiros[32]. Desta perspectiva, será a responsabilidade própria de cada agente a justificar e exigir a redução do âmbito de responsabilidade de cada um dos outros. Acompanhamos Figueiredo Dias quando afirma que "as outras pessoas são também seres responsáveis; se se comportam descuidadamente, tal só deverá afectar, em princípio, a sua própria responsabilidade. Dito por outras palavras: como regra geral não se responde pela falta de cuidado alheio, antes o direito autoriza que se confie em que os outros cumprirão os deveres de cuidado"[33].

---

[31] V., por todos, WELZEL, Hans, *Derecho Penal Aleman, Parte General*, (tradução de Bustos Ramírez e Yánez Pérz), Santiago do Chile: Editorial Juridica do Chile, 1997, p. 159, ROXIN, Claus, *Strafrecht. Allgemeiner Teil...*, cit., § 24, nº 22, e, do mesmo autor, «Bemerkungen zum Regreβverbot», in: *Festschrift für Herbert Tröndle*, Berlin: Walter de Gruyter, 1989, p. 186. Em Espanha, no mesmo sentido, entre outros, LUZÓN PEÑA, Diego-Manuel, *Curso de Derecho Penal. Parte General I*, Madrid: Editorial Universitas, S.A., 1996, p. 504-5, e MARTÍNEZ ESCAMILLA, Margarita, *La imputacion objetiva del resultado*, Madrid: Edersa, 1992, p. 334. Entre nós, COSTA, António Manuel de Almeida, *Ilícito Pessoal, Imputação Objectiva e Comparticipação em Direito Penal*, Coimbra: Almedina, 2014, p. 705-706.

[32] Neste sentido, entre nós, DIAS, Figueiredo, *Direito Penal...*, cit., 35º Cap., § 29; na doutrina alemã, STRATENWERTH, Günter, «Arbeitsteilung...», p. 292; na doutrina italiana, FIANDACA / MUSCO, *Diritto Penale. Parte Generale*, 3ª ed., Bologna: Zanichelli Editore, 1995, p. 499; na doutrina espanhola, FEIJÓO SÁNCHEZ, Bernardo, «El principio de confianza...», p. 48 e ss.

[33] DIAS, Jorge de Figueiredo, *Direito Penal...*, cit., 35º Cap., § 29.

Questionar o fundamento do princípio da confiança é perguntar por que razão cada interveniente pode confiar na conduta de terceiros de acordo com o dever. A resposta radicará no seguinte: a ordem jurídica impõe certos deveres de cuidado a todos os intervenientes numa determinada actividade; sendo tais intervenientes seres responsáveis, pode partir-se do princípio de que todos cumprirão os deveres de que são destinatários.

No entanto, dizer que o princípio da confiança radica no princípio da auto-responsabilidade não significará necessariamente afirmar que os limites e o âmbito de actuação do princípio da confiança são determinados exclusivamente a partir da extensão da auto-responsabilidade de terceiros; não implicará que princípio da confiança e princípio da auto-responsabilidade sejam dois princípios com âmbitos de actuação coincidentes. Casos haverá em que os outros são seres responsáveis e em que, apesar disso, o princípio da confiança não pode ser convocado – são precisamente as situações em que *razões concretamente fundadas* conduzam o agente a não confiar no comportamento do outro. Se, no caso concreto, o terceiro não está (ou não vai) comportar-se de modo responsável e tal é cognoscível para o sujeito que com ele contacta, seria inaceitável – seria até contraditório – que este pudesse convocar o princípio da confiança na actuação do outro para delimitar o seu dever objectivo de cuidado e, deste modo, o seu âmbito de responsabilidade.

Ao princípio da confiança não será alheia uma ideia de protecção de bens jurídicos. O princípio da confiança, ao permitir a cada um dedicar a máxima atenção à actividade que está concretamente a realizar, permitir--lhe-á cumprir o dever de cuidado que lhe é exigido pela ordem jurídica e, deste modo, contribuirá para a protecção dos bens jurídicos que com essas exigências de cuidado a ordem jurídica pretende salvaguardar[34]. Tanto no tráfego rodoviário como no âmbito do exercício da medicina em equipa, o facto de cada interveniente poder realizar a sua conduta sem ter de contar com que os outros podem, a qualquer momento, não cumprir os deveres de cuidado que sobre eles impendem, permitir-lhe-á uma maior concentração no cumprimentos dos deveres que sobre si recaem,

---

[34] Cf. JAKOBS, Günther, *La imputación objetiva en Derecho Penal*, Madrid: Editorial Civitas, S.A., 1996 p. 105.

alcançando-se, deste modo, uma maior protecção dos bens jurídicos em causa (por exemplo, a vida e a integridade física)[35].

De uma outra perspectiva, também à delimitação do âmbito de actuação do princípio da confiança não será estranha uma ideia de protecção de bens jurídicos. O direito penal é um direito de tutela de bens jurídicos[36], pelo que se compreenderá que quando o agente se aperceber (ou dever aperceber-se) que o terceiro não está a cumprir (ou não vai cumprir) o seu dever objectivo de cuidado deva adequar a sua conduta de modo a evitar uma eventual ofensa para bens penalmente tutelados. Em rigor, talvez a razão esteja com Kuhlen ao remeter a fundamentação do princípio da confiança para uma "ponderação de interesses que há-de ter em consideração, para além do aspecto de protecção de bens jurídicos, também os aspectos da auto-responsabilidade de terceiros e da liberdade da acção daquele sobre o qual recai o dever objectivo de cuidado"[37].

§ 4. A divisão de trabalho e o âmbito de validade do princípio da confiança

1. Numa equipa de prestação de cuidados de saúde, estabelece-se uma teia complexa de relações entre os diversos profissionais e o âmbito de actuação do princípio da confiança dependerá da posição que cada profissional assume na equipa.

Atendendo à tradicional distinção entre divisão do trabalho horizontal e vertical, a doutrina tem considerado que o âmbito de actuação do

---

[35] Também Jakobs defende que em determinados âmbitos estará subjacente ao princípio da confiança uma ideia de protecção de bens jurídicos, afirmando que "quem está permanentemente a controlar os outros não pode concentrar-se plenamente na sua própria tarefa e, por isso, na maioria das vezes, perde mais em relação à realização da tarefa própria do que ganha através do controlo das tarefas de terceiros" (JAKOBS, Günther, *La imputación objetiva...*, cit., p. 105).

[36] Sobre o lugar do bem jurídico na doutrina penal, afirmando que as lógicas da substituição e da complementaridade da teoria da protecção de bens jurídicos nada têm a oferecer a um direito penal que se quer liberal, COSTA, José de Faria, «Sobre o objecto de protecção do direito penal: o lugar do bem jurídico na doutrina de um direito penal não iliberal», *Revista de Legislação e de Jurisprudência*, 142 (2013), p. 158 e ss.

[37] KUHLEN, Lothar, *Fragen einer strafrechtlichen Produkthaftung*, Heidelberg: C. F. Müller Verlag, 1989, p. 133; cf., também, DIAS, Jorge de Figueiredo, *Direito Penal...*, cit., 35º Cap., § 30, e ROXIN, Claus, *Strafrecht. Allgemeiner Teil...*, cit., § 24, nº 22. Para mais desenvolvimentos sobre o fundamento, o sentido e os limites do princípio da confiança, v. FIDALGO, Sónia, *Responsabilidade penal por negligência...*, cit., p. 107 e ss.

princípio da confiança não será o mesmo nos dois tipos de relações: o princípio da confiança terá, nas relações verticais, um campo de actuação mais restrito que nas relações horizontais.

2. Nas situações de divisão de trabalho horizontal o princípio da confiança actuará na sua plenitude. Cada especialista, por regra, pode confiar na correcta realização de funções por parte do outro – nenhum deles controla a actividade do outro –, não sendo qualquer dos especialistas responsável pelos actos realizados pelo colega. Cada um dos especialistas será apenas responsável por controlar os perigos que, no seu específico âmbito de competência, ameacem concretizar-se numa ofensa para o doente[38].

3. O exemplo habitualmente indicado de divisão de trabalho vertical é o que se verifica na relação entre o cirurgião chefe de equipa e os enfermeiros que com ele colaboram na cirurgia. Estando nós a tratar do problema da determinação da responsabilidade em caso de abandono de objectos cirúrgicos no campo operatório, a questão prende-se precisamente com a relação que, no decurso da cirurgia, se estabelece entre o cirurgião e os profissionais de enfermagem. Detenhamo-nos, um pouco, neste ponto.

3.1. Tradicionalmente entendia-se que no âmbito das relações hierárquicas o chefe de equipa assumia globalmente a realização do processo terapêutico, pelo que cada acto dos subordinados não seria senão uma parcela delegada da actividade assumida por aquele[39]. Sobre o chefe de equipa recairia um conjunto de deveres que compreenderiam, desde logo, o dever de selecção dos seus colaboradores e de comprovação da sua qualificação técnica e pessoal, mas também os deveres de informação, de instrução e de vigilância constante da actuação daqueles, de modo a evitar eventuais erros[40]. Tal dever de controlo constante da actividade dos

---

[38] Sobre a *delimitação material de competências* e o eventual alargamento *de facto* das funções de cada especialista nos casos de divisão de trabalho horizontal, v. FIDALGO, Sónia, *Responsabilidade penal...*, cit., p. 210 e ss.
[39] Cf. GÓMEZ RIVERO, M. Cármen, *La responsabilidad penal del médico*, 2ª ed., Valencia: Tirant lo Blanch, 2008, p. 433.
[40] Cf. ULSENHEIMER, Klaus, *Arztstrafrecht...*, cit., I, § 1, nº 174.

subordinados só seria de afastar em situações em que o chefe de equipa tivesse motivos fundados para confiar na actividade daqueles. Afirmava-se, assim, como regra, o princípio da não confiança[41].

No entanto, esta posição tem sido alvo de fundadas críticas por parte da doutrina maioritária que vem defendendo que também no âmbito das relações hierárquicas há que convocar o princípio da confiança, ainda que com um campo de actuação mais limitado que nas relações não hierárquicas. Em rigor, também nas relações verticais só terá sentido afirmar o princípio da divisão do trabalho se cada um dos participantes puder confiar numa actuação dos demais de acordo com as regras.

3.2. De qualquer modo, no âmbito da divisão do trabalho vertical, independentemente das competências próprias do pessoal subordinado, a relação de superioridade hierárquica determina o surgimento, para o superior, de deveres de organização e de coordenação da actuação da equipa. O superior tem o dever de proceder à distribuição de tarefas de modo a que todas as tarefas sejam atribuídas e correctamente atribuídas – o superior deverá escolher para desempenhar as diversas tarefas profissionais que estejam em condições de o fazer de modo adequado. No que diz respeito a este dever de organização e coordenação da actividade da equipa, vale o princípio da confiança: quando não concorrerem circunstâncias que alterem a normal presunção de capacidade que é lícito supor nos colaboradores, o superior pode confiar na qualificação destes, bem como na actuação de acordo com o dever de cuidado que sobre eles impende[42].

Além do dever de organização e coordenação inicial, sobre o superior impenderão também, em certas situações, deveres de vigilância, instrução e coordenação no decurso da actividade da equipa. Ou seja, sobre o superior impenderá, em certas circunstâncias, um dever de controlo da actuação dos seus subordinados. A actuação médica é uma actividade perigosa e no decurso da intervenção podem surgir falhas de qualificação, de comunicação e de coordenação[43]. O dever de controlo que impende

---

[41] Cf. CRESPI, Alberto, *La responsabilità penale nel trattamento medico-chirurgico con esito infausto*, Palermo: G. Priulla Editore, 1955, p. 155-156.
[42] Neste sentido, também, GÓMEZ RIVERO, M. Cármen, *La responsabilidad...*, cit., p. 435-436.
[43] Cf. *supra*, § 2, ponto 2.

sobre o chefe de equipa destina-se a evitar que esses perigos se concretizem em ofensas à vida ou à integridade física dos doentes.

A extensão do princípio da confiança no âmbito das relações hierárquicas depende do alcance que se conceder ao dever de controlo da actuação dos subordinados. O princípio da confiança e o dever de controlo delimitam-se reciprocamente: quanto maior for o alcance do dever de controlo, menor será a extensão do princípio da confiança e, inversamente, quanto menor for o dever de controlo, maior será a extensão do princípio da confiança.

Na doutrina alemã, Umbreit alarga de tal modo os deveres de controlo do superior sobre a actuação dos subordinados que acaba por negar a vigência do princípio da confiança com carácter geral nas relações verticais[44]. Também na doutrina italiana há quem defenda que não pode convocar-se o princípio da confiança no âmbito das relações hierárquicas, pois tal seria incompatível com o dever de controlo que impende sobre o superior[45].

Entendemos, no entanto, que o princípio da confiança também tem validade geral nas relações verticais. O chefe de equipa não actuará contra o seu dever de cuidado quando confiar que os seus colaboradores cumprirão adequadamente as tarefas para as quais se encontram oficialmente habilitados. Quando não houver motivos para duvidar da preparação e da capacidade dos colaboradores, valerá plenamente o princípio da confiança[46]. Com a afirmação de um dever de vigilância permanente da actividade dos colaboradores correr-se-ia o risco de esvaziar de conteúdo a distribuição de tarefas. Não tem sentido impor ao superior que supervisione a actuação dos seus colaboradores (mesmo que se trate de colaboradores com formação não médica) quando estes realizam tarefas que são, precisamente, da sua competência e especialidade. O dever de controlo da actividade dos colaboradores surgirá na esfera do chefe de equipa apenas como um *dever de cuidado secundário* que, segundo Stratenwerth, surge apenas no caso em que "a expectativa de um comporta-

---

[44] UMBREIT, Hans-Werner, *Die Verantwortlichkeit des Arztes...*, cit., p. 118 e ss.
[45] Neste sentido, AMBROSETTI, Fabio / PICCINELLI, Marco / PICCINELLI, Renato, *La responsabilità...*, cit., p. 173, e BILANCETTI, Mauro, *La responsabilità penale e civile del medico*, 5ª ed., Milano: CEDAM, 2003, p. 756.
[46] Assim, também, WILHELM, Dorothee, «Probleme der medizinischen Arbeitsteilung aus strafrechtlicher Sicht», *Medizinrecht*, 2 (1983), p. 51.

mento de acordo com o dever, tendo em conta a situação ou a pessoa do outro, se torne debilitada"[47]. O chefe de equipa pode confiar na actuação adequada dos seus subordinados, salvo se circunstâncias especiais do caso concreto o fizerem (ou deverem fazer) duvidar da capacidade daqueles para desempenhar as tarefas em causa e, consequentemente, o fizerem (ou deverem fazer) esperar uma conduta incorrecta por parte deles. Tal acontecerá, designadamente, nas situações em que o superior se aperceber (ou dever aperceber) de erros do colaborador[48]. Também nos casos em que um membro da equipa, apesar de ter qualificação suficiente[49], for ainda inexperiente no desempenho da tarefa em causa, além do dever prévio de informação e instrução no início da intervenção, sobre o superior recairá ainda um dever de vigilância da actividade do colaborador inexperiente. Pode suceder também que um colaborador experiente e habitualmente competente não tenha cometido qualquer erro mas, no decurso da intervenção, manifeste não se encontrar em plenas condições físicas e/ou psíquicas, nomeadamente por se encontrar cansado por excesso de trabalho[50]. Também neste caso o princípio da confiança deverá ceder o seu lugar a um dever (secundário) de controlo por parte do superior sobre a actuação do colaborador.

---

[47] STRATENWERTH, Günter, «Arbeitsteilung...», *cit.*, p. 392. Nas palavras de Stratenwerth / Kuhlen, os deveres de controlo "não devem ser deduzidos de forma geral a partir da previsibilidade dos erros dos outros nem da mera possibilidade de intervir. Portanto, o princípio da confiança limita, por sua vez, quando não existem circunstâncias *especiais*, também os deveres de controlo. Caso contrário seria impossível (...) uma efectiva divisão do trabalho" (STRATENWERTH / KUHLEN, *Strafrecht. Allgemeiner Teil I. Die Straftat*, 6. Auf., München: Verlag Franz Vahlen, 2011, § 15, nº 66, itálico dos autores).
[48] Marco Mantovani esclarece que para excluir o princípio da confiança não é suficiente um erro que, apesar de cognoscível, seja insignificante, mas apenas o erro que constituir uma fonte de perigo para o paciente (MANTOVANI, Marco, «Sui limiti del principio di affidamento», *L'Indice Penale* (1999), p. 1198-1199).
[49] Refira-se que o princípio da confiança não poderá ser convocado em relação a membros da equipa que se encontrem ainda em formação. Sobre a relação que se estabelece entre o orientador de formação e o médico interno, v. FIDALGO, Sónia, «Responsabilidade penal do médico interno e do orientador de formação», *in: Direito penal. Fundamentos dogmáticos e político-criminais. Homenagem ao Prof. Peter Hünerfeld*, Coimbra: Coimbra Editora, 2013, p. 975 e ss.
[50] FEIJÓO SÁNCHEZ, Bernardo, «El principio de confianza...», *cit.*, p. 68.

3.3. Na relação de trabalho vertical o profissional que se encontra na posição de chefia dá as instruções e sobre os subordinados impenderá o dever de cumprir as instruções recebidas e executar as tarefas que lhes são distribuídas. E, se aquele que ocupa uma posição superior deve poder confiar que as suas instruções serão seguidas, o que ocupa uma posição subordinada deve poder confiar que as instruções recebidas são correctas[51]. Sobre os subordinados não impende, por princípio, qualquer dever de controlo da actuação do superior[52] – seria uma contradição impor aos subordinados, que frequentemente serão profissionais menos experientes e, por vezes, menos qualificados que o superior, o dever de controlar a actividade deste. Aos subordinados também não se reconhece um direito geral de crítica e resistência às ordens recebidas do chefe de equipa – os subordinados podem, por regra, confiar na correcção das ordens do superior, tendo o dever de as cumprir. No entanto, a confiança na correcção das decisões e instruções do superior não pode ser uma *confiança cega*[53]. Se o subordinado entender que do cumprimento da ordem pode advir uma ofensa para o doente, deverá recusar o cumprimento de tal ordem. Neste caso, o subordinado deve abster-se de actuar, sob pena de ser responsabilizado (conjuntamente com o superior) pelas ofensas que o doente vier a sofrer[54] – vale aqui, naturalmente, a regra segundo a qual cessa o dever de obediência quando ele conduzir à prática de um crime[55].

---

[51] Assim, também, JORGE BARREIRO, Agustín, *La imprudencia punible...*, *cit.*, p. 155.

[52] Assim, também, WILHELM, Dorothee, «Probleme der medizinischen Arbeitsteilung...», *cit.*, p. 51.

[53] No que diz respeito à execução, pelo enfermeiro, de uma prescrição médica, o Conselho Jurisdicional da Ordem dos Enfermeiros tem enveredado por uma via responsabilizante dos enfermeiros, considerando que cabe ao enfermeiro ajuizar sobre a adequação da prescrição médica e, "de acordo com os conhecimentos científicos e técnicos, decidir da sua execução (sendo co-responsável) ou decidir que não existem condições seguras para a execução, recorrendo à validação da prescrição e certificando-se de que não existe erro que possa lesar a pessoa que é destinatária dos cuidados" (CONSELHO JURISDICIONAL DA ORDEM DOS ENFERMEIROS, «Conselho Jurisdicional – Analisando as possibilidades de recusa do enfermeiro na prestação de cuidados», *Revista da Ordem dos Enfermeiros*, 17 (2005), p. 23).

[54] Neste sentido, WILHELM, Dorothee, «Probleme der medizinischen Arbeitsteilung...», *cit.*, p. 51, MARINUCCI, Giorgio / MARRUBINI, Gilberto, «Profili penalistici...», *cit.*, p. 229-30, e GÓMEZ RIVERO, M. Cármen, *La responsabilidad...*, *cit.*, p. 443.

[55] Para mais desenvolvimentos sobre a articulação do princípio da confiança com o princípio da divisão trabalho, v. FIDALGO, Sónia, *Responsabilidade penal...*, *cit.*, p. 149 e ss.

§ 5. A repartição de tarefas entre cirurgião e enfermeiros e o âmbito de validade do princípio da confiança

1. Estando determinado que a relação de trabalho que se estabelece entre o cirurgião chefe de equipa e os enfermeiros que com ele colaboram na cirurgia é uma relação vertical e que o princípio da confiança tem validade também neste tipo de relações, tentemos agora identificar as funções de cada um dos profissionais no decurso da intervenção cirúrgica. Vamos deter-nos, compreensivelmente, apenas nas funções que estejam directamente relacionadas com o problema de que partimos – aquelas que possam auxiliar-nos na determinação da responsabilidade de cada membro da equipa, em caso de ofensa à integridade física ou morte do doente decorrente do abandono de objectos cirúrgicos no campo operatório.

Considerando que as complicações cirúrgicas evitáveis são causa de um número significativo de lesões e de mortes a nível mundial[56] e que algumas dessas complicações advêm do abandono de corpos estranhos no campo operatório, não é de estranhar que o impedimento da "retenção inadvertida de instrumentos ou compressas em feridas cirúrgicas" figure entre os "objectivos essenciais para uma cirurgia segura" do programa "cirurgia segura salva vidas", estabelecido pela Aliança Mundial para a Segurança do Doente, da Organização Mundial da Saúde[57]. Em matéria

---

[56] De acordo com as Orientações da OMS, estima-se que os eventos adversos afectem 3-16% de todos os doentes internados, sendo mais de metade desses eventos evitáveis. Apesar do aumento de conhecimentos relacionados com a segurança em cirurgia, pelo menos metade desses eventos ocorre durante o acto cirúrgico – estima-se que quase sete milhões de doentes cirúrgicos terão complicações significativas em cada ano, um milhão dos quais morrerá durante ou imediatamente após a cirurgia («Orientações da OMS...», *cit.*, p. 3-4).

[57] Na expectativa de reduzir o número de complicações cirúrgicas evitáveis, a Aliança Mundial para a Segurança do Doente da OMS identificou dez objectivos essenciais para a segurança cirúrgica, a prosseguir pela equipa: 1) operação do doente correcto, no local correcto; 2) utilização de métodos conhecidos para prevenir danos decorrentes da administração de anestésicos, protegendo o doente da dor; 3) reconhecimento e preparação efectiva para o risco de vida resultante da perda da via aérea ou da função respiratória; 4) reconhecimento e preparação efectiva para o risco de perda elevada de sangue; 5) impedimento de indução de alergias ou reacções adversas a medicamentos conhecidos como sendo um risco significativo para o doente; 6) uso consistente de métodos conhecidos para diminuir os riscos de infecção no local cirúrgico; 7) impedimento da retenção inadvertida de instrumentos ou compressas em feridas cirúrgicas; 8) garantia da identificação precisa de todos os espécimes cirúrgicos; 9) comunicação efectiva entre todos os membros da equipa e troca de informações críticas sobre

de controlo de objectos cirúrgicos há um conjunto de regras que deve ser seguido a nível internacional e nacional que deve ser seguido pelos profissionais de saúde que integram a equipa.

2. À semelhança do que acontece em outras organizações a nível internacional, também a Associação dos Enfermeiros de Sala de Operações Portugueses estabeleceu um conjunto de recomendações relativas à contagem de compressas, instrumentos cirúrgicos e materiais corto-perfurantes que entende deverem ser seguidas a fim de reduzir a incidência do abandono destes objectos no campo operatório[58].

Os procedimentos de contagem apenas poderão ser dispensados em intervenções médico-cirúrgicas específicas, de risco reduzido (por exemplo, numa cistoscopia ou numa cirurgia de catarata). As intervenções em que a contagem não é obrigatória constituirão, deste modo, uma excepção – por regra, os procedimentos de contagem devem ser seguidos.

De acordo com as recomendações nacionais e internacionais, as contagens são procedimentos conjuntos, que envolvem dois elementos da

---

o doente, de modo a garantir o decurso seguro da cirurgia; 10) estabelecimento, pelos hospitais e sistemas de saúde pública, de uma rotina de vigilância quanto à capacidade, volume e resultados cirúrgicos («Orientações da OMS...», *cit.*, p. 14 e ss.). Entre nós, o Departamento da Qualidade na Saúde apresentou, em Maio de 2015, o relatório de monitorização de 2014 de implementação do projecto *Cirurgia Segura Salva Vidas* (disponível *in*: www.dgs.pt).

[58] A primeira dessas recomendações vai ao encontro da necessidade de estabelecimento de protocolos de contagem para cada artigo a ser controlado durante a intervenção cirúrgica. É entendimento generalizado que a existência de protocolos de contagem favorece o desempenho da equipa e protege quer a segurança dos doentes, quer a dos próprios profissionais. As recomendações podem ser encontradas no livro publicado pela Associação dos Enfermeiros de Sala de Operações Portugueses – *Práticas recomendadas para bloco operatório*, 3ª ed., 2013, p. 71 e ss. Tais recomendações têm, naturalmente, muitos elementos em comum com as que encontramos referidas por outras organizações de enfermagem a nível internacional, bem como com as apresentadas pela Aliança Mundial para a Segurança do Doente da OMS – cf. «Orientações da OMS...», *cit.*, p. 114 e ss. Estas *Práticas recomendadas para bloco operatório* publicadas pela Associação dos Enfermeiros de Sala de Operações Portugueses têm sido reconhecidas pela Ordem dos Enfermeiros, que entende que tais práticas devem ser seguidas pelos enfermeiros cujo exercício profissional se desenvolve em contexto perioperatório. Refira-se, ainda, que o Conselho Directivo da Ordem dos Enfermeiros aprovou, em 19 de Fevereiro de 2015, a proposta do Conselho de Enfermagem de reconhecimento da especialidade clínica em enfermagem perioperatória. Tal proposta será remetida para discussão e eventual aprovação em Assembleia Geral Extraordinária a realizar durante o ano de 2015.

equipa. Se a equipa de enfermagem for completa, a contagem deve ser feita pelos enfermeiros instrumentista e circulante. Se não existir enfermeiro instrumentista, a contagem deve ser realizada, em conjunto, pelo cirurgião ou por outro elemento da equipa estéril em quem ele delegue esta tarefa (o que acontecerá na generalidade dos casos) e pelo enfermeiro circulante.

A contagem de compressas, dos instrumentos cirúrgicos e dos materiais corto-perfurantes deve ser realizada e registada antes do início do procedimento, antes do encerramento da ferida (no primeiro plano de encerramento) e antes do encerramento da pele. Uma nova contagem deve ser realizada nos casos em que forem abertos para a mesa novos materiais cirúrgicos, nas situações em que o enfermeiro instrumentista ou o circulante forem substituídos e também nos casos em que a incisão for reaberta após o final da contagem. O resultado da contagem deve ser comunicado ao cirurgião de forma audível e o enfermeiro deve assegurar-se de que o cirurgião tomou conhecimento desse resultado. As contagens devem ser registadas numa folha de contagem ou no documento de registo de enfermagem[59].

Quando não houver coincidência entre as contagens inicial e final, deve ser feita uma nova contagem. Se a discrepância se mantiver, os enfermeiros devem informar imediatamente o cirurgião. Iniciar-se-á, então, um procedimento de procura do objecto cirúrgico em falta (no pavimento, nos recipientes de resíduos, na roupa...). O cirurgião deve proceder a um rastreio manual, fazendo uma análise metódica do campo operatório.

Se, ainda assim, não for possível alcançar a coincidência nas contagens, antes de o cirurgião fechar o campo operatório o paciente deve ser submetido a um exame radiográfico para se localizar e, seguidamente, extrair o objecto abandonado. O recurso a radiografias permitirá agora resolver o problema também em muitas situações em que a discrepância se verifica na contagem das compressas, uma vez que, de há uns anos a esta parte, é prática corrente a utilização de gazes e compressas com

---

[59] Os "objectivos essenciais para uma cirurgia segura" identificados pela Aliança Mundial para a Segurança do Doente da OMS (cf. *supra*, nota 57) estão compilados na designada *Lista de Verificação de Segurança Cirúrgica*, onde se refere expressamente que antes de o doente sair da sala de operação o enfermeiro deve confirmar verbalmente "as contagens de instrumentos, compressas e corto-perfurantes" (cf. a Norma da Direcção-Geral da Saúde nº 2/2013, de 12 de Fevereiro de 2013, actualizada em 25 de Junho do mesmo ano).

marcador radiopaco (fio de iodo opaco aos Raios X), o que facilitará a sua localização.

Em situações de emergência em que não seja possível proceder à contagem, o enfermeiro deve informar o cirurgião para que sejam realizados, também neste caso, exames radiográficos. Tais exames devem ser feitos antes de o doente sair da sala de operações, se o estado do doente o permitir, ou posteriormente, o mais rapidamente possível. Deve ser feito um registo preciso quer da razão da não realização da contagem, quer dos resultados observados nas radiografias.

3. Existem já métodos alternativos de controlo dos objectos cirúrgicos. No que diz respeito às compressas, as novas técnicas de contagem automatizada – com utilização de compressas com código de barras e compressas com etiquetas de identificação por radiofrequência – aumentam a precisão da contagem e de detecção das compressas inadvertidamente abandonadas[60].

No entanto, enquanto estes novos métodos não forem ainda de uso generalizado, as contagens manuais continuam a ser o meio de prevenção disponível para evitar o abandono de corpos estranhos no campo operatório. E, apesar do esforço das organizações nacionais e internacionais na identificação das boas práticas nesta matéria, a verdade é que, em muitos casos, se verificam erros nas contagens – os enfermeiros concluem pela conformidade das contagens em circunstâncias em que tal conformidade não existe[61].

Embora a contagem das compressas e dos demais objectos cirúrgicos seja uma tarefa a executar pelos profissionais de enfermagem, tem-se entendido que a exploração metódica do campo operatório antes do encerramento, a realizar pelo cirurgião, pode contribuir para a diminuição da probabilidade de serem abandonados corpos estranhos. Deste modo, independentemente do resultado das contagens efectuadas pelos enfermeiros, sobre o cirurgião impende o dever de proceder sempre a um rastreio manual antes de fechar o campo operatório[62].

[60] Neste sentido, com indicação de estudos realizados, cf. «Orientações da OMS...», *cit.*, p. 114.
[61] Em um estudo sobre objectos abandonados no campo operatório, os autores concluíram que em 88% dos casos se acreditou erroneamente que a contagem final coincidia com as anteriores (cf. GAWANDE, Atul, *et al.*, «Risk Factors...», *cit.*, p. 234).
[62] O rastreio manual a realizar pelo cirurgião é uma prática que tem sido defendida pelo *American College of Surgeons* como componente essencial da prevenção do abandono

4. Deste modo, quando um doente vem a sofrer ofensas à integridade física ou vem mesmo a morrer no decurso do abandono de um objecto cirúrgico no campo operatório, terá de se determinar quem, na equipa cirúrgica, violou as normas de cuidado. Na aferição do preenchimento do tipo de ilícito negligente terá de se averiguar se o agente violou o dever objectivo de cuidado no caso concreto – o legislador, no artigo 15º do CP, utiliza a expressão "segundo as circunstâncias". Deste modo, será necessário ter em consideração a prática no serviço em causa. Será relevante, designadamente, apurar se no serviço se utiliza compressas com marcador radiopaco, se há sistemas de contagem automática de compressas, se na cirurgia em causa interveio um enfermeiro instrumentista. Só deste modo poderemos apurar os deveres que impendiam sobre cada elemento da equipa e, consequentemente, determinar se a violação da norma de cuidado se traduziu, no caso concreto, em uma violação do dever de cuidado que venha a fundamentar a imputação do resultado à conduta do agente[63]. Naturalmente, para que venha a justificar-se a punição do agente a título de ofensa à integridade física ou de homicídio por negligência, para além do tipo de ilícito negligente terá de mostrar-se preenchido também o tipo de culpa respectivo[64].

de compressas, instrumentos cirúrgicos e corto-perfurantes no campo operatório (cf. «Statement on the Prevention...», *cit.*).

[63] A violação de normas (jurídicas ou não jurídicas) de comportamento constitui apenas um indício de violação do dever objectivo de cuidado – na valoração jurídico-penal da conduta o que está em causa não é a violação de qualquer regra da arte, mas sim a violação que for tipicamente relevante. Por outro lado, pode excepcionalmente divisar-se uma violação do dever objectivo de cuidado por parte do profissional de saúde, ainda que ele tenha observado o prescrito nas *leges artis* – há situações em que o conhecimento ou a suspeita de um perigo não considerado pelas normas obriga a cuidados acrescidos (neste sentido, DIAS, Jorge de Figueiredo, *Direito Penal I*[2], 35º Cap., §§ 21 e 22, DIAS, Jorge de Figueiredo / BRANDÃO, Nuno, in: *Comentário Conimbricense do Código Penal. Parte Especial*, dirigido por Jorge de Figueiredo Dias, t. I, 2ª ed., Coimbra: Coimbra Editora, 2012, artigo 137º, § 8 *b*), FARIA, Paula Ribeiro de, *A adequação social da conduta no direito penal – ou o valor dos sentidos sociais na interpretação da lei penal*, Porto: Publicações da Universidade Católica, 2005, p. 942 e 963, e, a mesma autora, in: *Comentário Conimbricense...*, *cit.*, artigo 148º, § 9. *Vide*, ainda, ROXIN, Claus, *Allgemeiner Teil I*[4], § 24, n.os 16 e 19).

[64] Sobre a estrutura dogmática do facto negligente, *v.*, *supra*, nota 13. Apelando a uma eliminação, até certo ponto, da distinção entre ilícito e culpa ao nível da realização negligente, FARIA, Paula Ribeiro de, «O risco penalmente relevante – uma tarefa de interpretação da norma penal», *Estudos em homenagem ao Prof. Doutor Jorge de Figueiredo Dias*, vol. II, Coimbra: Coimbra Editora, 2009, p. 411-412.

Os casos podem assumir os contornos mais diversos. Tentemos, no entanto, identificar algumas *situações tipo*:

4.1. Se o cirurgião tiver cumprido o seu dever de revisão manual do campo operatório e se houver conformidade nas contagens realizados pelos enfermeiros, por regra, o cirurgião poderá confiar no que lhe é dito pelos seus colaboradores e fechar o campo cirúrgico. Neste caso, se vier a verificar-se uma "falsa coincidência" nas contagens – se tiver ocorrido um erro na contagem das compressas por parte dos profissionais de enfermagem – pode suceder que só o enfermeiro (ou enfermeiros) deva(m) ser responsabilizado(s) pelas ofensas provocados pelo abandono do objecto cirúrgico no campo operatório. Por um lado, dada a complexidade de certas intervenções, é admissível que através da exploração manual do campo operatório o cirurgião não consiga detectar a presença de um corpo estranho (designadamente, quando se tratar de uma compressa ou de um outro objecto de pequenas dimensões). Consequentemente, nestes casos, o facto de o cirurgião não ter encontrado qualquer objecto estranho através do rastreio manual poderá não traduzir uma violação do dever a que o cirurgião estava obrigado. Por outro lado, a contagem e recontagem do material é uma função dos enfermeiros, pelo que se estes transmitirem ao cirurgião a conformidade nas contagens realizadas, este profissional poderá, por regra, confiar na informação recebida.

4.2. Há, porém, como vimos, situações em que o princípio da confiança não pode ser convocado[65]. Se, no caso concreto, apesar da comunicação da conformidade das contagens realizadas pelos enfermeiros, o cirurgião tiver razão concreta para duvidar de tal informação, o doente deverá ser submetido a um exame radiográfico antes de sair da sala de operações. Cessará, neste caso, o princípio da confiança e o cirurgião deverá certificar-se, através de radiografias, de que nenhum corpo estranho foi esquecido no campo operatório[66]. Nos casos em que, havendo motivo

---

[65] Cf. *supra*, § 4, ponto 3.2.
[66] Jorge Barreiro, referindo a situação em Espanha, entende que o cirurgião deve proceder sempre ao exame radiográfico da zona operada de modo a evitar o abandono de corpos estranhos, ainda que tenha recebido por parte dos enfermeiros a informação de conformidade das contagens por estes realizadas (e independentemente de ter qualquer razão concreta para duvidar de tais contagens). Deste modo, segundo Jorge Barreiro, o cirurgião poderá

concreto para duvidar da contagem feita pelos enfermeiros, o cirurgião não submeter o paciente ao exame radiológico e tiver sido esquecido qualquer corpo estranho que venha a provocar lesões no paciente, o cirurgião poderá vir a ser responsabilizado, eventualmente, juntamente com os enfermeiros, pelas ofensas que o paciente vier a sofrer em consequência de tal esquecimento.

4.3. Uma terceira hipótese será a de o cirurgião não fazer qualquer rastreio manual e proceder ao encerramento do campo operatório antes mesmo de ouvir os enfermeiros acerca da conformidade entre as duas contagens. Em um caso desta natureza, o cirurgião poderá vir a ser considerado o único responsável pelas ofensas provocadas por um eventual corpo estranho esquecido no campo operatório[67].

ser responsabilizado se não tiver realizado o exame radiográfico e, apesar da conformidade da contagem, tiver sido esquecido um qualquer objecto estranho que tenha provocado lesões ao paciente (JORGE BARREIRO, Agustín, *La imprudencia punible...*, cit., p. 152 e 156 e ss.). No entanto, nas palavras de Villacampa Estiarte, "a exigência de realização de exame radiográfico em todas as intervenção cirúrgicas é um absurdo" (VILLACAMPA ESTIARTE, Carolina, *Responsabilidad penal...*, cit., p. 220, nota 387). Por um lado, entende a autora, o facto de a contagem e recontagem do material utilizado ser uma tarefa específica de determinados profissionais presentes na sala operatória deve garantir de modo suficiente o não abandono de corpos estranhos. Por outro lado, exigir ao cirurgião chefe de equipa que adopte medidas de comprovação da adequação da actividade dos seus colaboradores em situações em que não se verificam indícios que façam suspeitar da incorrecção da actuação daqueles, significará uma sobrecarga desnecessária do cirurgião e traduzirá uma contradição com a pressuposta vigência do princípio da confiança. Por fim, a exigência de realização de exames radiográficos em todas as intervenções cirúrgicas implicaria um inadequado e desnecessário aumento dos custos nos serviços de cirurgia (*ibidem*). Os argumentos apresentados por Villacampa Estiarte parecem-nos argumentos fortes. Consideramos que poderá ser convocado ainda o próprio interesse dos pacientes. Por um lado, a realização do exame radiográfico implicará um risco acrescido para o doente, risco que não se justificará nos casos em que houver conformidade na contagem do material e não houver motivo para duvidar de tal contagem. Por outro lado, implicará também (injustificadamente) uma maior duração da intervenção, com a consequente ocupação quer dos profissionais de saúde, quer da própria sala de operações, o que terá consequências ao nível da capacidade de resposta dos serviços aos doentes que a eles recorrem.
[67] Assim, também, REYS, Lesseps dos, «Responsabilidade civil dos médicos», *RFML*, 5 (2000), p. 310. Porém, – refira-se uma vez mais –, a decisão final dependerá sempre das circunstâncias concretas. Veja-se, de seguida, um caso retirado da jurisprudência francesa, referido por Paula Ribeiro de Faria (FARIA, Paula Ribeiro de, «A Responsabilidade Penal dos Médicos – os tipos legais de crime do Código Penal», *Rev. Port. Anest*, (1999), p. 74 e ss.). No decurso

§ 6. Conclusão

A convocação do princípio da confiança como princípio delimitador dos deveres de cuidado nas relações que se estabelecem entre os vários profissionais de saúde apresenta-se hoje como um caminho a seguir para fazer face ao aumento dos riscos associado à agressividade e à complexidade da medicina. Se sobre o chefe de equipa impender um dever de controlo constante em relação aos demais membros da equipa, aquele profissional não poderá dedicar-se com a atenção necessária às tarefas médicas que especificamente lhe competem. Afirmando-se o princípio da confiança com validade geral, quer nas relações horizontais, quer nas relações verticais, permite-se a cada profissional concentrar-se nas tarefas que lhe são concretamente atribuídas. Sendo a contagem dos objectos cirúrgicos uma tarefa a executar pelos profissionais de enfermagem, o cirurgião chefe de equipa deve, por regra, poder confiar na informação que lhe é transmitida pelos enfermeiros. Deste modo, delimita-se o âmbito de responsabilidade de cada elemento da equipa e torna-se claro que a segurança do doente é responsabilidade de todos.

de uma cesariana, um médico obstetra deixou duas compressas na cavidade abdominal da paciente. Consequentemente, a doente veio a sofrer dores persistentes. Realizada uma segunda intervenção por outros cirurgiões, foram retiradas as referidas compressas que se tinham colado aos intestinos. Não haverá dúvida de que o abandono de duas compressas no corpo da paciente constitui uma conduta em violação das regras de cuidado. No entanto, no caso, o médico obstetra veio invocar que nas circunstâncias concretas não havia sido possível proceder ao controlo das compressas. Desde logo, o médico assistente havia sido chamado de urgência, ficando o obstetra sozinho na sala. Por outra parte, dado o elevado risco de hemorragia que uma cesariana envolve, tinha havido urgência no encerramento do campo operatório. E, em terceiro lugar, o tempo de anestesia (epidural) estava a esgotar-se. Fica claro, deste modo, a necessidade de contemplar todas as circunstâncias do caso concreto.

International measures to combat counterfeit medicines and protect public health

Stefania Negri*

1. Introduction

Threats to patient safety related to the spread of counterfeit medicines have reached global proportions and represent a major public health challenge.

Fake drugs are not equivalent in quality, safety and efficacy to their genuine counterparts. They thus raise serious public health concerns as they can result in therapeutic failures, adverse side effects (like allergic reactions, drug resistance, intoxication) and even death. Both patent-protected and generic medicines, as well as the active substances and excipients of which they are made, have increasingly been targeted by counterfeiters.[1] The situation is likely to worsen as counterfeiting

---

* Associate Professor of International Law; Director of the "Observatory on Human Rights: Bioethics, Health, Environment", University of Salerno, Italy.

[1] According to a report published by the United Nations Office on Drugs and Crime, all kinds of medicines – branded and generic – can be made fraudulently, ranging from ordinary painkillers and antihistamines, to "lifestyle" medicines, such as those taken for weight loss and sexual dysfunction, to life-saving medicines including those for the treatment of cancer and heart disease. Among the most commonly produced fraudulent medicines are those for treating depression, schizophrenia, diabetes, blood pressure and cholesterol. In West Africa there has been a marked increase in fraudulent medicines, including antibiotics,

techniques are becoming more sophisticated (e.g. addition of cheaper substances that mimic genuine drugs in order to bypass standard laboratory, or copying of holograms on drug packaging with increasing accuracy), making fake products hard to identify and more difficult to combat. Actually, the increasing difficulty to detect counterfeit medicines without carrying out costly laboratory tests means that there is a persistent and hidden risk that these products may enter into the legal supply chain and engender potentially disastrous effects on public health.

According to the World Health Organization (WHO), many factors of varying importance contribute to creating an environment in which manufacture of, and trade in, counterfeit medical products can thrive: governments' unwillingness to recognize the existence or gravity of the problem; inadequate legal framework and penalties; weak administration and coordination, with measures not focused on fighting counterfeiting; ineffective control of manufacturing, import and distribution of medical products; ineffective collaboration among bodies and institutions, such as health authorities, police, customs and the judiciary, involved in regulation, control, investigation and prosecution; ineffective collaboration and exchange of information between public and private sector; insufficient international collaboration and exchange of information.[2]

However, some peculiar characteristics of drug counterfeiting make the phenomenon particularly alarming.

First, the magnitude of the problem and the difficulty to assess its real scale. Counterfeit medicines have been reported to occur worldwide and no country can really consider itself immune from the risk that falsified medicine may reach patients and consumers. The actual extent of the problem varies from country to country and, as said before, depends on a variety of factors: while the incidence is very low (less than 1% of market value) in developed countries,[3] the phenomenon especially affects

---

antiretroviral drugs and medicines to fight life-threatening diseases such as malaria and tuberculosis. See UNODC, *The Illicit Trafficking of Counterfeit Goods and Transnational Organized Crime*, available at <http://www.unodc.org/counterfeit/>.

[2] WHO, *Counterfeit medical products*, Report by the Secretariat, Doc. A61/16, 7 April 2008.

[3] WHO, *Medicines: spurious/falsely-labelled/ falsified/counterfeit (SFFC) medicines*, Fact sheet N° 275, May 2012.

developing countries (up to 30% of the medicines on sale),[4] where drug regulatory systems and legislation are absent or ineffective,[5] smuggling of medicines is rampant, clandestine manufacturing exists, sanctions and enforcement are very weak, and there is high corruption.

Second, the close relationship between drug counterfeiting, organised criminality and new forms of cybercrime. Trade in counterfeit medicines represents a multi-billion euro business for transnational criminal groups, who find it attractive because very high profits are associated with a low risk of interception and prosecution and relatively mild penalties. Moreover, the illicit trafficking of counterfeit pharmaceuticals offers criminals a complementary source of income and a way through which they can launder money and finance other illegal activities. Last but not least, using the Internet to advertise and supply their inherently dangerous products directly to patients and consumers around the world has proven to be a safe and easy *modus operandi*. The Internet has given them global reach and they have take advantage of the almost unlimited possibilities offered by cyberspace.

Third, the globalisation of the pharmaceutical market and the absence of harmonised regulation and control. Increasing international trade of medicinal products, based on global trade arrangements, free trade agreements and deregulation measures, sets a scene which multiplies the opportunities for criminals to place fake medicines on the international market. This occurs in particular when countries do not control export medicines to the same standard as those produced for domestic use, or when medicines are traded through free-trade zones or free ports, where control is lax or absent. As said before, also the circulation of medicines through unregulated channels, especially unauthorised Internet pharmacies (or e-pharmacies), has facilitated the entry of unsafe products into the distribution channels.

---

[4] See Amanda Chaves, "A Growing Headache: The Prevalence of International Counterfeit Pharmaceutical Trade in Developing African Nations", 32 *Suffolk Transnational Law Review* (2009), pp. 631-654.
[5] According to the WHO, only about 20% of its Member States are known to have well developed drug regulation; about 50% implement drug regulation at varying levels of development and operational capacity and the remaining 30% either have no drug regulation in place or a very limited capacity that hardly functions.

Faced with the complexity and seriousness of this phenomenon, its rising trend, and the difficulty to uncover and investigate underworld criminal activities, the international community has called for a stronger and more efficient response. This paper will explore some of the most crucial aspects of this problem and the relevant measures of prevention and contrast devised by the leading international organisations involved in the fight against counterfeit drugs. Its aim is to review the state of the art of the relevant legal framework and to highlight ongoing problems and shortcomings in the present international regime.

2. A Complex and Multifaceted Phenomenon Raising Complex Legal Issues

Counterfeiting of pharmaceuticals is a complex and multifaceted phenomenon involving a variety of aspects that would each deserve thorough attention.

Among the many legal issues that arise in this context, three can be sorted out as the most critical: the absence of a standard definition of counterfeit medicines, the lack of regulation of e-pharmacies at global level, and the lack of criminalisation of pharmaceutical offences in most jurisdictions, coupled with the need for enhanced inter-State cooperation in repressive activities.

a. *The definition of counterfeit medicines*

Counterfeit medicines are defined differently in different countries and regions of the world and there is still no standard definition at both the national and the international levels.[6]

A comparative study directed by the WHO shows that States either have no legal definition of "counterfeit medicine" in their legislation or use this term exclusively to describe intellectual property/trademark violations.[7] Also at the international level, the terms used by international organisations (counterfeit/falsified/fraudulent) are sometimes intended to be interchangeable, to designate the same problem or some of its partly overlapping elements, while in other circumstances they are only

---

[6] See Charles Clift, *Combating Counterfeit, Falsified and Substandard Medicines: Defining the Way Forward?*, Chatham House Briefing Paper, Centre on Global Health Security, November 2010.
[7] WHO, *Preliminary Draft Survey on National Legislation on "Counterfeit Medicines"*, Working document WHO/ACM/1, 4 May 2010.

partially coincident, either pointing to the element of intellectual property rights (IPR) violations or to the criminal element of intentional fraud.

The absence of a universally accepted definition makes information exchange between countries very difficult, limits the ability to understand the true extent of the problem at global level, and hinders the development of global strategies of contrast. In order to address this problem, in 1992 the WHO Secretariat elaborated together with the International Federation of Pharmaceutical Manufacturers and Associations the following definition: "A counterfeit medicine is one which is deliberately and fraudulently mislabelled with respect to identity and/or source. Counterfeiting can apply to both branded and generic products and counterfeit products may include products with the correct ingredients or with the wrong ingredients, without active ingredients, with insufficient active ingredients or with fake packaging." According to this definition, the meaning associated with "counterfeit medicines" incorporates various cases ranging from adulteration of the product with respect to its components (inactive and ineffective preparations containing no active ingredients; medicines containing wrong dosages of active ingredients, or different active ingredients, or contaminated or harmful toxic substances instead of the required active ingredients) to the tampering of its packaging and labelling (including products being initially genuine, that is to say products containing the correct quantities of active ingredients, but whose packaging has been modified in order to declare a higher level of active ingredients, a later expiration date, the wrong name of manufacturer and/or country of manufacture).

In consideration of this variety of meanings, the WHO has started adopting the term "SSFFC medicines" – where the acronym stands for substandard/spurious/falsely-labelled/falsified/counterfeit – which reflects the different aspects of drug counterfeiting and also the various terms employed in different regions of the world.[8] It should also be noted that this acronym includes "substandard medicines", albeit they pose a different problem. In fact, they are pharmaceutical products that fail to

---

[8] For example, the term "spurious" is employed in South Asia for products falsely labelled or intended to deceive, while "falsified" is more used in European terminology.

meet either their quality standards and specifications, or both.[9] They may arise due to the application of poor manufacturing practices or due to the storage and distribution of the product under improper conditions leading to deterioration of its good quality. These medicines can themselves be considered as SFFC when a legitimate manufacturer gets involved in a criminal activity and produces a substandard product intentionally or deliberately.

The difficulty to reach a consensus on this topic prompted the World Health Assembly to decide in 2012, to establish that the newly adopted Member State Mechanism on SSFFC medical products[10] would employ the term "SSFFC medical products" "until a definition has been endorsed by the governing bodies of WHO" and to entrust it with the task of "further develop[ing] definitions of 'substandard/spurious/falsely-labelled/falsified/counterfeit medical products' that focus on the protection of public health".[11]

As anticipated above, the problem is wider than the WHO context, since other international organisations have made different choices. For example, the European Union employs the term "falsified" to mean a false representation of the identity (including its packaging and labelling, its name or its composition as regards any of the ingredients including excipients and the strength of those ingredients), source (including its manufacturer, its country of manufacturing, its country of origin or its marketing authorisation holder), or history (including the records and documents relating to the distribution channels used) of a medical product, while excluding unintentional quality defects and IPR infringements.[12] The Council of Europe employs the term "counterfeit" to mean a false representation as regards identity and/or source and declares that

---

[9] 45th WHO Expert Committee on Specifications for Pharmaceutical Preparations, 2010. The Expert Committee made it clear that "each pharmaceutical product that a manufacturer produces has to comply with quality assurance standards and specifications, at release and throughout its shelf-life, according to the requirements of the territory of use. Normally, these standards and specifications are reviewed, assessed and approved by the applicable national or regional medicines regulatory authority before the product is authorized for marketing."
[10] See *infra* paragraph 3.a.
[11] WHO, Resolution WHA65.19, *Substandard/spurious/falsely-labelled/falsified/counterfeit medical products*, 26 May 2012, annex.
[12] See Article 1.c of Directive 2011/62/EU, cited *infra* note 32.

focus is on public health threats.[13] The United Nations Office on Drugs and Crime employs the term "fraudulent" as equivalent to "falsified", to stress the intentional fraud element with the exclusion of intellectual property issues.[14]

In such a context, clarity on definitions seems ever more essential to devise appropriate strategies aimed at preventing and responding to public health hazards caused by counterfeit drugs. In this respect, it is crucial to aptly distinguish between public health concerns and trademark concerns, so that the global health issues raised by this phenomenon are not clouded by prevailing considerations of economic or other nature. It follows that in order to avoid conflation of trade or intellectual property problems and public health needs, it is compelling to adopt a standardised definition of "counterfeit medicines" and to focus both on the distinction of cases of IPR violations (technically "counterfeits") from other cases ("falsified" medicines) and on the regimes applicable to branded and generic medicines. These issues should be addressed from both the domestic and international law perspectives. Such an approach would greatly help national law-makers in adopting anti-counterfeiting legislation targeted at public health protection and based on a clear distinction between IPR violations, falsified medicines, unintentional violations of quality/safety requirements, and legitimate generics.

b. *The regulation of e-pharmacies*

Due to the global spread of e-commerce, online pharmacies have appeared with increasing frequency and nowadays the Internet plays a significant role in the worldwide diffusion of counterfeit medical products. In recent years counterfeiters have been exploiting the web as an important unregulated channel to offer counterfeit medicines both at the wholesale and at the retail level, often creating an independent distribution process which directly targets distributors and final users.

---

[13] See Article 4 of MEDICRIME Convention, cited *infra* note 40. Paragraph 38 of the Explanatory report to the Convention states that "Though the terms 'counterfeit' and 'counterfeiting' are also used in a more narrow sense in the field of protection of intellectual property rights, the *ad hoc* committee decided to use these terms for the purposes of this Convention in the sense in which they are widely understood and used, i.e. corresponding to 'false' and 'manufacturing a false product and passing it off as genuine'."

[14] See preamble to Resolution 20/6, cited *infra* note 19.

As said before, the illegal sale of counterfeit and falsified medicines to the public via unauthorised e-pharmacies represents one of the major public health hazards. In fact, according to the WHO, in over 50% of cases, medicines purchased over the Internet have been found to be counterfeit.[15]

Various types of illegal online pharmacies exist, basically including rogue and fake e-pharmacies. Rogue e-pharmacies are those that do not adhere to accepted standards of medicine and/or pharmacy practice, including standards of safety, and those that engage in fraudulent and deceptive business practices. On the other side, through fake e-pharmacies cyber criminals do not really sell medicines, but only use them as baits to defraud online buyers, as in the case of identity theft and credit card cloning. Both types of deceptive e-pharmacies – rogue and fake ones – are often efficiently promoted by spam messages.

The major problem is that people who are attracted by the easy availability of cheaper, stigmatised or unauthorized treatments are largely unaware of the dangers of purchasing drugs from these pharmacies. It would be very important, building on statistical data or through direct surveys, to identify the categories of patients and consumers most exposed to falsified medicines (e.g. lower and disadvantaged classes, poorly educated people, people suffering from diseases considered as taboos, like problems affecting the psychological or sexual sphere), to assess which are the major driving motives pushing people to prefer purchase from e-pharmacies (e.g. anonymity, cheap prices, the need for specific drugs such as antidepressants, anorectics, illegal doping substances), and evaluate economic-related factors (e.g. purchase is made by people who seek medicines that are sold more cheaply because paying for medicines can consume a significant proportion of individual or family income or people who live in poor or developing areas where supplies of medicines at regular health facilities do not meet demand). Lacking a global regulation of e-pharmacies, this comprehensive socio-economic approach would be fundamental for better understanding the overall complexity of the phenomenon and for the preparation of targeted awareness-raising, information and prevention campaigns, especially directed to

---

[15] WHO, *Medicines: spurious/falsely-labelled/ falsified/counterfeit (SFFC) medicines,* Fact sheet Nº 275, May 2012.

the most vulnerable groups of patients and consumers. In such a way, prevention initiatives would partially respond to the challenges posed by the increasing recourse to this unregulated and dangerous channel of distribution.

c. *Criminalisation and international cooperation*

Trade in counterfeit medicines attracts organised criminal groups who create complex distribution channels characterised by a high level of organisation, an equally high degree of specialisation, labour exploitation, corruption, and the ability to use any possibility provided by technology. Moreover, the reason for the strong growth of this type of crime is the relatively low risk of detection and prosecution coupled with the potential high financial gains (trafficking in fake pharmaceuticals is in fact estimated to be even more profitable and less risky than trafficking in narcotic drugs).

As with other forms of crime, criminal groups use to their advantage gaps in legal and regulatory frameworks, weaknesses in capacity and the lack of resources of regulatory, enforcement and criminal justice officials, as well as difficulties in international cooperation. There is accordingly an urgent need to take decisive repressive and preventive measures at both the national and international levels in order to protect the lives of individual patients and consumers and public health in general.

The first problem to address is the fact that, although fake medicinal products are always illegal, many countries lack an appropriate deterrent legislation or have never enacted any specific legislation outlawing counterfeiting or the unauthorised manufacturing and supply of medicinal products, or the placing on the market of medical devices that are not in compliance with conformity requirements. In some jurisdictions, where these practices are considered as crimes, it occurs that penalties are too mild as compared to the severity of the action. To make things worst, the absence, until recently (that is to say until the adoption of the MEDI-CRIME Convention[16]), of a dedicated international legal instrument establishing these activities as criminal offences (specifically aggravated when realised within an organized crime context), and providing the

---

[16] See *infra* paragraph 3.c.

basis for efficient international co-operation to combat them, has facilitated the cross-border operation of criminals in this field.

It is indeed the transnational dimension of the problem that calls for an intense international cooperation between police and judicial authorities, with special focus on investigation and prosecution of the activities carried out by criminal organisations in the field of manufacturing, distributing and selling counterfeit and falsified medicines, including distribution via the Internet. At present, two legal instruments are relevant for cooperation purposes at the European and global levels. The first is the Framework decision on the European arrest warrant, which establishes at article 2.2 that a number of offences – including participation in a criminal organisation, fraud, counterfeiting and piracy of products, computer-related crime – may give rise to surrender pursuant to a European arrest warrant without verification of the double criminality of the act, provided that they are punishable in the issuing Member State by a custodial sentence or a detention order for a maximum period of at least three years.[17] The second is the Palermo Convention against transnational organized crime,[18] the main international instrument in the fight against organised criminality of global reach. As highlighted by the UN Commission on Crime Prevention and Criminal Justice and by the Economic and Social Council, the Convention could be of great utility in re-enforcing international cooperation in the fight against trafficking in falsified medicines through its provisions on mutual legal assistance, extradition and the seizing, freezing and forfeiture of the instrumentalities and proceeds of crime.[19]

Finally, given the peculiar role that the Internet plays in pharmaceutical crimes, a third treaty should be applied as a complementary tool to

---

[17] Council Framework Decision of 13 June 2002 on the European arrest warrant and the surrender procedures between Member States (2002/584/JHA), *Official Journal of the European Union* L 190, 18 July 2002, p. 1.

[18] United Nations Convention against Transnational Organized Crime, adopted by General Assembly resolution 55/25 of 15 November 2000, entered into force on 29 September 2003. To date the Parties to the Palermo Convention are 185.

[19] CCPCJ, Resolution 20/6, *Countering fraudulent medicines, in particular their trafficking*, of 15 April 2011; ECOSOC, Resolution 2012/19, *Strengthening international cooperation in combating transnational organized crime in all its forms and manifestations*, of 26 July 2012.

the other relevant conventions, namely the Council of Europe Cybercrime Convention.[20]

3. The International Legal Framework and the Measures Adopted at Global and European Level

Several important international players are currently active in combating counterfeiting of medical products and similar crimes, namely the WHO, who leads the global efforts in this field, the World Intellectual Property Organization, the European Union, the Council of Europe, and the United Nations, especially through the UN Interregional Crime and Justice Research Institute[21] and UN Office on Drugs and Crime.[22] Although each of these organisations has offered an important contribution through operative and normative activities,[23] this paragraph will focus on the initiatives taken by the WHO, the European Union and the Council of Europe aimed at protecting public health rather than countering IPR violations.

a. The global action taken by the WHO

The WHO started addressing the threat posed by counterfeit medical products in some resolutions adopted by its Assembly in the Eighties and Nineties. These resolutions requested the Director-General to initiate programmes for the prevention and detection of the export, import and smuggling of falsely-labelled, counterfeited or substandard pharmaceutical preparations and to support Member States in their efforts to combat the manufacture, trade and use of counterfeit medical products.[24] In response to such requests, the Secretariat organised international consultations, intensified collaboration with Member States and other organisations, and issued guidelines for the development of measures of contrast.

---

[20] Convention on Cybercrime, CETS No. 185, Budapest, 23 November 2001, entered into force 1 July 2004.
[21] See at <http://counterfeiting.unicri.it/>.
[22] See at < http://www.unodc.org/unodc/it/fraudulentmedicines/introduction.html>.
[23] See Eric Tardif, "Medicamentos falsificados: una píldora difícil de tragar y un reto sanitario global", 27 *Anuario Español de Derecho Internacional* (2011), pp. 591-613.
[24] WHO, Resolutions WHA41.16 of 13 May 1988 and WHA47.13 of 12 May 1994 on the rational use of drugs, and resolution WHA52.19 of 24 May 1999 on the revised drug strategy.

In light of the further developments and changes occurred in counterfeiting practices, in 2006 the WHO launched the first global initiative, the International Medical Products Anti-Counterfeiting Taskforce (IMPACT), a partnership comprised of all the major players in the fight against fake medicines, including drug and regulatory authorities, international organisations, non-governmental organisations, enforcement agencies, pharmaceutical manufacturers associations, health professionals and patients' groups.

Based on the principles enshrined in the Declaration of Rome of 18 February 2006,[25] the Taskforce aims to coordinate action across and between countries in order to halt the production, movement and commerce – both between traders and with consumers – of counterfeit medical products around the globe. It has identified five areas where action is needed in order to combat counterfeit medical products effectively: legislative and regulatory infrastructure, regulatory implementation, enforcement, technology, and communication.

Accordingly, IMPACT has developed the "Principles and elements for national legislation against counterfeit medical products",[26] covering administrative, civil and criminal aspects, which aim to assist Member States in establishing, complementing or updating national and regional legislation or regulation regarding counterfeit medical products. It has also developed recommendations for strengthening WHO's Good Distribution Practices, and has submitted them for consideration and appropriate action to WHO's Expert Committee on Specifications for Pharmaceutical Preparations. IMPACT has also drawn up a communication strategy for creating awareness of the risks created by counterfeit medical products in the supply systems, supporting policy objectives and increasing commitment of those who can influence change. Model materials have been prepared to create awareness among, and foster cooperation of, health professionals.[27]

---

[25] Conclusions and recommendations of the WHO International Conference on Combating Counterfeit Medicines, Declaration of Rome, 18 February 2006.
[26] Available at <http://www.who.int/entity/impact/events/FinalPrinciplesforLegislation.pdf>. The principles were endorsed by the IMPACT General Meeting in Lisbon on 12 December 2007.
[27] More detailed information is available at <http://www.who.int/impact/en/>.

In 2010 the World Health Assembly asked the WHO to convene a time-limited and results-oriented intergovernmental working group (the Working Group of Member States on Substandard/Spurious/Falsely-Labelled/Falsified/Counterfeit Medical Products) which examined, from a public health perspective, WHO's role in the adoption of measures to ensure the availability of quality, safe, efficacious and affordable medical products and WHO's role in the prevention and control of medical products of compromised quality, safety and efficacy such as SSFFC medical products, excluding trade and intellectual property considerations.

In 2012 the World Health Assembly discussed the outcome of the Working Group meetings and adopted a resolution creating a new Member State Mechanism on SSFFC medical products.[28] The main objectives of the Mechanism include: to identify major needs and challenges and make policy recommendations, and develop tools in the area of prevention, detection methodologies and control of SSFFC medical products in order to strengthen national and regional capacities; to exchange experiences, lessons learnt, best practices, and information on ongoing activities at national, regional and global levels; to strengthen regulatory capacity and quality control laboratories at national and regional levels, in particular for developing countries and least developed countries; to collaborate with and contribute to the work of other areas of WHO that address access to quality, safe, efficacious and affordable medical products; to facilitate consultation, cooperation and collaboration with relevant stakeholders in a transparent and coordinated manner, including regional and other global efforts, from a public health perspective; to promote cooperation and collaboration on surveillance and monitoring of SSFFC medical products; to further develop definitions of "substandard/spurious/falsely-labelled/falsified/counterfeit medical products" that focus on the protection of public health.[29]

---

[28] WHO, Resolution WHA65.19, *Substandard/spurious/falsely-labelled/falsified/counterfeit medical products*, 26 May 2012.
[29] While the Member States Mechanism will be reviewed in 2017, reports of both the Mechanism and the Working Group are regularly transmitted for examination by the World Health Assembly and the Executive Board, the latest being the report submitted by the Secretary-General during the May 2015 session. See Doc. A68/33, 20 March 2015, available at <http://apps.who.int/gb/e/e_wha68.html>.

IMPACT and the Mechanism on SSFFC medical products confirm WHO's leading role as global actor in the fight against drug counterfeiting, especially through legal and technical assistance to States and coordination of efforts.[30] Nonetheless, the Organisation's lack of binding regulatory and enforcement powers in this field represents a remarkable limit to the efficacy of its action.

b. *The legislative measures adopted by the European Union*

Among the legislative measures adopted by the European Union, are of paramount importance both Directive 2001/83/EC on the Community code relating to medicinal products for human use and the several subsequent directives amending it,[31] especially Directive 2011/62/UE of 8 June 2011 on falsified medical products,[32] together with the legislation concerning pharmacovigilance (Regulation No 1235/2010[33] and Direc-

---

[30] On the role of the WHO and the challenges it has to face, see especially Gian Luca Burci, "Public Health and 'Counterfeit Medicines': The Role of the World Health Organization", *ASIL Insights*, vol. 17, January 11, 2013.

[31] Directives 2004/27/EC and 2004/24/EC of the European Parliament and of the Council amending Directive 2001/83/EC on the Community code relating to medicinal products for human use and Directive 2004/28/EC of the European Parliament and of the Council, amending Directive 2001/82/EC on the Community code relating to veterinary medicinal products, as well as Council Directives 90/385/EEC, 93/42/EEC and 98/79/EC concerning medical devices.

[32] Directive 2011/62/EU of the European Parliament and of the Council of 8 June 2011 amending Directive 2001/83/EC on the Community code relating to medicinal products for human use, as regards the prevention of the entry into the legal supply chain of falsified medicinal products, *Official Journal of the European Union* L 174, 1 July 2011, pp. 74-87. Member States had to transpose Directive 2011/62/EU into national law by 2 January 2013.

[33] Regulation (EU) No 1235/2010 of the European Parliament and of the Council of 15 December 2010 amending, as regards pharmacovigilance of medicinal products for human use, Regulation (EC) No 726/2004 laying down Community procedures for the authorisation and supervision of medicinal products for human and veterinary use and establishing a European Medicines Agency, and Regulation (EC) No 1394/2007 on advanced therapy medicinal products, *Official Journal of the European Union* L 348, 31 December 2010, pp. 1-16.

tive 2010/84,[34] both dated 15 December 2010; Directive 2012/26[35] and Regulation No 1027/2012[36] both dated 25 October 2012).

Directive 2011/62/UE is particularly relevant because it amends Directive 2001/83/EC in order to institute a Union-wide code on medicines for human use aimed at preventing the introduction of falsified medicinal products into the chain of legal procurement, by making the distribution circuit more secure, particularly on the Internet. It introduces the first definition of "falsified medicines" in EU law and clearly distinguishes between illegal falsified medicinal products and licit medicine containing unintentional defects of quality attributable to errors of manufacturing or distribution. The definition provided by the Directive is released from intellectual property issues in order to focus on public health hazards.

To protect and improve public health, the Directive introduces tougher rules with new harmonised, pan-European measures, to ensure that medicines are safe and that the trade in medicines is rigorously controlled. To this end, the new measures include an obligatory authenticity feature on the outer packaging of the medicines; a common, EU-wide logo to identify legal online pharmacies; stricter controls and inspections of producers of active pharmaceutical ingredients comply with good manufacturing practice; and strengthened record-keeping requirements for wholesale distributors.

The Directive also addresses the issue of quality and safety of medicines introduced into the Union and that of active substances. On the one hand, it places on Member States the obligation to take the necessary measures in order to prevent medicinal products that are introduced into the Union, but are not intended to be placed on the market of

---

[34] Directive 2010/84/EU of the European Parliament and of the Council of 15 December 2010 amending, as regards pharmacovigilance, Directive 2001/83/EC on the Community code relating to medicinal products for human use, *Official Journal of the European Union* L 348, 31 December 2010, pp. 74-99.

[35] Directive 2012/26/EU of the European Parliament and of the Council of 25 October 2012 amending Directive 2001/83/EC as regards pharmacovigilance, *Official Journal of the European Union* L 299, 27 October 2012, pp. 1-4.

[36] Regulation (EU) No 1027/2012 of the European Parliament and of the Council of 25 October 2012 amending Regulation (EC) No 726/2004 as regards pharmacovigilance, *Official Journal of the European Union* L/316, pp. 38-40.

the Union, from entering into circulation if there are sufficient grounds to suspect that those products are falsified. On the other, it places an obligation on Member States to take appropriate measures to ensure that manufacturers of active substances on their territory comply with good manufacturing practices and that active substances are imported if, inter alia, the active substances are accompanied by a written confirmation from the competent authority of the exporting third country which confirms that the standards of good manufacturing practice and control of the plant are equivalent to those in the Union.

The most interesting provisions of this Directive concern the regulation of e-pharmacies. The Directive introduces a "common logo" for websites of legally-operating online pharmacies/retailers. This logo has to be clearly displayed on every page of the website offering the medicinal products and must be recognisable throughout the Union, while enabling the identification of the Member State where the online pharmacy/retailer is established.

On 24 June 2014 the Commission adopted the Implementing Regulation No. 699/2014 on the design of the common logo to identify persons offering medicinal products for sale at a distance to the public and the technical, electronic and cryptographic requirements for verification of its authenticity.[37] According to the Regulation, the verification of the authenticity of the common logo is done via a hyperlink between the website of the person authorised or entitled to supply medicinal products at a distance and the website hosting the national list. These hyperlinks must be fixed and reciprocal, permanent and secured. The logo can be trusted only if a purchaser, after clicking, is redirected to the entry of that pharmacy on the list of legally operating on-line pharmacies and retailers registered in that Member State on the national authority web-page.

The introduction of this common logo is an important preventive measure to guarantee that patients and consumers only buy from legally operating pharmacies or retailers and hence to guarantee the safety of

---

[37] Commission Implementing Regulation (EU) No 699/2014 of 24 June 2014 on the design of the common logo to identify persons offering medicinal products for sale at a distance to the public and the technical, electronic and cryptographic requirements for verification of its authenticity, *Official Journal of the European Union* L 184, 25 June 2014, pp. 5-7. The Regulation applies as from 1 July 2015.

the products. It provides an interesting model which could be usefully "exported" and applied as a global pattern of e-pharmacies regulation.

c. *The Council of Europe MEDICRIME Convention*

Moving to the Council of Europe, it has to be noted that the Organisation has long been involved in finding adequate answers to the serious problems posed by the counterfeiting of medical products and other threats to public health, in particular through the work of the European Directorate for the Quality of Medicines and Healthcare,[38] but also through decisions and recommendations of both the Committee of Ministers and the Parliamentary Assembly.[39]

In 2007 the Committee of Ministers decided to set up a Group of Specialists on Counterfeit Pharmaceutical Products (PC-S-CP) to be entrusted with the task of drafting an *ad hoc* international legal instrument. Following the adoption of a draft Convention by the PC-S-CP, negotiations were launched in the *ad hoc* Committee on Counterfeiting of Medical Products and Similar Crimes Involving Threats to Public Health (PC-ISP) with the participation of all member states and observers of the Council of Europe. The PC-ISP made a series of amendments to the draft Convention prepared by the PC-S-CP, notably with regard to the provisions on substantive criminal law, and at its last meeting adopted a draft text, which was finalised by the European Committee on Crime Problems (CDPC) and finally adopted by the Committee of Ministers on 8 December 2010.

---

[38] The EDQM is a leading organisation that protects public health by enabling the development, supporting the implementation, and monitoring the application of quality standards for safe medicines and their safe use. Its standards are recognised as a scientific benchmark world-wide. The European Pharmacopoeia, which defines requirements for the qualitative and quantitative composition of medicines, the tests to be carried out on medicines and on substances and materials used in their production, is legally binding in the member states of the European Pharmacopoeia Convention and the European Union.

[39] See Resolution ResAP(2001)2 of the Committee of Ministers concerning the pharmacist's role in the framework of health security, of 21 March 2001; PACE Recommendation 1673 (2004) on counterfeiting: problems and solutions, of 7 September 2004; PACE Recommendation 1793 (2007) on the need for a Council of Europe convention on the suppression of counterfeiting and trafficking in counterfeit goods, of 20 April 2007; PACE Recommendation 1794 (2007) on the quality of medicines in Europe, of 20 April 2007; Resolution ResAP(2007)2 on good practices for distributing medicine via mail order which protect patient safety and the quality of the delivered medicine, of 5 September 2007.

The Convention on counterfeiting of medical products and similar crimes involving threats to public health (MEDICRIME Convention),[40] is the first international treaty against counterfeit medical products. The focus of the Convention is on the protection of public health, while the protection of IPR does not fall within its scope.

The Convention adopts a very broad definition of counterfeit and of medical products, covering medicines for both human and veterinary use, active substances, excipients, medical devices with their components and accessories, and medication used in clinical trials, irrespective of their status under intellectual property law, which means that generic medical products are also included under the scope of the Convention.[41]

The MEDICRIME Convention imposes on States Parties the obligation to criminalise the following offences, when committed intentionally: the manufacturing of counterfeit medical products; supplying, offering to supply and trafficking in counterfeit medical products (which also covers the acts of procuring, selling or offering for free as well as brokering and promoting including through advertising these products); the falsification of documents; similar crimes threatening public health, such as the unauthorised manufacturing or supplying of medicinal products (for example sprawling black market for medicinal products for hormonal treatment produced both legally and without authorisation as means of doping for sports persons and others) and the placing on the market of medical devices which do not comply with conformity requirements. This obligation aims to allow gaps to be filled in domestic law in cases where criminal and administrative liability for the manufactur-

---

[40] Council of Europe Convention on the counterfeiting of medical products and similar crimes involving threats to public health (MEDICRIME Convention), CETS No. 211, Moscow, 28 October 2011 (in force since 1 January 2016). As of May 2016, it has been signed by 20 countries and ratified only by six: Ukraine, Spain, Hungary, Moldova, Guinea, Armenia. On 5 January 2015 the Council of Ministers of France authorised the ratification of the Convention and on 13 February 2015 the Council of Ministers of Belgium approved a draft legislation assenting to the Convention. It is open for signature also by the European Union and the non-member States which have participated in its elaboration or enjoy observer status with the Council of Europe.

[41] In this respect, see the critical comments made by Roger Bate, Amir Attaran, "A counterfeit drug treaty: great idea, wrong implementation", *The Lancet*, vol. 376, October 30, 2010, pp. 1446-1448.

ing, distributing and selling of such products is not covered by national legislation.

The substantive criminal law provisions of the Convention respond to the need to criminalise such offences as considered to be inherently dangerous to public health; those provisions are applicable also in cases where only a potential threat to public health has been detected, and no actual physical or psychological damages to victims have materialised.

The Convention also contains a very important provision on corporate liability, which aims to make commercial companies, associations and similar legal entities ("legal persons") liable for the pharmaceutical crimes performed on their behalf and for their benefit by anyone in a leading position acting within their powers, as well as for the offences committed by any employee or agent of the entity whenever anyone in a leading position has failed to supervise, i.e. has not taken appropriate and reasonable steps to prevent employees or agents from engaging in criminal activities on the entity's behalf.

States are also required to lay down sanctions which are "effective, proportionate and dissuasive", such as prison sentences that can give rise to extradition,[42] in case of individual liability, and criminal, administrative, civil or monetary sanctions, in case of corporate liability, including other measures like exclusion from entitlement to public benefits or aid, temporary or permanent disqualification from the practice of commercial activities, placing under judicial supervision, or a judicial winding-up order. The Convention also provides for the seizure, confiscation and destruction of medical products, active substances, excipients, parts, materials and accessories, as well as goods, documents and other instrumentalities used to commit the offences or to facilitate their commission; moreover, it envisages that proceeds of the offences, or property whose value corresponds to such proceeds, may be seized or confiscated.

---

[42] Article 21, paragraph 3, of the Convention authorises a Party that makes mutual assistance in criminal matters or extradition conditional on the existence of a treaty to consider the Convention as the legal basis for judicial co-operation with a Party with which it has not concluded such a treaty. This provision is of particular interest because of the possibility provided to third States to sign the Convention. The Parties must in any case act in accordance with the relevant provisions of their domestic law which may provide for conditions or grounds for refusal, as well as with their obligations under international law, including international human rights law.

The Convention also designs a legal framework for national and international co-operation across the different sectors of the public administration involved in combating pharmaceutical crimes, namely the competent health, police and customs authorities on both the national and international levels, as well as measures for crime prevention, the effective prosecution of crime through measures of cooperation in investigation and prosecution, and the protection of victims and witnesses.

Last but not least, it provides for the establishment of a monitoring mechanism based on a multisectoral and multidisciplinary approach, centred on the work of a Committee of the Parties, responsible for follow-up tasks related to the implementation of the Convention, including the identification of any problems and the effects of any declarations made under the Convention; playing a general advisory role exercised also by making specific recommendations to the Parties; serving as a clearing house and facilitating the exchange of information on significant legal, policy or technological developments in relation to the application of the provisions of the Convention.

Overall, and despite the criticism addressed to its wording,[43] the Convention represents an important step forward in the criminalisation and repression of pharmaceutical crimes and could somehow meet the need for a global convention until the WHO takes a similar initiative.[44]

4. Conclusions: The Need for Enhanced Coordination of Efforts and Synergies between Existing Legal Instruments

Counterfeit medicines are now endemic in the global drug supply chain and, as said before, constitute a serious challenge for shared global health security and patient safety.

It is now generally acknowledged that combating drug counterfeiting requires efforts to act simultaneously on legislation, enforcement, technology and communication strategies. This means that, to develop successful measures of contrast, this phenomenon should be addressed

---

[43] See *supra* note 41.
[44] The urgent need for a global convention to be drafted under the auspices of the WHO is especially voiced by Amir Attaran, Roger Bate, and Megan Kendall, "Why and How to Make an International Crime of Medicine Counterfeiting", 9 *Journal of International Criminal Justice* (2011), pp. 325-354; Roger Bate, *Phake: The Deadly World of Falsified and Substandard Medicines*, Lanham, 2012, p. 358 ff.

through a multisectoral, multidisciplinary and collaborative approach, based on the cooperation of all relevant stakeholders, including lawyers, scientists, health and drug authorities, customs, police, health professionals, pharmacists, the pharmaceutical industry, professional and consumers associations, international organisations as well as their agencies and dedicated programs.

As suggested by the WHO, priority action at State level should include strengthening national legislation in order to criminalise counterfeiting of medicines, strengthening regulatory systems and controls, improving collaboration among governmental entities (such as health, police, customs, and local administrative units, and the judiciary); developing a communication strategy to ensure that health professionals, the general public and the media are aware of the dangers associated with counterfeit medicines. Moreover, national, regional and international strategies aimed at combating counterfeit medicines should be based on: a) political will, adequate legal framework, and implementation commensurate to the impact of this type of counterfeiting on public health and providing the necessary tools for a coordinated and effective law enforcement; b) inter-sectoral coordination based on written procedures, clearly defined roles, adequate resources, and effective administrative and operational tools; c) raising awareness about the severity of the problem among all stakeholders and providing information to all levels of the health system and the public; d) development of technical competence and skills in all required areas; e) appropriate mechanisms for ensuring vigilance and input from health-care professionals and the public.[45]

At international level, the World Health Organization, the European Union and the Council of Europe are playing a key role in adopting anti-falsification initiatives and providing technical and normative support to Member States. However their actions should be coordinated and integrated in order to develop synergies and avoid duplication of efforts and resources. At the European level, close synergies should be developed between *ad hoc* instruments – like the MEDICRIME Convention and Directive 2011/62/UE – and other relevant instruments such as the Framework Decision on the European Arrest Warrant and the Cybercrime

---

[45] WHO International Conference "Combating Counterfeit Drugs: Building Effective International Collaboration", Declaration of Rome, 18 February 2006, para. 5.

Convention. At the more general level, given the absence of a global convention (to be negotiated under the auspices of WHO or jointly of WHO and the UN Office on Drugs and Crime[46]), the synergic application of the Palermo Convention and the rules of international criminal law[47] could represent the basis for worldwide prosecution and repression of pharmaceutical crimes seriously endangering public health.

---

[46] See *supra* note 44; in the alternative a joint initiative WHO-UNODC is preferred by Neil Boister and Benn McGrady, "Why and How to Make a Treaty Crime of Medicine Counterfeiting. A Reply to Attaran, Bate and Kendall", 9 *Journal of International Criminal Justice* (2011), pp. 947-951.

[47] In the sense that pharmaceutical crimes could be considered crimes against humanity, see Attaran, Bate, and Kendall, *supra* note 44.

Responsabilidade criminal e produtos médicos defeituosos: entre as imposições da Convenção *Medicrime* e a resposta (exígua) do ordenamento jurídico-português*

Susana Aires de Sousa**

I. Palavras introdutórias e de contextualização

1. Por iniciativa do Conselho da Europa foi elaborada uma convenção internacional em matéria penal com o propósito de prevenir e sancionar a falsificação de medicamentos e de outros produtos médicos que possam pôr em causa a saúde pública. Entre os propósitos principais pros-

---

* Este trabalho esteve na base da apresentação oral realizada no âmbito do *Congresso Internacional sobre Responsabilidade Médica: A Doutrina e a Jurisprudência*, organizado nos dias 16 e 17 de Janeiro de 2015, na Faculdade de Direito da Universidade de Coimbra, pelo Centro de Direito Biomédico, agradecendo-se desde já, na pessoa do seu actual Director, Senhor Doutor André Dias Pereira, o convite para nele participar. Ao Centro de Direito Biomédico associa-se de forma umbilical o nome do Senhor Doutor Guilherme de Oliveira, seu fundador e director durante largos anos. Este estudo constitui uma modesta homenagem ao Senhor Doutor Guilherme de Oliveira, meu Professor desde os tempos da licenciatura e uma referência na investigação e desenvolvimento do direito nas áreas da medicina e da saúde.
** Professora Auxiliar da Facukdade de Direito. Memebro do Instituto Jurídico, Grupo de Investigação *Vulnerabilidade e Direito, Projecto Desafios Sociais, Incerteza e Direito* (UID/DIR/04643/2013).

seguidos pelo tratado, conta-se a preocupação em harmonizar a matéria sancionatória no âmbito da contrafacção de medicamentos, atendendo à dimensão global e internacional que o tráfico e a falsificação deste tipo de produtos têm vindo a adquirir nas últimas décadas.

No *website* que o Conselho dedica a esta Convenção[1], sublinha-se, entre os fundamentos que justificam aquela preocupação, os efeitos que a contrafacção de produtos médicos tem sobre a confiança nos sistemas nacionais de saúde, bem como a natureza global e internacional daquele tipo de práticas. Nestes termos, o Conselho da Europa, estima que já em 2011, ano em que foi aberta a assinatura da Convenção, o tráfico de medicamentos falsificados tenha ultrapassado o valor de cinquenta e sete biliões de euros, evidenciando-se um notável incremento deste números nos últimos anos[2]. Este aumento deve-se, em grande medida, à aquisição de medicamentos através de novos meios electrónicos, designadamente por intermédio de compras *online*. As estatísticas das autoridades aduaneiras da União Europeia confirmam o aumento irregular da venda de medicamentos por esta via: cerca de 69% dos artigos apreendidos enviados por via postal são medicamentos, sem que se conheça, porém, a percentagem de medicamentos falsificados que acaba por efectivamente chegar aos consumidores[3].

A Convenção Medicrime foi aberta para assinatura em Moscovo, em Outubro de 2011. Podem assinar e ratificar este tratado os Estados europeus que integrem o Conselho da Europa, bem como países de outras regiões que pretendam integrar a colaboração internacional que nele se estabelece. Até ao momento em que se escreve este texto (Abril de 2015) a convenção foi ratificada por quatro países: Ucrânia, Espanha, Hungria, Moldávia. Para além destes Estados, dezanove países assinaram este tratado[4]. Esta Convenção entrará em vigor após a ratificação de cinco países, incluindo pelo menos três membros do Conselho da Europa. Atendendo a que as ratificações existentes pertencem a países

---

[1] Cf. http://www.coe.int/t/DGHL/StandardSetting/MediCrime/Default_en.asp, consultada em Janeiro de 2015.
[2] Cf. http://www.coe.int/t/dghl/standardsetting/medicrime/Fact%20sheet_ENG.pdf, consultada em Janeiro de 2015.
[3] Cf. http://www.coe.int/t/dghl/standardsetting/medicrime/Fact%20sheet_ENG.pdf.
[4] Estas informações estão disponíveis na página online da Convenção em http://www.coe.int/t/DGHL/StandardSetting/MediCrime/Default_en.asp

membros, o próximo acto ratificativo produz, como necessário efeito, a entrada em vigor da Convenção[5].

Portugal assinou, em Outubro de 2011, este tratado. Porém, ainda não procedeu à sua ratificação.

2. Neste estudo pretende-se, num primeiro momento, fazer uma breve análise das obrigações impostas pela Convenção; em um segundo momento analisar-se-á o enquadramento jurídico-penal que o sistema português confere às condutas de falsificação e adulteração de produtos médicos, de modo a verificar se o enquadramento legal cumpre o compromisso assumido com a assinatura da Convenção ou se, de modo diverso, aquele tratado faz impender sobre o Estado português uma necessidade de alteração ou modificação legislativa no cumprimento das obrigações assumidas.

II. A Convenção Medicrime: breve retrato das obrigações assumidas

3. A Convenção estrutura-se em torno da prossecução de três objectivos principais, previstos logo no artigo 1º: como finalidade primacial procura-se proteger e prevenir a saúde pública através da imposição de criminalização de determinadas condutas no âmbito dos medicamentos e dos produtos médicos (alínea *a*)); constitui ainda objecto essencial daquele tratado a protecção dos direitos da vítimas dos crimes que se tipificam em texto (alínea *b*)), bem como a promoção da cooperação nacional e internacional no âmbito da contrafacção de produtos médicos (alínea *c*)).

No artigo 3º, esclarece-se também, na concretização do âmbito de aplicação deste texto jurídico, o que deve entender-se por *produtos médicos*, aqui se incluindo quaisquer bens médicos, abrangidos ou não pela propriedade intelectual, sejam ou não genéricos, incluindo acessórios a usar em conjunto com dispositivos médicos, substâncias activas, excipientes componentes e materiais a usar na produção de produtos

---

[5] A 24 de Setembro de 2015, já depois da elaboração deste estudo, a Convenção foi ratificada pela República da Guiné, Estado não membro do Conselho da Europa. Em consequência, o tratado entrou em vigor, nos Estados que ratificaram a Convenção, a 1 de Janeiro de 2016. Em Fevereiro de 2016, também a Arménia procedeu à ratificação daquele tratado internacional.

médicos. Por forma a materializar estes conceitos, o artigo 4º apresenta um conjunto de definições que clarificam a intenção de alargar o âmbito de aplicação da Convenção a bens que não são tecnicamente tidos como medicamentos ou substâncias medicinais, seja para fins humanos ou relacionados com a medicina veterinária, seja para fins de investigação. Com efeito, se um dos objectivos principais da convenção é prevenir e punir a contrafacção de medicamentos, as obrigações nela previstas compreendem também, como objecto de acção, quaisquer produtos médicos, designadamente aparelhos, próteses, instrumentos, *software*, ou acessórios que devam ser usados em conjunto com produtos médicos, tendo por fim o diagnóstico, monitorização, tratamento, investigação e prevenção de doenças, ou ainda o controlo da concepção.

Neste estudo não se cuidará autonomamente das três finalidades expostas no artigo 1º. Antes a análise que em seguida se empreende centrar-se-á essencialmente sobre o primeiro daqueles propósitos, concretizado na alínea *a)* do nº 1 daquele artigo e referente à obrigação de criminalização de algumas condutas.

4. O segundo capítulo deste tratado recebe por epígrafe "*Substantive criminal law*"; compreende um conjunto de incriminações referentes à produção e comercialização de medicamentos e bens equiparados a integrar na legislação dos Estados partes. Acrescente-se ainda que a mera violação de direitos de autor, marca ou patente não integra o espaço de protecção estabelecido pela Convenção.

Os tipos legais voltados para a tutela da saúde pública integram o capítulo II, dedicado ao direito criminal substantivo, e estão previstos nos artigos 5º a 9º. Elencam-se em traços breves e gerais as condutas a criminalizar de acordo com as obrigações definidas no tratado.

Decorre do artigo 5º a obrigação de criminalização, no direito interno, da produção "intencional"[6] (dolosa) de produtos médicos falsificados ou

---

[6] No relatório explicativo que acompanha o texto da Convenção esclarece-se que a relevância criminal das condutas previstas nos artigos 5º a 8º é limitada a uma actuação "intencional". Atendendo à dificuldade em concretizar o que deve entender-se como intencional, estatui-se que a interpretação deste elemento caberá ao direito interno. Da nossa perspectiva, da leitura das normas resulta que aquele elemento subjectivo se aproxima, no quadro do ordenamento jurídico português, de uma actuação dolosa e não tanto de um elemento específico (intencional), a incluir no tipo subjectivo da incriminação.

contrafeitos: medicamentos, substâncias activas, excipientes, matérias-primas, componentes, aparelhos e acessórios. Todavia, os Estados podem, no momento da assinatura ou da ratificação, reservar-se o direito de não criminalizar quando em causa estejam excipientes, partes e materiais componentes e matérias-primas (nº 3).

O artigo 6º impõe a criminalização da comercialização, oferta, tráfico, incluindo armazenamento, exportação e importação, de produtos médicos falsificados, quando realizados "intencionalmente" (dolosamente). Prevê-se igualmente a possibilidade de reserva, no momento da assinatura ou da ratificação, quanto a excipientes, partes e matérias-primas.

Na norma seguinte – artigo 7º – prevê-se a criminalização da falsificação ou adulteração "intencionais" (dolosas) de documentos referentes a produtos médicos. Admite-se a mesma possibilidade de reserva, no momento da assinatura ou da ratificação, quanto a excipientes, partes e matérias-primas.

Nos termos do artigo 8º, os Estados assumem ainda a obrigação de criminalizar condutas valorativamente similares às descritas nos artigos anteriores, como a produção, comercialização ou armazenamento de medicamentos sem autorização, quando tal acto autorizativo corresponda a uma exigência do direito interno do Estado membro; a mesma orientação é válida para produtos médicos em desconformidade com as exigências legais tipificadas no ordenamento interno, bem como para o uso indevido e ilegal de documentos relativos a produtos médicos.

Por fim, o artigo 9º refere-se de modo particular às *formas especiais de aparecimento do crime*. Neste sentido, impõe-se a punição do *auxílio* e do *incitamento* a alguma das condutas previstas nos artigos anteriores (nº 1). Do mesmo modo, exige-se que os Estados partes adoptem as necessárias medidas legislativas de modo a considerar criminalmente relevante a *tentativa* de realização daquelas condutas. Prevê-se, porém, a possibilidade de reserva, no momento da assinatura ou da ratificação, quanto à punição da tentativa de falsificação, adulteração ou uso indevido de documentos referentes a produtos médicos.

5. As condutas descritas tomam como referente axiológico legitimador da respectiva relevância criminal a saúde pública. Não obstante as dificuldades que têm vindo a ser apontadas por alguma doutrina penal na concretização deste interesse como bem jurídico com dignidade penal, a

Convenção assume de forma clara, como sua finalidade, a protecção, com recurso ao direito penal, daquele valor[7].

Quaisquer eventuais dúvidas quanto a este propósito são definitivamente resolvidas pelo relatório justificativo do segundo capítulo que acompanha o texto da Convenção[8]. Nele expressamente se esclarece que as condutas a criminalizar são em si mesmas tidas como perigosas para a saúde pública e, pressuposta a sua gravidade, as normas devem valer para situações "em que seja detectada uma ameaça potencial à saúde pública, ainda que não se tenha materializado qualquer dano físico ou psicológico". Na prática, tal significa – continua o relatório – que as autoridades não têm de fazer qualquer prova de que da actuação do agente resultou um dano para a saúde individual ou pública, desde que ela corresponda a alguma das condutas previstas na Convenção. Por conseguinte, o tratado deixa antever a possibilidade de o legislador interno se socorrer, no cumprimento das obrigações assumidas, de uma técnica legislativa assente numa ideia de perigo – e eventualmente de perigo abstracto. O que, de algum modo, antecipa, do mesmo passo, um potencial conflito com outros princípios a que deve sujeitar-se uma intervenção punitiva, designadamente os princípios da *ultima ratio* e da proporcionalidade na actuação penal.

Em seguida, no cumprimento da estrutura inicialmente apresentada e realizado este breve retrato sobre as imposições de criminalização estabelecidas pelo tratado, importa olhar para as principais normas incriminatórias previstas no ordenamento jurídico português em matéria de produtos médicos defeituosos ou falsificados, por forma a averiguar da correspondência do nosso ordenamento jurídico-penal às obrigações assumidas pelo Estado português com a assinatura da convenção.

---

[7] Sobre o bem jurídico saúde pública e a sua controversa natureza criminal *vide*, com adicionais referências bibliográficas, Susana Aires de Sousa, «Saúde pública, direito penal e "novos riscos": um triângulo com lados desiguais», in: *Direito(s) dos riscos tecnológicos* (coord. Carla Amado Gomes), Lisboa: AAFDL, 2014, p. 591 e ss.

[8] Disponível em http://conventions.coe.int/Treaty/EN/Reports/Html/211.htm

III. O sistema português: enquadramento jurídico-penal dos medicamentos e produtos médicos defeituosos, adulterados e falsificados

6. O ordenamento jurídico português revela um acentuado pendor minimalista da intervenção penal no que se refere à criminalização de condutas relacionadas com a produção e comercialização de medicamentos ou produtos médicos defeituosos, adulterados ou falsificados. Com efeito, apenas se prevê, no âmbito do nosso sistema, uma norma especificamente voltada para a punição criminal de condutas desta natureza. Trata-se do artigo 282º do Código Penal, referente ao crime de *Corrupção de substâncias alimentares ou medicinais*.

O artigo 282º, na sua actual redacção, é fruto da reforma de 1995 do Código Penal. Tem como fonte principal o artigo 273º, na versão originária daquele diploma, inserido na secção dos crimes contra a saúde (secção II, do capítulo III, referente aos crimes de perigo comum). Todavia, as modificações introduzidas naquele preceito pela revisão de 1995 foram significativas sobretudo no que se refere ao interesse tutelado e à relevância da saúde pública como bem jurídico com dignidade penal.

Com efeito, o artigo 273º incriminava a adulteração de substâncias alimentares ou para fins medicinais *de forma a criar perigo para a vida e para a integridade física*[9]. Como se referiu, nesta primeira versão do código de 1982 a tutela da saúde era autonomizada no âmbito dos crimes de pe-

---

[9] Dispunha o artigo 273º (Corrupção de substâncias alimentares ou para fins medicinais) do Código Penal de 1982, na sua versão originária:
"1 – Quem, no aproveitamento, produção, confecção, fabrico, serviço, embalagem, transporte, tratamento ou outra qualquer actividade que sobre elas incida, de substâncias destinadas a consumo alheio, para serem comidas, mastigadas, bebidas, para fins medicinais ou cirúrgicos, as corromper, falsificar, alterar, reduzir o seu valor nutritivo ou terapêutico, ou lhes juntar ingredientes, de forma a criar perigo para a vida ou de grave lesão para a saúde e integridade física alheias, será punido com prisão de 2 a 6 anos e multa de 100 a 150 dias.
2 – Na mesma pena incorre quem importar, dissimular, vender, expuser à venda, tiver em depósito para venda ou, de qualquer forma, entregar ao consumo alheio
a) As substâncias que forem objecto de qualquer das actividades referidas no número anterior;
b) As substâncias com o destino e comportando o perigo referido no número anterior, na medida em que forem utilizadas depois do prazo da sua validade ou estiverem avariadas, corruptas ou alteradas pela mera acção do tempo ou dos agentes a cuja acção estão expostas.
3 – Se o perigo para a saúde ou integridade física a que se referem os números anteriores for de pequena gravidade, a pena será a de 6 meses a 2 anos ou multa até 100 dias.

rigo comum[10]. Esta organização sistemática era reveladora da intenção legislativa de reunir no mesmo espaço normativo as incriminações que tutelavam as condições de segurança e de saúde dos membros (indeterminados) da comunidade, colocando-se em evidência a tutela penal de um bem jurídico de referência colectiva: a saúde pública. Todavia, num acto de restrição da tutela deste interesse difuso, o legislador sujeitava a conduta típica do artigo 273º à idoneidade para lesar determinados bens jurídicos individuais: a vida e a integridade física. Deste modo, impôs-se alguma incerteza (e controvérsia) sobre o concreto bem jurídico-penal directamente tutelado pela norma: discutia-se se o objecto tutelado coincidia com os interesses individualizados ou, de modo diferente, com um bem de natureza colectiva[11].

Uma leitura comparada e englobante daquele artigo 273º com a norma predecessora (artigo 251º do Código Penal de 1886) e a norma sucessora (artigo 282º, fruto da revisão de 1995) induz a concluir no sentido de uma restrição, ou pelo menos, de uma perda de autonomia, da tutela da saúde (pública).

Se, na verdade, a protecção da saúde pública se realizava em diversas incriminações da secção a que pertencia o artigo 273º, uma análise isolada desta norma revelava já, como critério primário da ilicitude da con-

---

4 – Se tal perigo for criado por negligência, a pena será, nos casos dos n.ºs 1 e 2 deste artigo, a de prisão de 3 meses a 2 anos e multa até 100 dias e, no caso do nº 3, a de prisão até 1 ano ou multa até 50 dias.
5 – Se a conduta descrita nos números anteriores for levada a cabo por negligência, a pena será a de prisão até 1 ano e multa até 50 dias, nos casos dos n.ºs 1 e 2, e a de prisão até 6 meses ou multa até 20 dias, no caso do nº 3 deste artigo.
6 – É aplicável aos casos referidos neste artigo o disposto nos artigos 267º e 268º."
Sobre as diferenças entre este artigo e a sua redacção no Anteprojecto de Código Penal veja-se o comentário de J. Marques Borges, *Dos Crimes de Perigo Comum e dos Crimes Contra a Segurança das Comunicações*, Lisboa: Rei dos Livros, 1985, p. 181 e ss.
[10] O legislador reunia nos artigos 269º a 275º, numa secção autónoma, os crimes contra a saúde: contaminação e envenenamento de água (artigo 269º); propagação de doença contagiosa (artigo 270º); difusão de epizootias (artigo 271º); deterioração de alimentos destinados a animais (artigo 272º); corrupção de substâncias alimentares ou para fins medicinais (artigo 273º); alteração de análises (artigo 274º); alteração de receituário (artigo 275º); recusa de facultativo (artigo 276º).
[11] Sobre esta controvérsia, com referências bibliográficas, *vide* Susana Aires de Sousa, *A Responsabilidade Criminal pelo Produto e o Topos Causal em Direito Penal. Contributo para uma Protecção Penal de Interesses do Consumidor*, Coimbra: Coimbra Editora, 2014, p. 537 e ss.

duta, a sua idoneidade para lesar a integridade física e a vida, afastando do núcleo de protecção o bem jurídico colectivo saúde pública e, do mesmo passo, abrindo uma solução de continuidade com a norma que antecedeu aquele artigo, prevista no Código de 1886. Com efeito, a referência expressa à perigosidade da acção para os bens jurídicos individuais não constava do anterior artigo 251º do Código de 1886, onde se exigia, de forma mais generalizada, que a conduta fosse nociva à saúde, assumindo-se de forma mais evidente a natureza colectiva do interesse protegido[12].

Este estreitamento na tutela da saúde pública realizado em 1982 consuma-se em 1995 numa verdadeira exclusão da tutela daquele interesse colectivo no Código Penal, evidenciado em dois momentos: em um primeiro momento, de natureza estrutural e sistemática, na eliminação de uma secção autónoma intitulada "crimes contra a saúde" e a sua consequente diluição nos crimes de perigo comum; num segundo momento, na total erradicação da saúde pública do âmbito de tutela do crime de *Corrupção de substâncias alimentares*.

Com efeito, na sua versão originária o crime de adulteração de substâncias alimentares e para fins medicinais, ainda que referido à tutela de interesses individuais, era concebido como um delito de perigo abstracto-concreto ou de aptidão, assente da perigosidade da conduta para aquele bens individuais. Esta perigosidade sustentava-se materialmente, ainda que de forma forma mediata, na tutela da saúde colectiva. Todavia, o novo artigo 282º erradicaria do seu horizonte normativo a tutela da saúde pública ao exigir, para a consumação criminosa, que a conduta do agente coloque em *perigo concreto* a vida ou a integridade física de alguém. A incriminação transmuta-se assim em um *crime de perigo concreto*.

Deste modo, se no contexto do artigo 273º se tipificavam condutas de adulteração de substâncias medicinais (ou alimentares) *adequadas a criar* perigo para a vida ou de grave lesão da saúde ou da integridade físicas

---

[12] O artigo 251º do Código de 1886 integrava a secção dedicada aos "Crimes contra a saúde pública" e tinha o seguinte conteúdo: "Aquelle, que de qualquer modo alterar generos destinados ao consummo público, de forma a que se tornem nocivos á saúde, e os expozer á venda assim alterados; e bem assim aquele, que do mesmo modo alterar géneros destinados ao consummo de alguma, ou algumas pessoas; ou que vender géneros corruptos, ou fabricar, ou vender objectos, cujo uso seja necessariamente nocivo á saúde, será punido com prisão de dois mezes a dois annos, e multa correspondente; sem prejuízo da pena maior, se houver logar". A conduta daquele que "vender, ou expozer à venda, ou subministrar substancias venenosas, ou abortivas" era ainda tipificada no artigo 248º, norma que iniciava esta secção.

alheias, acentuando-se a *perigosidade da acção*, o actual artigo 282º, alterado pela reforma de 1995, afastou definitivamente do seu núcleo protector a saúde pública.

7. Do ponto de vista sistemático, o artigo 282º insere-se nos crimes de perigo comum[13]. A categoria de delitos de perigo comum constitui uma das categorias mais discutidas no âmbito da doutrina penal, quer pelos problemas dogmáticos que convoca quer pela heterogeneidade dos crimes que integra. Reunidas, de uma perspectiva sistemática, sob o mesmo capítulo, aquelas incriminações têm em comum a perigosidade, concreta ou abstracta, para uma diversidade de bens jurídicos protegidos, indeterminada no seu potencial danoso. É justamente neste contexto de perigo massificado que se insere o artigo 282º: em um contexto comercial em que o elevado volume e a celeridade de trocas comerciais fazem impender sobre os seus intervenientes o estatuto de consumidor anónimo – o de um entre muitos que podem ser afectados pela conduta de corrupção de substâncias alimentares ou medicinais – o legislador penal acrescenta, aos delitos de lesão da vida e da integridade física, um delito criado sobre o perigo concreto para estes bens.

Assim, na conformação típica, o legislador não se bastou com a perigosidade, empiricamente comprovável, da acção no sentido de um delito de aptidão, à semelhança da norma que antecedia este artigo, mas antes estabeleceu um crime de perigo comum concreto cuja tipicidade exige que a conduta descrita se projecte num perigo concreto para a integridade física ou para a vida[14].

---

[13] Sobre o significado da classificação da infracção prevista no artigo 282º do Código Penal como crime de perigo comum veja-se Augusto Silva Dias, «Entre "comes e bebes": debate de algumas questões polémicas no âmbito da protecção jurídico-penal do consumidor (a propósito do Acórdão da relação de Coimbra de 10 de Julho de 1996)», in: *Direito Penal Económico e Europeu: Textos Doutrinários*, Vol. III, Coimbra: Coimbra Editora, 2009, p. 495 e ss.; (publicado originariamente na *RPCC 8, 1998*, p. 515-592 e continuado em *RPCC 9, 1999*, p. 45-83); J. M. Damião da Cunha, «Artigo 282º», *Comentário Conimbricense do Código Penal* (org. Jorge de Figueiredo Dias), Tomo II, Coimbra: Coimbra Editora, 1999, p. 999; Susana Aires de Sousa, *A Responsabilidade Criminal pelo Produto...*, op. cit., p. 546 e ss.

14 Esta opção legislativa no sentido da incriminação de perigo concreto eleva porém a complexidade típica e não escapa à crítica doutrinal. Sobre esta questão, com referências bibliográficas adicionais, Susana Aires de Sousa, *Responsabilidade Criminal pelo Produto, op. cit.*, p. 553; também José de Faria Costa / Susana Aires de Sousa, «A interpretação do

Como sublinha Damião da Cunha, não parece haver dúvidas que os bens jurídicos protegidos neste tipo de crime são os valores da vida e da integridade física[15]. Neste sentido, no plano do interesse tutelado pela norma incriminadora, o legislador assume um claro recorte individualizado. Deste modo, da perspectiva do interesse protegido, a análise da norma incriminadora deixa de fora do seu alcance a tutela directa de um bem jurídico de natureza colectiva de que seria exemplo a saúde pública ou a segurança dos consumidores.

Por conseguinte, também por esta via – a do interesse jurídico a proteger – se verifica um afastamento do tipo incriminador previsto no artigo 282º do nosso Código Penal em face das exigências previstas na Convenção, quer no que se refere ao objecto de tutela, quer ainda quanto à técnica legislativa usada, na medida em que naquele tratado se assume como interesse a proteger a saúde pública e se prescinde da verificação de qualquer resultado de perigo ou lesão para a saúde individual.

8. Não cuidando, neste contexto, de uma análise profunda dos elementos típicos do artigo 282º, importa contudo sublinhar alguns aspectos necessariamente ligados às imposições de criminalização decorrentes da Convenção Medicrime.

De um primeiro ângulo referente às condutas tipificadas no artigo, verifica-se que o tipo legal enquadra tais comportamento a partir dos diversos estádios do circuito económico referidos pelo legislador nas duas alíneas do nº 1. Na alínea *a)* toma-se o processo produtivo propriamente dito, abrangendo na sua descrição típica a produção, a confecção, o fabrico, a embalagem, o transporte, o tratamento ou outra actividade que incida sobre as substâncias a que se refere a incriminação. A alínea *b)* encontra o seu referente nuclear nos diversos momentos relativos à comercialização e colocação no mercado daquelas substâncias, tomando sob a sua alçada a importação, a dissimulação, a venda, a exposição para venda, o depósito para venda ou qualquer outra forma destinada à entrega para consumo alheio.

---

tipo legal de crime à luz do princípio da legalidade: reflexão a propósito dos bens alimentares perigosos para a saúde e vida humanas», *Revista de Legislação e Jurisprudência*, Ano 144, nº 3390 (Jan./Fev. 2015), p. 198 e ss.
[15] Cf. *Comentário Conimbricense do Código Penal*, op. cit., p. 999.

De uma outra perspectiva, o tipo legal é estreitado a partir da eleição típica de um efeito ou modificação decorrente daquela conduta: corrupção, falsificação, alteração, redução do valor nutritivo ou terapêutico ou junção de ingredientes. Trata-se, portanto, de uma modificação prejudicial da qualidade das substâncias consumíveis tornando-as nocivas para a saúde humana. Todavia, a tipicidade da conduta há-de ainda depender, agora no plano valorativo, da verificação do resultado concreto de perigo, para a vida ou para a saúde individual.

Por fim, a concretização legislativa realiza-se, num terceiro momento, por via da identificação das substâncias que constituem objecto daquelas condutas. A incriminação não contempla todos os bens ou objectos de consumo, mas somente substâncias (alimentares) destinadas a consumo alheio e substâncias para fins medicinais ou cirúrgicos[16]. Para Damião da Cunha, cabem nestas últimas todas as substâncias, com propriedades curativas ou não, a que se atribuam cientificamente virtudes diagnósticas, profiláticas, terapêuticas ou anestésicas em relação à saúde humana; se é certo que aqui se incluem medicamentos, excipientes ou substâncias activas, é muito duvidoso que os aparelhos médicos e os acessórios que se destinam a ser usados em conjunto com esses aparelhos possam ser referidos e integrados no conceito típico de substâncias medicinais ou cirúrgicas – concretizando-se também neste domínio um novo desfasamento entre o disposto na lei portuguesa e o previsto na Convenção.

9. No que se refere ao tipo subjectivo, o nº 1 do artigo 282º exige uma actuação dolosa do agente, bem como a representação do perigo que ela

---

[16] O legislador, conforme é sugerido na epígrafe do artigo, restringe a proibição à adulteração de determinadas substâncias: alimentares e medicinais. A razão material desta escolha parece assentar em primeira linha na relação directa e imediata daquelas substâncias com a integridade corporal daqueles que as consomem. Não podiam, assim, deixar de ser incluídas naquele espaço normativo. Todavia, deve hoje questionar-se a adequação de uma tal restrição à natureza da norma incriminadora enquanto delito de perigo comum, voltado para o considerável aumento do risco para um número indeterminado de pessoas decorrente do processo produtivo em uma sociedade tecnologicamente desenvolvida. Neste contexto de relações massificadas de consumo nada impede que os bens jurídicos protegidos – vida e integridade física – possam ser tanto ou mais ameaçados por actos de corrupção ou adulteração de bens de consumo que não sejam especificamente alimentares (mastigados, comidos ou bebidos) ou medicinais. Cfr. SUSANA AIRES DE SOUSA, *Responsabilidade Criminal pelo Produto...*, op. cit., p. 551 e p. 617 e ss.

comporta para os bens jurídicos protegidos, estabelecendo como sanção a prisão de um a oito anos. No entanto, o legislador entendeu ainda assim punir, embora de forma menos severa, as situações em que o perigo foi criado por negligência. Trata-se da situação prevista no nº 2 do artigo 282º: se o agente representar que está a praticar uma conduta proibida mas acreditar erroneamente que não há perigo, isto é, se actuar com negligência quanto ao perigo criado, a pena é de prisão até cinco anos. Por último, o nº 3 daquele preceito sanciona, com pena de prisão até três anos ou pena de multa, os casos em que o autor não representa dolosamente que realiza uma das condutas previstas no tipo legal e cria, por essa via, um perigo concreto para os bens jurídicos protegidos.

10. Por fim, na concretização dos contornos típicos do tipo legal de corrupção de substâncias alimentares, não pode deixar de se referir uma última nota no domínio da autoria criminosa decorrente da revisão do Código Penal realizada em Setembro de 2007. Em consequência das alterações introduzidas no artigo 11º daquele diploma, o artigo 282º viu os seus limites alargados, em matéria da autoria criminosa, aos entes colectivos, admitindo-se assim como centro de imputação da responsabilidade, a par da conduta individual, o domínio organizativo[17].

Com efeito, o nº 2 daquele artigo introduz no código um catálogo de crimes pelos quais se pode responsabilizar a pessoa colectiva. Entre essas incriminações conta-se justamente o crime de *Corrupção de substâncias alimentares ou medicinais*.

A *corporate liability* corresponde a uma das exigências da Convenção Medicrime que, nos termos do seu artigo 11º, prevê a necessidade de os Estados tomarem as necessárias medidas legislativas que assegurem uma responsabilidade da pessoa jurídica pelas ofensas previstas no tratado, quando realizadas em seu benefício e por alguém que nela ocupe uma posição de liderança.

11. No âmbito do ordenamento jurídico português não se prevê qualquer incriminação voltada para a tutela da qualidade do medicamento,

---

[17] Sublinhando que esta mudança de paradigma no âmbito do direito penal clássico é em certa medida influência do direito penal secundário veja-se MARIA FERNANDA PALMA, «Direito Penal Especial – O vértice do sistema penal», in: *Liber Discipulorum para Jorge de Figueiredo Dias*, Coimbra: Coimbra Editora, 2003, p. 555.

de modo diferente ao que sucede em outros ordenamentos jurídicos[18]. A protecção penal da qualidade dos bens de consumo está, nos termos da legislação em vigor, limitada aos géneros alimentícios. Com efeito, no artigo 24º do Decreto-Lei nº 28/84, de 20 de Janeiro, tipifica-se o *Crime contra a genuinidade e qualidade dos géneros alimentícios e aditivos alimentares*.

Não é este, porém, o momento adequado para estudar em pormenor os elementos típicos constitutivos desta norma incriminatória. Todavia, a partir do tema que este estudo se propõe tratar, impõe-se uma observação crítica. Esta reserva prende-se com a circunstância de, por via da delimitação normativa, ficarem excluídos do âmbito da protecção legal outras substâncias (anormais) que não possam qualificar-se como géneros alimentícios (ou aditivos alimentares), apesar de com eles partilharem a qualidade de serem consumíveis.

Por outras palavras, a norma incriminatória restringe-se à impropriedade dos bens alimentares, enquanto objectos da acção típica, excluindo do seu âmbito outros bens impróprios para consumo. A relevância concedida aos alimentos pode justificar-se pela sua importância fundamental no consumo humano e pelo facto de, sendo bens absorvíveis pelo organismo, colocarem numa especial situação de vulnerabilidade aquele que os consome. Porém, não nos parece difícil descortinar bens com uma densidade valorativa semelhante e cuja impropriedade para o consumo possa contribuir de forma especialmente gravosa (ainda que indirectamente) para um aumento do risco para a saúde e para a vida humana. É justamente o caso das *substâncias medicinais*: tome-se o exemplo de um medicamento, colocado no mercado sem o princípio activo e, como tal, inócuo em si mesmo, mas que tomado num contexto de doença pode potenciar o efeito lesivo dada a sua impropriedade para conter ou minorar o processo profiláctico.

Neste sentido, a impropriedade de substâncias medicamentosas, igualmente absorvíveis pelo organismo humano, tem do ponto de vista jurídico-penal a mesma dignidade e necessidade de pena. A ausência de tutela penal nestes casos constitui quanto a nós uma autêntica lacuna penal do sistema jurídico-português, agravada pelo compromisso interna-

---

[18] Para uma análise de outros regimes no âmbito da responsabilidade criminal pelo produto e, em particular, pelo medicamento, veja-se Susana Aires de Sousa, *Responsabilidade Criminal pelo Produto...*, op. cit., p. 173 e ss.

cional assumido com a assinatura da Convenção do Conselho da Europa sobre a criminalização da falsificação de medicamentos e outros crimes semelhantes que constituam ameaça à saúde pública.

Com efeito, nos termos da actual legislação, o uso de substâncias medicinais adulteradas ou falsificadas só encontra previsão legal por via da perigosidade concreta estabelecida no artigo 282º ou, ocorrendo a morte ou lesões corporais, através, respectivamente, dos tipos legais de *Homicídio* e *Ofensas à integridade física*. Ainda assim, o recurso a estas normas estaria liminarmente excluído em casos em que a falta da substância activa não importa perigosidade para aqueles bens, mas antes outro tipo de consequências para o consumidor. Tome-se como exemplo, a este propósito, a colocação no mercado por parte de uma empresa farmacêutica de um contraceptivo sem a substância activa – factos reais, ocorridos em São Paulo (Brasil) e que ficariam conhecidos como o caso das pílulas de farinha[19].

---

[19] Os factos, amplamente divulgados pelos meios de comunicação social brasileiros, expõem-se de seguida em uma breve síntese. Em 1998, a Schering brasileira coloca no mercado um lote de embalagens do anticoncepcional Microvlar, por si produzido, sem princípio activo. Em consequência da entrada no mercado de cerca de 600 mil comprimidos, julga-se que aproximadamente 200 mulheres terão ficado grávidas, mas somente um número reduzido conseguiu fazer prova em tribunal do uso daquele medicamento, uma vez que muitas dessas mulheres já não dispunham da embalagem, o que dificultava a prova de que teriam usado aquele produto defeituoso. Segundo a empresa, as pílulas sem princípio activo teriam sido fabricadas para testar uma máquina embaladora do laboratório e, sem que a empresa consiga explicar como, acabaram por ser colocadas no mercado para consumo. Este caso daria origem, no plano civil, à condenação da farmacêutica, confirmada no final de 2007 pelo Superior Tribunal de Justiça. De acordo com esta decisão, o Laboratório Schering do Brasil, Química e Farmacêutica Ltda., foi condenado a pagar uma indemnização colectiva no valor de um milhão de reais por ter colocado no mercado aqueles lotes defeituosos, provocando gravidez indesejada em consumidoras. Trata-se do Acórdão 2006/0104394-9, de 6 de Dezembro de 2007, julgado pela terceira turma daquele tribunal e disponível em https://ww2.stj.jus.br/revistaeletronica/ita.asp?registro=200601043949&dt_publicacao=06/12/2007. Acrescente-se, porém, que as decisões individuais sobre este caso continuam nos tribunais civis brasileiros até aos dias de hoje. Sublinhando a contribuição deste caso, pelo seu impacto na opinião pública, na discussão em torno da relevância da falsificação e adulteração de medicamentos veja-se ADRIANA RUOPPOLI ALBANEZ, «Falsificação de medicamentos», *XIX Seminário Nacional de Propriedade Intelectual 1999*, Associação Brasileira de Propriedade Intelectual, p. 63.

IV. A divergência entre as obrigações previstas na convenção e o ordenamento jurídico português: súmula conclusiva

12. Uma análise comparativa das exigências de criminalização preceituadas pela Convenção Medicrime e das normas jurídico-penais previstas na ordem jurídica portuguesa resulta em um claro juízo de divergência. Com efeito, entre as obrigações e imposições decorrentes da Convenção e o quadro jurídico-penal português em matéria de contrafação de produtos médicos verifica-se um notório desfasamento em vários momentos e em diferentes planos, que ora se sintetizam de forma breve e conclusiva:

a) No direito português não se reconhece específica relevância criminal à adulteração de produtos médicos que não sejam considerados substâncias medicinais ou cirúrgicas. A sua relevância criminal só poderá ocorrer por via de delitos de resultado comuns como as *Ofensas à integridade física* ou o *Homicídio*;

b) No regime português a incriminação específica da adulteração de substâncias medicinais e terapêuticas está reduzida ao previsto no artigo 282º e assume contornos típicos muito mais estreitos do que os pressupostos pela Convenção, desde logo no que se refere ao bem jurídico protegido e à técnica legislativa usada na construção da incriminação;

c) Também no âmbito da falsificação de documentos relacionados com produtos médicos não se prevê qualquer norma específica, estando a sua relevância criminal condicionada à mediação do delito comum de *Falsificação de documentos*, previsto no artigo 256º;

d) Do mesmo modo, a produção, comercialização ou armazenamento de medicamentos sem autorização ou de produtos médicos em desconformidade com as exigências legais e ainda o uso indevido e ilegal de documentos relativos a produtos médicos não conhece no nosso ordenamento jurídico relevância criminal, mas antes relevância contra-ordenacional por via das diversas alíneas do artigo 181º do Estatuto do Medicamento (Decreto-lei 176/2006, de 30 de Agosto).

Em jeito de súmula final das notas conclusivas expressas em cada uma das alíneas anteriores, deve referir-se que, querendo cumprir os compromissos internacionais assumidos com a assinatura da Convenção Medicrime, Portugal terá necessariamente de rever a sua legislação penal em matéria de contrafacção e adulteração de medicamentos.

ÍNDICE

Responsabilidade civil médica e relação de comissão
ALBUQUERQUE MATOS   7

Algumas considerações acerca da causalidade e da imputação objectiva ao nível da responsabilidade médica
MAFALDA MIRANDA BARBOSA   39

A perda de chance de cura ou sobrevivência: um *remédio* necessário para o funcionamento da responsabilidade civil médica?
– a revisitação de um tema
RUTE PEDRO   71

A responsabilidade médica no contexto do alargamento da responsabilidade administrativa
ANA RAQUEL MONIZ   95

Prescrição *off-label* de medicamentos
MAFALDA FRANCISCO MATOS   145

Perspectiva panorâmica da jurisprudência portuguesa em matéria de responsabilidade criminal médica
ÁLVARO CUNHA RODRIGUES   171

A Responsabilidade penal do médico interno (Revisitada)
SARA LEITÃO MOREIRA   205

O abandono de objectos cirúrgicos no campo operatório
– determinação da responsabilidade penal
SÓNIA FIDALGO   237

International measures to combat counterfeit medicines
and protect public health
STEFANIA NEGRI   263

Responsabilidade criminal e produtos médicos defeituosos:
entre as imposições da Convenção *Medicrime* e a resposta (exígua)
do ordenamento jurídico-português
SUSANA AIRES DE SOUSA   285